《史记》选本丛书　　主编　丁德科　凌朝栋

史记半解

（汉）司马迁　著
（清）汤　谐　编纂
　　韦爱萍　整理

2019年·北京

图书在版编目(CIP)数据

史记半解/(汉)司马迁著；(清)汤谐编纂；韦爱萍整理.—北京：商务印书馆，2013（2019.1重印）
（《史记》选本丛书）
ISBN 978－7－100－10154－7

Ⅰ．①史… Ⅱ．①司… ②汤… ③韦… Ⅲ．①中国历史－古代史－纪传体②《史记》－研究Ⅳ.①K204.2

中国版本图书馆CIP数据核字(2013)第173710号

权利保留，侵权必究。

（《史记》选本丛书）

史记半解

(汉)司马迁 著
(清)汤 谐 编纂
韦爱萍 整理

商 务 印 书 馆 出 版
（北京王府井大街36号　邮政编码 100710）
商 务 印 书 馆 发 行
三河市尚艺印装有限公司印刷
ISBN 978－7－100－10154－7

2013年10月第1版　　开本 640×960　1/16
2019年1月第2次印刷　印张 30 1/4
定价：80.00元

中央财政支持地方高校建设资金项目
陕西省重点扶持学科渭南师范学院中国古代文学学科建设项目
陕西省哲学社会科学研究基地——秦东历史文化研究中心项目

《史记》选本丛书

顾　问：张大可　张新科
主　编：丁德科　凌朝栋
编委会：（按姓氏笔画排序）　丁德科　马雅琴
　　　　韦爱萍　王麦巧　王晓红　王炳社
　　　　王双喜　高军强　党大恩　党旺旺
　　　　凌朝栋　梁建邦　蔡静波

"《史记》选本丛书"序言

张岂之

西汉史学家、文学家、思想家司马迁（前145或前135—前87？）所撰纪传体作品《史记》被誉为"史家之绝唱，无韵之离骚"，揭示了《史记》的历史学和文学价值，实际上，《史记》也具有重要的思想文化价值。多元性是《史记》这部经典文献的根本属性，这促使人们可以从多个角度对《史记》及《史记》学史展开广泛而深入的研究。

中国史记研究会和陕西省司马迁研究会等研究团体及学人对《史记》进行了多方面的研究，成果丰硕；《史记》及其传播影响，也引起海外学者的重视，产生了一系列的作品。这些都是中华文明传承和弘扬中可喜可贺的现象。

在历史上，《史记》产生后，历朝历代对《史记》多有注疏、索隐、编选的工作，这些工作进一步增进了《史记》作为文化典籍的影响力。特别是《史记》选文，虽然大多从文学作品角度着手，但因为选本背后隐藏着一定的历史、文学、审美及思想文化观念，某种意义上选本不仅具有文学审美的功能，也具有思想文化的功能，更可以作为把握选文者思想观念的史料之一。《史记》及《史记》选本在历史编纂学、散文史以及思想文化史上都占有重要的地位。

司马迁故里云集着一批从事《史记》及《史记》学研究的学者和研究团队。渭南师范学院《史记》研究团队就承担着国家社科基金研究项目，成员多年来一直从事《史记》选本的调研与整理工作，并在此基础上尝试探讨《史记》一百三十篇中被广泛认可的文学精华、编选原则与学术价值。

近年来，《史记》选本有的已被整理，如南宋吕祖谦撰《史记详节》（完颜绍元整理，上海古籍出版社2007年版）、清人姚苎田编选《史记菁华录》（王兴康整理，上海古籍出版社2007年版），但还有相当一部分没有被整理，也不方便读者检索阅览。

渭南师范学院《史记》研究者们尝试编选"《史记》选本丛书"，用以弥补这个不足，努力为《史记》研究做些扎实细致的基础工作。他们近多年兢兢业业，四处奔波，搜集和校点整理《史记》选本文献，为推动《史记》研究的深化和细化作出了贡献。

这套"《史记》选本丛书"主要包括：明代凌稚隆《史记纂》（马雅琴教授整理）、茅坤《史记抄》（王晓红副教授整理），清代王又朴《史记七篇读法》（凌朝栋教授整理）、汤谐《史记半解》（韦爱萍教授整理）、储欣《史记选》（凌朝栋教授整理），民国时期王有宗《分段详注评点史记菁华录》（高军强讲师与凌朝栋教授整理）、中华书局1933年版《史记精华》（王麦巧副教授整理）、周宇澄《广注史记精华》（梁建邦教授、张晶讲师整理）。

凌稚隆《史记纂》，编刻于明万历年间。全书分为二十四卷，从《史记》中选文一百零二篇，附《报任少卿书》一篇。此书最大的特色是：采用节选加评点的形式，掇取《史记》精华；所选篇章节奏鲜明，条理清晰，内容集中，首尾照应，与天头批注、正文批点的形式相辅相成；编选者学习、研究《史记》，知人论世，折射出不凡的见解；全书兼容并包，博览众采，资料丰富。整理底本为凌稚隆《史记纂》二十四卷，明万历己卯本。

茅坤《史记抄》共九十二卷，明万历三年自刻。编选者从《史记》中选文九十八篇进行评点。此书最大的特点是：每篇作品皆施圈点和批评；用心独到，评论扼要，且多发明。编选者的评论，代表了明代学者评价《史记》的总倾向，诸如赞赏、推崇《史记》文章的审美价值，高度评价《史记》写人的艺术价值，肯定《史记》以风神取胜的艺术风格等。整理底本为茅坤《史记抄》九十一卷，明万历乙亥本，参校北图《史记抄》九十一卷、首一卷，《四库存目丛书》影印明万历三年自刻本。

王又朴《史记七篇读法》共二卷，从《史记》中选录《项羽本纪》、《外戚世家》、《萧相国世家》、《曹相国世家》、《淮阴侯列传》、《李将军列传》、《魏其武安侯列传》等七篇。此书最大的特色在于：编选者既有对阅读方法的提示，又有对所选篇目艺术风格的鉴赏；提出了"一气读"、"分段细读"的阅读技巧；深入分析了司马迁写人的高超技艺及所蕴含的深刻用意。整理底本为王又朴选评《史记读法》（又名《史记七篇读法》）诗礼堂藏版，1754年刊本，清华大学图书馆藏书。

汤谐《史记半解》，对《史记》中的六十八篇文章进行了注解。编选者深谙太史公用意，主要从叙事、人物形象刻画、细节、段落、语言等方面探讨《史记》文法笔力，为后人做了很好的导读；评析言论精辟老到，妙趣横生，引人深思，注重文脉，语言简洁明了，充满诗情画意，给读者留下深刻的印象。整理底本为汤谐《史记半解》（不分卷），清康熙慎余堂1713年刻本。

储欣《史记选》，从《史记》中选录作品五十五篇。此选本最大的特色是：所选篇目以记载秦以后历史人物为主；重视选取《史记》中的书表；编选者对于精彩部分用不同的符号加以圈点，并有大量的精彩评点。用语长短不一，恰到好处，或指出词句作用，或评点章法布局，或揭示史公深意，或探讨前后关联等；所选篇章末多有评语，盛赞史公文章精彩处，与文中评语形成照应。整理底本为储欣《史记选》六卷，乾隆癸巳（1773年）同文堂梓行刻本，每页十行，每行十五字，有原版书。

王有宗《分段详注评点史记菁华录》，完成于1924年。此版本优胜之处在于：大部分选文前均加"解题"部分，有助于读者对正文的理解；对所选篇章进行分段，便于读者较清楚地了解选文的层次；通过注释，疏通了文字注音、词义等障碍，以方便阅读。整理底本为王有宗《分段详注评点史记菁华录》六册，浙江达文印书馆1924年版，有原书。

　　《史记精华》是中华书局 1914 年辑校的《史记》选本。全书共选录《史记》一百零二篇。这些篇目的取舍原则为历史性、思想性、文学性。此书收录了多家评点，侧重对人物、历史事件、文章艺术手法、思想倾向等进行详尽的评论和说明；对同一人物、历史事件的点评，则以文采、语言、思想为主要内容，尽可能为读者提供精华性的评语。中华书局《史记精华》，1914 年第一版，本次整理依据 1937 年版，西北大学图书馆藏书影印版，参校 1933 年版。

　　周宇澄《广注史记精华》，是民国时期出版的《史记》读本中重要的一部。全书共选录《史记》本纪、表、世家、列传中三十二篇文章，分为三十四个题目。此选本最大的特点是：选取《史记》中文学色彩浓烈、偏重于人物、事件和描写精彩的篇章；对所选文章进行"划分段落，将难字注以音义，其有典故疑义者，一律注释，使读者一目了然"；注释详尽，有很强的可读性；编选者根据自己的理解进行了明晰的段落划分和断句，体现了编选者对《史记》的理解和思想观点。整理底本选用周宇澄《广注史记精华》，世界书局 1943 年版。

　　这些选本，均是影响较大、流传较广的《史记》选本，内容丰富，各具特色，具有较高的学术研究和参考价值。

　　在整理过程中，整理者尽可能搜集多种版本，认真选择工作底本，并主要参考中华书局 1982 年版点校本《史记》进行整理，包括段落划分与标点，文字出入较大者则予以注释。忠实原作、方便当代读者阅读是整理者坚持的主要原则，比如改竖排版为横排版，**繁体字为简化字**，便考虑到读者的阅读习惯与需要。选本评点中的总评、评注、行批、夹批等，则尽量标注在原作相应的位置，以尽可能反映底本的原貌。底本中明显的错字，则采用加"按"的形式标明。难能可贵的是，整理者在点校整理的同时，还对《史记》选本所折射的思想文化精神进行了研读，并在简介中作了扼要论述。

当然，古籍的点校整理是一项科学严谨、费时费力的工作，而且往往难以避免讹误乖错，在这方面，欢迎读者朋友在阅读中对该丛书的版本甄别以及具体点校整理工作，提出积极的合理化建议，以不断推陈出新，力臻完善。

该研究团队原本设想还要进一步选编和整理日本、韩国、美国等学者的《史记》选本，我们愿意乐观其成。希望"《史记》选本丛书"的编校整理工作为进一步系统研究司马迁的思想学术、《史记》及《史记》学作出积极贡献，为推介和弘扬中华优秀传统文化增砖添瓦。

是为序。

2013 年 3 月于
西北大学中国思想文化研究所

前　言

《史记》在中国史学和文学上有独特的地位，后人对其作了多方面的研读。明清两代评点《史记》的作品很多，明代《史记》评点家有八十多位，清代有三百多位。清代才子汤谐所评注的《史记半解》，屡屡引起后人注目。

汤谐（1661—1724），初名大成，字展文，号怀村，其一生主要活动于清代康熙年间。于顺治十八年（1661）生于丹阳南门外汤甲村，自幼好学，天资聪颖。六岁就读，读书过目不忘，十一岁参加丹阳县试，考中第一名，受到丹阳县令周绅的赞许。从此，汤谐"神童"的美称传遍丹阳。三年后，汤谐父母相继去世。少年失去双亲显然影响了汤谐的进取。婚后他居住在妻家，边任塾师边钻研学问，后来参加岁、科考试多次名列前茅，相继考取增生、廪生。

汤谐虽然非常有才学，但是志大言大，常常在文章中豪言"天下之得失，民生之休戚"，所以屡次考举人不中。不过，这并没有影响汤谐对学问的刻苦钻研。康熙四十一年（1702），汤谐经友人介绍去大梁（今河南开封市）刺史府中当幕僚，次年代阅童子试卷，著有《约矩录》，刊印后在当地广为传诵。由于科场考试不顺，汤谐便专心研究古文，他钻研《朱子》、《四书》等著作，先后写成《左史蒙求》和《孟子论文》这两篇专著。

清朝初年，居住在练湖周围的土豪劣绅们利用练湖淤塞之机，大举侵占湖边良田。汤谐为民打抱不平，写作《复练湖论》数篇。该文触及了土豪劣绅的利益，汤谐因此受到了他们的忌恨。康熙四十六年（1707），汤谐被诬陷为"恶讼师"、"丹阳大侠"，关入丹徒县监狱，判刑一年。第二年春，汤谐在狱中向学政杨英山宗师上书伸冤，一万二千多字的长文深深打动了杨英山，杨英山最终出面平反了此冤案，汤谐才得以脱离牢狱之灾。出狱后，汤谐继续为练湖之事积极奔走,并作《练湖歌叙录》。

康熙五十二年（1713）,五十三岁的汤谐完成了《史记半解》。雍正二年（1724）,经过多年努力的汤谐终于考中举人,可惜在去北京参加会试的途中患病去世,终年六十三岁。

汤谐十一二岁刚参加县试就非常喜欢读《史记》,后人称其古文与司马迁神似,与西江李穆堂齐名。四十年来,汤谐广泛搜集前人对《史记》的评注,对《史记》一百三十篇著作中的六十八篇进行注解,其中"本纪"三篇,"表"八篇,"书"四篇,"世家"七篇,"列传"四十五篇,《太史公自叙》一篇。并请余正健、苏仕弘、殷仁贻等人作序,由慎余堂出版。《史记半解》是汤谐耗费四十多年精力研究《史记》后撰写的一部著作,言论精辟老到,具有较高的历史价值和学术研究价值。至今,研究文学、历史的专家学者们在从事学术研究时,常常引用汤谐《史记半解》的论述。《史记半解》原刻本珍藏于国家图书馆和上海图书馆,属于古籍善本书籍,弥为珍贵。

汤谐评点《史记》,从文学、史学入手,而且就文论文,不延伸其他作品,主要从文章内容、人物、写法角度评析。其评点具有以下特点:

其一、身经史公磨难,情感真实浓烈

首先,情感真实。汤谐之读《史记》,正如其友人苏仕弘在《史记半解序》中所言:"怀村至性勃发,动称古人,既深于《史记》发为议论文章,往往慷慨激昂,忧时感事如太史公语。其同里诸公多恶之者,乘其遭难也,下石焉。甚至夙所亲厚,皆被诱胁操戈矛相向,亦怀村好古致然也。"司马迁《报任安书》中也有一段自我陈述:"未能尽明,明主不晓,以为仆沮贰师,而为李陵游说,遂下于理。拳拳之忠,终不能自列,因为诬上,卒从吏议。家贫,财赂不足以自赎。交游莫救,左右亲近不为一言。身非木石,独与法吏为伍,深幽囹圄之中,谁可告愬者!"两人虽处不同的时代,但遭遇却是惊人的一致,同样经历了牢狱生活，且皆是受冤所致。人情的冷暖，世态的炎凉，使得汤谐与司马迁的人生经历，有了共同的情感体验。因之他读《史记》，就能感同身受，产生强烈的情感共鸣，体会到与他人不同的情感表述。友人苏仕弘在《史记半解序》中曰："在囹圄中，犹日手《史记》一编，至于间关播迁、风涛雾露之间，朝夕披吟，未尝少辍。嗟乎！怀村精神意气若此，宜其与太史公之心真能旷百世而相感也。"并且断定："凡文章之有评注也，必读者之精神与作者之精神两相浃，而后其奥美出焉。"正因情感上的共鸣，使汤谐评《史记》时，能够发前人之未见，将太史公当时难言，或不能言的看法直接抒发出来，为太史公申冤。如评《李将军列传》，汤谐曰："此文妙处全在以沉着之笔为咏叹之文。惟沉着故刻露，而意味乃倍觉深厚，神理乃真觉飞动矣。"那么，"沉着之笔"为何？"惟沉着故刻露"又露出什么？"意味"如何深厚？留给阅读者无尽的感慨。而汉武帝为人之刻薄寡恩已表露无遗，太史公的刻骨之痛读者亦能深深体会。

其次，情感色彩强烈。如汤谐看到太史公在《信陵君列传》的叙事中，处处流露出对信陵君的敬慕和同情，因而直接点评曰："文二千五百余字，而公子字凡一百四十余，极尽慨慕之意。"最妙的是《项羽本纪》的评点，令人叫绝！凡在太史公表现项羽的勇猛之处，汤谐皆以"唱叹"二字点评，共用十七处。而在项羽失败的原因上，汤谐从项羽处理点滴问题上找原因。依人物人生轨迹找到造成其败局的八个事件，从"败局一"标注至"败局八"。认为项羽性格的残暴也是失败的原因之一，"项王以嗜杀失家，终为汉虏。看至此处才赦外黄，当坑者而睢阳以东，遂争下项王。使新安之卒不坑，咸阳之民不屠，田荣之众不刈，天下岂足定哉？然此理却自舍人儿言之，故特为祥叙，以反影其平时之凶狠暴虐，自取灭亡，作一篇败局断案"。最后，对项羽"不任贤才而任亲昵"，是其大败局的关键作了说明。从评点的过程感知到汤谐爱憎分明，耿直不阿的性格特征。

其二、点明史公深意,引起读者注意

史公为文,多侧重历史事件钩沉,对事件的深层意义,作为当朝人不好,也不能直接评判。因此有些事件,需要读者启动慧心解读。汤谐认真探寻司马迁写史的深意,为后来者作很好的解读提供借鉴。如对封禅的看法,司马迁先叙述桓公欲封禅,而管仲以事谏之,汤谐文中评点曰:"诸時多兴于秦,汉因秦故增益,而汉武封禅、求不死,全是踵辙秦皇。故详叙秦事引入此处,旁及齐桓公,似属可节却断不可节,则为欲载管仲语也。管仲盛言未见之瑞,应以阻齐桓之封禅。辞甚幻,意甚正,史公引之,以见如仲所称瑞应终不可致,即封禅终无可行。而汉武一生总属徒劳矣,立言指归于此,透露为一篇扼要处。盖史公行文,往往将极紧要意思,藏于旁见侧出,轻淡间远之中,非独一篇为然也。"点明史公运用"曲笔",在当时是最好的表达方式。

其三、评点角度多变,注重写作脉络

司马迁着墨不多,写出了每个历史人物各自的特点。司马迁的史笔,就像一湾绿水淌过一片土地,何处为岸,何处为汀,何处为岛,何处为泽,一望便知,可谓泾渭分明,各个"须眉欲动"。汤谐深谙太史公用意,在《史记半解》中,主要从叙事、人物形象刻画、细节、段落、语言几方面探讨了《史记》文法笔力,为后人作了一个很好的导读。

汤谐评点《史记》,很多篇目涉及到复笔、伏应、提掇之法、互见法、详略与剪裁、虚实与闲笔点染、叙事之错综及各种叙事手法,《史记》叙事手法变化多端,不拘一格。正如汤谐所说:"《史记》之文,一篇自有一法或一篇兼具数法。烟云缭绕处,几于勺水不漏,而寄托遥深,迷离变幻使人莫可端倪,一片惨淡经营之意匠皆藏于浑浑沦沦、浩浩落落之中,所以为微密之至,而其貌反似阔疏也。"(《杂述》)细节描述很多。汤谐对《史记》赞叹的一个字,或一个词都会有评点,所选录的六十八篇,篇篇文中、文后皆有评点。

《史记》原文不分段,而汤谐的《史记半解》根据人物一生事件,一篇之中不分段的篇目,颇可值得玩味。如《陈涉世家》、《曹相国世家》、《乐毅列传》、《吕不韦传》、《黥布列传》、《田儋列传》、《张丞相列传》、《扁鹊仓公列传》、《卫将军骠骑列传》、《淮南衡山列传》、《循吏列传》、《儒林列传》。有些篇目以人物经历的大事时间分段,读来眉清目秀,如《秦始皇本纪》。有些篇目以人物故事分段,人人不同,性格各异,如《外戚世家》。有些篇目以人物一生中的重大事件分段,使人物活灵活现,如《项羽本纪》。不分段成为汤谐评注本的一大特色。

汤谐评点语言妙趣横生,或形象、或生动、或引人深思、或结合文脉,有时简洁明了,有时充满诗情画意,给读者留下深刻的印象。如《陈涉世家》文后评:"此文前后之妙易知,中间之妙难知;中间提笔之妙犹易知,零叙之妙难知。盖陈胜王凡六月,一时是多少侯王将相,起者匆匆而起;立者匆匆而立;遣者匆匆而遣;下者匆匆而下;畔者匆匆而畔;据者匆匆而据;胜者匆匆而胜;败者匆匆而败;失者匆匆而失;复者匆匆而复;诛者匆匆而诛;散者匆匆而散。有六月内结局者;有六月内未结局者;有六月后续出者。种种头绪纷如乱丝,详叙恐失仓卒之意;急叙又有里漏之患,岂非难事?乃史公却是匆匆写去,却已一一详尽,不漏不支,不躐不乱,岂非神手?若于此等妙处不能潜心玩味,真见其然,犹为枉读《史记》也。"将陈涉起义的时间之短、灭亡之快用急促的语言来表明,颇有点耐人寻味。

其四、独特历史视角,高瞻指点迷津

汤谐用历史学家的眼光,高瞻远瞩,为今人指点迷津。在评点《秦始皇本纪》时,汤谐先点评秦之所为:更帝号、销兵器、废封建、除谥法、议封禅、坑儒生。然后再说秦王劳民之事:益治宫殿,劳民一;治驰道,劳民二;求神仙劳民三;击匈奴,劳民四;开岭南,劳民五;戍岭南,劳民六;筑长城,劳民七;广北边,劳民八;徙北边,劳民九;

益治宫殿，劳民十；分作骊山，劳民十一；益治宫观，劳民十二；益徙边，劳民十三。最后点明"至此则劳民已极，而胜、广之难，作矣。"水到渠成地得出结论："许多罪过本只一个病根，然就事论之，则民为邦本，而残民尤速亡之道，此史公所以特加详写而切著明此理，为千秋炯戒也。"

总之，《史记半解》不管从文学还是史学角度，皆含义深厚，见解独特，是一本值得读者好好研读的《史记》评本。

标示符号说明：

《史记半解》整理时，标点符号以中华书局本为准，段落以汤谐原本为准。原作墨点覆盖太多，致使一些文字根本无法辨认，文中标示为〇，请读者见谅。同时，原书中有些标示符号转换如下：

(1) 文字下有"、、"顿号者，皆标示为黑点。

(2) 文字下有圆圈者，皆标示为单横线。

(3) 文字下有两个圆圈相连者，皆标示为双横线。

(4) 文字下有顿号、圆圈者，皆标示为单横线和圆点。

(5) 个别地方加有整理者按语，说明和中华书局本有不同的字词。

余 序

国家以经义程天下之士，而诗古文辞之学未尝不兼重。盖士子读书致用，必其备是三者，然后可以列于大雅，而号为"通儒"，虽然难言之矣。毘陵庠士汤生谐者，究心古文之学，有《史记半解》之刻。康熙甲午冬，予奉命视学两江，生持刻集见投时，予甫莅任，未及校，士得取其所论六十八篇者而细阅之。喜其憔悴专一，分寸毫厘之必较，而于《史记》为真得其波澜意度。之所以然，承学治古文者，殆莫之或先也。既岁，试生以经义高等谒见于公堂，因请予为之序。予惟士子识趣之高下，视乎在上培养之浅深，往者逢时干禄之伎习以成风，而古学之不讲久矣。恭遇圣天子广历学官，振兴文教，良法美意度越千古。于是，士之读书尚友厚自振拔者，一时云集响应。盖不惟纂修编辑之勤，焕发于兰台秘阁之选，而布衣韦带之儒，亦皆能覃精竭神，探微抉奥，以恍遇古人于几席之上。岂非人文之化成艺林之胜事，而予所乐引其端者哉！抑尝闻之，读史与穷经其致一也，立言与制行其揆一也，士患不奋发耳。如生之旷怀高寄、好学深思，若此诚使本是意，以穷经又何坚之弗破！以制行又何闲之弗密！以度务又何虑之弗周！而他日道德勋名，且将有炳耀史册以益光。

国家作人之化而不徒在文章著述间者矣，是尤学使者之望也。生尚勉之哉！读是编者，抑亦可以引伸而得之矣。

康熙乙未季夏二十有八日　学使者古田余正健书于澄江公署

周 序

怀村汤子刻其所评注《史记》,既成,手一编以示余。余读而叹曰:"嗟乎,怀村业则成矣,而心则苦矣。"昔太史公以鸿才博学为汉儒官,上下数千百年,忧文献之失坠,乃作《史记》继《春秋》。其鉴义陈辞,皆足以为法于天下后世。而不幸中遭李陵之祸,几弗克卒业。然而其志弥坚,其思弥远,其文之奥美无穷。独有千古者,且未必不因穷而益工也。今怀村之注是书也,其意又岂异哉?

余自甲申冬纳交怀村,是时,怀村方从事《史记》。尝为余言:《史记》一书被评注家蒙翳,至今亦千古缺憾。余韪其言,亟叩之,而听其指,授则皆发前人所未发。以此心窃慕之,而恨不遽见其成书。无何,怀村以公正发愤为群小所构,幽于缧绁,当事听谗,直欲置之死。会其罢官去,冤乃稍稍渐白。而群小又从而媒孽之,流离转徙者垂六七年。余固疑怀村将不暇复致力于古文矣,然而怀村志不衰,在图圄中,犹日手《史记》一编,至于间关播迁、风涛雾露之间,朝夕披吟,未尝少辍。嗟乎!怀村精神意气若此,宜其与太史公之心真能旷百世而相感也。怀村至性勃发,动称古人,既深于《史记》,发为议论文章,往往慷慨激昂,忧时感事如太史公语。其同里诸公多恶之者,乘其遘难也,下石焉。甚至夙所亲厚,皆被诱胁操戈矛相向,亦怀村好古致然也。而怀村以此谢绝知交,独往独来,专晤对古人,其于古也乃日益深。嗟乎!怀村之书,今者众皆见之矣,不知其能挟私憾以废之而沮遏其后世之名乎?抑固当往复流连而掩卷太息也。

先是怀村语余:"吾生平知己不数人,先达则某公某公尝脱余于厄,侪辈则吾子知吾读书用意最深。他日,《史记》成,子当为我序之。"余受而颔之。于是怀村授书理前,约余卒读之,而叹其更无待于余言也。

凡文章之有评注也,必读者之精神与作者之精神两相浃,而后其奥美出焉。当其始，非不殚思竭虑，穴固缒危，而及其犁然有当，要归于行所无事。故曰：作谓圣，述谓明，前古后今遥遥相待者，此也，怀村之业进于是矣。其细心妙解，以出人意表者入人意中，天下后世有目者皆得而睹之，而尚何假余言为哉？独念《史记》一书，更二千年混沌始凿开于怀村，而数奇不偶，遭罹险艰，几丧厥身，乃克成事，亦复仿佛作者。为可浩叹，用略书其概，以贻来者之感而悲怀村之志。嗟乎！怀村当吾世而有，怀村不使登庙廊秉史笔，与太史公后先辉映。而方听云云者，争欲杀之以为快也，可悲也已！

澄江友人苏士弘撰

自　序

　　司马子长《史记》百三十篇，为千古文章之祖。余年十一二岁时即读而好之，历今四十余年矣。尝遍求诸前贤之评论，而怅然有所不慊于心，以为何足称《史记》之美？因不揣固陋，间以己意，窃加点勘。当其忻然有会，亦几于心口欲接，虽劳苦患难为之俱忘。然而文章之有《史记》，譬则山之有泰岱，水之有沧海，其高不可得而攀，而深不可得而测也。浅见鲜闻之士，据其一知半解而诩诩焉，自谓已得古作者之心于遥遥千载之下，岂不惑哉？用是，稿凡屡易而卒未敢轻以示于人。京江殷子仕贻隐居好学，君子也。于余论文独有嗜痂之癖，见余近所抄《史记》本子，辄击节称赏，谓自有《史记》以来至今日，而其意与法始显，不可不亟公诸天下。余谢弗敢，而殷子命之至再，且曰："子于古文中兼好《庄子》，《庄子》论庖丁为文惠君解牛，手之所触，肩之所倚，足之所履，膝之所踦，砉然响然，奏刀騞然，莫不中音。而曰：'臣之所好者，道也；进乎技矣。始臣之解牛之时，所见无非牛者；三年之后，未尝见全牛也。方今之时，臣以神遇而不以目视，官知止而神欲行。依乎天理，批大郤，导大窾，因其固然。'又曰：'彼节者有间，而刀刃者无厚；以无厚入有间，恢恢乎其于游刃必有余地矣！'又曰：'每至于族，吾见其难为，怵然为戒，视为止，行为迟。动刀甚微，謋然已解，如土委地。提刀而立，为之四顾，为之踌躇满志。'斯语也，子尝亟称于余，以为学者读书论文之极则，而未有所以发之也。今自子之注《史记》也，吾乃真见斯意也。开千古之茫昧，示后学之津梁，不朽盛事将于是乎在即，奈何秘之？"余作而应曰："有是哉？学者无庖丁解牛意思，诚不可以论古人之书，而况《史记》。顾余则安能抑或谅其不为卤莽、不为穿凿附会？而于古人神理亦庶几十得三、四焉，以为斯大雅君子之所不废也，则可谓云尔已矣。"既勉强应殷子命，又以工费不赀，姑先刻其目如左，而名之曰"半解"，用志余不敢自信之意。海内多笃学嗜古之士，相与补其阙略，正其纰缪，以真遇古人于千载之上，而使古人有恨不见我之叹，是则余之厚望也夫。

康熙癸巳中秋日　延陵汤谐书于淮南舟次

杂　述

行文之有法度，犹审音之有六律，制器之有规矩。音无六律不正，器无规矩不成，文无法度不立。六经为明道之文，不可以法名，而条理精详，意义完备，以及次第排衍、纡回往复之处，莫非法之所见端，至孟子则已兼以法胜矣。自是而外，论古文者首推左史，其法度之宗祖乎？然左氏因经起传，编年、纪事多断续，分合之节法尤奥而难寻。《史记》事自为书，人自为传，皆整齐综括之篇法，虽微而可按。故余论古文之法自《史记》始。

文章之有法度也，非自法始也，必先有其意而后法以运之。意者，一篇之主宰而文之所由生。意不高，虽有良法无所附丽；然意立而法不密，则无以达意。而文失之竦法不浑则又无以藏意，而文失之浅，会斯意者可与读《史记》矣。《史记》之文，一篇自有一法，或一篇兼具数法。烟云缭绕处，几于勺水不漏，而寄托遥深，迷离变幻使人莫可端倪，一片惨澹经营之意匠皆藏于浑浑沦沦、浩浩落落之中，所以为微密之至，而其貌反似阔疏也。学者不加体察，见旧人有"班密不如马疏"之论，喜其说之高而便于卤莽，遂群奉疏之一字，以槩《史记》之文，而法度直置之弗论，真不知几州铁铸此一大错哉！

文章之道有三：曰意，曰法，曰神。意之本在识，识高则意高；法之本在心，心细则法细；神之本在养，养到则神到。近日读《史记》者，不讲其意与法，而未尝不自以为得其神，乃其所谓神者，不过剽窃风韵、掇拾字句，以为得之，则其所得固已无几矣。须知平淡、拙朴、琐屑、不经意处，莫非精神贯注、浩气流行，乃为真不负《史记》。然又必先尽见其法，而乃可以深会其神，此余论《史记》所以独详于论法也。

汤潜庵先生论《史记》云："辨而不华，质而不俚。其意深远，则其言愈缓；其事繁碎，则其文愈简。隐而彰，直而宽，非豪杰特起之士，其孰能为之？"至哉！潜庵之论可谓曲尽《史记》之美，盖意、法、神悉举之矣。而吕晚村先生每论文章法妙，必曰出自《史记》，又岂非读破万卷语哉？潜庵秉钺江南，晚村吴越接壤，生同居近。固尝私心向往而少年落拓，未及一游大贤之门，备聆教言。兹者窃取大意，僭成此书，而两先生又久已修文，天上莫获是正，爝火微明，不自韬晦，勉强问世，有余憾焉。

《史记》论议，诚有偏驳于圣道、不甚分明处，然亦必先尽见其用意立法之所在，而后可以判其醇疵。余之是集，志在表彰，故未遑深论也。

柳子厚尝言："作文之道，当参之太史，以著其洁。"而艾千子称之。归震川则以"雄深雅健"四字称《史记》，皆可谓善言《史记》者。

宋马存赠盖邦式序云："予友盖邦式尝为予言，司马子长之文章有奇伟气，窃有志之。斯文也，子其为说以赠我。予谓<u>子长之文章不在书</u>，学者每以书求之，则终身不知其奇。予有《<u>史记</u>》<u>一部，在天下名山大川</u>，壮丽可怪之处，将与子周游而历览之，庶几可以知此文矣。子长生平喜游，方少年自负之时，足迹不肯一日休。非直景物役也，<u>将以尽天下大观以助吾气</u>，然后吐而为书。今于其书观之，则其生平所尝游者皆在焉。<u>南浮长淮泝大江，见狂澜惊波，阴风怒号，逆走而横击，故其文奔放而浩漫</u>；<u>望云梦洞庭之陂，彭蠡之渚，涵混太虚，呼吸万壑而不见介量，故其文渟滀而渊深</u>；<u>见九疑之芊绵、巫山之嵯峨、阳台朝云、苍梧暮烟，态度无定，靡曼绰约，春妆如浓，秋饰如薄，故其文妍媚而蔚纤</u>；<u>泛江渡湘吊大夫之魂，悼妃子之恨，竹上犹斑斑，而不知鱼腹之膏尚无恙者乎？故其文感愤而伤激</u>；<u>过大望之墟，观楚汉之战场，想见项羽之喑鸣、高帝之慢骂，龙跳虎跃、壬兵万马、大弓长戟，俱游而齐呼，故其文雄勇猛健，使人心悸而胆栗</u>；<u>世家龙门，念神禹之巍功，西使巴蜀，跨剑阁之鸟道，上有摩云之崖，不见斧凿之痕，故其文崭绝峻拔而不可攀跻</u>；<u>讲业齐鲁之都，观夫子</u>

之遗风，乡射邹峄，仿佛乎汶阳洙泗之上，故其文典重温雅有似乎正人君子之容貌；凡夫天地之间，万物之变，可惊可愕、可以娱心，使人忧、使人悲者，子长尽取而为文章。是以变化出没如万象供四时而无穷。今于其书观之，岂不信矣乎？予谓欲学子长之为文，先学其游可也，不知学游以采奇，而欲操笔弄墨，纫缀腐熟者，乃其常常耳。昔公孙氏善舞剑，而学书者得之，乃入于神；庖丁氏善操刀，而养生者得之，乃极其妙。事固有殊类而相感者，其意同故也。今天下之绝踪诡观，何以异于是？子果能为我游者乎？予欲观子矣。醉把杯酒，可以吞江南吴越之清风，拂剑长啸，可以吸燕赵秦陇之劲气，然后归而治文著书。子畏子长乎？子长畏子乎？然断编败册，朝吟而暮诵之，吾不知所得矣。"马君此文，其论《史记》文章之美，极斟酌饱满之趣；而其论学《史记》之法，尤使人发高望远志之期，诚笃论也。抑有说焉，天下名山大川之伟观，既已尽在《史记》中，若对《史记》而尚不足当卧游，即又何取乎《史记》为哉？故尝论善学者当其读《史记》，已如见名山大川也；不善学者虽日历乎名山大川，终无《史记》也。其所以无之之故多端，而大病则有一焉，曰："俗而已矣"。俗则极天下奇伟殊绝之观，俱不足以感发其性情，而荡涤其尘垢，何论《史记》？又何论名山大川？故昔人尝有言曰："诸病可医，唯俗不可医。"然诚能痛洗俗肠，玩心高明，则又不可医而可医也。俗肠既尽，然后取《史记》一编，朝吟夕诵，日浸月润，自有渐得其妙。如前所云者，而由是出而游览，蕴五岳于方寸之中，遇奇文于寰宇之内，一以贯之矣。不然，《史记》可以贮之案头，而名山大川，必求之四方。万一事势所阻，游览无自，将穷乡僻壤有志之士，遂终不得学《史记》也乎哉？

集中有详论者，有略论者，有但用圈识而意与法已略见者。盖或旧评舛谬，或间架阔远，或纲要蔽蒙，非详论则不能明而一。既详论则又恐学者徒事口耳，而不求自得，此所以姑托于引而不发之意也。

要之，《史记》之妙，错综参伍，变化无穷，即今所详论，岂遂能尽其奥美哉？好学深思之士，知必有妙悟入神而诏我以不足者。

《史记》合传及有序诸传，皆联络融贯统为一篇，坊本或提行另写，失其本来，而学者多删截割裂，恣其苟简，古学之亡非一日矣。今集中尽录全文，惟《八表》止录序文，则意在论文之故也！《史记》百三十篇，惟《汉兴以来将相名臣年表》、《孝武本纪》二篇全文尽阙，其余百二十八篇，虽亦有残缺，然皆当存论。今所刻六十八篇，乃因评注先定，工费不赀，而友人殷子仕贻、苏子亦滨又迫使问世之故，故先刻以当就正，非有去取也。学者或谅其有一得之长而不我弃，遗则全集出矣。

目 录

史记半解 卷一

秦始皇本纪 3
项羽本纪 25
孝文本纪 42
三代世表 52
十二诸侯年表 53
六国年表 55
秦楚之际月表 57
汉兴以来诸侯王年表 58
高祖功臣侯者年表 60
惠景间侯者年表 62
建元以来侯者年表 63
律　书 64
封禅书 69
河渠书 89
平准书 92

史记半解 卷二

陈涉世家 105
外戚世家 109
萧相国世家 115
曹相国世家 119
留侯世家 123
绛侯周勃世家 131
梁孝王世家 136

伯夷列传 …… 140

管晏列传 …… 143

老庄申韩列传 …… 145

司马穰苴列传 …… 149

商君列传 …… 151

孟子荀卿列传 …… 156

信陵君列传 …… 159

范睢蔡泽列传 …… 165

乐毅列传 …… 178

廉颇蔺相如列传 …… 182

田单列传 …… 189

屈原贾生列传 …… 191

吕不韦列传 …… 198

刺客列传 …… 202

李斯列传 …… 212

史记半解　卷三

张耳陈馀列传 …… 227

黥布列传 …… 235

淮阴侯列传 …… 240

田儋列传 …… 252

张丞相列传 …… 255

郦生陆贾列传 …… 261

刘敬叔孙通列传 …… 268

季布栾布列传 …… 274

张释之冯唐列传 …… 277

万石张叔列传 …… 281

田叔列传	286
扁鹊仓公列传	288
吴王濞列传	302
魏其武安侯列传	310
韩长孺列传	317

史记半解　卷四

李将军列传	325
卫将军骠骑列传	332
平津侯主父列传	342
司马相如列传	350
淮南衡山列传	367
循吏列传	379
汲郑列传	381
儒林列传	386
酷吏列传	392
大宛列传	403
游侠列传	413
佞幸列传	418
滑稽列传	420
日者列传	424
货殖列传	428
太史公自序	438
史记半解后序	452

史记半解 卷一

秦始皇本纪

秦始皇帝者，秦庄襄王子也。庄襄王为秦质子于赵，见吕不韦姬，悦而取之，生始皇。以秦昭王四十八年正月生于邯郸。及生，名为政，姓赵氏。年十三岁，庄襄王死，政代立为秦王。

当是之时，秦地已并巴、蜀、汉中，越宛有郢，置南郡矣；北收上郡以东，有河东、太原、上党郡；东至荥阳，灭二周，置三川郡。吕不韦为相，封十万户，号曰文信侯。招致宾客游士，振裘挈领。欲以并天下。李斯为舍人。蒙骜、王齮、麃公等为将军。王年少，初即位，委国事大臣。晋阳反。

元年，将军蒙骜击定之。

二年，麃公将卒攻卷，斩首三万。

三年，蒙骜攻韩，取十三城。王齮死。十月，将军蒙骜攻魏氏畼、有诡。岁大饥。有灾必书，亦是祖述春秋之意。

四年，拔畼、有诡。三月，军罢。秦质子归自赵，赵太子出归国。十月庚寅，蝗虫从东方来，蔽天，天下疫。百姓内粟千石，拜爵一级。

五年，将军骜攻魏，定酸枣、燕、虚、长平、雍丘、山阳城，皆拔之，取二十城。初置东郡。冬雷。

六年，韩、魏、赵、卫、楚共击秦，取寿陵。秦出兵，五国兵罢。拔卫，迫东郡，其君角率其支属徙居野王，阻其山以保魏之河内。

七年，彗星先出东方，见北方，五月见西方。将军骜死。以攻龙、孤、庆都，还兵攻汲。彗星复见西方，十六日。夏太后死。

八年，王弟长安君成蟜将军击赵，反，死屯留，军吏皆斩死，迁其民于临洮。将军壁死，卒屯留、蒲鶮反，戮其尸。河鱼大上，轻车重马东就食。嫪毐音劳霭封为长信侯。予之山阳地，令毐居之。

宫室车马衣服苑囿驰猎恣毐。事无大小皆决于毐。又以河西太原郡更为毐国。

九年，彗星见，或竟天。攻魏垣、蒲阳。四月，上宿雍。己酉，王冠，带剑。长信侯毐作乱而觉，矫王御玺及太后玺以发县卒、及卫卒、官骑、戎翟君公、舍人，将欲攻蕲年宫为乱。王知之，令相国昌平君、昌文君发卒攻毐。战咸阳，斩首数百，皆拜爵，及宦者皆在战中，亦拜爵一级。毐等败走。即令国中有生得毐，赐钱百万；杀之，五十万。尽得毐等。卫尉竭、内史肆、佐弋竭、中大夫令齐等二十人，皆枭首车裂以徇，灭其宗，及其舍人，轻者为鬼薪。及夺爵迁蜀四千余家，家房陵。四月寒冻，有死者。杨端和攻衍氏。彗星见西方，又见北方，从斗以南八十日。

十年，相国吕不韦坐嫪毐免。桓齮为将军。齐、赵来置酒。齐人茅焦说秦王曰："秦方以天下为事，而大王有迁母太后之名，恐诸侯闻之，由此倍秦也。"秦王乃迎太后于雍，而入咸阳，复居甘泉宫。大索，逐客。李斯上书说，乃止逐客令。李斯因说秦王，请先取韩以恐他国，于是使斯下韩。韩王患之，与韩非谋弱秦。大梁人尉缭来，说秦王曰："以秦之强，诸侯譬如郡县之君，臣但恐诸侯合从，翕而出不意，此乃智伯、夫差、湣王之所以亡也。愿大王毋爱财物，赂其豪臣，以乱其谋，不过亡三十万金，则诸侯可尽。"秦王从其计，见尉缭亢礼，衣服食饮与缭同。此借尉缭语写秦王性情为发端，后借侯生语括秦皇事类为断案，布置灵活，骨节珊然。缭曰："<u>秦王为人</u>，<u>蜂准</u>，<u>长目</u>，<u>挚鸟膺</u>，<u>豺声</u>，<u>少恩而虎狼心</u>，<u>居约易出人下</u>，<u>得志亦轻食人</u>。<u>我布衣</u>，<u>然见我常身自下我</u>。<u>诚使秦王得志于天下</u>，<u>天下皆为虏矣</u>。不可与久游。"乃亡去。秦王觉，固止，以为秦国尉，卒用其计策。而李斯用事。

十一年，王翦、桓齮、杨端和攻邺，取九城。王翦攻阏与、橑杨，皆并为一军。翦将十八日，军归斗食以下，什推二人从军。取邺安阳，桓齮将。

十二年，文信侯不韦死，窃葬。其舍人临者，晋人也逐出之；秦人六百石以上夺爵，迁；五百石以下不临，迁，勿夺爵。自今以来，操国事不道如嫪毐、不韦者籍其门，视此。秋，复嫪毐舍人迁蜀者。当是之时，天下大旱，六月至八月乃雨。

十三年，桓齮攻赵平阳，杀赵将扈辄，斩首十万。王之河南。正月，彗星见东方。十月，桓齮攻赵。

十四年，攻赵军于平阳，取宜安，破之，杀其将军。桓齮定平阳、武城。韩非使秦，秦用李斯谋，留非，非死云阳。韩王请为臣。

十五年，大兴兵，一军至邺，一军至太原，取狼孟。地动。

十六年九月，发卒受地韩南阳假守腾。初令男子书年。魏献地于秦。秦置丽邑。

十七年，内史腾攻韩，得韩王安，尽纳其地，以其地为郡，命曰颍川。地动。华阳太后卒。民大饥。

十八年，大兴兵攻赵，王翦将上地，下井陉，端和将河内，羌瘣伐赵，端和围邯郸城。

十九年，王翦、羌瘣尽定取赵地东阳，得赵王。引兵欲攻燕，屯中山。秦王之邯郸，诸尝与王生赵时母家有仇怨，皆阬之。秦王还，从太原、上郡归。始皇帝母太后崩。赵公子嘉率其宗数百人之代，自立为代王，东与燕合兵，军上谷。大饥。

二十年，燕太子丹患秦兵至国，恐，使荆轲刺秦王。秦王觉之，体解轲以徇，而使王翦、辛胜攻燕。燕、代发兵击秦军，秦军破燕易水之西。

二十一年，王贲攻蓟。乃益发卒诣王翦军，遂破燕太子军，取燕蓟城，得太子丹之首。燕王东收辽东而王之。王翦谢病老归。新郑反。昌平君徙于郢。大雨雪，深二尺五寸。

二十二年，王贲攻魏，引河沟灌大梁，大梁城坏，其王请降，尽取其地。

二十三年，秦王复召王翦，强起之，使将击荆。取陈以南至平舆，虏荆王。秦王游至郢陈。荆将项燕立昌平君为荆王，反秦于淮南。

二十四年，王翦、蒙武攻荆，破荆军，昌平君死，项燕遂自杀。

二十五年，大兴兵，使王贲将，攻燕辽东，得燕王喜。还攻代，虏代王嘉。王翦遂定荆江南地；降越君，置会稽郡。五月，天下大酺。

二十六年，齐王建与其相后胜发兵守其西界，不通秦。秦使将军王贲从燕南攻齐，得齐王建。秦初并天下，令丞相、御史曰："异日韩王纳地效玺，请为藩臣，已而倍约，与赵、魏合从畔秦，故兴兵诛之，虏其王。寡人以为善，庶几息兵革。赵王使其相李牧来约盟，故归其质子。已而倍盟，反我太原，故兴兵诛之，得其王。赵公子嘉乃自立为代王，故举兵击灭之。魏王始约服入秦，已而与韩、赵谋袭秦，秦兵吏诛，遂破之。荆王献青阳以西，已而畔约，击我南郡，故发兵诛，得其王，遂定其荆地。燕王昏乱，其太子丹乃阴令荆轲为贼，兵吏诛，灭其国。齐王用后胜计，绝秦使，欲为乱，兵吏诛，虏其王，平齐地。寡人以眇眇之身，兴兵诛暴乱，赖宗庙之灵，六王咸伏其辜，天下大定。今名号不更，无以称成功，传后世。其议帝号。"更帝号。

丞相绾、御史大夫劫、廷尉斯等皆曰："昔者五帝地方千里，其外侯服夷服，诸侯或朝或否，天子不能制。今陛下兴义兵，诛残贼，平定天下，海内为郡县，法令由一统，自上古以来未尝有，五帝所不及。臣等谨与博士议曰：'古有天皇，有地皇，有泰皇，泰皇最贵。'臣等昧死上尊号，王为'泰皇'。命为'制'，令为'诏'，天子自称曰'朕'。"王曰："去'泰'，著'皇'，采上古'帝'位号，号曰'皇帝'。他如议。"制曰："可。"追尊庄襄王为太上皇。制曰："朕闻太古有号毋谥，中古有号，死而以行为谥。<u>如此，则子议父，臣议君也，甚无谓，朕弗取焉。自今已来，除谥法</u>。除谥法。朕为始皇帝。后世以计数，<u>二世三世至千万世，传之无穷</u>。"始皇推终始五德之传，以为周得火德，秦代周德，从所不胜。方今水德之始，改年始，朝贺皆自十月朔。衣服旄旌节旗皆上黑。数以六为纪，符、法冠皆六寸，而舆六尺，六尺为步，乘六马。更名河曰"德水"，以为水德之始。刚毅戾深，<u>事皆决于法</u>，刻削毋仁恩和义，然后合五德之数。于是急法，久者不赦。丞相绾等言："诸侯初破，燕、齐、荆地远，不为置王，毋以填之。请立诸子，唯上幸许。"始皇下其议于群臣，群臣皆以为便。廷尉李斯议曰："周文武所封子弟同姓甚众，然后属疏远，相攻击如仇雠，诸侯更相诛伐，周天子弗能禁止。今海内赖陛下神灵一统，皆为郡县，诸子功臣，以公赋税重赏赐之，甚足，易制。天下无异意，则安宁之术也。<u>置诸侯不便</u>。"始皇曰："天下共苦战斗不休，以有侯王。赖宗庙，天下初定，又复立国，是树兵也，而求其宁息，岂不难哉！<u>廷尉议是</u>。"废封建。分天下以为三十六郡，郡置守、尉、监。更名民曰"黔首"。大酺。收天下兵，聚之咸阳，销兵器。销以为钟鐻，金人十二，重各千石，置宫廷中。一法度衡石丈尺。车同轨。书同文字。地东至海暨朝鲜，西至临洮、羌中，南至北向户，北据河为塞，并阴山至辽东。徙天下豪富于咸阳十二万户。诸庙及章台、上林皆在渭南。秦每破诸侯，写放其宫室，作之咸阳北阪上，南临渭，自雍门以东至泾、渭，<u>殿屋复道周阁相属</u>。所得诸侯美人钟鼓，以充入之。整治宫殿劳民于此为甚，而征战谪徙更略相当。

二十七年，始皇巡陇西、北地，出鸡头山，过回中焉。作信宫渭南，益治宫殿，劳民一。已更命信宫为极庙，象天极。自极庙道通郦山，作甘泉前殿。筑甬道，自咸阳属之。是岁，赐爵一级。<u>治驰道</u>。治驰道，劳民二。

二十八年，始皇东行郡县，上邹峄山。立石，与鲁诸儒生议，刻石颂秦德，议封禅议封禅。望祭山川之事。乃遂上泰山，立石，封，祠祀。下，<u>风雨暴至</u>，休于树下，败兴一。因封其树为五大夫。禅梁父。刻所立石，其辞曰：皇帝临位，三句一韵。作制明法，臣下修饬。二十有六年，初并天下，罔不宾服。亲巡远方黎民，登兹泰山，周览东极。从臣思迹，本原事业，祗诵功德。治道运行，诸产得宜，皆有法式。大义休明，垂于后世，顺承勿革。皇帝躬圣，既平天下，不懈于治。夙兴夜寐，建设长利，专隆教诲。训经宣达，远近毕理，咸承圣志。贵贱分明，男女礼顺，慎遵职事。昭隔内外，靡不清净，施于后嗣。化及无穷，遵奉遗诏，永承重戒。于是乃并勃海以东，过黄、腄，穷成山，登之罘，立石颂秦德焉而去。南登琅邪，大乐之，留三月。乃徙黔首三万户琅邪台下，复十二岁。作琅邪台，立石刻，颂秦德，<u>明得意</u>。曰：两句一韵。维二十六年，皇帝作始。端平法度，万物之纪。以明人事，合同父子。圣智仁义，显白道理。东抚东土，以省卒士。事已大毕，乃临于海。皇帝之功，勤劳本事。上农除末，黔首是富。普天之下，抟心揖志。器械一量，同书文字。日月所照，舟舆所载。皆终其命，莫不得意。应时动事，是维皇帝。匡饬异俗，陵水经地。忧恤黔首，朝夕不懈。除疑定法，咸知所辟。方伯分职，诸治经易。举错必当，莫不如画。皇帝之明，临察四方。尊卑贵贱，不逾次行。奸邪不容，皆务贞良。细大尽力，莫敢怠荒。远迩辟隐，专务肃庄。端直敦忠，事业有常。皇帝之德，存定四极。诛乱除害，兴利致福。节事以时，诸产繁殖。黔首安宁，不用兵革。六亲相保，终无寇贼。骊欣奉教，尽知法式。六合之内，皇帝之土。西徙流沙，南尽北户。东有东海，北过大夏。人迹所至，无不臣者。功盖五帝，泽及牛马。莫不受德，各安其宇。维秦王兼有天下，立名为皇帝，乃抚东土，至于琅邪。列侯武城侯王离、列侯通武侯王贲、伦侯建成侯赵亥、伦侯昌武侯成、伦侯武信侯冯毋择、丞相隗林、丞相王绾、卿李斯、卿王戊、五大夫赵婴、五大夫杨樛从，与议于海上。曰："古之帝者，地不过千里，诸侯各守其封域，或朝或否，相侵暴乱，残伐不止，犹刻金石，以自为纪。以上两句一韵。古之五帝三皇，单句。知教不同，法度不明，两句一韵。假威鬼神，以欺远方，实不称名，故不久长。其身未殁，诸侯倍叛，法令不行。以下三句一韵。今皇帝并一海内，以为郡县，天下和平。昭明宗庙，体道行德，尊号大成。群臣相与诵皇帝功德，刻于金石，以为表经。"既已，齐人徐市等上书，言海中有三神山，名曰蓬莱、方丈、瀛洲，仙人居之。请得斋戒，与童男女求之。于是遣徐市发童男女数千人，入海求仙人。求神仙。劳民三。始皇还，过彭城，斋戒祷祠，欲出周鼎泗水。使千人没水求之，弗得。败兴二。乃西南渡淮水，之衡山、南郡。浮江，至湘山祠。逢大风，几不得渡。败兴三。上问博士曰："湘君何神？"博士对曰："闻之，尧女，舜之妻，而葬此。"于是始皇大怒，使刑徒三千人皆伐湘山树，赭其山。上自南郡由武关归。

二十九年，始皇东游。至阳武博浪沙中，为盗所惊。败兴四。求弗得，乃令天下大索十日。登之罘，刻石。其辞曰：维二十九年，时在中春，阳和方起。三句一韵。皇帝东游，二铭亦每以皇帝设。巡登之罘，临照于海。从臣嘉观，原念休烈，追诵本始。大圣作治，建定法度，显著纲纪。外教诸侯，光施文惠，明以义理。六国回辟，贪戾无厌，虐杀不已。皇帝哀众，遂发讨师，奋扬武德。义诛信行，威燀旁达，莫不宾服。烹灭强暴，振救黔首，周定四极。普施明法，经纬天下，永为仪则。大矣哉！宇县之中，承顺圣意。群臣诵功，请刻于石，表垂于常式。其东观曰：维二十九年，皇帝春游，览省远方。三句一韵。逮于海隅，遂登之罘，昭临朝阳。观望广丽，从臣咸念，原道至明。圣法初兴，清理疆内，外诛暴强。武威旁畅，振动四极，禽灭六王。阐并天下，灾害绝息，永偃戎兵。皇帝明德，经理宇内，视听不怠。作立大义，昭设备器，咸有章旗。职臣遵分，各知所行，事无嫌疑。黔首改化，远迩同度，临古绝尤。常职既定，后嗣循业，长承圣治。群臣嘉德，祗诵圣烈，请刻之罘。旋，遂之琅邪，道上党入。

三十年，无事。

三十一年十二月，更名腊曰"嘉平"。赐黔首里六石米，二羊。始皇为微行咸阳，与武士四人俱，<u>夜出逢盗兰池</u>，败兴五。见窘，武士击杀盗，关中大索二十日。<u>米石千六百</u>。败兴六。

三十二年，始皇之碣石，使燕人卢生求羡门、高誓。刻碣石门。坏城郭，决通堤防。其辞曰：遂兴师旅，三句一韵。诛戮无道，为逆灭息。武殄暴逆，文复无罪，庶心咸服。惠论功劳，赏及牛马，恩肥土域。皇帝奋威，德并诸侯，初一泰平。堕坏城郭，决通川防，夷去险阻。地势既定，黎庶无繇，天下咸抚。男乐其畴，女修其业，事各有序。惠被诸产，久并来田，莫不安所。群臣诵烈，请刻此石，垂著仪矩。<u>因使韩终、侯公、石生求仙人不死之药</u>。始皇巡北边，从上郡入。燕人卢生使入海还，以鬼神事，<u>因奏录图书</u>，曰："<u>亡秦者胡也</u>"。败兴七。始皇乃使将军蒙恬发兵三十万人<u>北击胡</u>，击匈奴，劳民四。略取河南地。

三十三年，发诸尝逋亡人、开岭南，劳民五。赘婿、贾人略取陆梁地，为桂林、象郡、南海，<u>以适遣戍</u>。戍岭南，劳民六。西北斥逐匈奴。自榆中并河以东，属之阴山，以为三十四县，<u>城河上为塞</u>。筑长城，劳民七。<u>又使蒙恬渡河取高阙</u>、陶山、北假中，筑亭障以<u>逐戎人</u>。广北边，劳民八。<u>徙谪，实之初县</u>，禁不得祠。徙北边，劳民九。<u>明星出西方</u>。败兴八。

三十四年，适治狱吏不值者，筑长城及南越地。始皇置酒咸阳宫，博士七十人前为寿。仆射周青臣进颂曰："他时秦地不过千里，赖陛下神灵明圣，平定海内，放逐蛮夷，日月所照，莫不宾服。以诸侯为郡县，人人自安乐，无战争之患，传之万世。自上古不及陛下威德。"始皇悦。博士齐人淳于越进曰："臣闻殷周之王千余岁，封子弟功臣，自为枝辅。今陛下有海内，而子弟为匹夫，卒有田常、六卿之臣，无辅拂，何以相救哉？事不师古而能长久者，全文总断于此○出。非所闻也。今青臣又面谀以重陛下之过，非忠臣。"始皇下其议。丞相李斯曰："五帝不相复，三代不相袭，各以治，非其相反，时变异也。今陛下创大业，建万世之功，固非愚儒所知。且越言乃三代之事，何足法也？异时诸侯并争，厚招游学。今天下已定，法令出一，百姓当家则力农工，士则学习法令辟禁。今诸生不师今而学古，以非当世，惑乱黔首。丞相臣斯昧死言：古者天下散乱，莫之能一，是以诸侯并作，语皆道古以害今，饰虚言以乱实，人善其所私学，以非上之所建立。今皇帝并有天下，别黑白而定一尊。私学而相与非法教，人闻令下，则各以其学议之，入则心非，出则巷议，夸主以为名，异取以为高，率群下以造谤。如此弗禁，则主势降乎上，党与成乎下。禁之便。臣请史官非秦记皆烧之。非博士官所职，天下敢有藏《诗》、《书》、百家语者，悉诣守、尉杂烧之。有敢偶语《诗》《书》者弃市。焚《诗》《书》。以古非今者族。吏见知不举者与同罪。令下三十日不烧，黥为城旦。所不去者，医药卜筮种树之书。若欲有学法令，以吏为师。"制曰："可。"

　　三十五年，除道，道九原抵云阳，堑山堙谷，直通之。于是始皇以为咸阳人多，先王之宫廷小，吾闻周文王都丰，武王都镐，丰镐之间，帝王之都也。乃营作朝宫渭南上林苑中。益治宫殿，劳民十。先作前殿阿房，东西五百步，南北五十丈，上可以坐万人，下可以建五丈旗。周驰为阁道，自殿下直抵南山。表南山之颠以为阙。为复道，自阿房渡渭，属之咸阳，以象天极阁道绝汉抵营室也。阿房宫未成；成，欲更择令名名之。作宫阿房，故天下谓之阿房宫。隐宫徒刑者七十余万人，乃分作阿房宫，或作丽山。分作骊山，劳民十一。发北山石椁，乃写蜀、荆地材皆至。关中计宫三百，关外四百余。

于是立石东海上朐界中，以为秦东门。因徙三万家丽邑，五万家云阳，皆复不事十岁。卢生说始皇曰："臣等求芝奇药仙者常弗遇，类物有害之者。方中，人主时为微行以辟恶鬼，恶鬼辟，真人至。人主所居而人臣知之，则害于神。真人者，入水不濡，入火不爇，陵云气，与天地久长。今上治天下，未能恬淡。愿上所居宫毋令人知，然后不死之药殆可得也。"于是始皇曰："吾慕真人，自谓'真人'，不称'朕'。"乃令咸阳之旁二百里内宫观二百七十复道甬道相连，益治宫观，劳民十二。帷帐钟鼓美人充之，各案署不移徙。行所幸，有言其处者，罪死。始皇帝幸梁山宫，从山上见丞相车骑众，弗善也。中人或告丞相，丞相后损车骑。始皇怒曰："此中人泄吾语。"案问莫服。当是时，诏捕诸时在旁者，皆杀之。自是后莫知行之所在。听事，群臣受决事，悉于咸阳宫。侯生、卢生相与谋曰："始皇为人，天性刚戾自用，起诸侯，并天下，意得欲从，以为自古莫及已。专任狱吏，狱吏得亲幸。博士虽七十人，特备员弗用。丞相诸大臣皆受成事，倚辨于上。上乐以刑杀为威，天下畏罪持禄，莫敢尽忠。上不闻过而日骄，下慑伏谩欺以取容。秦法，不得兼方，不验，辄死。然候星气者至三百人，皆良士，畏忌讳谀，不敢端言其过。天下之事无大小皆决于上，上至以衡石量书，日夜有呈，不中呈不得休息。贪于权势至如此，未可为求仙药。"于是乃亡去。败兴九。始皇闻亡，乃大怒曰："吾前收天下书不中用者尽去之。悉召文学方术士甚众，欲以兴太平，方士欲练以求奇药。今闻韩众去不报，徐市等费以巨万计，终不得药，徒奸利相告日闻。卢生等吾尊赐之甚厚，今乃诽谤我，以重吾不德也。诸生在咸阳者，吾使人廉问，或为訞言以乱黔首。"于是使御史悉案问诸生，诸生传相告引，乃自除。犯禁者四百六十余人，皆阬之咸阳，阬儒生。使天下知之，以惩后。益发谪徙边。益徙边，劳民十三。始皇长子扶苏谏曰："天下初定，远方黔首未集，诸生皆诵法孔子，今上皆重法绳之，臣恐天下不安。唯上察之。"始皇怒，使扶苏北监蒙恬于上郡。

　　三十六年，荧惑守心。败兴十。有坠星下东郡，至地为石，黔首或刻其石，曰：败兴十一。"始皇帝死而地分"。始皇闻之，遣御史逐问，莫服，尽取石旁居人诛之，因燔销其石。始皇不乐，使博士为仙真人诗，及行所游天下，传令乐人歌弦之。秋，使者从关东夜过华阴平舒道，有人持璧遮使者曰："为吾遗滈池君。"因言曰："今年祖龙死。"败兴已极，败局遂终。使者问其故，因忽不见，置其璧去。使者奉璧具以闻。始皇默然良久，气短而神失矣，描写如见。曰："山鬼固不过知一岁事也。"退言曰："祖龙者，人之先也。"使御府视璧，乃二十八年行渡江所沈璧也。于是始皇卜之，国破家凶，在此一游，而卜兆反以吉告，天之欲灭秦也。卦得游徙吉。迁北河榆中三万家。拜爵一级。

　　三十七年十月癸丑，始皇出游。左丞相斯从，右丞相去疾守。少子胡亥爱慕请从，上许之。十一月，行至云梦，望祀虞舜于九疑山。浮江下，观籍柯，渡海渚。过丹阳，至钱塘。临浙江，水波恶，败兴，余波。乃西百二十里从狭中渡。上会稽，祭大禹，望于南海，而立石刻颂秦德。其文曰：皇帝休烈，平一宇内，德惠修长。三句一韵。三十有七年，亲巡天下，周览远方。遂登会稽，宣省习俗，黔首斋庄。群臣诵功，本原事迹，追首高明。秦圣临国，始定刑名，显陈旧章。初平法式，审别职任，以立恒常。六王专倍，贪戾傲猛，率众自强。暴虐恣行，负立而骄，数动甲兵。阴通间使，以事合从，行为辟方。内饰诈谋，外来侵边，遂起祸殃。义威诛之，殄熄暴悖，乱贼灭亡。圣德广密，六合之中，被泽无疆。皇帝并宇，兼听万事，远近毕清。运理群物，考验事实，各载其名。贵贱并通，善否陈前，靡有隐情。饰省宣义，有子而嫁，倍死不贞。防隔内外，禁止淫泆，男女絜诚。夫为寄豭，杀之无罪，男秉义程。妻为逃嫁，子不得母，咸化廉清。大治濯俗，天下承风，蒙被休经。皆遵度轨，和安敦勉，莫不顺令。黔首修洁，人乐同则，嘉保太平。后敬奉法，常治无极，舆舟不倾。从臣诵烈，请刻此石，光垂休铭。

还过吴，从江乘渡。并海上，北至琅邪。方士徐市等入海求神药，数岁不得，费多，恐谴，乃诈曰："蓬莱药可得，然常为大鲛鱼所苦，故不得至，愿请善射与俱，见则以连弩射之。"始皇梦与海神战，如人状。问占梦，博士曰："水神不可见，以大鱼蛟龙为候。今上祷祠备谨，而有此恶神，当除去，而善神可致。"乃令入海者斋捕巨鱼具，而自以连弩候大鱼出射之。自琅邪北至荣成山，弗见。至之罘，见巨鱼，射杀一鱼。遂并海西。至平原津而病。始皇恶言死，群臣莫敢言死事。上病益甚，乃为玺书赐公子扶苏曰："与丧会咸阳而葬。"书已封，在中车府令赵高行符玺事所，未授使者。七月丙寅，始皇崩于沙丘平台。丞相斯为上崩在外，恐诸公子及天下有变，乃秘之，不发丧。棺载辒凉车中，故幸宦者参乘，所至上食。百官奏事如故，宦者辄从辒凉车中可其奏事。独子胡亥、赵高及所幸宦者五六人知上死。赵高故尝教胡亥书及狱律令法事，胡亥私幸之。高乃与公子胡亥、丞相斯阴谋破去始皇所封书赐公子扶苏者，而更诈为丞相斯受始皇遗诏沙丘，立子胡亥为太子。更为书赐公子扶苏、蒙恬，数以罪，其赐死。语具在李斯传中。行，遂从井陉抵九原。会暑，上辒车臭，正以败兴。言之可听，思之可痛。乃诏从官令车载一石鲍鱼，以乱其臭。行从直道至咸阳，发丧。太子胡亥袭位，为二世皇帝。九月，葬始皇郦山。始皇初即位，穿治郦山，及并天下，天下徒送诣七十余万人，劳民伤财至此。穿三泉，下铜而致椁，宫观百官奇器珍怪徙藏满之。令匠作机弩矢，有所穿近者辄射之。以水银为百川江河大海，机相灌输，上具天文，下具地理。以人鱼膏为烛，度不灭者久之。二世曰："先帝后宫非有子者，出焉不宜。"皆令从死，死者甚众。葬既已下，或言工匠为机，藏皆知之，藏重即泄。大事毕，已藏，闭中羡，下外羡门，尽闭工匠藏者，无复出者。树草木以象山。

二世皇帝元年，年二十一。赵高为郎中令，任用事。二世下诏，增始皇寝庙牺牲及山川百祀之礼。令群臣议尊始皇庙。群臣皆顿首言曰："古者天子七庙，诸侯五，大夫三，虽万世世不轶毁。今始皇为极庙，四海之内皆献贡职，增牺牲，礼咸备，毋以加。先王庙或在西雍，或在咸阳。天子仪当独奉酌祠始皇庙。自襄公已下轶毁。所置凡七庙。群臣以礼进祠，以尊始皇庙为帝者祖庙。皇帝复自称'朕'"。二世与赵高谋曰："朕年少，初即位，黔首未集附。先帝巡行郡县，以示强，<u>威服海内</u>。今晏然不巡行，<u>即见弱</u>，<u>毋以臣畜天下</u>。"春，二世东行郡县，李斯从。到碣石，并海，南至会稽，而尽刻始皇所立刻石，石旁著大臣从者名，以章先帝成功盛德焉。皇帝曰："金石刻尽始皇帝所为也。今袭号而金石刻辞不称始皇帝，其于久远也如后嗣为之者，不称成功盛德。"丞相臣斯、臣去疾、御史大夫臣德昧死言："臣请具刻诏书刻石，因明白矣。臣昧死请。"制曰："可"。遂至辽东而还。于是二世乃遵用赵高，<u>申法令</u>。乃阴与赵高谋曰："大臣不服，官吏尚强，及诸公子必与我争，为之奈何？"高曰："臣固愿言而未敢也。先帝之大臣，皆天下累世名贵人也，积功劳世以相传久矣。今高素小贱，陛下幸称举，令在上位，管中事。大臣鞅鞅，特以貌从臣，其心实不服。今上出，不因此时案郡县守尉有罪者诛之，上以振威天下，下以除去上生平所不可者。今时不师文而决于武力，愿陛下遂从时毋疑，即群臣不及谋。明主收举余民，贱者贵之，贫者富之，远者近之，则上下集而国安矣。"二世曰："善。"乃行诛大臣及诸公子，以罪过连逮而近官三郎，无得立者，而六公子戮死于杜。公子将闾昆弟三人囚于内宫，议其罪独后。二世使使令将闾曰："公子不臣，罪当死，吏致法焉。"将闾曰："<u>阙廷之礼</u>，<u>吾未尝敢不从宾赞也</u>；<u>廊庙之位</u>，<u>吾未尝敢失节也</u>；<u>受命应对</u>，<u>吾未尝敢失辞也</u>。何谓不臣？愿闻罪而死。"

使者曰："臣不得与谋，奉书从事。"将闾乃仰天大呼天者三，曰："天乎！吾无罪！"昆弟三人皆流涕拔剑自杀。宗室振恐。群臣谏者以为诽谤，大吏持禄取容，黔首振恐。四月，二世还至咸阳，曰："先帝为咸阳朝廷小，故营阿房宫为室堂。未就，会上崩，罢其作者，复土郦山。郦山事大毕，今释阿房宫弗就，则是章先帝举事过也。"复作阿房宫。外抚四夷，如始皇计。尽征其材士五万人为屯卫咸阳，令教射狗马禽兽。当食者多，度不足，至此则劳民已极，而胜、广之难，作矣。下调郡县转输菽粟刍稿，皆令自赍粮食，咸阳三百里内不得食其谷。用法益刻深。七月，戍卒陈胜等反故荆地，为"张楚"。胜自立为楚王，居陈，遣诸将徇地。山东郡县少年苦秦吏，皆杀其守尉令丞反，以应陈涉，相立为侯王，合从西乡，名为伐秦，不可胜数也。谒者使东方来，以反者闻二世。二世怒，下吏。后使者至，上问，对曰："群盗，郡守尉方逐捕，今尽得，不足忧。"上悦。武臣自立为赵王，魏咎为魏王，田儋为齐王。沛公起沛。项梁举兵会稽郡。

二年冬，陈涉所遣周章等将西至戏，兵数十万。二世大惊，与群臣谋曰："奈何？"少府章邯曰："盗日至，众强，今发近县不及矣。郦山徒多，请赦之，授兵以击之。"二世乃大赦天下，使章邯将，击破周章军而走，遂杀章曹阳。二世益遣长吏司马欣、董翳佐章邯击盗，杀陈胜城父，破项梁定陶，灭魏咎临济。楚地盗名将已死，章邯乃北渡河，击赵王歇等于钜鹿。赵高说二世曰："先帝临制天下久，故群臣不敢为非，进邪说。今陛下富于春秋，初即位，奈何与公卿廷决事？事即有误，示群臣短也。天子称朕，固不闻声。"于是二世常居禁中，与高决诸事。其后公卿希得朝见，盗贼益多，而关中卒发东击盗者毋已。右丞相去疾、左丞相斯、将军冯劫进谏曰："关东群盗并起，秦发兵诛击，所杀亡甚众，然犹不止。盗多，皆以戍漕转作事苦，赋税大也。全文撼断，于此逗出。请且止阿房宫作者，减省四边戍转。"二世曰："吾闻之韩子曰：'尧舜采椽不刮，茅茨不翦，饭土塯，啜土形，虽监门之养，不觳于此。禹凿龙门，通大夏，决河亭水，放之海，身自持筑臿，胫毋毛，臣虏之劳不烈于此矣。'凡所为贵有天下者，得肆意极欲，主重明法，下不敢为非，以制御海内矣。夫虞夏之主，贵为天子，亲处穷苦之实，以徇百姓，尚何于法？朕尊万乘，毋其实，吾欲造千乘之驾，万乘之属，充吾号名。且先帝起诸侯，兼天下，天下已定，外攘四夷以安边境，作宫室<u>以章得意</u>，而君观先帝功业有绪。今朕即位二年之间，群盗并起，君不能禁，又欲罢先帝之所为，是上毋以报先帝，次不为朕尽忠力，何以在位？"下去疾、斯、劫吏，案责他罪。去疾、劫曰："将相不辱。"自杀。斯卒囚，就五刑。

三年，章邯等将其卒围钜鹿，楚上将军项羽将楚卒往救钜鹿。冬，赵高为丞相，竟案李斯杀之。夏，章邯等战数却，二世使人让邯，邯恐，使长史欣请事。赵高弗见，又弗信。欣恐，亡去，高使人捕追不及。欣见邯曰："赵高用事于中，将军有功亦诛，无功亦诛。"项羽急击秦军，虏王离，邯等遂以兵降诸侯。八月己亥，赵高欲为乱，恐群臣不听，乃先设验，持鹿献于二世，曰："马也。"二世笑曰："丞相误邪？谓鹿为马。"问左右，左右或默，或言马<u>以阿顺赵高</u>。或言鹿者，高因阴中诸言鹿者以法。<u>后群臣皆畏高</u>。高前数言"关东盗毋能为也"，及项羽虏秦将王离等钜鹿下而前，章邯等军数却，上书请益助，燕、赵、齐、楚、韩、魏皆立为王，自关以东，大氐尽畔秦吏应诸侯，诸侯咸率其众西乡。沛公将数万人已屠武关，使人私于高，高恐二世怒，诛及其身，乃谢病不朝见。<u>二世梦白虎啮其左骖马</u>，<u>杀之</u>，<u>心不乐</u>，怪问占梦。卜曰："泾水为祟。"二世乃斋于望夷宫，欲祠泾，沈四白马。使使责让高以盗贼事。高惧，乃阴与其婿咸阳令阎乐、其弟赵成谋曰："上不听谏，今事急，欲归祸于吾宗。吾欲易置上，更立公子婴。子婴仁俭，百姓皆载其言。"使郎中令为内应，诈为有大贼，令乐召吏发卒，追劫乐母置高舍。遣乐将吏卒千余人至望夷宫殿门，缚卫令仆射，曰："贼入此，何不止？"卫令曰："周庐设卒甚谨，安得贼敢入宫？"乐遂斩卫令，直将吏入，行射，郎宦者大惊，或走或格，格者辄死，死者数十人。郎中令与乐俱入，射上幄坐帏。二世怒，召左右，左右皆惶扰不斗。旁有宦者一人，侍不敢去。二世入内，谓曰："<u>公何不蚤告我？乃至于此！</u>"宦者曰："<u>臣不敢言，故得全。使臣蚤言，皆已诛，安得至今？</u>"阎乐前即二世数曰："足下骄恣，诛杀无道，天下共畔足下，足下其自为计。"二世曰："丞相可得见否？"乐曰："不可。"二世曰："吾愿得一郡为王。"弗许。又曰："愿为万户侯。"弗许。曰："愿与妻子为黔首，比诸公子。"阎乐曰："臣受命于丞相，<u>为天下诛足下</u>，足下虽多言，臣不敢报。"麾其兵进。二世自杀。阎乐归报赵高，赵高乃悉召诸大臣公子，告以诛二世之状。曰："<u>秦故王国，始皇君天下，故称帝。今六国复自立，秦地益小，乃以空名为帝，不可。宜为王如故，便。</u>"立二世之兄子公子婴为秦王。以黔首葬二世杜南宜春苑中。令子婴斋，当庙见，受玉玺。斋五日，子婴与其子二人谋曰："丞相高杀二世望夷宫，恐群臣诛之，乃详以义立我。我闻赵高乃与楚约，灭秦宗室而王关中。今使我斋见庙，此欲因庙中杀我。我称病不行，丞相必自来，来则杀之。"高使人请子婴数辈，子婴不行，高果自往，曰："宗庙重事，王奈何不行？"<u>子婴遂刺杀高于斋宫，三族高家以徇咸阳。</u>子婴为秦王四十六日，楚将沛公破秦军入武关，遂至霸上，使人约降子婴。子婴即系颈以组，白马素车，奉天子玺符，降轵道旁。沛公遂入咸阳，封宫室府库，还军霸上。居月余，诸侯兵至，项籍为从长，杀子婴及秦诸公子宗族。遂屠咸阳，烧其宫室，虏其子女，收其珍宝货财，诸侯共分之。灭秦之后，各分其地为三，名曰雍王、塞王、翟王，号曰三秦。于叙灭秦事后，再振秦灭句。着"竟"字、"矣"

字，快之也，亦叹之也。摇曳全神，悲风四起。项羽为西楚霸王，主命分天下王诸侯，秦竟灭矣。后五年，天下定于汉。

太史公曰：秦之先伯翳，尝有勋于唐虞之际，受土赐姓。及殷夏之间微散。至周之衰，秦兴，邑于西垂。自缪公以来，稍蚕食诸侯，竟成始皇。始皇自以为功过五帝，地广三王，而羞与之侔。<u>善哉乎贾生推言之也</u>！

《过秦论》下曰：

秦并兼诸侯山东三十余郡，缮津关，据险塞，修甲兵而守之。然陈涉以戍卒散乱之众数百，奋臂大呼，不用弓戟之兵，鉏櫌白梃，望屋而食，横行天下。秦人阻险不守，关梁不阖，长戟不刺，强弩不射。楚师深入，战于鸿门，曾无藩篱之艰。于是山东大扰，诸侯并起，豪俊相立。秦使章邯将而东征，章邯因以三军之众要市于外，以谋其上。群臣之不信，可见于此矣。子婴立，遂不寤。<u>藉使子婴有庸主之材</u>，虚势作跌法。<u>仅得中佐</u>，山东虽乱，<u>秦之地可全而有</u>，<u>宗庙之祀未尝绝也</u>。秦地被山带河以为固，四塞之国也。自缪公以来，至于秦王，二十余君，尝为诸侯雄。<u>岂世世贤哉</u>？束。<u>其势居然也</u>。又起势比一跌。<u>且天下尝同心并力而攻秦矣</u>。当此之世，贤智并列，良将行其师，贤相通其谋，然困于阻险而不能进，秦乃延入战而为之开关，百万之徒逃北而遂坏。<u>岂勇力智慧不足哉</u>？<u>形不利</u>，<u>势不便也</u>。

又束。秦小邑并大城，守险塞而军，高垒毋战，闭关据河，荷戟而守之。诸侯起于匹夫，以利合，非有素王之行也。其交未亲，其下未附，<u>名为亡秦</u>，<u>其实利之也</u>。彼见秦阻之难犯也，必退师。安土息民，以待其敝，收弱扶罢，以令大国之君，不患不得意于海内。贵为天子，富有天下，而身为禽者，<u>其救败非也</u>。

秦王足已（按：中华书局本作"己"。）不问，遂过而不变。二世受之，因而不改，暴虐以重祸。子婴孤立无亲，危弱无辅。三主惑而终身不悟，亡，不亦宜乎？

<u>当此时也</u>，<u>世非无深虑知化之士也</u>，<u>然所以不敢尽忠拂过者</u>，秦俗多忌讳之禁，忠言未卒于口而身为戮没矣。故使天下之士，倾耳而听，重足而立，拑口而不言。是以三主失道，忠臣不敢谏，智士不敢谋，天下已乱，奸不上闻，岂不哀哉！

此一转深得原委。<u>先王知雍蔽之伤国也</u>，<u>故置公卿大夫士</u>，<u>以饰法设刑</u>，<u>而天下治</u>。其强也，<u>禁暴诛乱而天下服</u>。其弱也，<u>五伯征而诸侯从</u>。其削也，<u>内守外附而社稷存</u>。故秦之盛也，繁法严刑而天下振；及其衰也，百姓怨望而海内畔矣。故周五序得其道，而千余岁不绝。秦本末并失，故不长久。<u>由此观之</u>，<u>安危之统相去远矣</u>。野谚曰"前事之不忘，后事之师也"。是以君子为国，上、中、下三论总结。<u>观之上古</u>，<u>验之当世</u>，<u>参以人事</u>，<u>察盛衰之理</u>，<u>审权势之宜</u>，<u>去就有序</u>，变化有时，<u>故旷日长久</u>而<u>社稷安矣</u>。

从孝公说起有根原，《过秦论》上。秦孝公据殽函之固，拥雍州之地，君臣固守而窥周室，有席卷天下，包举宇内，囊括四海之意，并吞八荒之心。当是时，商君佐之，内立法度，务耕织，修守战之备，外连衡而斗诸侯，于是秦人拱手而取西河之外。转法束住。

孝公既没，惠王、武王蒙故业，因遗册，南兼汉中，西举巴、蜀，东割膏腴之地，收要害之郡。诸侯恐惧，会盟而谋弱秦，不爱珍器重宝肥美之地，以致天下之士，合从缔交，相与为一。当是时，齐有孟尝，赵有平原，楚有春申，魏有信陵。此四君者，皆明知而忠信，宽厚而爱人，尊贤重士，约从离衡，并韩、魏、燕、楚、齐、赵、宋、卫、中山之众。于是六国之士有宁越、徐尚、苏秦、杜赫之属为之谋，齐明、周最、陈轸、昭滑、楼缓、翟景、苏厉、乐毅之徒通其意，吴起、孙膑、带佗、儿良、王廖、田忌、廉颇、赵奢之朋制其兵。常以十倍之地，百万之众，叩关而攻秦。秦人开关延敌，九国之师逡巡遁逃而不敢进。秦无亡矢遗镞之费，而天下诸侯已困矣。束住。

于是从散约解，争割地而奉秦。秦有余力而制其敝，追亡逐北，伏尸百万，流血漂卤。因利乘便，宰割天下，分裂河山，强国请服，弱国入朝。延及孝文王、庄襄王，享国日浅，国家无事。及至秦王，续六世之余烈，振长策而御宇内，吞二周而亡诸侯，履至尊而制六合，执棰拊以鞭笞天下，威振四海。南取北越之地，以为桂林、象郡，百越之君俯首系颈，委命下吏。乃使蒙恬北筑长城而守藩篱，却匈奴七百余里，胡人不敢南下而牧马，士不敢弯弓而报怨。于是废先王之道，焚百家之言，以愚黔首。堕名城，杀豪杰，收天下之兵聚之咸阳，销锋铸镰，以为金人十二，以弱黔首之民。然后斩华为城，因河为津，据亿丈之城，临不测之谿以为固。良将劲弩守要害之处，信臣精卒陈利兵而谁何，天下以定。秦王之心，自以为关中之固，金城千里，子孙帝王万世之业也。作一摆宕，束上起下。

秦王既没，余威振于殊俗。陈涉，瓮牖绳枢之子，甿隶之人，而迁徙之徒，才能不及中人，非有仲尼、墨翟之贤，陶朱、猗顿之富，蹑足行伍之间，而倔起什伯之中，率罢散之卒，将数百之众，而转攻秦。斩木为兵，揭竿为旗，天下云集响应，赢粮而景从，山东豪俊遂并起而亡秦族矣。

且夫天下非小弱也，雍州之地，崤函之固自若也。陈涉之位，非尊于齐、楚、燕、赵、韩、魏、宋、卫、中山之君；鉏耰棘矜，非铦于句戟长铩也；适戍之众，非抗于九国之师；深谋远虑，行军用兵之道，非及乡时之士也。需束。然而成败异变，功业相反也。又将文势放开。试使山东之国与陈涉度长絜大，比权量力，则不可同年而语矣。然秦以区区之地，千乘之权，招八州而朝同列，百有余年矣。然后以六合为家，殽函为宫，一夫作难而七庙堕，身死人手，为天下笑者，何也？转出一节主意，笔力千钧。仁义不施而攻守之势异也。

《过秦论》中。秦并海内，兼诸侯，南面称帝，以养四海，天下之士斐然乡风，若是者何也？曰：近古之无王者久矣。周室卑微，五霸既殁，令不行于天下，是以诸侯力政，强侵弱，众暴寡，兵革不休，士民罢敝。今秦南面而王天下，是上有天子也。既元元之民冀得安其性命，莫不虚心而仰上，当此之时，守威定功，安危之本在于此矣。

秦王怀贪鄙之心，行自奋之智，不信功臣，不亲士民，废王道，立私权，禁文书而酷刑法，先诈力而后仁义，以暴虐为天下始。文气详整。夫并兼者高诈力，安定者贵顺权，此言取与守不同术也。秦离战国而王天下，其道不易，其政不改，透发论上结语之意。是其所以取之守之者异也。孤独而有之，故其亡可立而待。借使秦王计上世之事，并殷周之迹，以制御其政，后虽有淫骄之主而未有倾危之患也。故三王之建天下，名号显美，功业长久。今秦二世立，天下莫不引领而观其政。夫寒者利短褐而饥者甘糟糠，天下之嗸嗸，又起顿挫，不径起下文。新主之资也。此言劳民之易为仁也。乡使二世有庸主之行，而任忠贤，臣主一心而忧海内之患，缟素而正先帝之过，裂地分民以封功臣之后，建国立君以礼天下，虚囹圄而免刑戮，除去收帑污秽之罪，使各反其乡里，发仓廪，散财币，以振孤独穷困之士，轻赋少事，以佐百姓之急，约法省刑以持其后，使天下之人皆得自新，更节修行，各慎其身，塞万民之望，而以威德与天下，天下集矣。纯于反面搏击。即四海之内，皆欢然各自安乐其处，唯恐有变，<u>虽有狡猾之民</u>，<u>无离上之心</u>，<u>则不轨之臣无以饰其智，而暴乱之奸止矣</u>。

　　二世不行此术，而重之以无道，坏宗庙与民，更始作阿房宫，繁刑严诛，吏治刻深，赏罚不当，赋敛无度，天下多事，吏弗能纪，百姓困穷而主弗收恤。然后奸伪并起，而上下相遁，蒙罪者众，刑戮相望于道，而天下苦之。自君卿以下至于众庶，人怀自危之心，亲处穷苦之实，咸不安其位，故易动也。是以陈涉不用汤武之贤，不藉公侯之尊，奋臂于大泽而天下响应者，其民危也。

　　<u>故先王见始终之变</u>，<u>知存亡之机</u>，<u>是以牧民之道</u>，<u>务在安之而已</u>。天下虽有逆行之臣，必无响应之助矣。故曰："<u>安民可与行义，而危民易与为非</u>"，<u>此之谓也</u>。贵为天子，富有天下，身不免于戮杀者，<u>正倾非也</u>。<u>是二世之过也</u>。○出一篇主意。

周历已移，仁不代母。秦直其位，以政残虐。然以诸侯十三，并兼天下，极情纵欲，养育宗亲。三十七年，兵无所不加，制作政令，施于后王。盖získ圣人之威，河神授图，据狼、弧，蹈参、伐，佐攻驱除，距之称始皇。始皇既殁，胡亥极愚，郦山未毕，复作阿房，以遂前策。云"凡所为贵有天下者，肆意极欲，大臣至欲罢先君所为"。诛斯、去疾，任用赵高。<u>痛哉言乎！人头畜鸣</u>。<u>不咸不伐恶</u>，<u>不笃不虚亡</u>，距之不得留，残虐以促期，虽居形便之国，犹不得存。子婴度次得嗣，冠玉冠，佩华绂，车广屋，从百司，谒七庙。<u>小人乘非位</u>，<u>莫不悦忽失守</u>，<u>偷安日日</u>，<u>独能长念</u>，<u>却虑父子作权</u>，<u>近取于户牖之闲</u>，<u>竟诛猾臣</u>，<u>为君讨贼</u>。高死之后，宾婚未得尽相劳，餐未及下咽，酒未及濡唇，楚兵已屠关中，真人翔霸上，素车婴组，奉其符玺，以归帝者。<u>郑伯茅旌鸾刀</u>，<u>严王退舍</u>。<u>河决不可复壅</u>，<u>鱼烂不可复全</u>。贾谊、司马迁曰："向使婴有庸主之才，仅得中佐，山东虽乱，秦之地可全而有，宗庙之祀未尝绝也。"<u>秦之积衰</u>，<u>天下土崩瓦解</u>，<u>虽有周旦之才</u>，<u>无所复陈其巧</u>，<u>而以责一日之孤</u>，误哉！俗传秦始皇起罪恶，胡

亥极，得其理矣。复责小子云秦地可全，<u>所谓不通时变者也</u>。纪年以鄸，春秋不名。吾读秦纪，至于子婴车裂赵高，<u>未尝不健其决，怜其志</u>。<u>婴死生之义备矣</u>。班固作《秦皇纪》，便高古卓劲，笔力纯是先秦。其叙事虽极综核，而作意森然，于兴作征戍两端，最为详悉。盖尤恶其残民以逞，自取灭亡也。秦以智力并兼天下，志得意满，自谓功高前代，把持万世而有余。于是蔑古乱常，淫昏贪庚之政，杂然并作。许多罪过本只一个病根，然就事论之，则民为邦本，而残民尤速亡之道，此史公所以特加详写而深切著明此理，为千秋炯戒也。《春秋》重民力，兴作必书。而传文曰："辞之烦，言之复，其中必有大美恶焉。"史公绍述《春秋》之意，于此见之矣。

　　<u>正在志得意满、夸功表德时</u>，<u>偏有天灾人祸以败其兴</u>。史公着意详写，纤悉不遗，以见天显民畏，可畏如此。在当时虽悍然不顾，或更加倍作威，而今日读之，反觉惊心动魄，则由其下笔有神也。学者熟玩之而心知其意可与读《史记》矣。

　　石刻尤高古绝伦，然始皇巡狩立石颂德，凡七，而发始在邹峰山。今《纪》止载其六，独邹峰山铭词不载，何也？附列于后，俾好学者并诵焉，其词曰：

　　皇帝立国，三句一韵。维初在昔，嗣世称王。讨伐乱逆，威动四极，武义直方。

　　戎臣奉诏，经时不久，灭六暴强。廿有六年，上荐高号，孝道显明。
　　既献大成，乃降专惠，亲巡远方。登于峰山，群臣从者，咸思攸长。
　　追念乱世，分土建邦，以开事理。攻战日作，流血于野，自太古始。
　　世无万数，陁及五帝，莫能禁止。乃今皇帝，一家天下，兵不复起。
　　灾害灭除，黔首康定，利泽长久。群臣诵略，刻此崇石，以著经祀。

项羽本纪

项籍者，下相人也，字羽。初起时，年二十四。其季父项梁，<u>梁父即楚将项燕</u>，<u>为秦将王翦所戮者也</u>。先提秦、项世仇，振动全神。<u>项氏世世为楚将</u>，<u>封于项</u>，<u>故姓项氏</u>。特提项氏著姓之由，为一篇之起。项籍少时，学书不成，去学剑，又不成。项梁怒之。籍曰："书足以记名姓而已。剑一人敌，不足学，学万人敌。"于是项梁乃教籍兵法，<u>籍大喜</u>，<u>略知其意</u>，<u>又不肯竟学</u>。写羽少年意态，如画。项梁尝有栎阳逮，叙欣、咎事，为后文信任两人张本。相凭托也。乃请蕲狱掾曹咎书抵栎阳狱掾司马欣，以故事得已。项梁杀人，与籍避仇于吴中。吴中贤士大夫皆出项梁下。每吴中有大繇役及丧，项梁尝为主办，阴以兵法部勒宾客及子弟，项梁才能略叙，其意深远。以是知其能。

秦始皇帝游会稽，渡浙江，梁与籍俱观。籍曰："<u>彼可取而代也</u>。"壮语陡出，振动全神。梁掩其口，曰："毋妄言，族矣！"<u>梁以此奇籍</u>。唱叹。籍长八尺余，力能扛鼎，才气过人，<u>虽吴中子弟皆已惮籍矣</u>。唱叹。

秦二世元年七月，陈涉等起大泽中。其九月，会稽守通姓殷。谓梁曰："江西皆反，<u>此亦天亡秦之时也</u>。吾闻先即制人，后则为人所制。吾欲发兵，使公及桓楚将。"是时桓楚亡在泽中。梁曰："桓楚亡，人莫知其处，独籍知之耳。"梁乃出，诫籍持剑居外待。梁复入，与守坐，曰："请召籍，使受命召桓楚。"守曰："诺。"梁召籍入。须臾，梁眴籍曰："可行矣！"于是籍遂拔剑斩守头。项梁持守头，佩其印绶。门下大惊，扰乱，籍所击杀数十百人。<u>一府中皆慴伏</u>，<u>莫敢起</u>。唱叹。梁乃召故所知豪吏，谕以所为起大事，遂举吴中兵。使人收下县，得精兵八千人。梁部署吴中豪杰为校尉、候、司马。有一人不得用，自言于梁。梁曰："前时某丧使公主某事，不能办，以此不任用公。"众乃皆伏。于是梁为会稽守，籍为裨将，徇下县。

略也。

广陵人召平于是为陈王徇广陵，刘辰翁曰：此召平不自了事，乃能作以度外奇事，所以发亡秦之端在此。未能下。闻陈王败走，秦兵又且至，乃渡江矫陈王命，拜梁为楚王上柱国。曰："江东已定，急引兵西击秦。"项梁乃以八千人渡江而西。"东"、"西"二字是篇中大关，后凡数十见。闻陈婴已下东阳，使使欲与连和俱西。

陈婴者，携得没痕迹。故东阳令史，居县中，素信谨，称为长者。东阳少年杀其令，相聚数千人，欲置长，无适用，乃请陈婴。婴谢不能，遂强立婴为长，县中从者得二万人。少年欲立婴便为王，异军苍头特起。陈婴母谓婴曰："自我为汝家妇，未尝闻汝先古之有贵者。今暴得大名，不祥。不如有所属，事成犹得封侯，事败易以亡，非世所指名也。"当时非项氏不能灭秦。自陈婴、黥布、沛公后先往属，至于钜鹿之战，诸将、诸侯皆属，而灭秦之局遂定。然此理却自陈婴母子发之，故此处特详叙其语，为一篇起势纲领。婴乃不敢为王。谓其军吏曰："项氏世世将家，有名于楚。今欲举大事，将非其人，不可。我倚名族，亡秦必矣。"于是众从其言，以兵属项梁。项梁渡淮，黥布、蒲将军亦以兵属焉。此为项氏第二勇将，见处用特笔。凡六七万人，军下邳。

当是时，提笔。秦嘉已立景驹楚后。为楚王，军彭城东，欲距项梁。项梁谓军吏曰："陈王先首事，战不利，未闻所在。今秦嘉倍陈王而立景驹，逆无道。"乃进兵击秦嘉。秦嘉军败走，追之至胡陵。嘉还战一日，嘉死，军降。景驹走死梁地。项梁已并秦嘉军，提笔。军胡陵，将引军而西。章邯军至栗，项梁使别将朱鸡石、馀樊君与战。馀樊君死。朱鸡石军败，亡走胡陵。项梁乃引兵入薛，诛鸡石。项梁前使项羽别攻襄城，襄城坚守不下。已拔，皆阬之。还报项梁。项梁闻陈王定死，召诸别将会薛计事。此时沛公亦起沛，往焉。沛公往属，以沛公故，不直见"属"字而暗藏句内，冷妙入神。

居鄛人范增，增为项氏无双国士，见处用特笔。年七十，素居家，好奇计，往说项梁曰："陈胜败固当。夫秦灭六国，楚最无罪。自怀王入秦不反，楚人怜之至今，故楚南公阴阳家流。曰'楚虽三户，亡秦必楚'也。楚咲名。今陈胜首事，不立楚后而自立，其势不长。今君起江东，楚蜂起之将皆争附君者，以君世世楚将，为能复立楚之后也。"于是项梁然其言，乃求楚怀王孙心民间，为人牧羊，立以为楚怀王，从民所望也。陈婴为楚上柱国，封五县，与怀王都盱台。项梁自号为武信君。居数月，引兵攻亢父，与齐田荣、司马龙且军救东阿，大破秦军于东阿。田荣即引兵归，逐其王假。假亡走楚。假相田角亡走赵。角弟田间故齐将，居赵不敢归。田荣立田儋子市为齐王。项梁已破东阿下军，提笔。遂追秦军。数使使趣齐兵，欲与俱西。田荣曰：此处详叙田荣事，为后文田荣反楚张本。"楚杀田假，赵杀田角、田间，乃发兵。"项梁曰："田假为与国之王，穷来从我，不忍杀之。"赵亦不杀田角、田间以市于齐。齐遂不肯发兵助楚。项梁使沛公及项羽别攻城阳，屠之。西破秦军濮阳东，秦兵收入濮阳。沛公、项羽乃攻定陶。定陶未下，去，西略地至雝丘，大破秦军，斩李由。还攻外黄，外黄未下。

项梁起东阿，多用此等提笔，文字便有约束、有气势，不散漫去。西，北至定陶，再破秦军，项羽等又斩李由，益轻秦，有骄色。宋义乃谏项梁曰："战胜而将骄卒惰者败。今卒少惰矣，秦兵日益，臣为君畏之。"项梁弗听。乃使宋义使于齐。道遇齐使者高陵君显，曰："公将见武信君乎？"曰："然。"曰："臣论武信君军必败。公徐行即免死，疾行则及祸。"秦果悉起兵益章邯，击楚军，大破之定陶，项梁死。沛公、项羽去外黄攻陈留，陈留坚守不能下。沛公、项羽相与谋曰："今项梁军破，士卒恐。"乃与吕臣军俱引兵而东。吕臣军彭城东，项羽军彭城西，沛公军砀。章邯已破项梁军，间接。则以为楚地兵不足忧，乃渡河击赵，大破之。当此时，赵歇为王，陈馀为将，张耳为相，皆走入钜鹿城。章邯令王离、涉间围钜鹿，章邯军其南，筑甬道而输之粟。陈馀为将，将卒数万人而军钜鹿之北，<u>此所谓河北之军也</u>。

楚兵已破于定陶，间接。怀王恐，从盱台之彭城，并项羽、吕臣军自将之。以吕臣为司徒，以其父吕青为令尹。以沛公为砀郡长，封为武安侯，将砀郡兵。初，宋义所遇齐使者高陵君显在楚军，边接。见楚王曰："宋义论武信君之军必败，居数日，军果败。兵未战而先见败征，此可谓知兵矣。"王召宋义与计事而大说之，因置以为上将军，项羽为鲁公，点鲁公字，为后文以鲁公礼葬羽张本。属项者忽属于宋，其变可立而待矣。一言之当，何至遽任为一将乎？为次将，范增为末将，救赵。诸别将皆属宋义，号为卿子冠军。行至安阳，留四十六日不进。项羽曰："吾闻秦军围赵王钜鹿，疾引兵渡河，楚击其外，赵应其内，破秦军必矣。"宋义曰："不然。夫搏牛之虻不可以破虮虱。战国策士存谈之唾余，于此时何与。今秦攻赵，战胜则兵罢，我承其敝；不胜，则我引兵鼓行而西，必举秦矣。故不如先斗秦赵。夫被坚执锐，义不如公；坐而运策，公不如义。"因下令军中曰："猛如虎，狠如羊，贪如狼，强不可使者，皆斩之。"语亦骄甚，何以责项梁。乃遣其子宋襄相齐，身送之至无盐，饮酒高会。天寒大雨，士卒冻饥。<u>此时项羽不杀宋义，天下大事去矣。后人有以杀义为羽罪者，谬甚！看其议论透辟，如剑分水之犀，而高响入云，琅琅可诵，非独气壮，实由理明。</u>项羽曰："将戮力而攻秦，久留不行。今岁饥民贫，士卒食芋菽，军无见粮，乃饮酒高会，不引兵渡河因赵食，与赵并力攻秦，<u>乃曰'承其敝'。夫以秦之强，攻新造之赵，其势必举赵</u>。赵举而秦强，何敝之承！<u>且国兵新破，王坐不安席</u>，扫境内而专属于将军，<u>国家安危，在此一举</u>。今不恤士卒而徇其私，非社稷之臣。"项羽晨朝上将军宋义，即其帐中斩宋义头，出令军中曰："宋义与齐谋反楚，楚王阴令羽诛之。"<u>当是时</u>，诸将皆慴服，莫敢枝梧。唱叹。皆曰："<u>首立楚者，将军家也</u>。此句亦为项羽点睛。今将军诛乱。"乃相与共立羽为假上将军。使人追宋义子，及之齐，杀之。使桓楚报命于怀王。怀王因使项羽为上将军，当阳君、蒲将军皆属项羽。黥布从属于项梁，至此始属于羽，而救厄入秦皆布首功，故此再点"属"字，以厚其势。项羽已杀卿子冠军，唱叹，无此提笔唱叹，振不起下面气神。唐顺之曰："此等处有一唱三叹之味。"威震楚国，名闻诸侯。乃遣当阳君、蒲将军将卒二万渡河，救钜鹿。战少利，陈馀复请兵。项羽乃悉引兵渡河，皆沈船，破釜甑，烧庐舍，持三日粮，以示士卒必死，无一还心。唱叹。于是至则围王离，与秦军遇，九战，绝其甬道，大破之，杀苏角，房王离。涉间不降楚，自烧杀。当是时，唱叹。楚兵冠诸侯。诸侯军救钜鹿下者十余壁，莫敢纵兵。及楚击秦，诸将皆从壁上观。楚战士无不一以当十，楚兵呼声动天，唱叹。诸侯军无不人人惴恐。唱叹。于是已破秦军，项羽召见诸将，入辕门，无不膝行而前，莫敢仰视。唱叹。项羽由是始为诸侯上将军，诸侯皆属焉。诸侯皆"属"字，近接黥布，遥接陈婴诸人。前文如雷惊电闪、雨骤风驰，其势不可为纵。此下自当以宽术养局，亦如风雨徐来，叹浓云渐开。

  章邯军棘原，项羽军漳南，相持未战。秦军数却，二世使人让章邯。章邯恐，使长史欣请事。至咸阳，留司马门三日，赵高不见，有不信之心。长史欣恐，还走其军，不敢出故道，赵高果使人追之，不及。欣至军，报曰："赵高用事于中，下无可为者。今战能胜，高必疾妒吾功；战不能胜，不免于死。愿将军孰计之。"特叙陈馀与章邯书，以表馀之能，为后文馀反楚张本。陈馀亦遗章邯书曰："白起为秦将，南征鄢郢，北阬马服，攻城略地，不可胜计，而竟赐死。蒙恬为秦将，北逐戎人，开榆中地数千里，竟斩阳周。何者？功多，秦不能尽封，因以法诛之。今将军为秦将三岁矣，所亡失以十万数，而诸侯并起滋益多。彼赵高素谀日久，今事急，亦恐二世诛之，故欲以法诛将军以塞责，使人更代将军以脱其祸。夫将军居外久，多内郤，有功亦诛，无功亦诛。且天之亡秦，无愚智皆知之。今将军内不直谏，外为亡国将，孤特独立而欲常存，岂不哀哉！将军何不还兵与诸侯为从，约共攻秦，分王其地，南面称孤；此孰与身伏铁质，妻子为僇乎？"章邯狐疑，阴使候始成军候官名，始成其名。使项羽，欲约。约未成，项羽使蒲将军日夜引兵度三户，军漳南，与秦战，再破之。项羽悉引兵击秦军汙水上，大破之。章邯使人见项羽，欲约。项羽召军吏谋曰："粮少，欲听其约。"军吏皆曰："善。"项羽乃与期洹水南殷虚上。已盟，章邯见项羽而流涕，为言赵高。项羽乃立章邯为雍王，置楚军中。使长史欣为上将军，将秦军为前行。到新安。诸侯吏卒异时故繇使屯戍过秦中，秦中吏卒遇之多无状，及秦军降诸侯，诸侯吏卒乘胜多奴虏使之，轻折辱秦吏卒。秦吏卒多窃言曰："章将军等诈吾属降诸侯，今能入关破秦，大善；即不能，诸侯虏吾属而东，秦必尽诛吾父母妻子。"诸将微闻其计，以告项羽。项羽乃召黥布、蒲将军计曰："秦吏卒尚众，其心不服，至关中不听，事必危，不如击杀之，而独与章邯、长史欣、都尉翳入秦。"于是楚军夜击阬秦卒二十余万人新安城南。

　　行略定秦地。函谷关有兵守关，不得入。又闻沛公已破咸阳，项羽大怒，使当阳君等击关。篇中凡写羽怒及大怒处，皆见其粗。项羽遂入，至于戏西。沛公军霸上，未得与项羽相见。沛公左司马曹无伤使人言于项羽曰："沛公欲王关中，使子婴为相，珍宝尽有之。"项羽大怒，曰："旦日飨士卒，为击破沛公军！"当是时，项羽兵四十万，在新丰鸿门，沛公兵十万，在霸上。范增说项羽曰："沛公居山东时，贪于财货，好美姬。今入关，财物无所取，妇女无所幸，此其志不在小。吾令人望其气，皆为龙虎，成五采，此天子气也。急击勿失。"楚左尹项伯者，项羽季父也，素善留侯张良。张良是时从沛公，项伯乃夜驰之沛公军，私见张良，具告以事，欲呼张良与俱去。曰："毋从俱死也。"张良曰："臣为韩王送沛公，沛公今事有急，亡去不义，不可不语。"良乃入，具告沛公。沛公大惊，写沛公"大惊"，是写项王。曰:"为之奈何?"张良曰:"谁为大王为此计者?"曰:"鲰生说我曰'距关,毋内诸侯,秦地可尽王也'。故听之。"良曰:"料大王士卒足以当项王乎?"沛公默然,写沛公"默然",是写项王。曰:"固不如也,且为之奈何?"张良曰:"请往谓项伯,言沛公不敢背项王也。"沛公曰:"君安与项伯有故?"张良曰:"秦时与臣游,项伯杀人,臣活之。今事有急,故幸来告良。"沛公曰:"孰与君少长?"良曰:"长于臣。"沛公曰:"君为我呼入,吾得兄事之。"张良出,要项伯。项伯即入见沛公。沛公奉卮酒为寿,约为婚姻,曰:"吾入关,秋毫不敢有所近,籍吏民,封府库,写沛公帖伏语,是写项王。而待将军。所以遣将守关者,备他盗之出入与非常也。日夜望将军至,岂敢反乎!愿伯具言臣之不敢倍德也。"项伯许诺。谓沛公曰:"旦日不可不蚤自来谢项王。"沛公曰:"诺。"于是项伯复夜去,至军中,具以沛公言报项王。因言曰:"沛公不先破关中,公岂敢入乎?今人有大功而击之,不义也,不如因善遇之。"项王许诺。沛公旦日从百余骑来见项王,至鸿门,谢曰:"臣与将军戮力而攻秦,写沛公帖伏语,是写项王。将军战河北,臣战河南,然不自意能先入关破秦,得复见将军于此。今者有小人之言,令将军与臣有郤。"项王曰:"此沛公左司马曹无伤言之;不然,籍何以至此。"项王即日因留沛公与饮。项王、项伯东向坐。亚父南向坐。鸿门一节乃楚汉兴亡大关节,故叙次特详,行坐进止,声音笑貌。亚父者,范增也。沛公北向坐,张良西向侍。范增数目如绘。项王,举所佩玉玦以示之者三,项王默然不应。范增起,出召项庄,谓曰:"君王为人不忍,若入前为寿,寿毕,请以剑舞,因击沛公于坐,杀之。不者,若属皆且为所虏。"庄则入为寿,寿毕,曰:"君王与沛公饮,军中无以为乐,请以剑舞。"项王曰:"诺。"项庄拔剑起舞,项伯亦拔剑起舞,常以身翼蔽沛公,庄不得击。于是张良至军门,见樊哙。樊哙曰:"今日之事何如?"良曰:"甚急。今者项庄拔剑舞,其意常在沛公也。"哙曰:"此迫矣,臣请入，与之同命。"哙即带剑拥盾入军门。交戟之卫士欲止不内，<u>樊哙侧其盾以撞</u>，<u>卫士仆地</u>，哙遂入，<u>披帷西向立</u>，<u>瞋目视项王</u>，<u>头发上指</u>，<u>目眦尽裂</u>。项王按剑而跽曰："客何为者？"张良曰："<u>沛公之参乘樊哙者也</u>。"项王曰："壮士，赐之卮酒。"则与斗卮酒。<u>哙拜谢</u>，<u>起</u>，<u>立而饮之</u>。项王曰："赐之彘肩。"则与一生彘肩。<u>樊哙覆其盾于地</u>，<u>加彘肩上</u>，<u>拔剑切而啖之</u>。项王曰："壮士，能复饮乎？"樊哙曰："<u>臣死且不避</u>，<u>卮酒安足辞</u>！夫秦王有虎狼之心，杀人如不能举，刑人如恐不胜，天下皆畔之。怀王与诸将约曰'先破秦入咸阳者王之'。樊哙可谓壮勇之至矣，然使非词严意游，唯言以盟主推项王而息其怒，虽百樊哙又何益处，故知写樊哙正是写项王也。今沛公先破秦入咸阳，毫毛不敢有所近，封闭宫室，还军霸上，以待大王来。<u>故遣将守关者</u>，<u>备他盗出入与非常也</u>。劳苦而功高如此，<u>未有封侯之赏</u>，而听细说，<u>欲诛有功之人</u>。<u>此亡秦之续耳</u>，<u>窃为大王不取也</u>。"项王未有以应，曰："坐。"<u>樊哙从良坐</u>。坐须臾，沛公起如厕，因招樊哙出。沛公已出，项王使都尉陈平召沛公。沛公曰："今者出，未辞也，为之奈何？"樊哙曰："<u>大行不顾细谨</u>，<u>大礼不辞小让</u>。如今人方为刀俎，<u>我为鱼肉</u>，<u>何辞为</u>。"于是遂去。乃令张良留谢。良问曰："大王来何操？"曰："我持白璧一双，欲献项王，玉斗一双，欲与亚父，会其怒，不敢献。公为我献之。"张良曰："谨诺。"当是时，<u>项王军在鸿门下</u>，<u>沛公军在霸上</u>，<u>相去四十里</u>。沛公则置车骑，脱身独骑，与樊哙、夏侯婴、靳强、纪信四人持剑盾步走，从郦山下，道芷阳间行。沛公谓张良："从此道至吾军，不过二十里耳。度我至军中，公乃入。"沛公已去，间至军中，张良入谢，曰："沛公不胜桮杓，不能辞。谨使臣良奉白璧一双，再拜献大王足下；玉斗一双，再拜奉大将军足下。"项王曰："沛公安在？"良曰："闻大王有意督过之，脱身独去，已至军矣。"项王则受璧，置之坐上。亚父受玉斗，置之地，<u>拔剑撞而破之</u>，曰："唉！竖子不足与谋。<u>夺项王天下者</u>，<u>必沛</u>

公也,吾属今为之虏矣。""夺项王天下"句领起下半篇,与"彼可取而代也"句遥对,鸿门会写得如许详尽入神,究竟只为赶出此一句耳。沛公至军,立诛杀曹无伤。

居数日,项羽引兵西屠咸阳,杀秦降王子婴,烧秦宫室,火三月不灭;收其货宝妇女而东。此句与"以八千人渡江而西"句遥对,彼兴之始,此败之根。自此以前,大家并力西向;自此以后,汉兵日东而楚不能复西矣。故"东"、"西"二字为一篇大关目。人或说项王曰:"关中阻山河四塞,地肥饶,可都以霸。"项王见秦宫室皆以烧残破,又心怀思欲东归,曰:"富贵不归故乡,如衣绣夜行,谁知之者!"说者曰:"人言楚人沐猴而冠耳,喻性暴躁。果然。"项王闻之,烹说者。

项王使人致命怀王。怀王曰:"如约。"乃尊怀王为义帝。项王欲自王,振裘挈领。先王诸将相。谓曰:"天下初发难时,假立诸侯后以伐秦。然身被坚执锐首事,暴露于野三年,灭秦定天下者,皆将相诸君与籍之力也。义帝虽无功,故当分其地而王之。"诸将皆曰:"善。"乃分天下,立诸将为侯王。项王、范增疑沛公之有天下,业已讲解,又恶负约,恐诸侯叛之,写项王、范增谋汉心事,委曲毕现,妙甚!乃阴谋曰:"巴、蜀道险,秦之迁人皆居蜀。"乃曰:"巴、蜀亦关中地也。"故立沛公为汉王,王巴、蜀、汉中,都南郑。而三分关中,王秦降将以距塞汉王。项王乃立章邯为雍王,王咸阳以西,都废丘。长史欣者,故为栎阳狱掾,尝有德于项梁;都尉董翳者,本劝章邯降楚。故立司马欣为塞王,王咸阳以东至河,都栎阳;立董翳为翟王,王上郡,都高奴。徙魏王豹为西魏王,王河东,都平阳。瑕丘覆姓。申阳者,张耳嬖臣也,先下河南郡,迎楚河上,故立申阳为河南王,都雒阳。韩王成因故都,都阳翟。赵将司马卬定河内,数有功,故立卬为殷王,王河内,都朝歌。徙赵王歇为代王。赵相张耳素贤,又从入关,故立耳为常山王,王赵地,都襄国。当阳君黥布为楚将,常冠军,故立布为九江王,都六。鄱君吴芮率百越佐诸侯，又从入关，故立芮为衡山王，都邾。义帝柱国共敖将兵击南郡，功多，因立敖为临江王，都江陵。徙燕王韩广为辽东王。燕将臧荼从楚救赵，因从入关，故立荼为燕王，都蓟。徙齐王田市为胶东王。齐将田都从共救赵，因从入关，故立都为齐王，都临菑。故秦所灭齐王建孙田安，项羽方渡河救赵，田安下济北数城，引其兵降项羽，故立安为济北王，都博阳。田荣者，数负项梁，又不肯将兵从楚击秦，以故不封。成安君陈馀弃将印去，不从入关，然素闻其贤，有功于赵，闻其在南皮，故因环封三县。番君将梅鋗功多，故封十万户侯。<u>项王自立为西楚霸王</u>，<u>王九郡</u>，<u>都彭城</u>。

汉之元年四月，诸侯罢戏下，各就国。项王出之国，使人徙义帝，曰："古之帝者地方千里，必居上游。"乃使使徙义帝长沙郴县。趣义帝行，其群臣稍稍背叛之，乃阴令衡山、临江王击杀之江中。韩王成无军功，项王不使之国，与俱至彭城，废以为侯，已又杀之。臧荼之国，因逐韩广之辽东，广弗听，荼击杀广无终，并王其地。田荣闻项羽徙齐王市胶东，而立齐将田都为齐王，乃大怒，不肯遣齐王之胶东，因以齐反，迎击田都。田都走楚。齐王市畏项王，乃亡之胶东就国。田荣怒，追击杀之即墨。荣因自立为齐王，而西击杀济北王田安，并王三齐。荣与彭越将军印，令反梁地。陈馀阴使张同、夏说说齐王田荣曰："项羽为天下宰，不平。今尽王故王于丑地，而王其群臣诸将善地，逐其故主，赵王乃北居代，馀以为不可。闻大王起兵，且不听不义，愿大王资馀兵，请以击常山，以复赵王，请以国为扞蔽。"齐王许之，因遣兵之赵。陈馀悉发三县兵，与齐并力击常山，大破之。张耳走归汉。陈馀迎故赵王歇于代，反之赵。赵王因立陈馀为代王。

<u>是时</u>，<u>汉还定三秦</u>。羽之败局出矣。项羽闻汉王皆已并关中，且东，齐、赵叛之，<u>大怒</u>。乃以故吴令郑昌为韩王，以距汉。令萧公角等击彭越。彭越败萧公角等。汉使张良徇韩，乃遗项王书曰："<u>汉

王失职，欲得关中，如约即止，不敢东。"又以齐、梁反书遗项王曰："齐欲与赵并灭楚。"楚以此故无西意，败局一，凡叙到羽败局处皆用按笔，令其势稍重，微玩即知。而北击齐。征兵九江王布。布称疾不往，使将将数千人行。项王由此怨布也。败局二。

汉之二年冬，项羽遂北至城阳，田荣亦将兵会战。田荣不胜，走至平原，平原民杀之。遂北烧夷齐城郭室屋，皆阬田荣降卒，系虏其老弱妇女。徇齐至北海，多所残灭。齐人相聚而叛之。于是田荣弟田横收齐亡卒得数万人，反城阳。项王因留，连战未能下。败局三。

春，汉王部五诸侯兵，常山王张耳、河南王申阳、韩王郑昌、魏王豹、殷王卬，是时降汉。凡五十六万人，东伐楚。项王闻之，即令诸将击齐，而自以精兵三万人南从鲁出胡陵。四月，汉皆已入彭城，收其货宝美人，日置酒高会。项王乃西从萧，晨击汉军而东，至彭城，日中，大破汉军。汉军皆走，唱叹。相随入谷、泗水，杀汉卒十余万人。汉卒皆南走山，楚又追击至灵壁东睢水上。汉军却，为楚所挤，多杀，汉卒十余万人皆入睢水，睢水为之不流。唱叹。围汉王三匝。于是大风从西北而起，折木发屋，扬沙石，窈冥昼晦，逢迎楚军。楚军大乱，坏散，而汉王乃得与数十骑遁去。欲过沛，收家室而西；楚亦使人追之沛，取汉王家；家皆亡，不与汉王相见。汉王道逢得孝惠、鲁元，乃载行。楚骑追汉王，汉王急，推堕孝惠、鲁元车下，滕公常下收载之。如是者三。曰："虽急不可以驱，奈何弃之？"于是遂得脱。求太公、吕后不相遇。审食其从太公、吕后间行，求汉王，反遇楚军。楚军遂与归，报项王，项王常置军中。是时吕后兄周吕侯为汉将兵居下邑，汉王间往从之，稍稍收其士卒。至荥阳，诸败军皆会，萧何亦发关中老弱未傅悉诣荥阳，古者二十傅，三年耕有一年储，二十三年役之。复大振。楚起于彭城，常乘胜逐北，与汉战荥阳南京、索间，汉败楚，楚以故不能过荥阳而西。败局四。项王之救彭城，追汉王至荥阳，田横亦得收齐，立田荣子广为齐王。汉王之败彭城，诸侯皆复与楚而背汉。汉军荥阳，筑甬道属之河，以取敖仓粟。汉之三年，项王数侵夺汉甬道，汉王食乏，恐，请和，割荥阳以西为汉。项王欲听之。历阳侯范增曰："汉易与耳，今释弗取，后必悔之。"项王乃与范增急围荥阳。汉王患之，乃用陈平计间项王。项王使者来，为太牢具，举欲进之。见使者，佯惊愕曰："吾以为亚父使者，乃反项王使者。"更持去，以恶食食项王使者。使者归报项王，项王乃疑范增与汉有私，稍夺之权。败局五。范增大怒，曰："天下事大定矣，君王自为之。愿赐骸骨归卒伍。"项王许之。行未至彭城，疽发背而死。

汉将纪信说汉王曰："事已急矣，请为王诳楚为王，王可以间出。"于是汉王夜出女子荥阳东门被甲二千人，楚兵四面击之。纪信乘黄屋车，傅左纛，曰："城中食尽，汉王降。"楚军皆呼万岁。汉王亦与数十骑从城西门出，走成皋。项王见纪信，问："汉王安在？"信曰："汉王已出矣。"项王烧杀纪信。

汉王使御史大夫周苛、枞公、魏豹守荥阳。周苛、枞公谋曰："反国之王，难与守城。"乃共杀魏豹。楚下荥阳城，生得周苛。项王谓周苛曰："为我将，我以公为上将军，封三万户。"周苛骂曰："若不趣降汉，汉今虏若，若非汉敌也。"项王怒，烹周苛，并杀枞公。

汉王之出荥阳，南走宛、叶，得九江王布，行收兵，复入保成皋。汉之四年，项王进兵围成皋。汉王逃，独与滕公出成皋北门，渡河走修武，从张耳、韩信军。诸将稍稍得出成皋，从汉王。楚遂拔成皋，欲西。汉使兵距之巩，令其不得西。败局六。是时，彭越渡河击楚东阿，杀楚将军薛公。项王乃自东击彭越。汉王得淮阴侯兵，欲渡河南。郑忠说汉王，乃止壁河内。使刘贾将兵佐彭越，烧楚积聚。项王东击破之，走彭越。汉王则引兵渡河，复取成皋，军广武，就敖仓食。项王已定东海来，西，与汉俱临广武而军，相守数月。

当此时，彭越数反梁地，绝楚粮食，败局七。项王患之。为高俎，置太公其上，告汉王曰："今不急下，吾烹太公。"汉王曰："吾与项羽俱北面受命怀王，曰'约为兄弟'，吾翁即若翁，必欲烹而翁，则幸分我一桮羹。"项王怒，欲杀之。项伯曰："天下事未可知，且为天下者不顾家，虽杀之无益，祇益祸耳。"项王从之。楚汉久相持未决，丁壮苦军旅，老弱罢转漕。项王谓汉王曰："天下匈匈数岁者，徒以吾两人耳，愿与汉王挑战决雌雄，身独战也。毋徒苦天下之民父子为也。"汉王笑谢曰："吾宁斗智，不能斗力。"项王令壮士出挑战。汉有善骑射者楼烦，楚挑战三合，楼烦辄射杀之。项王大怒，乃自被甲持戟挑战。楼烦欲射之，项王瞋目叱之，楼烦目不敢视，唱叹。手不敢发，遂走还入壁，唱叹。不敢复出。汉王使人间问之，乃项王也。唱叹。汉王大惊。于是项王乃即汉王相与临广武间而语。汉王数之，项王怒，欲一战。汉王不听，项王伏弩射中汉王。汉王伤，走入成皋。

项王闻淮阴侯已举河北，破齐、赵，且欲击楚，乃使龙且往击之。淮阴侯与战，骑将灌婴击之，大破楚军，杀龙且。韩信因自立为齐王。项王闻龙且军破，则恐，使盱台人武涉往说淮阴侯。淮阴侯弗听。是时，彭越复反，败局八。下梁地，绝楚粮。项王乃谓海春侯大司马曹咎等曰："谨守成皋，则汉欲挑战，慎弗与战，毋令得东而已。我十五日必诛彭越，定梁地，复从将军。"乃东，行击陈留、外黄。外黄不下。数日，已降，项王怒，悉令男子年十五已上诣城东，欲阬之。外黄令舍人儿年十三，往说项王曰："彭越强劫外黄，外黄恐，故且降，待大王。大王至，又皆阬之，百姓岂有归心？从此以东，梁地十余城皆恐，莫肯下矣。"项王以嗜杀失众，终为汉虏。看至此处才赦外黄当坑者，而睢阳以东遂争下项王。使新安之卒不戮，咸阳之民不屠，田荣之众不刘，天下岂足定哉？然此理却自舍人儿发之，故特为详叙，以反影其平时之凶狠暴虐，自取灭亡，作一篇败局断案。项王然其言，乃赦外黄当阬者。<u>东至睢阳，闻之皆争下项王</u>。汉果数挑楚军战，楚军不出。使人辱之，五六日，大司马怒，渡兵汜水。士卒半渡，汉击之，大破楚军，尽得楚国货赂。大司马咎、长史翳、塞王欣皆自刭汜水上。<u>大司马咎者，故蕲狱掾，长史欣亦故栎阳狱吏，两人尝有德于项梁，是以项王信任之</u>。不任贤才而任亲昵，是羽之大败局，故用特笔注明。当是时，项王在睢阳，闻海春侯军败，则引兵还。汉军方围钟离眛于荥阳东，项王至，汉军畏楚，尽走险阻。

　　<u>是时，汉兵盛食多，项王兵罢食绝</u>。至此则败局定矣。汉遣陆贾说项王，请太公，项王弗听。汉王复使侯公往说项王，项王乃与汉约，中分天下，割鸿沟以西者为汉，鸿沟而东者为楚。项王许之，即归汉王父母妻子。军皆呼万岁。汉王乃封侯公为平国君。匿弗肯复见。曰："此天下辩士，所居倾国，故号为平国君。"项王已约，乃引兵解而东归。汉欲西归，张良、陈平说曰："汉有天下大半，而诸侯皆附之。楚兵罢食尽，<u>此天亡楚之时也</u>，<u>不如因其饥而遂取之</u>。此句与首页"天亡秦"句紧对，"天亡秦"则楚兴，"天亡楚"而汉帝，亦是一篇起讫，亦是世次相承。今释弗击，此所谓'养虎自遗患'也。"汉王听之。汉五年，汉王乃追项王至阳夏南，止军，与淮阴侯韩信、建成侯彭越期会而击楚军。至固陵，而信、越之兵不会。楚击汉军，大破之。汉王复入壁，深堑而自守。谓张子房曰："诸侯不从约，为之奈何？"对曰："楚兵且破，信、越未有分地，其不至固宜。君王能与共分天下，今可立致也。即不能，事未可知也。君王能自陈以东傅海，尽与韩信；睢阳以北至谷城，以与彭越：使各自为战，则楚易败也。"汉王曰："善。"于是乃发使者告韩信、彭越曰："并力击楚。楚破，自陈以东傅海与齐王，睢阳以北至谷城与彭相国。"使者至，韩信、彭越皆报曰："请今进兵。"韩信乃从齐往，刘贾军从寿春并行，屠城父，至垓下。大司马周殷叛楚，以舒屠六，以舒之众，屠破六县。举九江兵，随刘贾、彭越皆会垓下，诣项王。

项王军壁垓下，<u>兵少食尽</u>，汉军及诸侯兵围之数重。夜闻汉军四面皆楚歌，<u>项王乃大惊曰</u>："<u>汉皆已得楚乎？是何楚人之多也</u>！"此下数行，写得悲壮淋漓，风神绝世。项王则夜起，饮帐中。有美人名虞，常幸从；骏马名骓，常骑之。<u>于是项王乃悲歌慷慨</u>，<u>自为诗曰</u>："力拔山兮气盖世，时不利兮骓不逝。骓不逝兮可奈何，虞兮虞兮奈若何！"<u>歌数阕</u>，<u>美人和之</u>。<u>项王泣数行下</u>，<u>左右皆泣</u>，<u>莫能仰视</u>。于是项王乃上马骑，<u>麾下壮士骑从者八百余人</u>，直夜溃围南出，驰走。平明，汉军乃觉之，令骑将灌婴以五千骑追之。项王渡淮，<u>骑能属者百余人耳</u>。"属"字冷，应盛衰之感。项王至阴陵，迷失道，问一田父，田父绐曰"左"。左，乃陷大泽中。以故汉追及之。项王乃复引兵而东，至东城，<u>乃有二十八骑</u>。汉骑追者数千人。项王自度不得脱。谓其骑曰："吾起兵至今八岁矣，身七十余战，所当者破，所击者服，未尝败北，遂霸有天下。然今卒困于此，此天之亡我，非战之罪也。今日固决死，愿为诸君快战，必三胜之，为诸君溃围，斩将，刈旗，令诸君知天亡我，非战之罪也。"乃分其骑以为四队，四向。汉军围之数重。项王谓其骑曰："吾为公取彼一将。"令四面骑驰下，期山东为三处。<u>于是项王大呼驰下</u>，<u>汉军皆披靡</u>，唱叹。遂斩汉一将。是时，赤泉侯为骑将，追项王，<u>项王瞋目而叱之</u>，<u>赤泉侯人马俱惊</u>，<u>辟易数里</u>，唱叹。与其骑会为三处。汉军不知项王所在，乃分军为三，复围之。项王乃驰，复斩汉一都尉，杀数十百人，复聚其骑，亡其两骑耳。乃谓其骑曰："何如？"骑皆伏曰："如大王言。"于是项王乃欲东渡乌江。乌江亭长杈船待，整舡向案。谓项王曰："江东虽小，地方千里，众数十万人，亦足王也。愿大王急渡。今独臣有船，汉军至，无以渡。"项王笑曰："天之亡我，我何渡为！<u>且籍与江东子弟八千人渡江而西</u>，<u>今无一人还</u>，全文以梁始，终即在羽口中二语结束。<u>纵江东父兄怜而王我，我何面目见之？</u><u>纵彼不言</u>，<u>籍独不愧于心乎？</u>"乃谓亭长曰："吾知公长者。吾骑此马五岁，所当无敌，尝一日行千里，不忍杀之，以赐公。"乃令骑皆下马步行，持短兵接战。独籍所杀汉军数百人。项王身亦被十余创。顾见汉骑司马吕马童，曰："若非吾故人乎？"马童面之，指王翳曰："此项王也。"项王乃曰："吾闻汉购我头千金，邑万户，吾为若德。"乃自刎而死。王翳取其头，余骑相蹂践争项王，相杀者数十人。最其后，郎中骑杨喜，骑司马吕马童，郎中吕胜、杨武各得其一体。五人共会其体，皆是。分其地为五：封吕马童为中水侯，封王翳为杜衍侯，封杨喜为赤泉侯，封杨武为吴防侯，封吕胜为涅阳侯。项王已死，楚地皆降汉，<u>独鲁不下</u>。汉乃引天下兵欲屠之，为其守礼义，为主死节，乃持项王头示鲁，鲁父兄乃降。<u>始</u>，<u>楚怀王初封项籍为鲁公</u>，<u>及其死</u>，<u>鲁最后下</u>，<u>故以鲁公礼葬项王谷城</u>。<u>汉王为发哀</u>，<u>泣之而去</u>。自是至情亦见，非项氏不能灭秦也。诸项氏枝属，汉王皆不诛。乃封项伯为射阳侯。桃侯、平皋侯、玄武侯皆项氏，<u>赐姓刘氏</u>。"皆项氏赐姓刘氏"，而项氏亡，为一篇之讫。

太史公曰：吾闻之周生曰"舜目盖重瞳子"，又闻项羽亦重瞳子。羽岂其苗裔邪？何兴之暴也！夫秦失其政，陈涉首难，豪杰蜂起，相与并争，不可胜数。然羽非有尺寸，乘势起陇亩之中，三年，遂将五诸侯灭秦，齐赵韩魏楚。分裂天下，而封王侯，政由羽出，号为"霸王"，<u>位虽不终</u>，<u>近古以来未尝有也</u>。及羽背关怀楚，背入关之约。放逐义帝而自立，<u>怨王侯叛己</u>，<u>难矣</u>。自矜功伐，奋其私智而不师古，谓霸王之业，欲以力征经营天下，五年卒亡其国，身死东城，<u>尚不觉寤而不自责</u>，<u>过矣</u>。<u>乃引</u>"<u>天亡我</u>，<u>非用兵之罪也</u>"，<u>岂不谬哉</u>！

项王陟出秦后，其雄略猛气实前无往古。史公想亦顾喜其人，故极力发挥，意气豪迈驰骋，仿佛如其为人。而综括有法，点注处一一具神采，气格亦自特创出，卓为伟作。　　孙矿太史公作本纪，自武帝及秦汉，以世相承。而项羽实为灭秦之主，沛公虽先入咸阳，然其始本属于项，而非羽战秦钜鹿，即欲入咸阳更不可得。至灭秦以后，虽随封随叛，迄无宁晷，然终不可不谓之"政由羽出"也。明此则秦后汉先，自应有《项羽本纪》一篇，与后贤所论正统诸说固各为一义矣。班孟坚止作《汉书》而又不能不载羽事，故改从列传，岂得以彼而废此哉？此史公为羽作纪大指。文章作意往往由此而生，读者不可不知，余故论之如此。至其行文之妙，如千岩竞秀，万壑争流，脉络分明，而观者第觉应接不暇。余所旁注略见一斑，读者可以引而伸之矣。

钟伯敬曰：司马以项羽置本纪，俨然列汉诸帝之前而无忌，盖深惜羽之不成也。不以成败论英雄，是其一生立言主意。所以掩其救李陵之失也，犹可见汉世文网一途禁忌甚宽。

田汝成曰：始羽拔山盖世之气，以后日至衰飒。史家模写逼真如画，千古英雄至此，殊令人悽恻。

孝文本纪

孝文皇帝，高祖中子也。高祖十一年春，已破陈豨军，定代地，立为代王，都中都。太后薄氏子。即位十七年，高后八年七月，高后崩。九月，诸吕吕产等欲为乱，以危刘氏，大臣共诛之，谋召立代王，事在吕后语中。丞相陈平、太尉周勃等使人迎代王。代王问左右郎中令张武等。张武等议曰："汉大臣皆故高帝时大将，习兵，多谋诈，此其属意非止此也，特畏高帝、吕太后威尔。今已诛诸吕，新喋血京师，此以迎大王为名，实不可信。愿大王称疾毋往，以观其变。"中尉宋昌进曰：<u>先歆己德，天命民心</u>。宋昌语中一一说透，前文不另作提纲，只为有此一席话也。"群臣之议皆非也。夫秦失其政，诸侯豪杰并起，人人自以为得之者以万数，然卒践天子之位者，刘氏也，天下绝望，一矣。高帝封王子弟，地犬牙相制，此所谓磐石之宗也，天下服其强，二矣。汉兴，除秦苛政，约法令，施德惠，人人自安，难动摇，三矣。夫以吕太后之严，立诸吕为三王，擅权专制，然而太尉以一节入北军，一呼士皆左袒，为刘氏，叛诸吕，卒以灭之。<u>此乃天授</u>，<u>非人力也</u>。今大臣虽欲为变，<u>百姓弗为使</u>，其党宁能专一邪？方今内有朱虚、东牟之亲，外畏吴、楚、淮南、琅邪、齐、代之强。方今高帝子独淮南王与大王，<u>大王又长</u>，<u>贤圣仁孝</u>，贤圣仁孝四字，一篇纲领，振动全神。<u>闻于天下</u>，<u>故大臣因天下之心而欲迎立大王</u>，<u>大王勿疑也</u>。"

代王报太后计之，犹与未定。卜之龟，卦兆得大横。占曰："大横庚庚，余为天王，夏启以光。"代王曰："寡人固已为王矣，又何王？"<u>此多"代王曰"</u>，<u>便为后文排列诏旨作引</u>。卜人曰："所谓天王者乃天子。"于是代王乃遣太后弟薄昭往见绛侯，绛侯等具为昭言所以迎立王意。薄昭还报曰："信矣，毋可疑者。"代王乃笑谓宋昌曰："果如公言。"乃命宋昌参乘，张武等六人乘传诣长安。至高陵休止，而使宋昌先驰之长安观变。昌至渭桥，丞相以下皆迎。宋昌还报。代王驰至渭桥，群臣拜谒称臣。代王下车拜。太尉勃进曰："愿请间言。"不学无术。宋昌曰："所言公，公言之。所言私，王者不受私。"太尉乃跪上天子玺符。代王谢曰："至代邸而议之。"遂驰入代邸。群臣从至。丞相陈平、太尉周勃、大将军陈武、御史大夫张苍、宗正刘郢、朱虚侯刘章、东牟侯刘兴居、典客刘揭皆再拜言曰："子弘等皆非孝惠帝子，不当奉宗庙。臣谨请与阴安侯、列侯顷王后，与琅邪王、宗室、大臣、列侯、吏二千石议曰：'大王高帝长子，宜为高帝嗣。'愿大王即天子位。"代王曰："奉高帝宗庙，重事也。寡人不佞，不足以称宗庙。愿请楚王计宜者，寡人不敢当。"群臣皆伏固请。代王西乡让者三，南乡让者再。丞相平等皆曰："臣伏计之，大王奉高帝宗庙最宜称，虽天下诸侯万民以为宜。臣等为宗庙社稷计，不敢忽。愿大王幸听臣等。臣谨奉天子玺符再拜上。"代王曰："宗室将相王列侯以为莫宜寡人，寡人不敢辞。"遂即天子位。群臣以礼次侍。乃使太仆婴与东牟侯兴居清宫，奉天子法驾，迎于代邸。皇帝即日夕入未央宫。乃夜拜宋昌为卫将军，镇抚南北军。以张武为郎中令，行殿中。还坐前殿。于是夜下诏书曰：中间排列诏书作章法，一"下诏书"，两"下诏"，一"诏有司"，一"皇帝曰"，一"帝曰"，十六"上曰"。参差错综，如景星向云之璨列于天。"间者诸吕用事擅权，谋为大逆，欲以危刘氏宗庙，赖将相列侯宗室大臣诛之，皆伏其辜。朕初即位，其赦天下，赐民爵一级，女子百户牛酒，酺五日。"

孝文皇帝元年十月庚戌，徙立故琅邪王泽为燕王。辛亥，皇帝即阼，谒高庙。右丞相平徙为左丞相，太尉勃为右丞相，大将军灌婴为太尉。诸吕所夺齐楚故地，皆复与之。壬子，遣车骑将军薄昭迎皇太后于代。皇帝曰："吕产自置为相国，吕禄为上将军，擅矫遣灌将军婴将兵击齐，欲代刘氏，婴留荥阳弗击，与诸侯合谋以诛吕氏。吕产欲为不善,丞相陈平与太尉周勃谋夺吕产等军。朱虚侯刘章首先捕吕产等。太尉身率襄平侯通持节承诏入北军。典客刘揭身夺赵王吕禄印。益封太尉勃万户,赐金五千斤。丞相陈平、灌将军婴邑各三千户,金二千斤。朱虚侯刘章、襄平侯通、东牟侯刘兴居邑各二千户,金千斤。封典客揭为阳信侯,赐金千斤。"

十二月,<u>上曰</u>:"法者,治之正也,所以禁暴而率善人也。今犯法已论,而使毋罪之父母妻子同产坐之,及为收帑,朕甚不取。其议之。"有司皆曰:"民不能自治,故为法以禁之。<small>许多"有司皆曰",为诏旨作陪衬,波折。</small>相坐坐收,所以累其心,使重犯法,所从来远矣。如故便。"上曰:"朕闻法正则民悫,罪当则民从。且夫牧民而导之善者,吏也。<u>其既不能导,又以不正之法罪之</u>,<small>深中当时之弊。</small><u>是反害于民为暴者也</u>。何以禁之?朕未见其便,其熟计之。"有司皆曰:"陛下加大惠,德甚盛,非臣等所及也。请奉诏书,除收帑诸相坐律令。"

正月,有司言曰:"蚤建太子,所以尊宗庙。请立太子。"<u>上曰</u>:"朕既不德,上帝神明未歆享,天下人民未有嗛志。今纵不能博求天下贤圣有德之人而禅天下焉,而曰豫建太子,是重吾不德也。谓天下何?其安之。"有司曰:"豫建太子,所以重宗庙社稷,不忘天下也。"上曰:"楚王,季父也,春秋高,阅天下之义理多矣,明于国家之大体。吴王于朕,兄也,惠仁以好德。淮南王,弟也,秉德以陪朕。岂为不豫哉!诸侯王宗室昆弟有功臣,多贤及有德义者,若举有德以陪朕之不能终,是社稷之灵,天下之福也。今不选举焉,而曰必子,人其以朕为忘贤有德者而专于子,非所以忧天下也。朕甚不取也。"有司皆固请曰:"古者殷周有国,治安皆千余岁,古之有天下者莫不长焉,用此道也。立嗣必子,所从来远矣。高帝亲率士大夫,始平天下,建诸侯,为帝者太祖。诸侯王及列侯始受国者皆亦为其国祖。子孙继嗣,世世弗绝,天下之大义也,故高帝设之以抚海内。今释宜建而更选于诸侯及宗室,非高帝之志也。更议不宜。子某最长,纯厚慈仁,请建以为太子。"上乃许之。因赐天下民当代父后者爵各一级。封将军薄昭为轵侯。

三月,有司请立皇后。薄太后曰:"诸侯皆同姓,立太子母为皇后。"皇后姓窦氏。上为立后故,赐天下鳏寡孤独穷困及年八十已上孤儿九岁已下布帛米肉各有数。

上从代来,初即位,施德惠天下,<u>施恩授惠,皆有深意</u>。填抚诸侯四夷皆洽欢,乃循从代来功臣。上曰:"方大臣之诛诸吕迎朕,朕狐疑,皆止朕,唯中尉宋昌劝朕,朕以得保奉宗庙。已尊昌为卫将军,其封昌为壮武侯。诸从朕六人,官皆至九卿。"<u>上曰</u>:"列侯从高帝入蜀、汉中者六十八人皆益封各三百户,故吏二千石以上从高帝颖川守尊等十人食邑六百户,淮阳守申屠嘉等十人五百户,卫尉定等十人四百户。封淮南王舅父赵兼为周阳侯,齐王舅父驷钧为清郭侯。"秋,封故常山丞相蔡兼为樊侯。人或说右丞相曰:"君本诛诸吕,迎代王,今又矜其功,受上赏,处尊位,祸且及身。"右丞相勃乃谢病免罢,左丞相平专为丞相。

二年十月,丞相平卒,复以绛侯勃为丞相。<u>上曰</u>:"朕闻古者诸侯建国千余岁,各守其地,以时入贡,民不劳苦,上下欢欣,靡有遗德。今列侯多居长安,邑远,吏卒给输费苦,而列侯亦无由教驯其民。其令列侯之国,为吏及诏所止者,遣太子。"

十一月晦,日有食之。十二月望,日又食。上曰:"朕闻之,天生蒸民,为之置君以养治之。人主不德,布政不均,则天示之以菑,以诫不治。乃十一月晦,日有食之,适见于天,菑孰大焉!朕获保宗庙,以微眇之身托于兆民君王之上,<u>天下治乱</u>,<u>在朕一人</u>,<u>唯二三执政犹吾股肱也</u>。<u>朕下不能理育群生</u>,<u>上以累三光之明</u>,<u>其不德大矣</u>。令至,其悉思朕之过失,及知见思之所不及,匄以告朕。及举贤良方正能直言极谏者,以匡朕之不逮。因各饬其任职,务省繇费以便民。朕既不能远德，故憪然念外人之有非，是以设备未息。一言有远致，有深情。今纵不能罢边屯戍，而又饬兵厚卫，其罢卫将军军。太仆见马遗财足，余皆以给传置。"

正月，上曰："农，天下之本，其开籍田，朕亲率耕，以给宗庙粢盛。"

三月，有司请立皇子为诸侯王。上曰："赵幽王幽死，朕甚怜之，已立其长子遂为赵王。遂弟辟强及齐悼惠王子朱虚侯章、东牟侯兴居有功，可王。"乃立赵幽王少子辟强为河间王，以齐剧郡立朱虚侯为城阳王，立东牟侯为济北王，皇子武为代王，子参为太原王，子揖为梁王。

上曰："古之治天下，朝有进善之旌，诽谤之木，所以通治道而来谏者。今法有诽谤妖言之罪，是使众臣不敢尽情，而上无由闻过失也。将何以来远方之贤良？其除之。民或祝诅上以相约结而后相谩，吏以为大逆，其有他言，而吏又以为诽谤。此细民之愚无知抵死，朕甚不取。自今以来，有犯此者勿听治。"

九月，初与郡国守相为铜虎符、竹使符。

三年十月丁酉晦，日有食之。

十一月，上曰："前日诏遣列侯之国，或辞未行。丞相朕之所重，其为朕率列侯之国。"绛侯勃免丞相就国，以太尉颍阴侯婴为丞相。罢太尉官，属丞相。四月，城阳王章薨。淮南王长与从者魏敬杀辟阳侯审食其。

五月，匈奴入北地，居河南为寇。帝初幸甘泉。六月，帝曰："汉与匈奴约为昆弟，毋使害边境，所以输遗匈奴甚厚。今右贤王离其国，将众居河南降地，非常故，往来近塞，捕杀吏卒，驱保塞蛮夷，令不得居其故，陵轹边吏，入盗，甚敖无道，非约也。其发边吏骑八万五千诣高奴，遣丞相颍阴侯灌婴击匈奴。"匈奴去，发中尉材官属卫将军军长安。

辛卯，帝自甘泉之高奴，因幸太原，见故群臣，皆赐之。举功行赏，诸民里赐牛酒。复晋阳中都民三岁。留游太原十余日。济北王兴居闻帝之代，欲往击胡，乃反，发兵欲袭荥阳。于是诏罢丞相兵，遣棘蒲侯陈武为大将军，将十万往击之。祁侯贺为将军，军荥阳。七月辛亥，帝自太原至长安。乃诏有司曰："济北王背德反上，诖误吏民，为大逆。济北吏民兵未至先自定，及以军地邑降者，皆赦之，复官爵。与王兴居去来，亦赦之。"八月，破济北军，虏其王。赦济北诸吏民与王反者。

六年，有司言淮南王长废先帝法，不听天子诏，居处毋度，出入拟于天子，擅为法令，与棘蒲侯太子奇谋反，遣人使闽越及匈奴，发其兵，欲以危宗庙社稷。群臣议，皆曰"长当弃市"，帝不忍致法于王，赦其罪，废勿王。群臣请处王蜀严道、邛都，帝许之。长未到处所，行病死，上怜之。后十六年，追尊淮南王长谥为厉王，立其子三人为淮南王、衡山王、庐江王。

十三年夏，上曰："盖闻天道祸自怨起而福繇德兴。百官之非，宜由朕躬。今秘祝之官移过于下，以彰吾之不德，朕甚不取。其除之。"五月，齐太仓令淳于公有罪当刑，诏狱逮徙系长安。太仓公无男，有女五人。太仓公将行会逮，骂其女曰："生子不生男，有缓急非有益也！"其少女缇萦自伤泣，乃随其父至长安，上书曰："妾父为吏，齐中皆称其廉平，今坐法当刑。妾伤夫死者不可复生，刑者不可复属，虽复欲改过自新，其道无由也。妾愿没入为官婢，赎父刑罪，使得自新。"书奏天子，天子怜悲其意，乃下诏曰：孙矿曰：此诏结构、调法俱佳物，首尾完净可玩。"盖闻有虞氏之时，画衣冠异章服以为僇，而民不犯。何则？至治也。今法有肉刑三，而奸不止，其咎安在？非乃朕德薄而教不明欤？吾甚自愧。故夫驯道不纯而愚民陷焉。诗曰'恺悌君子，民之父母'。今人有过，教未施而刑加焉，或欲改行为善而道毋由也。朕甚怜之。夫刑至断支体，刻肌肤，终身不息，<u>何其楚痛而不德也</u>，哀怜上情。<u>岂称为民父母之意哉</u>！其除肉刑。"

上曰："<u>农</u>，<u>天下之本</u>，<u>务莫大焉</u>。今勤身从事而有租税之赋，是为本末者无以异，其于劝农之道未备。其除田之租税。"

十四年冬，匈奴谋入边为寇，攻朝那塞，杀北地都尉卬。上乃遣三将军军陇西、北地、上郡，中尉周舍为卫将军，郎中令张武为车骑将军，军渭北，车千乘，骑卒十万。帝亲自劳军，勒兵申教令，赐军吏卒。<u>帝欲自将击匈奴</u>，<u>群臣谏</u>，<u>皆不听</u>。视前诏击匈奴，及此坚欲自将，文帝何尝不雄武！惟其果能如是，而卒不忍轻用，是以可贵耳。皇太后固要帝，帝乃止。于是以东阳侯张相如为大将军，成侯赤为内史，栾布为将军，击匈奴。匈奴遁走。

<u>春</u>，<u>上曰</u>："朕获执牺牲珪币以事上帝宗庙，十四年于今，历日县长，以不敏不明而久抚临天下，朕甚自愧。其广增诸祀墠场珪币。<u>昔先王远施不求其报</u>，<u>望祀不祈其福</u>，<u>右贤左戚</u>，<u>先民后己</u>，<u>至明之极也</u>。今吾闻祀官祝釐，皆归福朕躬，不为百姓，朕甚愧之。<u>夫以朕不德</u>，<u>而躬享独美其福</u>，<u>百姓不与焉</u>，<u>是重吾不德</u>。其令祠官致敬，<u>毋有所祈</u>。"

是时，北平侯张苍为丞相，方明律历。鲁人公孙臣上书陈终始传五德事，言方今土德时，土德应黄龙见，当改正朔服色制度。天子下其事与丞相议。丞相推以为今水德，始明正十月上黑事，以为其言非是，请罢之。

十五年，黄龙见成纪，天子乃复召鲁公孙臣，以为博士，申明土德事。于是上乃下诏曰："有异物之神见于成纪，<u>无害于民</u>，<u>岁以有年</u>。朕亲郊祀上帝诸神。礼官议，毋讳以劳朕。"有司礼官皆曰："古者天子夏躬亲礼祀上帝于郊，故曰郊。"于是天子始幸雍，郊见五帝，以孟夏四月答礼焉。赵人新垣平以望气见，因说上设立渭阳五庙。欲出周鼎，当有玉英见。

十六年，上亲郊见渭阳五帝庙，亦以夏答礼而尚赤。

十七年，得玉杯，刻曰"人主延寿"。于是天子始更为元年，令天下大酺。其岁，新垣平事觉，夷三族。

后二年，上曰："朕既不明，不能远德，是以使方外之国或不宁息。夫四荒之外不安其生，封畿之内勤劳不处，二者之咎，皆自于朕之德薄而不能远达也。间者累年，匈奴并暴边境，多杀吏民，<u>边臣兵吏又不能谕吾内志，以重吾不德也</u>。夫久结难连兵，中外之国将何以自宁？今朕夙兴夜寐，勤劳天下，忧苦万民，为之怛惕不安，未尝一日忘于心，故遣使者冠盖相望，结轶于道，以谕朕意于单于。今单于反古之道，计社稷之安，便万民之利，新（按：中华书局本作"亲"。）与朕俱弃细过，偕之大道，结兄弟之义，<u>以全天下元元之民</u>。和亲已定，始于今年。"

后六年冬，匈奴三万人入上郡，三万人入云中。以中大夫令勉为车骑将军，军飞狐；故楚相苏意为将军，军句注；将军张武屯北地；河内守周亚夫为将军，居细柳；宗正刘礼为将军，居霸上；祝兹侯军棘门：以备胡。数月，胡人去，亦罢。

天下旱，蝗。帝加惠：令诸侯毋入贡，弛山泽，减诸服御狗马，损郎吏员，发仓庾以振贫民，民得卖爵。

<u>孝文帝从代来，即位二十三年</u>，二十三年之后，帝崩之前，著此一总。且补且束，是其结构缜密，波势萦回处。而神味浓郁，气脉深厚，全妙在多参活句中，意中言外，极叹想不尽之景，以透露文帝全身。使二十三年中美政之未载本纪者，俱若隐约可见，是为钜丽之笔，不然，亦只成死板松薄也。宫室苑囿狗马服御无所增益，<u>有不便</u>，辄弛以利民。尝欲作露台，召匠计之，<u>直百金</u>。上曰："百金中民十家之产，吾奉先帝宫室，常恐羞之，何以台为！"上常衣绨衣，<u>所幸慎夫人</u>，令衣不得曳地，帏帐不得文绣，以示敦朴，为天下先。治霸陵皆以瓦器，<u>不得以金银铜锡为</u>饰，<u>不治坟</u>，<u>欲为省</u>，<u>毋烦民</u>。南越王尉佗自立为武帝，<u>然上召贵</u>

尉佗兄弟，以德报之，佗遂去帝称臣。与匈奴和亲，匈奴背约入盗，然令边备守，不发兵深入，恶烦苦百姓。吴王诈病不朝，就赐几杖。群臣如袁盎等称说虽切，常假借用之。群臣如张武等受赂遗金钱，觉，上乃发御府金钱赐之，以愧其心，弗下吏。专务以德化民，是以海内殷富，兴于礼义。

后七年六月己亥，帝崩于未央宫。遗诏曰："朕闻盖天下万物之萌生，靡不有死。死者天地之理，物之自然者，奚可甚哀。当今之时，世咸嘉生而恶死，厚葬以破业，重服以伤生，吾甚不取。且朕既不德，无以佐百姓；今崩，又使重服久临，以离寒暑之数，哀人之父子，伤长幼之志，损其饮食，绝鬼神之祭祀，以重吾不德也，谓天下何！朕获保宗庙，以眇眇之身托于天下君王之上，二十有余年矣。赖天地之灵，社稷之福，方内安宁，靡不兵革。朕既不敏，常畏过行，以羞先帝之遗德；维年之久长，惧于不终。今乃幸以天年，得复供养于高庙。朕之不明与嘉之，其奚哀悲之有！其令天下吏民，令到出临三日，皆释服。毋禁取妇嫁女祠祀饮酒食肉者。自当给丧事服临者，皆无践。绖带无过三寸，毋布车及兵器，毋发人男女哭临宫殿。宫殿中当临者，皆以旦夕各十五举声，礼毕罢。非旦夕临时，禁毋得擅哭。已下，服大红十五日，小红十四日，纤七日，释服。佗不在令中者，皆以此令比率从事。布告天下，使明知朕意。霸陵山川因其故，毋有所改。归夫人以下至少使。"令中尉亚夫为车骑将军，属国悍为将屯将军，郎中令武为复土将军，发近县见卒万六千人，发内史卒万五千人，藏郭穿复土属将军武。乙巳，群臣皆顿首上尊号曰"孝文皇帝"。太子即位于高庙。丁未，袭号曰皇帝。

孝景皇帝元年十月，制诏御史："盖闻古者祖有功而宗有德，制礼乐各有由。闻歌者，所以发德也；舞者，所以明功也。高庙酬，奏武德、文始、五行之舞。孝惠庙酬，奏文始、五行之舞。孝文皇帝临天下，通关梁，不异远方。除诽谤，去肉刑，赏赐长老，收恤孤独，以育群生。减嗜欲，不受献，不私其利也。罪人不帑，不诛无罪。除肉刑，出美人，重绝人之世。朕既不敏，不能识。此皆上古之所不及，而孝文皇帝亲行之。德厚侔天地，利泽施四海，靡不获福焉。明象乎日月，而礼乐不称。朕甚惧焉。其为孝文皇帝庙为昭德之舞，以明休德。然后祖宗之功德著于竹帛，施于万世，永永无穷，朕甚嘉之。其与丞相、列侯、中二千石、礼官具为礼仪奏。"

　　丞相臣嘉等言："陛下永思孝道，立昭德之舞以明孝文皇帝之盛德，皆臣嘉等愚所不及。臣等议：功莫大于高皇帝，德莫盛于孝文皇帝，高皇庙宜为帝者太祖之庙，孝文皇帝庙宜为帝者太宗之庙。天子宜世世献祖宗之庙。郡国诸侯宜各为孝文皇帝立太宗之庙。诸侯王列侯使者侍祠天子，岁献祖宗之庙。请著之竹帛，宣布天下。"
　　制曰："可。"

　　太史公曰：孔子言"必世然后仁。善人之治国百年，亦可以胜残去杀"。诚哉是言！汉兴，至孝文四十有余载，德至盛也。廪廪乡改正服封禅矣，谦让未成于今。呜呼，岂不仁哉！

　　孝文为三代以后第一贤君，史公在孝武时作《孝文纪》，故尤极无穷慨慕也。二十余年，深仁厚泽，纪中排缵不尽，止举其大要，而余者令人悠然可思。正是史公画龙点睛妙手，而或以为年缺不具，有残简之失者，误矣。

三代世表

　　太史公曰：五帝、三代之记，<u>尚矣</u>。一层。自殷以前诸侯<u>不可得而谱</u>，二层。周以来<u>乃颇可著</u>。三层。<u>孔子因史文次《春秋》</u>，纪元年，正时日月，<u>盖其详哉</u>。四层。至于序《尚书》则略，此一层内又有四层。无年月；<u>或颇有</u>，<u>然多阙</u>，<u>不可录</u>。故疑则传疑，<u>盖其慎也</u>。五层。余读谍记，此一层内又有三层。黄帝以来<u>皆有年数</u>。稽其历谱谍终始五德之传，古文咸不同，<u>乖异</u>。六层。<u>夫子之弗论次其年月，岂虚哉</u>！七层。于是以《五帝系谍》、《尚书》集世纪黄帝以来讫共和为《世表》。

　　表序篇篇佳。　　王维祯

　　句法古质，然有态。　　邓以赞

　　以屈曲为简劲，笔如龙变系弦。

十二诸侯年表

太史公读《春秋历谱谍》，至周厉王，未尝不废书而叹也。曰：呜呼，师挚见之矣！纣为象箸而箕子唏。周道缺，诗人本之衽席，《关雎》作。仁义陵迟，《鹿鸣》刺焉。及至厉王以恶闻其过，公卿惧诛而祸作，厉王遂奔于彘，乱自京师始，而共和行政焉。《世表》、《年表》以共和分界者，此后乃可详考，而诸侯专政又自共和始也。故不拘《春秋》年数而推而上之数十年，史公直有损益圣制之意矣。是后或力攻，强乘弱，兴师不请天子。然挟王室之义，以讨伐为会盟主，政由五霸，诸侯恣行，淫侈不轨，贼臣篡子滋起矣。

齐、晋、秦、楚其在成周，微甚，封或百里，或五十里。晋阻三河，齐负东海，楚介江淮，秦因雍州之固，四国迭兴，更为伯主，文武所褒大封，皆威而服焉。是以孔子明王道，干七十余君，莫能用，故西观周室，论史记旧闻，兴于鲁，而次《春秋》，上记隐，下至哀之获麟，约其辞文，去其烦重，以制义法，王道备，人事浃。七十子之徒口受其传指，为有所刺讥褒讳挹损之文辞，不可以书见也。鲁君子左丘明惧弟子人人异端，各安其意，失其真，故因孔子史记具论其语，成《左氏春秋》。铎椒为楚威王傅，为王不能尽观《春秋》，采取成败，卒四十章，为《铎氏微》。赵孝成王时，其相虞卿上采春秋，下观近世，亦著八篇，为《虞氏春秋》。吕不韦者，秦庄襄王相，亦上观尚古，删拾《春秋》，集六国时事，以为八览、六论、十二纪，为《吕氏春秋》。及如荀卿、孟子、公孙固、韩非之徒，各往往捃摭《春秋》之文以著书，不可胜纪。汉相张苍历谱五德，上大夫董仲舒推《春秋》义，颇著文焉。

太史公曰：儒者断其义，驰说者骋其辞，不务综其终始；历人取其年月，数家隆于神运，谱谍独记世谥，其辞略，欲一观诸要难。

于是谱十二诸侯，自共和讫孔子，表见《春秋》、《国语》学者所讥盛衰大指著于篇，<u>为成学治古文者要删焉</u>。

"要删"二字，乃一部《史记》缵绍《春秋》大指，故诸表无赞，而与此特加"太史公曰"四字以发之。

六国年表

太史公读《秦记》，《十二诸侯表》以齐晋秦楚作主，《六国表》以秦作主。至犬戎败幽王，周东徙洛邑，秦襄公始封为诸侯，作西畤，用事上帝，<u>僭端见矣</u>。《礼》曰："天子祭天地，诸侯祭其域内名山大川。"今秦杂戎翟之俗，先暴戾，后仁义，<u>位在藩臣而胪于郊祀，君子惧焉</u>。及文公逾陇，攘夷狄，尊陈宝，营岐雍之间，而穆公修政，东竟至河，则与齐桓、晋文中国侯伯侔矣。

是后陪臣执政，入六国。大夫世禄，六卿擅晋权，征伐会盟，威重于诸侯。及田常杀简公而相齐国，诸侯晏然弗讨，海内争于战功矣。三国终之，卒分晋，田和亦灭齐而有之，<u>六国之盛自此始</u>。务在强兵并敌，谋诈用而纵横短长之说起。矫称蜂出，誓盟不信，虽置质剖符犹不能约束也。

秦始小国僻远，入秦灭六国。诸夏宾之，比于戎翟，至献公之后，常雄诸侯。<u>论秦之德义不如鲁卫之暴戾者，量秦之兵不如三晋之强也</u>，<u>然卒并天下</u>，<u>非必险固便形势利也</u>，<u>盖若天所助焉</u>。

或曰"东方物所始生，西方物之成孰"。夫作事者必于东南，收功实者常于西北。故禹兴于西羌，汤起于亳，周之王也以丰镐伐殷，秦之帝用雍州兴，汉之兴自蜀汉。秦既得意，叹六国史记之无考。烧天下《诗》《书》，诸侯史记尤甚，为其有所刺讥也。《诗》《书》所以复见者，多藏人家，而史记独藏周室，以故灭。惜哉！惜哉！独有《秦记》，论战国秦记之当存。又不载日月，其文略不具。<u>然战国之权变亦有可颇采者</u>，<u>何必上古</u>。秦取天下多暴，论秦并天下后史记之当考。然世异变，成功大。传曰"法后王"，何也？以其近己而俗变相类，议卑而易行也。<u>学者牵于所闻</u>，<u>见秦在帝位日浅</u>，<u>不察其终始</u>，<u>因举而笑之</u>，<u>不敢道</u>，<u>此与以耳食无异</u>。悲夫！

余于是因《秦记》，综括作结。踵《春秋》之后，起周元王，表六国时事,讫二世,凡二百七十年,著诸所闻兴坏之端。后有君子,以览观焉。

  六国皆并于秦,史记又为秦灭,而秦记仅存,自当以秦作主也。文甚委佩有度。

秦楚之际月表

　　太史公读秦楚之际，曰：初作难，发于陈涉；虐戾灭秦，自项氏；拨乱诛暴，平定海内，卒践帝祚，成于汉家。五年之间，两句施起下文，一篇主意。号令三嬗。自生民以来，未始有受命若斯之亟也。昔虞、夏之兴，积善累功数十年，德洽百姓，摄行政事，考之于天，然后在位。汤、武之王，乃由契、后稷修仁行义十余世，不期而会孟津八百诸侯，犹以为未可，其后乃放弑。秦起襄公，章于文、缪、献、孝之后，稍以蚕食六国，百有余载，至始皇乃能并冠带之伦。以德若彼，用力如此，盖一统若斯之难也。与"若斯之"正望应。秦既称帝，患兵革不休，以有诸侯也。于是无尺土之封，堕坏名城，销锋镝，钼豪杰，维万世之安。然王迹之兴，起于闾巷，合纵讨伐，轶于三代，乡秦之禁，适足以资贤者为驱除难耳。首言其易，此言其所以"易"也，两"难"字应。故愤发其所为天下雄，安在无土不王。此乃传之所谓大圣乎？岂非天哉，岂非天哉！非大圣孰能当此受命而帝者乎？"受命"下与起应。

　　此篇文字英发俊伟。　　　杨慎

　　《月表》之文甚跌宕，道古可诵。　　茅坤

　　此表字不满三百，态度无限委蛇。　　凌约言

　　兼功德时势以为言，与孟子论齐王反手同义。

　　钟伯敬曰：作本影文字，不无推前结，有体有法，不似后人屈笔。

汉兴以来诸侯王年表

太史公曰：殷以前尚矣。周封五等：公，侯，伯，子，男。然封伯禽、康叔于鲁、卫，地各四百里，亲亲之义，褒有德也；太公于齐，兼五侯地，尊勤劳也。武王、成、康复封数百，而同姓五十五，地上不过百里，下三十里，以辅卫王室。管、蔡、康叔、曹、郑，或过或损。幽、厉之后，王室缺，侯伯强国兴焉，天子微，弗能正。非德不纯，形势弱也。

汉兴，序二等。高祖末年，非刘氏而王者，若无功，上所不置而侯者，天下共诛之。高祖子弟同姓为王者九国，唯独长沙异姓，而功臣侯者百余人。自雁门、太原以东至辽阳，为燕代国；常山以南，太行左转，度河、济、阿、甄以东薄海，为齐、赵国；自陈以西，南至九疑，东带江、淮、谷、泗，薄会稽，为梁、楚、吴、淮南、长沙国：皆外接于胡、越。而内地北距山以东尽诸侯地，大者或五六郡，连城数十，置百官宫观，僭于天子。汉独有三河、东郡、颍川、南阳，自江陵以西至蜀，北自云中至陇西，与内史凡十五郡，而公主列侯颇食邑其中。何者？天下初定，骨肉同姓少，故广强庶孽，以镇抚四海，用承卫天子也。

汉定百年之间，亲属益疏，诸侯或骄奢，忕邪臣计谋为淫乱，大者叛逆，小者不轨于法，以危其命，殒身亡国。天子观于上古，然后加惠，使诸侯得推恩分子弟国邑，故齐分为七，赵分为六，梁分为五，淮南分三，及天子支庶子为王，王子支庶为侯，百有余焉。吴楚时，前后诸侯或以适削地，是以燕、代无北边郡，吴、淮南、长沙无南边郡，齐、赵、梁、楚支郡名山陂海咸纳于汉。诸侯稍微，大国不过十余城，小侯不过数十里，上足以奉贡职，下足以供养祭祀，以蕃辅京师。而汉郡八九十，形错诸侯间，犬牙相临，秉其阨塞地利，强本干，弱枝叶之势也，尊卑明而万事各得其所矣。

臣迁谨记高祖以来至太初诸侯，谱其下益损之时，令后世得览。<u>形势虽强，要之以仁义为本。</u>

此篇欲述汉事，先以周事发之。同姓九国，亲亲之义也；异姓功臣，尊劳之义也。大者五六郡，连城数十，则过于周之四百，其后抑损之，则诸侯微而王室之形势强矣。末言损益之时，则以汉初之强庶孽者为益，后之抑削者为损，应前"过损"二字。而"形势强"之句，又与"形势弱"之句相应。　　杨慎

画次海内，形势如掌。　　茅坤

文气甚昌大。所谓子长文字连五六句二三十字作一句下者，最与此篇见之。介甫谓子瞻《表忠观碑》似此。<u>盖以气驱事</u>，<u>事不碍气</u>，<u>风度仿佛似之</u>，<u>夫所谓</u>"神似"者。

汉初宗姓诸王无战功而有分土，唐初宗姓诸王有战功而无分土。　　邓以赞

文分四截。"非德不纯，形势弱也"以上，叙周事始终引起，为一截；"汉兴"已下，"用承卫天子也"已上，叙初定天下时分封，为一截；"汉定百年之间"已下，"万事各得其所矣"已上，叙后来抑损之宜，为一截；"臣迁谨记"以下，综括汉家当日始终，叙出作表意思，为一截。中二截对，后截与前截对，是一头两腹一尾格，指归则皆在束句注明。

高祖功臣侯者年表

　　太史公曰：古者人臣功有五品，以德立宗庙定社稷曰勋，以言曰劳，用力曰功，明其等曰伐，积日曰阅。封爵之誓曰："使河如带，泰山若厉。国以永宁，爰及苗裔。"<u>始未尝不欲固其根本</u>，<u>而枝叶稍陵夷衰微也。</u>

　　余读高祖侯功臣，察其首封，所以失之者，曰：<u>异哉所闻</u>！《书》曰"协和万国"，迁于夏商，或数千岁。盖周封八百，幽厉之后，见于《春秋》。《尚书》有唐虞之侯伯，历三代千有余载，自全以蕃卫天子，<u>岂非笃于仁义</u>，<u>奉上法哉</u>？

　　汉兴，功臣受封者百有余人。天下初定，故大臣（按：中华书局本作"城"）名都散亡，户口可得而数者十二三，是以大侯不过万家，小者五六百户。后数世，民咸归乡里，户益息，萧、曹、绛、灌之属或至四万，小侯自倍，富厚如之。子孙骄溢，忘其先，淫嬖。至太初百年之间，见侯五，余皆坐法陨命亡国，<u>耗矣</u>。<u>罔亦少密焉</u>，<u>然皆身无兢兢于当世之禁云。</u>

　　<u>居今之世，志古之道，所以自镜也</u>，转，<u>未必尽同</u>。帝王者，各殊礼而异务，要以成功为统纪，岂可绳乎？观所以得尊宠及所以废辱，<u>亦当世得失之林也</u>，<u>何必旧闻</u>？于是谨其终始，表见其文，颇有所不尽本末；著其明，疑者阙之。<u>后有君子</u>，<u>欲推而列之</u>，<u>得以览焉。</u>

　　"始未尝不欲固其根本"，承上文"封爵誓"之意；"而枝叶稍陵夷衰微也"，起下文"子孙骄溢"亡国之意。曰"察其首封"，曰"所以失之"，申"固根本"及"枝叶陵夷"之语。"异哉所闻"，举古概今，以贯一篇之语脉。"岂非笃于仁义，奉上法"句，与下文"身无兢兢于当世之禁"句相对。上笃仁义，则无罔少密之苛；下笃仁义而奉上法，则能兢兢当世之禁，而不坐法亡国矣。故曰"居

今"、"志古",所以自镜也。"今"、"古"二字,该贯全篇语脉。末云"得尊宠"及"得失之林",终上二意。关键开合极密。 杨慎

升庵说此文亦未稳。看来"始未尝不欲固其根本"二句,只是言事势大概如此,以引起下文。古诸侯岂绝无衰微者?但不若后世之多且速耳。看一"稍"字可见。"余读高祖侯功臣"句入题,"察其首封"三句虚领全意。"《书》曰"以下,言古诸侯多笃仁义而奉上法,故能久长。"汉兴"以下,言今诸侯多习骄溢而罹禁网,故易消耗。"居今之世"以下,因上文古今对说,而侧注今事以著作表之由。言"志古"虽"所以自镜",而古今"未必尽同",则固当考鉴于"当世得失之林",不得专恃旧闻也。"笃于仁义"句,并不兼君说,看上文语脉自明。"罔亦少密"句乃兼责君。然责君意轻,责臣意重;责君辞微,责臣辞直。故责君为开,责臣为合。盖当时事理固然,亦作史体裁如此,而前文所以失之,后文所以废辱,两"所以"内则原暗包责君意思矣,文心极宣朗易见。以升庵之才说此短幅文字,而说来但觉意圆语滞,有丝毫未合天地隔之叹,可见论古之难。

惠景间侯者年表

　　太史公读列封至便侯，曰：有以也夫！长沙王者，著令甲，称其忠焉。昔高祖定天下，功臣非同姓疆土而王者八国。至孝惠时，唯独长沙全，禅五世，以无嗣绝，竟无过为藩守职，信矣。故其泽流枝庶，毋功而侯者数人。及孝惠讫孝景间五十载，追修高祖时遗功臣及从代来吴楚之劳，诸侯子弟若肺腑，外国归义，封者九十有余。咸表始终，当世仁义成功之著者也。

　　独以长沙发端，反覆论叙，见侯王之不可不忠也。　　董份

　　道宕。

建元以来侯者年表

　　太史公曰：匈奴绝和亲，攻当路塞；闽越擅伐，东瓯请降。<u>二夷交侵，当盛汉之隆，以此知功臣受封侔于祖考矣</u>。何者？自《诗》、《书》称三代"戎狄是应（按：中华书局本作"膺"。），荆荼是征"，齐桓越燕伐山戎，武灵王以区区赵服单于，秦缪用百里霸西戎，吴楚之君以诸侯役百越。况乃以中国一统，<u>明天子在上</u>，<u>兼文武</u>，<u>席卷四海</u>，<u>内辑亿万之众</u>，岂以晏然不为边境征伐哉！<u>自是后</u>，<u>遂出师北讨强胡</u>，<u>南诛劲越</u>，<u>将卒以次封矣</u>。

　　<u>美中含刺</u>。　　邓以赞

　　略无贬词而深有感慨。
　　序最古，感慨往往在微言之内。　　钟惺

　　冷语深刺，反似极美，非直美中含刺也。

律 书

<u>王者制事立法</u>，物度轨则，<u>壹禀于六律</u>，<u>六律为万事根本焉</u>。

<u>其于兵械尤所重</u>，故云"望敌知吉凶，闻声效胜负"，<u>百王不易之道也</u>。

武王伐纣，吹律听声，推孟春以至于季冬，杀气相并，而音尚宫。同声相从，<u>物之自然</u>，<u>何足怪哉</u>？

<u>兵者</u>，<u>圣人所以讨强暴</u>，<u>平乱世</u>，<u>夷险阻</u>，<u>救危殆</u>。自含血戴角之兽见犯则校，而况于人怀好恶喜怒之气？喜则爱心生，怒则毒螫加，<u>情性之理也</u>。

昔黄帝有涿鹿之战，以定火灾；颛顼有共工之陈，以平水害；成汤有南巢之伐，以殄夏乱。递兴递废，<u>胜者用事</u>，<u>所受于天也</u>。

自是之后，名士迭兴，晋用咎犯，而齐用王子，吴用孙武，申明军约，赏罚必信，卒伯诸侯，兼列邦士（按：中华书局本作"土"。），<u>虽不及三代之诰誓</u>，<u>然身宠君尊</u>，<u>当世显扬</u>，<u>可不谓荣焉</u>？岂与世儒暗于大较，<u>不权轻重</u>，猥云德化，<u>不当用兵</u>，<u>大至君窘失守</u>，<u>小乃侵犯削弱</u>，遂执不移等哉！故<u>教笞不可废于家</u>，<u>刑罚不可捐于国</u>，<u>诛伐不可偃于天下</u>，转。用之有巧拙，行之有顺逆耳。

夏桀、殷纣手搏豺狼，足追四马，<u>勇非微也</u>；百战克胜，诸侯慑服，<u>权非轻也</u>。秦二世宿军无用之地，连兵于边陲，<u>力非弱也</u>；结怨匈奴，絓祸于越，<u>势非寡也</u>。及其威尽势极，<u>闾巷之人为敌国</u>，<u>咎生穷武之不知足</u>，<u>甘得之心不息也</u>。

高祖有天下，三边外畔；大国之王虽称蕃辅，臣节未尽。会高祖厌苦军事，亦有萧、张之谋，<u>故偃武一休息</u>，<u>羁縻不备</u>。

历至孝文即位，将军陈武等议曰："南越、朝鲜，自全秦时内属为臣子，后且拥兵阻阨，选蠕观望。高祖时，天下新定，人民小安，未可复兴兵。今陛下仁惠抚百姓，恩泽加海内，宜及士民乐用，征讨逆党，以一封疆。"孝文曰："朕能任衣冠，念不到此。会吕氏之乱，功臣宗室共不羞耻，误居正位，常战战栗栗，恐事之不终。且兵凶器，虽克所愿，动亦耗病，谓百姓远方何？又先帝知劳民不可烦，故不以为意。朕岂自谓能？今匈奴内侵，军吏无功，边民父子荷兵日久，朕常为动心伤痛，无日忘之。今未能销距，愿且坚边设候，结和通使，休宁北陲，为功多矣。且无议军。"故百姓无内外之繇，得息肩于田亩，天下殷富，粟至十余钱，鸣鸡吠狗，烟火万里，可谓和乐者乎！

太史公曰：文帝时，会天下新去汤火，人民乐业，因其欲然，能不扰乱，故百姓遂安。自年六七十翁亦未尝至市井，游敖嬉戏如小儿状。孔子所称有德君子者邪！

《书》曰"七正"，二十八舍。律历，天所以通五行八政之气，天所以成孰万物也。舍者，日月所舍。舍者，舒气也。不周风居西北，主杀生。东壁居不周风东，主辟生气而东之。至于营室。营室者，主营胎阳气而产之。东至于危。危，垝也。言阳气之危垝，故曰危。十月也，律中应钟。应钟者，阳气之应，不用事也。其于十二子为亥。亥者，该也。言阳气藏于下，故该也。

广莫风居北方。广莫者，言阳气在下，阴莫阳广大也，故曰广莫。东至于虚。虚者，能实能虚，言阳气冬则宛藏于虚，日冬至，则一阴下藏，一阳上舒，故曰虚。东至于须女。言万物变动其所，阴阳气未相离，尚相如胥也，故曰须女。十一月也，律中黄钟。黄钟者，阳气踵黄泉而出也。其于十二子为子。子者，滋也；滋者，言万物滋于下也。其于十母为壬癸。壬之为言任也，言阳气任养万物于下也。癸之为言揆也，言万物可揆度，故曰癸。东至牵牛。牵牛者，言阳气牵引万物出之也。牛者，冒也，言地虽冻，能冒而生也。牛者，耕植种万物也。东至于建星。建星者，建诸生也。十二月也，律中大吕。大吕者，旅也，言阴大旅助黄钟，宣气而牙物也。

其于十二子为丑，丑者，纽也。言阳气在上未降万物厄纽未敢出。
（按：从"旅也"至"未敢出"为中华书局本未有。）

条风居东北，主出万物。条之言条治万物而出之，故曰条风。南至于箕。箕者，言万物根棋，故曰箕。正月也，律中泰簇。泰簇者，言万物簇生也，故曰泰簇。其于十二子为寅。寅言万物始生螾然也，故曰寅。南至于尾，言万物，始生如尾也。南至于心，言万物始生有华心也。南至于房。房者，言万物门户也，至于门则出矣。

明庶风居东方。明庶者，明众物尽出也。二月也，律中夹钟。夹钟者，言阴阳相夹厕也。其于十二子为卯。卯之为言茂也，言万物茂也。其于十母为甲乙。甲者，言万物剖符甲而出也；乙者，言万物生轧轧也。南至于氐。氐者，言万物皆至也。南至于亢。亢者，言万物亢见也。南至于角。角者，言万物皆有枝格如角也。三月也，律中姑洗。姑洗者，言万物洗生。其于十二子为辰。辰者，言万物之蜄也。

清明风居东南维，主风吹万物而西之。轸。轸者，言万物益大而轸轸然。西至于翼。翼者，言万物皆有羽翼也。四月也，律中中吕。中吕者，言万物尽旅而西行也。其于十二子为巳。巳者，言阳气之已尽也。西至于七星。七星者，阳数成于七，故曰七星。西至于张。张者，言万物皆张也。西至于注。注者，言万物之始衰，阳气下注，故曰注。五月也，律中蕤宾。蕤宾者，言阴气幼少，故曰蕤；痿阳乃（按：中华书局本为"不"。）用事，故曰宾。

景风居南方。景者，言阳气道竟，故曰景风。其于十二子为午。午者，阴阳交，故曰午。其于十母为丙丁。丙者，言阳道著明，故曰丙；丁者，言万物之丁壮也，故曰丁。西至于弧。弧者，言万物之吴落，且就死也。西至于狼。狼者，言万物可度量断万物，故曰狼。

凉风居西南维，主地。地者，沈夺万物气也。六月也，律中林钟。林钟者，言万物就死气林林然。其于十二子为未。未者，言万物皆成，<u>有滋味也</u>。北至于罚。罚者，言万物气夺可伐也。北至于参。参者，言万物可参也，故曰参。七月也，律中夷则。夷则，言阴气之贼万物也。其于十二子为申。申者，言阴用事，申贼万物，故曰申。北至于浊。浊者，触也，言万物皆触死也，故曰浊。北至于留。留者，言阳气之稽留也，故曰留。八月也，律中南吕。南吕者，言阳气之旅入藏也。其于十二子为酉。酉者，万物之老也，故曰酉。

阊阖风居西方。阊者，倡也；阖者，藏也。言阳气道万物，阖黄泉也。其于十母为庚辛。庚者，言阴气庚万物，故曰庚；辛者，言万物之辛生，故曰辛。北至于胃。胃者，言阳气就藏，<u>皆胃胃也</u>。北至于娄。娄者，呼<u>万物且内之也</u>。北至于奎。奎者，主毒螫杀万物也，奎而藏之。九月也，律中无射。无射者，阴气盛用事，阳气无余也，故曰无射。其于十二子为戌。戌者，言万物尽灭，故曰戌。

<u>律数</u>：

九九八十一以为宫。三分去一，五十四以为徵。三分益一，七十二以为商。三分去一，四十八以为羽。三分益一，六十四以为角。

黄钟长八寸十分一，宫。大吕长七寸五分三分一。泰簇长七寸七分二，商。夹钟长六寸一分三分一。姑洗长六寸七分四，角。仲吕长五寸九分三分二。蕤宾长五寸六分三分一。林钟长五寸七分四，徵。夷则长五寸四分三分二。南吕长四寸七分八，羽。无射长四寸四分三分二。应钟长四寸二分三分二。

<u>生钟分</u>：

子一分。丑三分二。寅九分八。卯二十七分十六。辰八十一分六十四。巳二百四十三分一百二十八。午七百二十九分五百一十二。未二千一百八十七分一千二十四。申六千五百六十一分四千九十六。酉一万九千六百八十三分八千一百九十二。戌五万九千四十九分三

万二千七百六十八。亥十七万七千一百四十七分六万五千五百三十六。

生黄钟术曰：以下生者，倍其实，三其法。以上生者，四其实，三其法。上九，商八，羽七，角六，宫五，徵九。置一而九三之以为法。实如法，得长一寸。凡得九寸，命曰"黄钟之宫"。故曰音始于宫，穷于角；数始于一，终于十，成于三；气始于冬至，周而复生。

神生于无，形成于有，形然后数，形而成声，故曰，神使气，气就形。形理如类有可类。或未形而未类，或同形而同类，类而可班，类而可识。圣人知天地识之别，故从有以至未有，以得细若气，微若声。然圣人因神而存之，虽妙必效情，核其华道者明矣。非有圣心以乘聪明，孰能存天地之神而成形之情哉？神者，物受之而不能知及其去来，故圣人畏而欲存之。唯欲存之，神之亦存。其欲存之者，故莫贵焉。

太史公曰：故旋玑玉衡以齐七政，即天地二十八宿。十母，十二子，钟律调自上古。建律运历造日度，可据而度也。合符节，通道德，即从斯之谓也。

前幅道卓，中后幅微至。或有讥其中幅之少变化，以为非史公作者，是举一废百之见也。陋矣。

封禅书

　　自古受命帝王，曷尝不封禅？冒头阔远，有蕴蕴隆隆，气象万千之概，足以领起全神。而虚字点逗斡旋处，往往恍惚入妙。盖有无其应而用事者矣，未有睹符瑞见而不臻乎泰山者也。虽受命而功不至，至梁父矣而德不洽，洽矣而日有不暇给，是以即事用希。《传》曰："三年不为礼，礼必废；三年不为乐，乐必坏。"每世之隆，则封禅答焉，及衰而息。厥旷远者千有余载，近者数百载，故其仪阙然堙灭，其详不可得而记闻云。

　　《尚书》曰：根据《尚书》，从舜事叙起，便见得黄帝无所稽考。使文方士一片荒唐，已于此处抹煞矣。舜在璇玑玉衡，以齐七政。遂类于上帝，禋于六宗，望山川，遍群神。辑五瑞，择吉月日，见四岳诸牧，还瑞。岁二月，东巡狩，至于岱宗。岱宗，泰山也。柴，望秩于山川。遂觐东后。东后者，诸侯也。合时月正日，实政。同律度量衡，修五礼，五玉、三帛、二牲、一死贽。五月，巡狩至南岳。南岳，衡山也。八月，巡狩至西岳。西岳，华山也。十一月，巡狩至北岳。北岳，恒山也。皆如岱宗之礼。中岳，嵩高也。五载一巡狩。禹遵之。后十四世，至帝孔甲，淫德好神，句关全意。神渎，二龙去之。其后三世，汤伐桀，欲迁夏社，不可，作夏社。后八世，至帝太戊，有桑谷生于廷，一暮大拱，惧。伊陟曰："妖不胜德。"太戊修德，桑谷死。伊陟赞巫咸，巫咸之兴自此始。后十四世，帝武丁得傅说为相，殷复兴焉，称高宗。有雉登鼎耳雊，武丁惧。祖己曰："修德。"修德。武丁从之，位以永宁。后五世，帝武乙慢神而震死。后三世，帝纣淫乱，武王伐之。由此观之，始未尝不肃祗，后稍怠慢也。

　　《周官》曰，冬日至，祀天于南郊，迎长日之至；夏日至，祭地祇。皆用乐舞，而神乃可得而礼也。天子祭天下名山大川，五岳视三公，四渎视诸侯，诸侯祭其疆内名山大川。四渎者，江、河、淮、济也。天子曰明堂、辟雍，诸侯曰泮宫。周公既相成王，大礼凡叙虞夏商周圣帝明王之事，似为封禅缘起，却正是隐为汉武下针砭也。郊祀后稷以配天，宗祀文王于明堂以配上帝。自禹兴而修社祀，后稷稼穑，故有稷祠，<u>郊社所从来尚矣</u>。

<u>自周克殷后十四世</u>，世益衰，礼乐废，诸侯恣行，而幽王为犬戎所败，周东徙雒邑。秦襄公攻戎救周，始列为诸侯。秦襄公既侯，居西垂，到秦事便匆。自以为主少暤之神，作西畤，祠白帝，其牲用骝驹黄牛羝羊各一云。<u>其后十六年</u>，秦文公东猎汧渭之间，卜居之而吉。文公梦黄蛇自天下属地，其口止于鄘衍。文公问史敦，敦曰："此上帝之征，君其祠之。"于是作鄘畤，用三牲郊祭白帝焉。<u>自未作鄘畤也</u>，波折。而雍旁故有吴阳武畤，雍东有好畤，皆废无祠。或曰："自古以雍州积高，神明之隩，故立畤郊上帝，因或人将秦事牵入上古，始出黄帝，却便以荒诞无稽，一笔抹煞。为汉武顶门针着句，山立。诸神祠皆聚云。<u>盖黄帝时尝用事，虽晚周亦郊焉</u>。"其语不经见，<u>搢绅者不道</u>。

作鄘畤<u>后九年</u>，文公获若石云于陈仓北阪城，祠之。其神或岁不至，或岁数来，来也常以夜，光辉若流星，从东南来集于祠城，则若雄鸡，其声殷云，野鸡夜雊。以一牢祠，命曰陈宝。

作鄘畤<u>后七十八年</u>，秦德公既立，卜居雍，"后子孙饮马于河"，遂都雍。<u>雍之诸祠自此兴</u>。用三百牢于鄘畤。作伏祠。磔狗邑四门，以御蛊灾。

<u>德公立二年卒</u>。<u>其后六年</u>，秦宣公作密畤于渭南，祭青帝。

<u>其后十四年</u>，秦缪公立，病卧五日不寤；寤，乃言梦见上帝，上帝命缪公平晋乱。史书而记藏之府。而后世皆曰秦缪公上天。然则黄帝之不足信也，益明矣。妙语振动全神。

<u>秦缪公即位九年</u>，<u>齐桓公既霸</u>，会诸侯于葵丘，而欲封禅。管

仲曰："古者封泰山禅梁父者七十二家，而夷吾所记者十有二焉。昔无怀氏封泰山，禅云云；虙羲封泰山，禅云云；神农封泰山，禅云云；炎帝封泰山，禅云云；黄帝封泰山，禅亭亭；颛顼封泰山，禅云云；帝喾封泰山，禅云云；尧封泰山，禅云云；舜封泰山，禅云云；禹封泰山，禅会稽；汤封泰山，禅云云；周成王封泰山，禅社首：皆受命然后得封禅。"桓公曰：诸祀多兴于秦，汉因秦故增益，而汉武封禅、求不死，全是踵辙秦皇。故详叙秦事，引入此处，旁及齐桓，似属可节却断不可节，则为欲载管仲语也。管仲盛言未见之瑞，应以阻齐桓之封禅。辞甚幻，意甚正，史公引之，以见如仲所称瑞应终不可致，即封禅终无可行，而汉武一生总属徒劳矣。立言指归，于此透露，为一篇扼要处。盖史公行文，往往将极紧要意思藏于旁见侧出、轻淡间远之中，非独一篇为然也。"寡人北伐山戎，过孤竹；西伐大夏，涉流沙，束马悬车，上卑耳之山；南伐至召陵，登熊耳山以望江汉。兵车之会三，而乘车之会六，九合诸侯，一匡天下，诸侯莫违我。昔三代受命，亦何以异乎？"<u>于是管仲睹桓公不可穷以辞</u>，<u>因设之以事</u>，曰："古之封禅，鄗上之黍，北里之禾，所以为盛；江淮之间，一茅三脊，所以为藉也。<u>东海致比目之鱼</u>，<u>西海致比翼之鸟</u>，<u>然后物有不召而自至者十有五焉</u>。今凤凰麒麟不来，嘉谷不生，而蓬蒿藜莠茂，鸱枭数至，而欲封禅，<u>毋乃不可乎</u>？"于是桓公乃止。是岁，秦缪公内晋君夷吾。其后三置晋国之君，平其乱。<u>缪公立三十九年而卒</u>。

　　<u>其后百有余年</u>，而孔子论述六艺，<u>传略言易姓而王</u>，<u>封泰山禅乎梁父者七十余王矣</u>，<u>其俎豆之礼不章</u>，<u>盖难言之</u>。或问禘之说，孔子曰："不知。知禘之说，其于天下也视其掌。"诗云：纣在位，文王受命，政不及泰山。武王克殷二年，天子未宁而崩。爰周德之洽维成王，成王之封禅则近之矣。及后陪臣执政，季氏旅于泰山，仲尼讥之。

　　是时苌弘以方事周灵王，诸侯莫朝周，周力少，苌弘乃明鬼神

事，设射狸首。狸首者，诸侯之不来者。依物怪，欲以致诸侯。诸侯不从，而晋人执杀苌弘。周人之言方怪者自苌弘。

其后百余年，秦灵公作吴阳上畤，祭黄帝；作下畤，祭炎帝。后四十八年，周太史儋见秦献公曰："秦始与周合，合而离，五百岁当复合，合十七年而霸王出焉。"栎阳雨金，秦献公自以为得金瑞，故作畦畤栎阳而祀白帝。其后百二十岁而秦灭周，周之九鼎入于秦。或曰宋太丘社亡，而鼎没于泗水彭城下。其后百二十五年而秦并天下。

秦始皇既并天下而帝，或曰："黄帝得土德，黄龙地螾见。夏得木德，青龙止于郊，草木畅茂。殷得金德，银自山溢。周得火德，有赤乌之符。今秦变周，水德之时。昔秦文公出猎，获黑龙，此其水德之瑞。"于是秦更命河曰"德水"，以冬十月为年首，色上黑，度以六为名，音上大吕，事统上法。即帝位三年，东巡郡县，祠驺峄山，颂秦功业。于是征从齐鲁之儒生博士七十人，至乎泰山下。诸儒生或议曰："古者封禅为蒲车，恶伤山之土石草木；埽地而祭，席用葅秸，言其易遵也。"始皇闻此议各乖异，难施用，由此绌儒生。而遂除车道，上自泰山阳，至巅，立石颂秦始皇帝德，明其得封也。从阴道下，禅于梁父。其礼颇采太祝之祀雍上帝所用，而封藏皆秘之，世不得而记也。

始皇之上泰山，中阪遇暴风雨，休于大树下。诸儒生既绌，不得与用于封事之礼，闻始皇遇风雨，则讥之。于是始皇遂东游海上，行礼祠名山大川及八神，求仙人羡门之属。八神将自古而有之，或曰太公以来作之齐。所以为齐，以天齐也。其祀绝，莫知起时。八神：一曰天主，祠天齐。天齐，渊水，居临菑南郊山下者。二曰地主，祠泰山梁父。盖天好阴，祠之必于高山之下，小山之上，命曰"畤"；地贵阳，祭之必于泽中圆丘云。三曰兵主，祠蚩尤。蚩尤在东平陆监乡，齐之西境也。四曰阴主，祠三山。五曰阳主，祠之罘。六曰月主，祠之莱山。皆在齐北，并勃海。七曰日主，祠成山。成山斗入海，最居齐东北隅，以迎日出云。八曰四时主，齐（按：中华书局本作"祠"。）琅邪。琅邪在齐东方，盖岁之所始。皆各用一牢具祠，而巫祝所损益，珪币杂异焉。自齐威、宣之时，驺子之徒论著终始五德之运，及秦帝而齐人奏之，故始皇采用之。而宋毋忌、正伯侨、充尚、羡门子高最后皆燕人，为方仙道，形解销化，依于鬼神之事。驺衍以阴阳主运显于诸侯，而燕齐海上之方士传其术不能通，<u>然则怪迂阿谀苟合之徒自此兴</u>，<u>不可胜数也</u>。

自威、宣、燕昭，使人入海求蓬莱、方上、瀛洲。此三神山者，<u>其传在勃海中</u>，<u>去人不远</u>；<u>患且至</u>，则船风引而去。<u>盖尝有至者</u>，<u>诸仙人及不死之药皆在焉</u>。其物禽兽尽白，而黄金银为宫阙。<u>未至</u>，<u>望之如云</u>；<u>及到</u>，<u>三神山反居水下</u>。<u>临之</u>，<u>风辄引去</u>，<u>终莫能至云</u>。<u>世主莫不甘心焉</u>。及至秦始皇并天下，至海上，则方士言之不可胜数。<u>始皇自以为至海上而恐不及矣</u>，使人乃赍童男女入海求之。船交海中，<u>皆以风为解</u>，<u>曰未能至</u>，<u>望见之焉</u>。<u>其明年</u>，始皇复游海上，至琅邪，过恒山，从上党归。<u>后三年</u>，游碣石，考入海方士，从上郡归。<u>后五年</u>，始皇南至湘山，遂登会稽，并海上，<u>冀遇海中三神山之奇药</u>。<u>不得</u>，<u>还至沙丘崩</u>。

<u>二世元年</u>，东巡碣石，并海，南历泰山，至会稽，皆礼祠之，而刻勒始皇所立石书旁，以章始皇之功德。<u>其秋</u>，诸侯畔秦。<u>三年</u>而二世弑死。<u>始皇封禅之后十二岁</u>，<u>秦亡</u>。诸儒生疾秦焚诗书，诛僇文学，百姓怨其法，天下畔之，皆讹曰："始皇上泰山，为暴风雨所击，不得封禅。"<u>此岂所谓无其德而用事者邪</u>？

昔三代之君皆在河洛之间，总束上半篇。故嵩高为中岳，而四岳各如其方，四渎咸在山东。至秦称帝，都咸阳，则五岳、四渎皆并在东方。<u>自五帝以至秦</u>，<u>轶兴轶衰</u>，<u>名山大川</u>，<u>或在诸侯</u>，<u>或在天子</u>，<u>其礼损益世殊</u>，<u>不可胜记</u>。及秦并天下，令祠官所常奉天地名

山大川鬼神可得而序也。于是自殽以东，名山五，大川祠二。曰太室。太室，嵩高也。恒山，泰山，会稽，湘山。水曰济，曰淮。春以脯酒为岁祠，因泮冻，秋涸冻，冬赛祷祠。其牲用牛犊各一牢，其珪币各异。自华以西，名山七，名川四。曰华山，薄山。薄山者，衰山也。岳山，岐山，吴岳，鸿冢，渎山。渎山，蜀之汶山也。水曰河，祠临晋；沔，祠汉中；湫渊，祠朝那；江水，祠蜀。亦春秋泮涸祷赛，如东方名山川；而牲牛犊牢具珪币各异。而四大冢鸿、岐、吴、岳，皆有尝禾。陈宝节来祠。其河加有尝醪。此皆在雍州之域，近天子之都，故加车一乘，騩驹四。灞、产、长水、沣、涝、泾、渭皆非大川，以近咸阳，尽得比山川祠，而无诸加。汧、洛二渊，鸣泽、蒲山、岳嵦山之属，为小山川，亦皆岁祷赛泮涸祠，礼不必同。而雍有日、月、参、辰、南北斗、荧惑、太白、岁星、填星二十八宿、风伯、雨师、四海、九臣、十四臣、诸市（按：中华书局本作"布"。）、诸严、诸逑之属，百有余庙。西亦有数十祠。于湖有周天子祠。于下邽有天神。沣、滈有昭明、天子辟池。于社、亳有三社主之祠、寿星祠；而雍菅庙亦有杜主。社主，故周之右将军，其在秦中，最小鬼之神者。各以岁时奉祠。唯雍四畤上帝为尊，其光景动人民唯陈宝。故雍四畤，春以为岁祷，因泮冻，秋涸冻，冬赛祠，五月尝驹，及四仲之月祠若月祠，若陈宝节来一祠。春夏用骍，秋冬用騩。畤驹四匹，木禺龙栾车一驷，木禺车马一驷，各如其帝色。黄犊羔各四，珪币各有数，皆生瘗埋，无俎豆之具。三年一郊。秦以冬十月为岁首，故常以十月上宿郊见，通权火，拜于咸阳之旁，而衣上白，其用如经祠云。西畤、畦畤，祠如其故，上不亲往。诸此祠皆太祝常主，以岁时奉祠之。至如他名山川诸鬼及八神之属，上过则祠，去则已。郡县远方神祠者，民各自奉祠，不领于天子之祝官。祝官有秘祝，即有灾祥，辄祝祠移过于下。

　　<u>汉兴</u>，高祖之微时，尝杀大蛇。有物曰："蛇，白帝子也，而

杀者赤帝子。"高祖初起，祷丰枌榆社。徇沛，为沛公，则祀蚩尤，衅鼓旗。遂以十月至灞上，与诸侯平咸阳，立为汉王。因以十月为年首，而色上赤。<u>二年</u>，东击项籍而还入关，问："故秦时上帝祠何帝也？"对曰："四帝，有白、青、黄、赤帝之祠。"高祖曰："吾闻天有五帝，而有四，何也？"莫知其说。于是高祖曰："<u>吾知之矣，乃待我而具五也</u>。"乃立黑帝祠，命曰北畤。有司进祠，上不亲往。悉召故秦祝官，复置太祝、太宰，如其故仪礼。因令县为公社。下诏曰："吾甚重祠而敬祭。今上帝之祭及山川诸神当祠者，各以其时礼祠之如故。"

<u>后四岁</u>，天下已定，诏御史令，丰谨治枌榆社，常以四时春以羊彘祠之。令祝官立蚩尤之祠于长安。长安置祠祝、安女巫。其梁巫，祠天、地、天社、天水、房中、堂上之属；晋巫，祠五帝、东君、云中、司命、巫社、巫族人、先炊之属；秦巫，祠社主、巫保、族累之属；荆巫，祠堂下、巫先、司命、施糜之属；九天巫，祠九天：皆以岁时祠宫中。其河巫祠河于临晋，而南山巫祠南山秦中。秦中者，二世皇帝。各有时月。<u>其后二岁</u>，或曰周兴而邑邰，立后稷之祠，至今血食天下。于是高祖制诏御史："其令郡国县立灵星祠，常以岁时祠以牛。"高祖<u>十年春</u>，有司请令县常以春三月及时腊祠社稷以羊豕，民里社各自财以祠。制曰："可。"

<u>其后十八年</u>，孝文帝即位。即位<u>十三年</u>，下诏曰："今秘祝移过于下，朕甚不取。自今除之。"始名山大川在诸侯，诸侯祝各自奉祠，天子官不领。及齐、淮南国废，令太祝尽以岁时致礼如故。是岁，制曰："朕即位十三年于今，赖宗庙之灵，社稷之福，方内义安，民人靡疾。间者比年登，朕之不德，何以飨此？皆上帝诸神之赐也。盖闻古者飨其德必报其功，欲有增诸神祠。有司议增雍五畤路车各一乘，驾被具；西畤畦畤禺车各一乘，禺马四匹，驾被具；其河、湫、汉水加玉各二；及诸祠，各增广坛场，珪币俎豆以差加

之。而祝釐者归福于朕，百姓不与焉。自今祝致敬，毋有所祈。"与封禅合不死，意紧相激射。

鲁人公孙臣上书曰："始秦得水德，今汉受之，推终始传，则汉当土德，土德之应黄龙见。宜改正朔，易服色，色上黄。"是时丞相张苍好律历，以为汉乃水德之始，故河决金堤，其符也。年始冬十月，色外黑内赤，与德相应。如公孙臣言，非也。罢之。后三岁，黄龙见成纪。文帝乃召公孙臣，拜为博士，与诸生草改历服色事。其夏，下诏曰："异服之神见于成纪，无害于民，岁以有年。朕祈郊上帝诸神，礼官议，无讳以劳朕。"有司皆曰"古者天子夏亲郊，祠上帝于郊，故曰郊"。于是夏四月，文帝始郊见雍五畤祠，衣皆上赤。

其明年，赵人新垣平以望气见上，言"长安东北有神气成五采，若人冠绕焉。或曰东北，神明之舍，西方，神明之墓也。天瑞下，宜立祠上帝，以合符应"。于是作渭阳五帝庙，同宇，帝一殿，面各五门，各如其帝色。祠所用及仪亦如雍五畤。夏四月，文帝亲拜霸渭之会，以郊见渭阳五帝。五帝庙南临渭，北穿蒲池沟水，权火举而祠，若光辉然属天焉。于是贵平上大夫，赐累千金。而使博士诸生刺六经中作王制，谋议巡狩封禅事。文帝出长安门，若见五人于道北，遂因其直北立五帝坛，祠以五牢具。其明年，新垣平使人持王（按：中华书局本作"玉"。）杯，上书阙下献之。平言上曰："阙下有宝玉气来者。"已视之，果有献玉杯者，刻曰"人主延寿"。平又言"臣候日再中"。居顷之，日却复中。于是始更以十七年为元年，令天下大酺。平言曰："周鼎亡在泗水中，今河溢通泗，臣望东北汾阴直有金宝气，意周鼎其出乎？兆见不迎则不至。"于是上使使治庙汾阴南，临河，欲祠出周鼎。人有上书告新垣平所言气神事皆诈也。下平吏治，诛夷新垣平。自是之后，文帝怠于改正朔服色神明之事，而渭阳、长门五帝使祠官领，以时致礼，不往焉。

明年，匈奴数入边，兴兵守御。后岁少不登。数年而孝景即位。十六年，祠官各以岁时祠如故，无有所兴，至今天子。

今天子初即位，又重提今天子。尤敬鬼神之祀。元年，汉兴已六十余岁矣，天下艾安，搢绅之属皆望天子封禅改正度也，而上乡儒术，招贤良，赵绾、王臧等以文学为公卿，欲议古立明堂城南，以朝诸侯。草巡狩封禅改历服色事未就。会窦太后治黄老言，不好儒术，使人微伺得赵绾等奸利事，召案绾、臧，绾、臧自杀，诸所兴为皆废。后六年，窦太后崩。其明年，征文学之士公孙弘等。明年，今上初至雍，郊见五畤。后常三岁一郊。是时上求神君，舍之上林中蹄氏观。神君者，长陵女子，以子死，见神于先后宛若。宛若祠之其室，民多往祠。平原君往祠，其后子孙以尊显。及今上即位，则厚礼置祠之内中。闻其言，不见其人云。

是时李少君亦以祠灶、谷道、却老方见上，上尊之。少君者，故深泽侯舍人，主方。匿其年及其生长，常自谓七十，能使物，却老。其游以方遍诸侯。无妻子。人闻其能使物及不死，更馈遗之，常余金钱衣食。人皆以为不治生业而饶给，又不知其何所人，愈信，争事之。少君资好方，善为巧发奇中。尝从武安侯饮，坐中有九十余老人，少君乃言与其大父游射处，老人为儿时从其大父，识其处，一坐尽惊。少君见上，上有故铜器，问少君。少君曰："此器齐桓公十年陈于柏寝。"已而案其刻，果齐桓公器。一宫尽骇，以为少君神，数百岁人也。少君言上曰："祠灶则致物，致物而丹砂可化为黄金，黄金成以为饮食器则益寿，益寿而海中蓬莱仙者乃可见，见之以封禅则不死，黄帝是也。臣尝游海上，见安期生，安期生食巨枣，大如瓜。安期生仙者，通蓬莱中，合则见人，不合则隐。"于是天子始亲祠灶，遣方士入海求蓬莱安期生之属，而事化丹砂诸药齐为黄金矣。居久之，李少君病死。天子以为化去不死，而使黄锤史宽舒受其方。求蓬莱安期生莫能得，而海上燕齐怪迂之方士多更来言神事矣。

亳人谬忌奏祠太一方，曰："天神贵者太一，太一佐曰五帝。古者天子以春秋祭太一东南郊，用太牢，七日，为坛开八通之鬼道。"于是天子令太祝立其祠长安东南郊，常奉祠如忌方。

其后人有上书，言"古者天子三年一用太牢祠神三一：天一、地一、太一"。天子许之，令太祝领祠之于忌太一坛上，如其方。

后人复有上书，言"古者天子常以春解祠，祠黄帝用一枭破镜；冥羊用羊祠；马行用一青牡马；太一、泽山君地长用牛；武夷君用干鱼；阴阳使者以一牛"。令祠官领之如其方，而祠于忌太一坛旁。

其后，天子苑有白鹿，以其皮为币，以发瑞应，造白金焉。其明年，郊雍，获一角兽，若麟然。有司曰："陛下肃祗郊祀，上帝报享，锡以角兽，盖麟云。"于是以荐五畤，畤加一牛以燎。锡诸侯白金，风符应合于天也。于是济北王以为天子，且封禅，乃上书献泰山及其旁邑，天子以他县偿之。常山王有罪迁，天子封其弟于真定，以续先王祀，而以常山为郡，然后五岳皆在天子之邦。

其明年，齐人少翁，以鬼神方见上。上有所幸王夫人，夫人卒，少翁以方盖夜致王夫人及灶鬼之貌云，天子自帷中望见焉。于是乃拜少翁为文成将军，赏赐甚多，以客礼礼之。文成言曰："上即欲与神通，宫室被服非象神，神物不至。"乃作画云气车，及各以胜日驾车辟恶鬼。又作甘泉宫，中为台室，画天、地、太一诸鬼神，而置祭具以致天神。居岁余，其方益衰，神不至。乃为帛书以饭牛，佯不知，言曰此牛腹中有奇。杀视得书，书言甚怪。天子识其手书，问其人，果是伪书，于是诛文成将军，隐之。其后则又作柏梁、铜柱、承露仙人掌之属矣。

文成死明年，天子病鼎湖甚，巫医无所不致，不愈。游水发根言上郡有巫，病而鬼神下之。上召置祠之甘泉。及病，使人问神君。神君言曰："天子无忧病。病少愈，强与我会甘泉。"于是病愈，遂起幸甘泉，病良已。大赦，置酒寿宫神君。寿宫神君最贵者太一，其佐曰大禁、司命之属，皆从之。弗可得见，闻其言，言与人音等。时去时来，来则风肃然。居室帷中。时昼言，然常以夜。天子祓，然后入。因巫为主人，关饮食。所以言，行下。又置寿宫、北宫，张羽旗，设供具，以礼神君。神君所言，上使人受书其言，命之曰"书法"。其所语，世俗之所知也，无绝殊者，而天子心独喜。其事秘，世莫知也。

其后三年，有司言元宜以天瑞命，不宜以一二数。一元曰"建"，二元以长星曰"光"，三元以郊得一角兽曰"狩"云。其明年冬，天子郊雍，议曰："今上帝朕亲郊，而后土无祀，则礼不答也。"有司与太史公、祠官宽舒议："天地牲角茧栗。今陛下亲祠后土，后土宜于泽中圆丘为五坛，坛一黄犊太牢具，已祠尽瘗，而从祠衣上黄。"于是天子遂东，始立后土祠汾阴脽丘，如宽舒等议。上亲望拜，如上帝礼。礼毕，天子遂至荥阳而还。过雒阳，下诏曰："三代邈绝，远矣难存。其以三十里地封周后为周子南君，以奉其先祀焉。"是岁，天子始巡郡县，浸寻于泰山矣。其春，乐成侯上书言栾大。栾大，胶东宫人，故尝与文成将军同师，已而为胶东王尚方。而乐成侯姊为康王后，无子。康王死，他姬子立为王。而康后有淫行，与王不相中，相危以法。康后闻文成已死，而欲自媚于上，乃遣栾大因乐成侯求见言方。天子既诛文成，后悔其早死，惜其方不尽，及见栾大，大说。大为人长美，言多方略，而敢为大言，处之不疑。大言曰："臣尝往来海中，见安期、羡门之属。顾以臣为贱，不信臣。又以为康王诸侯耳，不足与方。臣数言康王，康王又不用臣。臣之师曰：'黄金可成，而河决可塞，不死之药可得，仙人可致也。'然臣恐效文成，则方士皆奄口，恶敢言方哉！"上曰："文成食马肝死耳。隐之也。子诚能修其方，我何爱乎！"大曰："臣师非有求人，人者求之。陛下必欲致之，则贵其使者，令有亲属，以客礼待之，勿卑，使各佩其信印，乃可使通言于神人。神人尚肯邪不邪。致尊其使，然后可致也。"于是上使验小方，斗棋，棋自相触击。是时上方忧河决，而黄金不就，乃拜大为五利将军。居月余，得四印，佩天士将军、地士将军、大通将军印。制诏御史："昔禹疏九江，决四渎。间者河溢皋陆，堤繇不息。朕临天下二十有八年，天若遗朕士而大通焉。乾称'蜚龙'，'鸿渐于般'，朕意庶几与焉。其以二千户封地士将军大为乐通侯。"赐列侯甲第，僮千人。乘舆斥车马帷幄器物以充其家。又以卫长公主妻之，何昏聩至此。赍金万斤，更命其邑曰当利公主。天子亲如五利之第。使者存问供给，相属于道。自大主将相以下，皆置酒其家，献遗之。于是天子又刻玉印曰"天道将军"，使使衣羽衣，夜立白茅上，五利将军亦衣羽衣，夜立白茅上受印，以示不臣也。而佩"天道"者，且为天子道天神也。于是五利常夜祠其家，欲以下神。神未至而百鬼集矣，然颇能使。其后装治行，东入海，求其师云。大见数月，佩六印，贵震天下，而海上燕齐之间，莫不搤腕而自言有禁方，能神仙矣。

其夏六月中，汾阴巫锦为民祠魏脽后土营旁，见地如钩状，掊视得鼎。鼎大异于众鼎，文镂无款识，怪之，言吏。吏告河东太守胜，胜以闻。天子使使验问巫得鼎无奸诈，乃以礼祠，迎鼎至甘泉，从行，上荐之。至中山，曣温，有黄云盖焉。有麃过，上自射之，因以祭云。至长安，公卿大夫皆议请尊宝鼎。天子曰："间者河溢，岁数不登，故巡祭后土，祈为百姓育谷。今岁丰庑未报，鼎曷为出哉？"有司皆曰："闻昔泰帝兴神鼎一，一者壹统，天地万物所系终也。黄帝作宝鼎三，象天地人。禹收九牧之金，铸九鼎。皆尝享鬺上帝鬼神。遭圣则兴，鼎迁于夏商。周德衰，宋之社亡，鼎乃沦没，伏而不见。颂云'自堂徂基，自羊徂牛；鼐鼎及鼒，不吴不骜，胡考之休'。今鼎至甘泉，光闰龙变，承休无疆。合兹中山，有黄白云降盖，若兽为符，路弓乘矢，集获坛下，报祀大享。唯受命而帝者心知其意而合德焉。鼎宜见于祖祢，藏于帝廷，以合明应。"制曰："可。"入海求蓬莱者，言蓬莱不远，而不能至者，殆不见其气。上乃遣望气佐候其气云。

其秋，上幸雍，且郊。或曰"五帝，太一之佐也，宜立太一而上亲郊之"。上疑未定。齐人公孙卿曰："今年得宝鼎，其冬辛巳朔旦冬至，与黄帝时等。"卿有札书曰："黄帝得宝鼎宛朐，问于鬼臾区。鬼臾区对曰：'黄帝得宝鼎神策，是岁己酉朔旦冬至，得天之纪，终而复始。'于是黄帝迎日推策，后率二十岁复朔旦冬至，凡二十推，三百八十年，黄帝仙登于天。"卿因所忠欲奏之。所忠视其书不经，疑其妄书，谢曰："宝鼎事已决矣，尚何以为！"卿因嬖人奏之。上大说，乃召问卿。对曰："受此书申公，申公已死。"上曰："申公何人也？"卿曰："申公，齐人。与安期生通，受黄帝言，无书，独有此鼎书。曰'汉兴复当黄帝之时'。曰'汉之圣者在高祖之孙且曾孙也。宝鼎出而与神通，封禅。封禅七十二王，唯黄帝得上泰山封'。申公曰：'汉主亦当上封，上封则能仙登天矣。黄帝时万诸侯，而神灵之封居七千。天下名山八，而三在蛮夷，五在中国。中国华山、首山、太室、泰山、东莱，此五山黄帝之所常游，与神会。黄帝且战且学仙。患百姓非其道者，乃断斩非鬼神者。百余岁然后得与神通。黄帝郊雍上帝，宿三月。鬼臾区号大鸿，死葬雍，故鸿冢是山。其后黄帝接万灵明廷。明廷者，甘泉也。所谓寒门者，谷口也。黄帝采首山铜，铸鼎于荆山下。鼎既成，有龙垂胡下迎黄帝。黄帝上骑，群臣后宫从上者七十余人，龙乃上去。余小臣不得上，乃悉持龙髯，龙髯拔，堕，堕黄帝之弓。百姓仰望黄帝既上天，乃抱其弓与胡髯号，故后世因名其处曰鼎湖，其弓曰乌号。'"于是天子曰："嗟乎！吾诚得如黄帝，吾视去妻子如脱躧耳。"乃拜卿为郎，东使候神于太室。上遂郊雍，至陇西，西登崆峒，幸甘泉。令祠官宽舒等，具太一祠坛，祠坛放薄忌太一坛，坛三垓。五帝坛环居其下，各如其方，黄帝西南除八通鬼道。太一，其所用如雍一畤物，而加醴枣脯之属，杀一狸牛以为俎豆牢具。而五帝独有俎豆醴进。其下四方地，为醊食群神从者及北斗云。已祠，胙余皆燎之。其牛色白，鹿居其中，彘在鹿中，水而洎之。祭日以牛，祭月以羊彘特。太一祝宰则衣紫及绣。五帝各如其色，日赤，月白。十一月辛巳朔旦冬至，昧爽，天子始郊拜太一。朝朝日，夕夕月，则揖；而见太一如雍郊礼。其赞飨曰："天始以宝鼎神策授皇帝，朔而又朔，终而复始，皇帝敬拜见焉。"而衣上黄。其祠列火满坛，坛旁亨炊具。有司云"祠上有光焉"。公卿言"皇帝始郊见太一云阳，有司奉瑄玉嘉牲荐飨。是夜，有美光，及昼，黄气上属天"。太史公、祠官宽舒等曰："神灵之休，祐福兆祥，宜因此帝光域，立太畤坛以明应。令太祝领，秋及腊间祠。三岁天子一郊见。"其秋，为伐南越，告祷太一。以牡荆画幡日月北斗登龙，以象天一三星，为太一锋，命曰"灵旗"。为兵祷，则太史奉以指所伐国。而五利将军使不敢入海，之泰山祠。上使人随验，实毋所见。五利妄言见其师，其方尽，多不仇。上乃诛五利。

其冬，公孙卿候神河南，言见仙人迹缑氏城上，有物如雉，往来城上。天子亲幸缑氏城视迹。问卿："得毋效文成、五利乎？"卿曰："仙者非有求人主，人主者求之。其道非少宽假，神不来。言神事，事如迂诞，积以岁乃可致也。"于是郡国各除道，缮治宫观名山神祠，所以望幸也。

其春，既灭南越，上有嬖臣李延年，以好音见。上善之，下公卿议曰："民间祠尚有鼓舞乐，今郊祠而无乐，岂称乎？"公卿曰："古者祠天地皆有乐，而神祇可得而礼。"或曰："太帝使素女鼓五十弦瑟，悲，帝禁不止，故破其瑟为二十五弦。"于是塞南越，祷祠太一、后土，始用乐舞，益召歌儿，作二十五弦及空侯琴瑟自此起。

其来年冬，上议曰："古者先振兵释旅，然后封禅。"乃遂北巡朔方，勒兵十余万，还祭黄帝冢桥山，释兵须如。上曰："吾闻黄帝不死，今有冢，何也？"或对曰："黄帝已仙上天，群臣葬其衣冠。"既至甘泉，为且用事泰山，先类祠太一。

自得宝鼎，上与公卿诸生议封禅。封禅用希旷绝，莫知其仪礼，而群儒采封禅尚书、周官、王制之望祀射牛事。齐人丁公年九十余，曰："封禅者，合不死之名也。秦皇帝不得上封，陛下必欲上，稍上即无风雨，遂上封矣。"上于是乃令诸儒习射牛，草封禅仪。数年，至且行。天子既闻公孙卿及方士之言，黄帝以上封禅，皆致怪物与神通，欲放黄帝以上接神仙人蓬莱士，高世比德于九皇，而颇采儒术以文之。群儒既已不能辨明封禅事，又牵拘于诗书古文而不能骋。上为封禅祠器示群儒，群儒或曰"不与古同"，徐偃又曰"太常诸生行礼不如鲁善"，周霸属图封禅事，于是上绌偃、霸，而尽罢诸儒不用。三月，遂东幸缑氏，礼登中岳太室。从官在山下闻若有言"万岁"云。问上，上不言；问下，下不言。于是以三百户封太室奉祀，命曰崇高邑。东上泰山，泰山之草木叶未生，乃令人上石立之泰山巅。上遂东巡海上，行礼祠八神。齐人之上疏言神怪奇方者以万数，然无验者。乃益发船，令言海中神山者数千人，求蓬莱神人。公孙卿持节常先行，候名山至东莱，言夜见大人长数丈，就之则不见，见其迹甚大，类禽兽云。群臣有言见一老父牵狗，言"吾欲见巨公"，已忽不见。上即见大迹，未信，及群臣有言老父，则大以为仙人也。宿留海上，予方士传车及间使求仙人以千数。

四月，还至奉高。上念诸儒及方士言封禅人人殊，不经，难施行。天子至梁父，礼祠地主。乙卯，令侍中儒者皮弁荐绅，射牛行事。封泰山，下东方，如郊祠太一之礼。封广丈二尺，高九尺，其下则有玉牒书，书秘。礼毕，天子独与侍中奉车子侯上泰山，亦有封。其事皆禁。明日，下阴道。丙辰，禅泰山下趾东北肃然山，如祭后土礼。天子皆亲拜见，衣上黄而尽用乐焉。江淮间一茅三脊为神藉。五色土益杂封。纵远方奇兽蜚禽及白雉诸物，颇以加礼。兕牛犀象之属不用。皆至泰山祭后土。封禅祠；其夜若有光，昼有白云起封中。天子从禅还，坐明堂，群臣更上寿。于是制诏御史："朕以眇眇之身承至尊，兢兢焉惧不任。维德菲薄，不明于礼乐。修祠太一，若有象景光，屑如有望，震于怪物，欲止不敢，遂登封泰山，至于梁父，而后禅肃然。自新，嘉与士大夫更始，赐民百户牛一酒十石，加年八十孤寡布帛二匹。复博、奉高、蛇丘、历城，无出今年租税。其大赦天下，如乙卯赦令。行所过毋有复作。事在二年前，皆勿听治。"又下诏曰："古者天子五载一巡狩，用事泰山，诸侯有朝宿地。其令诸侯各治邸泰山下。"

天子既已封泰山，无风雨灾，而方士更言蓬莱诸神若将可得，于是上欣然庶几遇之，乃复东至海上望，冀遇蓬莱焉。奉车子侯暴病，一日死。上乃遂去，并海上，北至碣石，巡自辽西，历北边至九原。五月，反至甘泉。有司言宝鼎出为元鼎，以今年为元封元年。其秋，有星茀于东井。后十余日，有星茀于三能。望气王朔言："候独见旗星出如瓜，食顷复入焉。"有司皆曰："陛下建汉家封禅，天其报德星云。"其来年冬，郊雍五帝。还，拜祝祠太一。赞飨曰："德星昭衍，厥维休祥。寿星仍出，渊耀光明。信星昭见，皇帝敬拜太祝之享。"其春，公孙卿言见神人东莱山，若云"欲见天子"。天子于是幸缑氏城，拜卿为中大夫。遂至东莱，宿留之数日，无所见，见大人迹云。

复遣方士求神怪采芝药以千数。是岁旱。于是天子既出无名，乃祷万里沙，过祠太山。还至瓠子，自临塞决河，留二日，沉祠而去。使二卿将卒塞决河，徙二渠，复禹之故迹焉。是时既灭两越，越人勇之，乃言"越人俗鬼，而其祠皆见鬼，数有效。昔东瓯王敬鬼，寿百六十岁。后世怠慢，故衰耗"。乃令越巫立越祝祠安台，无坛，亦祠天神上帝百鬼，而以鸡卜。上信之，越祠鸡卜始用。

公孙卿曰："仙人可见，而上往常遽，以故不见。今陛下可为观，如缑城，置脯枣，神人宜可致也。且仙人好楼居。"于是上令长安则作蜚廉桂观，甘泉则作益延寿观，使卿持节设具而候神人。乃作通天茎台，置祠具其下，将招来仙神人之属。于是甘泉更置前殿，始广诸宫室。夏，有芝生殿房内中。天子为塞河，兴通天台，若见有光云，乃下诏："甘泉房中生芝九茎，赦天下，毋有复作。"其明年，伐朝鲜。夏，旱。公孙卿曰："黄帝时封则天旱，干封三年。"上乃下诏曰："天旱，意干封乎？其令天下尊祠灵星焉。"其明年，上郊雍，通回中道，巡之。春，至鸣泽，从西河归。

其明年冬，上巡南郡，至江陵，而东登礼灊之天柱山，号曰南岳。浮江，自寻阳出枞阳，过彭蠡，礼其名山川。北至琅邪，并海上。四月中，至奉高，修封焉。

初，天子封泰山，泰山东北阯古时有明堂处，处险不敞。上欲治明堂奉高旁，未晓其制度。济南人公玉带上黄帝时明堂图。明堂图中有一殿，四面无壁，以茅盖，通水，圜宫垣为复道，上有楼，从西南入，命曰昆仑，天子从之入，以拜祠上帝焉。于是上令奉高作明堂汶上，如带图。及五年修封，则祠太一、五帝作明堂上坐，令高皇帝祠坐对之。祠后土于下房，以二十太牢。天子从昆仑道入，始拜明堂如郊礼。礼毕，燎堂下。而上又上泰山，自有秘祠其巅。而泰山下祠五帝，各如其方，黄帝并赤帝，而有司侍祠焉。山上举火，下悉应之。

其后二岁，十一月甲子朔旦冬至，推历者以本统。天子亲至泰山，以十一月甲子朔旦冬至日祠上帝明堂，毋修封禅。其赞飨曰："天增授皇帝太元神策，周而复始。皇帝敬拜太一。"东至海上，考入海及方士求神者，莫验，然益遣，冀遇之。

十一月乙酉，柏梁灾。十二月甲午朔，上亲禅高里，祠后土。临勃海，将以望祀蓬莱之属，冀至殊廷焉。上还，以柏梁灾故，朝受计甘泉。公孙卿曰："黄帝就青灵台，十二日烧，黄帝乃治明廷。

明廷，甘泉也。"方士多言古帝王有都甘泉者。其后天子又朝诸侯甘泉，甘泉作诸侯邸。勇之乃曰："越俗有火灾，复起屋必以大，用胜服之。"于是作建章宫，度为千门万户。前殿度高未央。其东则凤阙高二十余丈。其西则唐中数十里虎圈。其北治大池，渐台高二十余丈，命曰太液池，中有蓬莱、方丈、瀛洲、壶梁，象海中神山龟鱼之属。其南有玉堂、壁门、大鸟之属。乃立神明台、井干楼，度五十丈，辇道相属焉。夏，汉改历，以正月为岁首，而色上黄，官名更印章以五字，为太初元年。是岁，西伐大宛。蝗大起。丁夫人、雒阳虞初等以方祠诅匈奴、大宛焉。

其明年，有司上言雍五畤无牢熟具，芬芳不备。乃令祠官进畤犊牢具，色食所胜，而以木禺马代驹焉。独五月尝驹，行亲郊用驹。及诸名山川用驹者，悉以木禺马代。行过，乃用驹。他礼如故。其明年，东巡海上，考神仙之属，未有验者。

方士有言"黄帝时为五城十二楼，以候神人于执期，命曰迎年"。上许作之如方，命曰明年。上亲礼祠上帝焉。公玉带曰："黄帝时虽封泰山，然风后、封臣、岐伯令黄帝封东泰山，禅凡山，合符，然后不死焉。"天子既令设祠具，至东泰山，泰山卑小，不称其声，乃令祠官礼之，而不封禅焉。其后令带奉祠候神物。夏，遂还泰山，修五年之礼如前，而加以禅祠石闾。石闾者，在泰山下阯，南方方士多言此仙人之闾也，故上亲禅焉。其后五年，复至泰山修封。还过祭恒山。

今天子所兴祠，太一、后土，三年亲郊祠，建汉家封禅，五年一修封。薄忌太一及三一、冥羊、马行、赤星，五宽舒之祠官以岁时致礼。凡六祠，皆太祝领之。至如八神诸明年，凡山他名祠，行过则祠，行去则已。方士所兴祠各自主，其人终则已，祠官不主。他祠皆如其故。

今上封禅，其后十二岁而还，遍于五岳、四渎矣。而方士之候祠神人，入海求蓬莱，终无有验。而公孙卿之候神者，犹以大人之迹为解，无有效。天子益怠厌方士之怪迂语矣，然羁縻不绝，冀遇其真。自此之后，方士言神祠者弥众，然其效可睹矣。

太史公曰：余从巡祭天地诸神名山川而封禅焉。入寿宫侍祠神语，究观方士祠官之意，于是退而论次自古以来用事于鬼神者，总一篇之意。具见其表里。后有君子，得以览焉。若至俎豆珪币之详，献酬之礼，则有司存。

封禅之文不经见，特昉于齐桓，再见于秦始，又再侈于汉武。齐公、秦皇恃侈心生欲，因之以告神明，颂功德，本非以求仙人不死之术也。及秦始皇东游海上，接燕、齐迂怪之士，然亦未尝设祠祀。秦虽遍祀名山川，亦非尽为封禅也。汉武初立，辄好祷祀，李少君辈倡之，而少翁、栾大、公孙、卿勇之属。互为其说，而汉武至死且不悟矣。文几三千言，而前后贯穿如一句，总属一"幻"字。　茅坤

述祭祠名《封禅》，财货名《平准》，盖皆寓讥焉，然惟以《封禅》为主。历看去，乃见中间血脉及布置安插之妙，有关键，有结构。《汉书》改为《郊祀志》，便散漫少味。　　　孙矿

封禅依古郊祀紫望之义，后世人主用以夸其受命之符，从骄心出，去之已远矣。汉武附之求仙长生，则又益一痴心，支离纽造，愈远愈讹。此书妙在将历代祀典与封禅牵合为一，将封禅与神仙牵合为一，又将河决、匈奴诸事与求仙牵合为一。种种傅会而其中格格不相蒙处，读之自见。累累万余言，无一著实语，每用虚字诞语翻弄，其襃贬即在其中。煞句曰"然其效可睹矣"，意兴飒然，断案悚然。此一篇长文字最恰好，结语却妙在含蓄泠泠，无极力收括之趣。　钟惺

只是挨年按月，顺事成文，而奇情横溢，大气回旋，反若事随文转，其伸缩、

起伏、承接、关锁之不测,使读者目眩心摇。正如岫岭千重、烟云万状,界画都归变幻,而蹊径尽作波澜,真宇宙间异观也。

河渠书

　　《夏书》曰：禹抑鸿（按：中华书局本作"洪"。）水，十三年过家不入门。陆行载车，水行载舟，泥行蹈毳，山行即桥。以别九州，随山浚川，任土作贡。通九道，陂九泽，度九山。<u>然河灾衍溢，害中国也尤甚</u>。<u>唯是为务</u>。故道河自积石历龙门，南到华阴，东下砥柱，及孟津、雒汭，至于大邳。于是禹以为河所从来者高，水湍悍，难以平行地，数为败，乃厮二渠以引其河。北载之高地，过降水，至于大陆，播为九河，同为逆河，入于勃海。九州既疏，九泽既洒，<u>诸夏艾安</u>，<u>功施于三代</u>。

　　自是之后，荥阳下引河东南为鸿沟，以通宋、郑、陈、蔡、曹、卫，与济、汝、淮、泗会。于楚，西方则通渠汉水、云梦之野，东方则通鸿沟江淮之间。于吴，则通渠三江、五湖。于齐，则通菑济之间。于蜀，蜀守冰凿离碓，辟沫水之害，穿二江成都之中。此渠皆可行舟，有余则用溉浸，百姓享其利。至于所过，<u>往往引其水益用溉田畴之渠</u>，<u>以万亿计</u>，<u>然莫足数也</u>。

　　西门豹引漳水溉邺，以富魏之河内。而韩闻秦之好兴事，欲罢之，毋令东伐，乃使水工郑国间说秦，令凿泾水，自中山西邸瓠口为渠，并北山，东注洛，三百余里，欲以溉田。中作而觉，秦欲杀郑国。郑国曰："始臣为间，然渠成亦秦之利也。"秦以为然，卒使就渠。渠就，用注填阏之水，溉泽卤之地四万余顷，收皆亩一钟。于是关中为沃野，无凶年，秦以富强，卒并诸侯，因命曰郑国渠。

　　汉兴三十九年，孝文时河决酸枣，东溃金堤，于是东郡大兴卒塞之。其后四十有余年，今天子元光之中，而河决于瓠子，东南注钜野，通于淮、泗。于是天子使汲黯、郑当时兴人徒塞之，辄复坏。是时武安侯田蚡为丞相，其奉邑食鄃。鄃居河北，<u>河决而南则鄃无水灾</u>，<u>邑收多</u>。<u>蚡言于上曰</u>："江河之决皆天事，未易以人力为强塞，塞之未必应天。"而望气用数者亦以为然。于是天子久之不事复塞也。是时郑当时为大农，言曰："异时关东漕粟从渭中上，度六月而罢，而漕水道九百余里，时有难处。引渭穿渠，起长安，并南山下至河，三百余里径易漕，度可令三月罢；而渠下民田万余顷，又可得以溉田：此损漕省卒，结漕粟。而益肥关中之地，结溉田。得谷。"天子以为然，令齐人水工徐伯表，悉发卒数万人，穿漕渠三岁而通。通以漕，大便利。其后漕稍多，而渠下之民颇得以溉田矣。

其后河东守番系言："漕从山东西，岁百余万石，更砥柱之限，败亡甚多，而亦烦费。穿渠引汾溉皮氏、汾阴下，引河溉汾阴、蒲坂下，度可得五千顷。五千顷故尽河壖弃地，民茭牧其中耳，今溉田之，度可得谷二百万石以上。谷从渭上，与关中无异，而砥柱之东，可无复漕。"天子以为然，发卒数万人，作渠田。数岁，河移徙，渠不利，则田者不能偿种。久之，河东渠田废，予越人，令少府以为稍入。其后人有上书，欲通褒斜道及漕，事下御史大夫张汤。汤问其事，因言："抵蜀从故道，故道多阪回远。今穿褒斜道少阪，近四百里；而褒水通沔，斜水通渭，皆可以行船漕。漕从南阳上沔入褒，褒之绝水至斜间百余里，以车转从斜下下渭。如此，汉中之谷可致，山东从沔无限，便于砥柱之漕。且褒斜材木竹箭之饶，拟于巴蜀。"天子以为然，拜汤子卬为汉中守，发数万人，作褒斜道五百余里。道果便近，而水湍石，不可漕。

其后庄熊罴言："临晋民愿穿洛，以溉重泉以东万余顷故卤地。诚得水，可令亩十石。"于是为发卒万余人穿渠，自征引洛水至商颜下。岸善崩，乃凿井，深者四十余丈。往往为井，井下相通行水。水颓以绝商颜，东至山岭十余里间。井渠之生自此始。穿渠得龙骨，故名曰龙首渠。作之十余岁，渠颇通，犹未得其饶。自河决瓠子后二十余岁，岁因以数不登，而梁楚之地尤甚。天子既封禅巡祭山川，其明年，旱，干封少雨。天子乃使汲仁、郭昌发卒数万人，塞瓠子决。于是天子已用事万里沙，则还自临决河，沉白马玉璧于河，令群臣从官，自将军已下，皆负薪寘决河。

是时东流郡烧草，以故薪柴少，而下淇园之竹以为楗。<u>天子既临河决</u>，<u>悼功之不成</u>，乃作歌曰："瓠子决兮<u>将奈何</u>？皓皓旰旰兮<u>闾殚为河</u>！殚为河兮地不得宁，<u>功无已时兮吾山平</u>。吾山平兮钜野溢，<u>鱼沸郁兮柏冬日</u>。延道弛兮离常流，<u>蛟龙骋兮方远游</u>。归旧川兮神哉沛，<u>不封禅兮安知外</u>！<u>为我谓河伯兮何不仁</u>，<u>泛滥不止兮愁吾人</u>？啮桑浮兮淮、泗满，久不反兮水维缓。"一曰："河汤汤兮激潺湲，北渡适兮浚流难。<u>塞长茭兮沈美玉</u>，<u>河伯许兮薪不属</u>。薪不属兮卫人罪，<u>烧萧条兮噫乎何以御水</u>！颓林竹兮楗石菑，宣房塞兮万福来。"于是卒塞瓠子，筑宫其上，名曰宣房宫。而道河北行二渠，<u>复禹旧迹</u>，<u>而梁</u>、<u>楚之地复宁</u>，应前。<u>无水灾</u>。

自是之后，用事者争言水利。朔方、西河、河西、酒泉皆引河及川谷以溉田；而关中辅渠、灵轵引堵水；汝南、九江引淮；东海引钜定；太山下引汶水；皆穿渠为溉田，各万余顷。佗小渠披山通道者，不可胜言。<u>然其著者在宣房</u>。

太史公曰：余南登庐山，观禹疏九江，遂至于会稽太湟，上姑苏，望五湖；东阚洛汭、大邳，迎河，行淮、泗、济、漯洛渠；西瞻蜀之岷山及离碓；北自龙门至于朔方。曰：<u>甚哉</u>，<u>水之为利害也</u>！<u>余从负薪塞宣房</u>，<u>悲瓠子之诗而作河渠书</u>。

  条理井然之文全于后幅。歌词二首振起风神，为一篇出色处。然中间三个"天子以为然"，以拂比整齐句子，写其漫无主张，亦自微妙也。

  钟伯敬曰：三代主深言水利，以漕当溉；邓艾屯田以溉，与漕后世蒙。

平准书

　　<u>汉兴</u>，<u>接秦之弊</u>，丈夫从军旅，三句是叙往事，却已括全意矣。以下将开篇各项线脉一一埋伏，有正引，有反照，总之句无间设也。老弱转粮饷，作业剧而财匮，自天子不能具钧驷，而将相或乘牛车，齐民无藏盖。于是为秦钱重难用，更令民铸钱，一黄金一斤，约法省禁。而不轨逐利之民，蓄积余业以稽市物，物踊腾粜，米至石万钱，马一匹则百金。天下已平，<u>高祖乃令贾人不得衣丝乘车</u>，<u>重租税以困辱之</u>。孝惠、高后时，为天下初定，复弛商贾之律，<u>然市井之子孙亦不得仕宦为吏</u>。<u>量吏禄</u>，<u>度官用</u>，<u>以赋于民</u>。而山川园池市井租税之入，<u>自天子以至于封君汤沐邑</u>，<u>皆各为私奉养焉</u>，<u>不领于天下之经费</u>。漕转山东粟，以给中都官，岁不过数十万石。<u>至孝文时</u>，荚钱益多，轻，乃更铸四铢钱，其文为"半两"，令民纵得自铸钱。故吴，诸侯也，以即山铸钱，富埒天子，其后卒以叛逆。邓通，大夫也，以铸钱财过王者。故吴、邓氏钱布天下，<u>而铸钱之禁生焉</u>。

　　匈奴数侵盗北边，屯戍者多，边粟不给食当食者。于是募民能输，及转粟于边者，拜爵，输粟，实边之始。爵得至大庶长。孝景时，上郡以西旱，亦复修卖爵令，而贱其价以招民；及徒复卒，得输粟县官以除罪。益造苑马以广用，<u>而宫室列观舆马益增修矣</u>。

　　<u>至今上即位数岁</u>，汉兴七十余年之间，国家无事，非遇水旱之灾，民则人给家足，都鄙廪庾皆满，而府库余货财。京师之钱，累巨万，贯朽而不可校。太仓之粟陈陈相因，充溢露积于外，至腐败不可食。众庶街巷有马，阡陌之间成群，而乘字牝者傧而不得聚会。守闾阎者食梁肉，为吏者长子孙，居官者以为姓号。<u>故人人自爱而重犯法</u>，<u>先行义而后绌耻辱焉</u>。当是之时，网疏而民富，役财骄溢，或至兼并，豪党之徒，以武断于乡曲。宗室有土公卿大夫以下，争于奢侈，室庐舆服僭于上，无限度。<u>物盛而衰</u>，<u>固其变也</u>。此段将全

篇事意一齐揭起,若纲在网。盖汉武耗材兴利之害,全由穷兵黩武而生。其浚河渠、修宫室等项,皆此根苗上发出之枝叶也。自是之后,严助、朱买臣等招来东瓯,事两越,江淮之间萧然烦费矣。唐蒙、司马相如开路西南夷,凿山通道千余里,以广巴蜀,巴蜀之民罢焉。彭吴贾灭朝鲜,置沧海之郡,则燕齐之间靡然发动。及王恢设谋马邑,匈奴绝和亲,侵扰北边,兵连而不解,天下苦其劳,而干戈日滋。行者赍,居者送,中外骚扰而相奉,百姓抏弊以巧法,财赂衰耗而不赡。入物者补官,出货者除罪,选举陵迟,廉耻相冒,武力进用,法严令具。兴利之臣自此始也。

其后汉将岁以数万骑出击胡,以后详叙。及车骑将军卫青,取匈奴河南地,筑朔方。当是时,汉通西南夷道,作者数万人,千里负担馈粮,率十余钟致一石,散币于邛僰以集之。数岁道不通,蛮夷因以数攻,更发兵诛之。悉巴蜀租赋不足以更之,乃募豪民田南夷,入粟县官,而内受钱于都内。东至沧海之郡,人徒之费,拟于南夷。又兴十万余人,筑卫朔方,转漕甚辽远,自山东咸被其劳,费数十百巨万,府库益虚。乃募民能入奴婢,得以终身复,为郎增秩,及入羊为郎,始于此。

其后四年,而汉遣大将将六将军,军十余万,击右贤王,获首虏五万千(按:中华书局本无"千"。)级。明年,大将军将六将军,仍再出击胡,得首虏万九千级。捕斩首虏之士,受赐黄金二十余万斤,虏数万人皆得厚赏,衣食仰给县官;而汉之士马死者十余万,兵甲之财、转漕之费不与焉。于是大农陈藏钱经耗,赋税既竭,犹不足以奉战士。有司言:"天子曰'朕闻五帝之教,不相复而治,禹汤之法,不同道而王,所由殊路,而建德一也。北边未安,朕甚悼之。日者,大将军攻匈奴,斩首虏万九千级,留蹛无所食。议令民得买爵及赎禁锢,免减罪'。请置赏官,命曰武功爵。级十七万,凡直三十余万金。诸买武功爵官首者试补吏,先除千夫如五大夫;

其有罪又减二等；爵得至乐卿：以显军功。"军功多用越等，大者封侯卿大夫，小者郎吏。<u>吏道杂而多端</u>，<u>则官职耗废</u>。

自公孙弘以《春秋》之义绳臣下，取汉相，张汤用峻文决理，为廷尉，<u>于是见知之法生</u>，<u>而废格沮诽穷治之狱用矣</u>。其明年，淮南、衡山、江都王谋反迹见，而公卿寻端治之，竟其党与，而坐死者数万人，长吏益惨急而法令明察。当是之时，招尊方正贤良文学之士，或至公卿大夫。公孙弘以汉相，布被，食不重味，为天下先。<u>然无益于俗</u>，<u>稍骛于功利矣</u>。

<u>其明年</u>，骠骑仍再出击胡，获首四万。<u>其秋</u>，浑邪王率数万之众来降，于是汉发车二万乘迎之。既至，受赏赐，及有功之士。是岁费凡百余巨万。

初，先是往十余岁河决观，梁楚之地固已数困，而缘河之郡堤塞河，辄决坏，费不可胜计。其后番系欲省砥柱之漕，穿汾、河渠以为溉田，作者数万人；郑当时为渭漕渠回远，凿直渠自长安至华阴，作者数万人；朔方亦穿渠，作者数万人：各历二三期，功未就，费亦各巨万十数。

天子为伐胡盛养马，马之来食长安者数万匹，卒牵掌者关中不足，乃调旁近郡。而胡降者皆衣食县官，县官不给，天子乃损膳，解乘舆驷，出御府禁藏以赡之。

<u>其明年</u>，赈灾自是正务，而财已耗于穷兵，则赈费反致不足，亦只此一个根苗，非另为叹项也。山东被水灾，民多饥乏，于是天子遣使者虚郡国仓廥以振贫民。犹不足，又募豪富人相贷假。尚不能相救，乃徙贫民于关以西，又充朔方以南新秦中七十余万口，衣食皆仰给县官。数岁，假予产业，使者分部护之，冠盖相望。其费以亿计，不可胜数。于是县官太空，而富商大贾或蹛财役贫，转毂百数，废居居邑，封君皆低首仰给。冶铸煮盐，<u>财或累万金</u>，<u>而不佐国家之急</u>，<u>黎民重困</u>。于是天子与公卿议，<u>更造钱币以赡用</u>，<u>而摧浮淫并兼之徒</u>。

是时禁苑有白鹿,而少府多银锡。自孝文更造四铢钱,至是岁四十余年,从建元以来,用少,县官往往即多铜山而铸钱,民亦间盗铸钱,不可胜数。钱益多而轻,物益少而贵。有司言曰:"古者皮币,诸侯以聘享。金有三等,黄金为上,白金为中,赤金为下。今半两钱,法重四铢,而奸或盗摩钱里取镕,钱亦轻薄而物贵,则远方用币烦费不省。"乃以白鹿皮方尺,缘以藻缋,为皮币,直四十万。王侯宗室朝觐聘享,必以皮币荐璧,然后得行。又造银锡为白金。以为天用莫如龙,地用莫如马,人用莫如龟,故白金三品:其一曰重八两,圜之,其文龙,名曰"白选",直三千;二曰重差小,方之,其文马,直五百;三曰复小,撱之,其文龟,直三百。令县官销半两钱,更铸三铢钱,文如其重。盗铸诸金钱罪皆死,而吏民之盗铸白金者不可胜数。于是以东郭咸阳、孔仅为大农丞,领盐铁事;桑弘羊以计算用事,侍中。咸阳,齐之大煮盐,孔仅,南阳大冶,皆致生累千金,故郑当时进言之。弘羊,雒阳贾人子,以心计,年十三侍中。<u>故三人言利事析秋毫矣。</u>

法既益言,吏多废免。兵革数动,民多买复,及五大夫,征发之士益鲜。于是除千夫,五大夫为吏,不欲者出马;故吏皆通适令伐棘上林,作昆明池。

<u>其明年</u>,大将军、骠骑大出击胡,得首虏八九万级,赏赐五十万金,汉军马死者十余万匹,转漕车甲之费不与焉。<u>是时财匮,战士颇不得禄矣。</u>

有司言三铢钱轻,易奸诈,乃更请诸郡国铸五铢钱,周郭其下,令不可磨取镕焉。大农上盐铁丞孔仅、咸阳言:"山海,天地之藏也,皆宜属少府,陛下不私,以属大农佐赋。愿募民自给费,因官器作煮盐,官与牢盆。浮食奇民欲擅管山海之货,以致富羡,役利细民。其沮事之议,不可胜听。敢私铸铁器煮盐者,钛左趾,没入其器物。郡不出铁者,置小铁官,便属在所县。"使孔仅、东郭咸

阳乘传，举行天下盐铁，作官府，除故盐铁家富者为吏。<u>吏道益杂，不选，而多贾人矣</u>。

商贾以币之变，多积货逐利。于是公卿言："郡国颇被灾害，贫民无产业者，募徙广饶之地。陛下损膳省用，出禁钱以振元元，宽贷赋，而民不齐出于南亩，商贾滋众。贫者畜积无有，皆仰县官。异时算轺车贾人缗钱皆有差，请算如故。诸贾人末作贳贷卖居邑，稽诸物，及商以取利者，虽无市籍，各以其物自占，率缗钱二千而一算。诸作有租，及铸，率缗钱四千一算。非吏比者，三老、北边骑士，轺车以一算；商贾人轺车二算；船五丈以上一算。匿不自占，占不悉，戍边一岁，没入缗钱。有能告者，以其半畀之。贾人有市籍者，及其家属，皆无得籍名田以便农。敢犯令，没入田僮。"

<u>天子乃思卜式之言，召拜式为中郎，爵左庶长，赐田十顷，布告天下，使明知之</u>。初，卜式者，河南人也，以田畜为事。亲死，式有少弟，弟壮，式脱身出分，独取畜羊百余，田宅财物尽予弟。式入山牧十余岁，羊致千余头，买田宅。而其弟尽破其业，式辄复分予弟者数矣。是时汉方数使将击匈奴，卜式上书，愿输家之半县官助边。天子使使问式："欲官乎？"式曰："臣少牧，不习仕宦，不愿也。"使问曰："家岂有冤，欲言事乎？"式曰："臣生与人无分争。式邑人贫者贷之，不善者教顺之，所居人皆从式，式何故见冤于人！无所欲言也。"使者曰："苟如此，子何欲而然？"式曰："天子诛匈奴，愚以为贤者宜死节于边，<u>有财者宜输委，如此而匈奴可灭也</u>。"使者具其言，入以闻。天子以语丞相弘。弘曰："此非人情。不轨之臣，不可以为化而乱法，愿陛下勿许。"于是上久不报式，数岁，乃罢式。式归，复田牧。岁余，会军数出，浑邪王等降，县官费众，仓府空。<u>其明年</u>，贫民大徙，皆仰给县官，无以尽赡。卜式持钱二十万予河南守，以给徙民。河南上富人助贫人者籍，天子见卜式名，识之，曰"是

固前而欲输其家半助边"，乃赐式外繇四百人。式又尽复予县官。是时富豪皆争匿财，唯式尤欲输之助费。天子于是以式终长者，故尊显以风百姓。初，式不愿为郎。上曰："吾有羊上林中，欲令子牧之。"式乃拜为郎，布衣屩而牧羊。岁余，羊肥息。上过见其羊，善之。式曰："<u>非独羊也，治民亦犹是也。以时起居；恶者辄斥去，毋令败群。</u>"上以式为奇，拜为缑氏令试之，缑氏便之。迁为成皋令，将漕最。上以为式朴忠，拜为齐王太傅。而孔仅之使天下铸作器，三年中拜为大农，列于九卿。而桑弘羊为大农丞，管诸会计事，<u>稍稍置均输以通货物矣</u>。始令吏得入谷补官，郎至六百石。

自造白金五铢钱<u>后五岁</u>，赦吏民之坐盗铸金钱使（按：中华书局本作"死"。）者数十万人。其不发觉相杀者不可胜计。赦自出者百余万人。然不能半自出，<u>天下大抵无虑皆铸金钱矣</u>。犯者众，吏不能尽诛取，于是遣博士褚大、徐偃等分曹循行郡国，举兼并之徒守相为吏者。而御史大夫张汤方隆贵用事，减宣、杜周等为中丞，义纵、尹齐、王温舒等用惨急刻深为九卿，<u>而直指夏兰之属始出矣</u>。

<u>而大农颜异诛</u>。初，异为济南亭长，以廉直稍迁至九卿。上与张汤既造白鹿皮币，问异。异曰："今王侯朝贺以苍璧，直数千，而其皮荐反四十万，本末不相称。"天子不说。张汤又与异有郄，及人有告异以它议，事下张汤治异。异与客语，客语初令下有不便者，异不应，微反唇。汤奏异当九卿见令不便，不入言而腹诽，论死。自是之后，有腹诽之法<u>以此，而公卿大夫多谄谀取容矣</u>。

天子既下缗钱令而尊卜式，百姓终莫分财佐县官，于是杨可告缗钱纵矣。郡国多奸铸钱，钱多轻，而公卿请令京师铸钟官赤侧一当五，赋官用非赤侧不得行。白金稍贱，民不宝用，县官以令禁之，无益。岁余，白金终废不行。<u>是岁也</u>，<u>张汤死而民不思</u>。<u>其后二岁</u>，赤侧钱贱，民巧法用之，不便，又废。于是悉禁郡国无铸钱，专令

上林三官铸。钱既多而令天下非三官钱不得行，诸郡国所前铸钱，皆废销之，输其铜三官。而民之铸钱益少，计其废（按：中华书局本作"费"。）不能相当，唯真工大奸乃盗为之。

卜式相齐，而杨可告缗遍天下，中家以上大抵皆遇告。杜周治之，狱少反者。乃分遣御史廷尉正监分曹往，即治郡国缗钱，得民财物以亿计，奴婢以千万数，田大县数百顷，小县百余顷，宅亦如之。于是商贾中家以上大率破，民偷甘食好衣，不事畜藏之产业，<u>而县官有盐铁缗钱之故，用益饶矣</u>。

益广关，置左右辅。初，大农管盐铁官布多，置水衡，欲以主盐铁；及杨可告缗钱，上林财物众，乃令水衡主上林。上林既充满，益广。是时越欲与汉用船战逐，乃大修昆明池，列观环之。治楼船，高十余丈，旗帜加其上，甚壮。于是天子感之，乃作柏梁台高数十丈。<u>宫室之修，由此日丽</u>。

乃分缗钱诸官，而水衡、少府、大农、太仆各置农官，往往即郡县比没入田田之。其没入奴婢，分诸苑养狗马禽兽，及与诸官。诸官益新置多，徒奴婢众，而下河漕度四百万石，及官自籴乃足。所忠言："世家子弟富人或斗鸡走狗马，弋猎博戏，乱齐民。"乃征诸犯令，相引数千人，命曰"株送徒"。入财者得补郎，<u>郎选衰矣</u>。

是时山东被河灾，及岁不登数年，人或相食，方一二千里。天子怜之，诏曰："江南火耕水耨，令饥民得流就食江淮间，欲留，留处。"遣使冠盖相属于道，护之，下巴蜀粟以振之。

<u>其明年</u>，天子始巡郡国。东渡河，河东守不意行至，不辨，自杀。行西逾陇，陇西守以行往卒，天子从官不得食，陇西守自杀。于是上北出萧关，从数万骑，猎新秦中，以勒边兵而归。新秦中或千里无亭徼，于是诛北地太守以下，而令民得畜牧边县，官假马母，三岁而归，及息什一，以除告缗，用充仞新秦中。

既得宝鼎，立后土、太乙祠，公卿议封禅事，而天下郡国皆豫治道桥，缮故宫，及当驰道县，县治官储，设供具，而望以待幸。其明年，南越反，西羌侵边为桀。于是天子为山东不赡，赦天下，因南方楼船卒二十余万人击南越，数万人发三河以西骑击西羌，又数万人渡河筑令居。初置张掖、酒泉郡，而上郡、朔方、西河、河西开田官，斥塞卒六十万人戍田之。中国缮道馈粮，远者三千，近者千余里，皆仰给大农。边兵不足，乃发武库工官兵器以赡之。车骑马乏绝，县官钱少，买马难得，乃著令，令封君以下至三百石以上吏，以差出牝马，天下亭亭有畜牸马，岁课息。

齐相卜式上书曰："臣闻主忧臣辱。南越反，臣愿父子与齐习船者往死之。"天子下诏曰："卜式虽躬耕牧，不以为利，有余辄助县官之用。今天下不幸有急，而式奋愿父子死之，虽未战，可谓义形于内。赐爵关内侯，金六十斤，田十顷。"布告天下，天下莫应。列侯以百数，皆莫求从军击羌、越。至酎，少府省金，而列侯坐酎金失侯者百余人。乃拜式为御史大夫。式既在位，见郡国多不便县官作盐铁，铁器苦恶，贾贵，或强令民卖买之。而船有算，商者少，物贵，乃因孔仅言船算事。上由是不悦卜式。汉连兵三岁，诛羌，灭南越，番禺以西至蜀南者置初郡十七，且以其故俗治，毋赋税。南阳、汉中以往郡，各以地比给初郡，吏卒奉食币物传车马被具。而初郡时时小反，杀吏，汉发南方吏卒往诛之，间岁万余人，费皆仰给大农。大农以均输调盐铁助赋，故能赡之。然兵所过县，为以訾给毋乏而已，不敢言擅赋法矣。其明年，元封元年，卜式贬秩为太子太傅。而桑弘羊为治粟都尉，领大农，尽代仅管天下盐铁。弘羊以诸官各自市，相与争，物故腾跃，而天下赋输或不偿其僦费，乃请置大农部丞数十人，分部主郡国，各往往县置均输盐铁官，令远方各以其物贵时商贾所转贩者为赋，而相灌输。置平准于京师，都受天下委输。召工官治车诸器，皆仰给大农。大农之诸官尽笼天下之货物，贵即卖之，贱则买之。如此，富商大贾无所牟大利，则反本，而万物不得腾踊。故抑天下物，名曰"平准"。天子以为然，许之。于是天子北至朔方，东到泰山，巡海上，并北边以归。所过赏赐，用帛百余万匹，钱金以巨万计，皆取足大农。弘羊又请令吏得入粟补官，及罪人赎罪。令民能入粟甘泉，各有差，以复终身，不告缗。他郡国各输急处，而诸农各致粟山东，漕益岁六百万石。一岁之中，太仓、甘泉仓满。边余谷诸物均输帛五百万匹。民不益赋而天下用饶。于是弘羊赐爵左庶长，黄金再百斤焉。是岁小旱，上令官求雨，卜式言曰："县官当食租衣税而已，今弘羊令吏坐市列肆，贩物求利。享（按：中华书局本作"亨"。）弘羊，天乃雨。"

　　太史公曰：农工商交易之路通，而龟贝金钱刀布之币兴焉。所从来久远，自高辛氏之前尚矣，靡得而记云。故书道唐虞之际，诗述殷周之世，安宁则长庠序，先本绌末，以礼义防于利；事变多故而亦反是。是以物盛则衰，时极而转，一质一文，终始之变也。

　　禹贡九州，各因其土地所宜，人民所多少而纳职焉。汤武承弊易变，使民不倦，各兢兢所以为治，而稍陵迟衰微。齐桓公用管仲之谋，通轻重之权，徼山海之业，以朝诸侯，用区区之齐显成霸名。魏用李克，尽地力，为强君。自是之后，天下争于战国，贵诈力而贱仁义，先富有而后推让。故庶人之富者或累巨万，而贫者或不厌糟糠；有国强者或并群小以臣诸侯，而弱国或绝祀而灭世。以至于秦，卒并海内。虞夏之币，金为三品，或黄，或白，或赤；或钱，或布，或刀，或龟贝。及至秦，中一国之币为二等，黄金以镒名，为上币；铜钱识曰半两，重如其文，为下币。而珠玉、龟贝、银锡之属为器饰宝藏，不为币。然各随时而轻重无常。于是外攘夷狄，内兴功业，海内之士力耕不足粮饷，女子纺绩不足衣服。古者尝竭天下之资财以奉其上，犹自以为不足也。无异故云，事势之流，相激使然，曷足怪焉。

《平准》一书,太史公只叙武帝兴利,而其精神融会处真见种种祸患,俱与兴利相为参伍,相为根柢。故错综纵横,摹写曲尽。　　　　茅坤

精核无剩语,是汉文本色。中间收罗诸事,不一一排律而无所不尽,笔力敢高有好势,妙处全在抑诡激抗。

他篇以议论代叙事,此却以叙事代议论。　　　　邓以赞

此篇不作波折,直起直落,自行自止,莽莽滔滔,一路朴实写去。岂无顿挫、摇摆、回合、结束?然皆机缄之自然,非有意之跌宕也。盖《封禅书》之妙,旨于放宽势,不宽不足以见其贪生虑死之心,日引月长,终迷不醒;《平准书》之妙,妙于用紧势,不紧不足以见其劳民伤财之害,一时丛集,积岁无休。必如此因题制宜,乃为古今大手笔矣。

只夹叙"卜式"二节,气势稍缓。吾尝拟其通篇文境,如长江大河中顺风扬帆、瞬息千里,两岸青山绿野,弥望无际,都归一览。叙到"卜式"事,则如山拦、水折、风斜、柁转,长年诫坐,帆叶微敧,亦自然之势也。然少顷而风力渐正,则已抵程登岸矣。

杨慎曰:此篇叙事错综,全在缴结呼唤,结前生后,为之血脉。初用"焉"字,犹为疑词,后多用"矣"字,遂为决辞。其曰"物盛而衰,固其变也",则为诸结语之纲领。后太史公曰"物盛则衰"等语,盖所以提挈此意于终而通微之也。

《平准书》先叙汉事,而赞语乃述自古以来,而寓微词于武帝,叙事之变体也。

柯维骐曰:按太史公此赞乃《平准书》之发端耳。上言三代贡纳之常,中言管仲、李克富强之术,下及嬴秦虚耗之弊。次及汉事,文理相续。不然,则此书

首云汉兴接接秦之弊，似无原由；重赞不叙汉事，似欠结束。《汉书·食货志》颇采此文条理，正明乃知俗本非太史公旧也。所叙武帝事未竟而迁死，不得成就其书，故其文止于"烹弘羊，天乃雨"，后人遂截首一段，移为书末之赞，不恤其文之无章也。

史记半解 卷二

陈涉世家

　　陈胜者，阳城人也，字涉。吴广者，阳夏人也，字叔。陈涉少时，尝与人佣耕，辍耕之垄上，怅恨久之，曰："苟富贵，无相忘。"佣者笑而应曰："若为佣耕，何富贵也？"陈涉太息曰："嗟乎，燕雀安知鸿鹄之志哉！"二世元年七月，发闾左適戍渔阳九百人，屯大泽乡。陈胜吴广皆次当行，为屯长。会天大雨，道不通，度已失期。失期，法皆斩。陈胜、吴广乃谋曰："今亡亦死，举大计亦死，等死，死国可乎？"陈胜曰："天下苦秦久矣。吾闻二世少子也，不当立，当立者乃公子扶苏。扶苏以数谏故，上使外将兵。今或闻无罪，二世杀之。百姓多闻其贤，未知其死也。项燕为楚将，数有功，爱士卒，楚人怜之。或以为死，或以为亡。今诚以吾众诈自称公子扶苏、项燕，为天下唱，宜多应者。"吴广以为然。乃行卜。卜者知其指意，曰："足下事皆成，有功。然足下卜之鬼乎！"陈胜、吴广喜，念鬼，曰："此教我先威众耳。"乃丹书帛曰"陈胜王"，置人所罾鱼腹中。卒买鱼烹食，得鱼腹中书，固以怪之矣。又间令吴广之次近所旁丛祠中，夜篝火，狐鸣呼曰"大楚兴，陈胜王"。卒皆夜惊恐。旦日，卒中往往语，皆指目陈胜。吴广素爱人，士卒多为用者。将尉醉，广故数言欲亡，忿恚尉，令辱之，以激怒其众。尉果笞广。尉剑挺，广起，夺而杀尉。陈胜佐之，并杀两尉。召令徒属曰："公等遇雨，皆已失期，失期当斩。藉第令毋斩，而戍死者固十六七。且壮士不死即已，死即举大名耳，王侯将相宁有种乎！"徒属皆曰："敬受命。"乃诈称公子扶苏、项燕，从民欲也。袒右，称大楚。为坛而盟，祭以尉首。陈胜自立为将军，吴广为都尉。攻大泽乡，收而攻蕲。蕲下，乃令符离人葛婴将兵徇蕲以东。攻铚、酂、苦、柘、谯，皆下之。行收兵。北至陈，车六七百乘，骑千余，卒数万人。攻陈，陈守令皆不在，独守丞与战谯门中。

弗胜，守丞死，乃入据陈。数日，号令召三老、豪杰与皆来会计事。三老、豪杰皆曰："将军身被坚执锐，伐无道，诛暴秦，复立楚国之社稷，功宜为王。"陈涉乃立为王，号为张楚。提笔。<u>当此时</u>，<u>诸郡县苦秦吏者</u>，<u>皆刑其长吏</u>，<u>杀之以应陈涉</u>。乃以吴叔为假王，监诸将以西击荥阳。令陈人武臣、张耳、陈馀徇赵地，令汝阴人邓宗徇九江郡。提笔。<u>当此时</u>，<u>楚兵数千人为聚者</u>，<u>不可胜数</u>。葛婴至东城，立襄强为楚王。婴后闻陈王已立，因杀襄强，还报。至陈，陈王诛杀葛婴。陈王令魏人周市北徇魏地。吴广围荥阳。李由为三川守，守荥阳，吴叔弗能下。陈王征国之豪杰与计，以上蔡人房君蔡赐为上柱国。周文，陈之贤人也，尝为项燕军视日，事春申君，自言习兵，陈王与之将军印，<u>西击秦</u>。行收兵至关，车千乘，卒数十万，至戏，军焉。秦令少府章邯免郦山徒、人奴产子生，悉发以击楚大军，尽败之。周文败，走出关，止次曹阳二三月。章邯追败之，复走次渑池十余日。章邯击，大破之。周文自刭，军遂不战。武臣到邯郸，自立为赵王，陈馀为大将军，张耳、召骚为左右丞相。陈王怒，捕系武臣等家室，欲诛之。柱国曰："<u>秦未亡而诛赵王将相家属</u>，<u>此生一秦也</u>。<u>不如因而立之</u>。"陈王乃遣使者贺赵，而徙系武臣等家属宫中，而封其子张敖为成都君，趣赵兵亟入关。赵王将相相与谋曰："王王赵，非楚意也。楚已诛秦，必加兵于赵。计莫如毋西兵，使使北徇燕地以自广也。赵南据大河，北有燕、代，楚虽胜秦，不敢制赵。若楚不胜秦，必重赵。赵乘秦之弊，可以得志于天下。"赵王以为然，因不西兵，而遣故上谷卒史韩广将兵北徇燕地。燕故贵人豪杰谓韩广曰："楚已立王，赵又已立王。燕虽小，亦万乘之国也，愿将军立为燕王。"韩广曰："广母在赵，不可。"燕人曰："赵方西忧秦，南忧楚，其力不能禁我。<u>且以楚之强</u>，<u>不敢害赵王将相之家</u>，<u>赵独安敢害将军之家</u>！"韩广以为然，乃自立为燕王。居数月，赵奉燕王母及家属归之燕。<u>当此之时</u>，<u>诸将之徇</u>

地者，<u>不可胜数</u>。提笔之一路散碎叙来，须前后多着提笔，文气方有约束。而记载不尽者，都一齐概括句里。一时纷纷藉藉之势，如见如闻，乃深为陈王唱叹生色也。周市北徇地至狄，狄人田儋杀狄令，自立为齐王，以齐反击周市。市军散，还至魏地，欲立魏后故宁陵君咎为魏王。时咎在陈王所，不得之魏。魏地已定，欲相与立周市为魏王，周市不肯。使者五反，陈王乃立宁陵君咎为魏王，遣之国。周市卒为相。将军田臧等相与谋曰："周章军已破矣，秦兵旦暮至，我围荥阳城弗能下，秦军至，必大败。不如少遣兵，足以守荥阳，悉精兵迎秦军。今假王骄，不知兵权，不可与计，非诛之，事恐败。"因相与矫王令以诛吴叔，献其首于陈王。陈王使使赐田臧楚令尹印，使为上将。田臧乃使诸将李归等守荥阳城，自以精兵西迎秦军于敖仓。与战，田臧死，军破。章邯进兵击李归等荥阳下，破之，李归等死。阳城人邓说将兵居郏，章邯别将击破之，邓说军散走。陈铚人伍徐将兵居许，章邯击破之，伍徐军皆散走陈。陈王诛邓说。陈王初立时，陵人秦嘉、铚人董绁、符离人朱鸡石、取虑人郑布、徐人丁疾等皆特起，将兵围东海守庆于郯。陈王闻，乃使武平君畔为将军，监郯下军。秦嘉不受命，嘉自立为大司马，恶属武平君。告军吏曰："武平君年少，不知兵事，勿听！"因矫以王命杀武平君畔。章邯已破伍徐，击陈，柱国房君死。章邯又进兵击陈西张贺军。陈王出监战，军破，张贺死。腊月，<u>陈王之汝阴</u>，还至下城父，其御庄贾杀以降秦。陈胜葬砀，谥曰隐王。陈王故涓人将军吕臣为仓头军，起新阳，攻陈，下之，杀庄贾，复以陈为楚。<u>初</u>，陈王至陈，令铚人宋留将兵定南阳，入武关。留已徇南阳，闻陈王死，南阳复为秦。宋留不能入武关，乃东至新蔡，遇秦军，宋留以军降秦。秦传留至咸阳，车裂留以徇。秦嘉等闻陈王军破，出走，乃立景驹为楚王，引兵之方与，欲击秦军定陶下。使公孙庆使齐王，欲与并力俱进。齐王曰："闻陈王战败，不知其死生，楚安得不请而立王！"公孙庆曰："齐不请楚而立王，楚何故请齐而立王！且楚首事，陈王首事特于此处点明，为结处唱叹先声，所谓草蛇灰线。当令于天下。"田儋诛杀公孙庆。秦左右校复攻陈，下之。吕将军走，收兵复聚。鄱盗当阳君黥布之兵相收，复击秦左右校，破之青波，复以陈为楚。<u>会项梁立怀王孙心为楚王</u>。<u>陈胜王凡六月</u>。已为王，王陈。其故人尝与庸耕者闻之，之陈，扣宫门曰："吾欲见涉。"宫门令欲缚之。自辩数，乃置，不肯为通。陈王出，遮道而呼涉。陈王闻之，乃召见，载与俱归。入宫，见殿屋帷帐，客曰："<u>伙颐</u>！<u>涉之为王沈沈者</u>！"楚人谓多为伙，故天下传之，伙涉为王，由陈涉始。客出入愈益发舒，言陈王故情。或说陈王曰："客愚无知，颛妄言轻威。"陈王斩之。诸陈王故人皆自引去，由是无亲陈王者。陈王以朱房为中正，胡武为司过，主司群臣。诸将徇地至令之不是者，系而罪之，以苛察为忠。其所不善者，弗下吏，辄自治之。陈王信用之。<u>诸将以其故不亲附，此其所以败也</u>。陈胜虽已死，<u>其所置遣侯王将相竟亡秦</u>，<u>由涉首事也</u>。<u>高祖时为陈涉置守冢三十家砀</u>，<u>至今血食</u>。

此文前后之妙易知，中间之妙难知；中间提笔之妙犹易知，零叙之妙难知。盖陈胜王凡六月，一时是多少侯王将相，起者匆匆而起，立者匆匆而立，遣者匆匆而遣，下者匆匆而下，畔者匆匆而畔，据者匆匆而据，胜者匆匆而胜，败者匆匆而败，失者匆匆而失，复者匆匆而复，诛者匆匆而诛，散者匆匆而散，有六月内结局者，有六月内未结局者，有六月后续出者。种种头绪纷如乱丝，详叙恐失仓卒之意，急叙又有里漏之患，岂非难事？乃史公却是匆匆写去，却已一一详尽，不漏不支，不躐不乱，岂非神手？若于此等妙处不能潜心玩味，真见其然，犹为枉读《史记》也。

外戚世家

　　自古受命帝王及继体守文之君，非独内德茂也，盖亦有外戚之助焉。夏之兴也以涂山，而桀之放也以末喜。殷之兴也以有娀，纣之杀也嬖妲己。周之兴也以姜原及大任，而幽王之禽也淫于褒姒。故易基乾坤，诗始关雎，书美釐降，春秋讥不亲迎。夫妇之际，人道之大伦也。礼之用，唯婚姻为兢兢。夫乐调而四时和，阴阳之变，万物之统也。可不慎与？<u>人能弘道，无如命何</u>。甚哉，妃匹之爱，君不能得之于臣，父不能得之于子，况卑下乎！既欢合矣，或不能成子姓；能成子姓矣，或不能要其终：<u>岂非命也哉</u>？<u>孔子罕称命，盖难言之也</u>。非通幽明之变，恶能识乎性命哉？

　　太史公曰：秦以前尚略矣，其详靡得而记焉。汉兴，吕娥姁为高祖正后，男为太子。及晚节，色衰爱弛，而戚夫人有宠，<u>其子如意几代太子者数矣</u>。及高祖崩，吕氏夷戚氏，诛赵王，而高祖后宫唯独<u>无宠疏远者得无恙</u>。吕后长女为宣平侯张敖妻，敖女为孝惠皇后。吕太后以重亲故，欲其生子，<u>万方终无子</u>，诈取后宫人子为子。及孝惠帝崩，天下初定未久，继嗣不明。于是贵外家，王诸吕以为辅，而以吕禄女为少帝后，<u>欲连固根本牢甚</u>，<u>然无益也</u>。高后崩，合葬长陵。禄、产等惧诛，<u>谋作乱</u>。大臣征之，<u>天诱其统，卒灭吕氏</u>。唯独置孝惠皇后居北宫。迎立代王，是为孝文帝，<u>奉汉宗庙</u>。<u>此岂非天邪？非天命孰能当之</u>？命也。

　　薄太后，父吴人，姓薄氏，秦时与故魏王宗家女魏媪通，生薄姬，而薄父死山阴，因葬焉。及诸侯畔秦，魏豹立为魏王，而魏媪内其女于魏宫。媪之许负所相，相薄姬，云当生天子。是时项羽方与汉王相距荥阳，天下未有所定。豹初与汉击楚，及闻许负言，心独喜，因背汉而畔，中立，更与楚连和。汉使曹参等击虏魏王豹，以其国为郡，而薄姬输织室。豹已死，汉王入织室，见薄姬有色，诏内后宫，岁余不得幸。始姬少时与管夫人、赵子儿相爱，约曰："先贵无相忘。"已而管夫人、赵子儿先幸汉王。汉王坐河南宫成皋台，此两美人相与笑薄姬初时约。汉王闻之，问其故，两人具以实告汉王。<u>汉王心惨然</u>，<u>怜薄姬</u>，是日召而幸之。薄姬曰："昨暮夜妾梦苍龙据吾腹。"高帝曰："此贵征也，吾为女遂成之。"一幸生男，命也。是为代王。其后薄姬希见高祖。高祖崩，诸御幸姬戚夫人之属，吕太后怒，皆幽之，不得出宫。<u>而薄姬以希见故</u>，<u>得出</u>，<u>从子之代</u>，<u>为代王太后</u>。太后弟薄昭从如代。代王立十七年，高后崩。大臣议立后，<u>疾外家吕氏强</u>，<u>皆称薄氏仁善</u>，<u>故迎代王</u>，<u>立为孝文皇帝</u>，而太后改号曰皇太后，弟薄昭封为轵侯。薄太后母亦前死，葬栎阳北。于是乃追尊薄父为灵文侯，会稽郡置园邑三百家，长丞已下吏奉守冢，寝庙上食祠如法。而栎阳北亦置灵文侯夫人园，如灵文侯园仪。薄太后以为母家魏王后，早失父母，其奉薄太后诸魏有力者，于是召复魏氏，及尊（按：中华书局本作"专"。）赏赐，各以亲疏受之。薄氏侯者凡一人。薄太后后文帝二年，以孝景帝前二年崩，葬南陵。以吕后会葬长陵，故特自起陵，近孝文皇帝霸陵。

窦太后，赵之清河观津人也。吕太后时，窦姬以良家子入宫侍太后。太后出宫人以赐诸王各五人，窦姬与在行中。窦姬家在清河，欲如赵，近家，请其主遣宦者吏："必置我籍赵之伍中。"<u>宦者忘之</u>，<u>误置其籍代伍中</u>。命也。籍奏，诏可当行。窦姬涕泣，<u>怨其宦者</u>，不欲往，相强乃肯行。至代，<u>代王独幸窦姬</u>，生女嫖，后生两男。而代王王后生四男。先代王未入立为<u>帝而王后卒</u>。后代王立为帝，<u>而王后所生四男更病死</u>。孝文帝立数月，公卿请立太子，而<u>窦姬长男最长</u>，<u>立为太子</u>。<u>立窦姬为皇后</u>，命也。<u>女嫖为长公主</u>。其明年，立少子武为代王，已而又徙梁，是为梁孝王。窦皇后亲蚤卒，葬观津。于是薄太后乃诏有司追尊窦后父为安成侯，母曰安成夫人。令清河置园邑二百家，长丞奉守，比灵文园法。

窦皇后兄窦长君，弟曰窦广国，字少君。少君年四五岁时，家贫，为人所略卖，其家不知其处。传十余家，至宜阳，为其主入山作炭，寒卧岸下百余人，岸崩，尽压杀卧者，少君独得脱，不死。命也。自卜数日当为侯，从其家之长安。闻窦皇后新立，家在观津，姓窦氏。广国去时虽小，识其县名及姓，又常与其姊采桑堕，用为符信，上书自陈。窦皇后言之于文帝，召见，问之，具言其故，果是。又复问他何以为验，对曰："姊去我西时，与我决于传舍中，丐沐沐我，请食饭我，乃去。"于是窦后持之而泣，泣涕交横下。侍御左右皆伏地泣，助皇后悲哀。乃厚赐田宅金钱，封公昆弟，家于长安。绛侯、灌将军等曰："吾属不死，命乃且县此两人。两人所出微，不可不为择师傅宾客，又复效吕氏大事也。"挽合。于是乃选长者士之有节行者与居。窦长君、少君由此为退让君子，不敢以尊贵骄人。窦皇后病，失明。文帝幸邯郸，慎夫人、尹姬，皆毋子。孝文帝崩，孝景帝立，乃封广国为章武侯。长君前死，封其子彭祖为南皮侯。吴楚反时，窦太后从昆弟子窦婴，任侠自喜，将兵，以军功为魏其侯。窦氏凡三人为侯。窦太后好黄帝老子言，帝及太子诸窦，不得不读黄帝老子，尊其术。窦太后后孝景帝六岁，建元六年崩，合葬霸陵。遗诏尽以东宫金钱财物赐长公主嫖。

王太后，槐里人，母曰臧儿。臧儿者，故燕王臧荼孙也。臧儿嫁为槐里王仲妻，生男曰信，与两女。而仲死，臧儿更嫁长陵田氏，生男蚡、胜。臧儿长女嫁为金王孙妇，生一女矣，而臧儿卜筮之，曰两女皆当贵。因欲奇两女，乃夺金氏。金氏怒，不肯予决，乃内之太子宫。太子幸爱之，生三女一男。男方在身时，王美人梦日入其怀。以告太子，太子曰："此贵征也。"未生而孝文帝崩，孝景帝即位，王夫人生男。先是臧儿又入其少女儿姁，儿姁生四男。景帝为太子时，薄太后以薄氏女为妃。及景帝立，立妃曰薄皇后。皇后毋子，毋宠。薄太后崩，废薄皇后。景帝长男荣，其母栗姬。栗姬齐人也。立荣为太子。长公主嫖有女，欲予为妃。栗姬妒，而景帝诸美人皆因长公主见景帝，得贵幸，皆过栗姬，栗姬日怨怒，谢长公主，不许。长公主欲予王夫人，王夫人许之。长公主怒，而日谗栗姬短于景帝曰："栗姬与诸贵夫人幸姬会，常使侍者祝唾其背，挟邪媚道。"景帝以故望之。景帝常体不安，心不乐，<u>属诸子为王者于栗姬</u>，曰："<u>百岁后，善视之。</u>"栗姬怒不肯应，言不逊。<u>景帝恚</u>，心嗛之而未发也。长公主日誉王夫人男之美，景帝亦贤之，又有曩者所梦日符，计未有所定。王夫人知帝望栗姬，因怒未解，阴使人趣大臣立栗姬为皇后。大行奏事毕，曰："'子以母贵，母以子贵'，今太子母无号，宜立为皇后。"景帝怒曰："是而所宜言邪！"遂案诛大行，而废太子为临江王。栗姬愈恚恨不得见，以忧死。卒<u>立王夫人为皇后，其男为太子</u>，命也。封皇后兄信为盖侯。景帝崩，太子袭号为皇帝。尊皇太后母臧儿为平原君。封田蚡为武安侯，胜为周阳侯。景帝十三男，一男为帝，十二男皆为王。而儿姁早卒，其四子皆为王。王太后长女号曰平阳公主，次为南宫公主，次为林虑公主。盖侯信好酒。田蚡、胜贪，巧于文辞。王仲早死，葬槐里，追尊为共侯，置园邑二百家。及平原君卒，从田氏葬长陵，置园比共侯园。而王太后后孝景帝十六岁，以元朔四年崩，合葬阳陵。王太后家凡三人为侯。

　　卫皇后字子夫，<u>生微矣</u>。<u>盖其家号曰卫氏</u>，出平阳侯邑。子夫为平阳主讴者。武帝初即位，数岁无子。平阳主求诸良家子女十余人，饰置家。武帝祓霸上还，因过平阳主。主见所侍美人，<u>上弗说。既饮</u>，讴者进，<u>上望见，独说卫子夫</u>。命也。是日武帝起更衣，子夫侍尚衣轩中，得幸。上还坐，欢甚。赐平阳主金千斤。主因奏子夫奉送入宫。子夫上车，<u>平阳主拊其背</u>如画。曰："行矣，强饭，勉之！<u>即贵，无相忘</u>。"入宫岁余，竟不复幸。武帝择宫人不中用者，斥出归之。卫子夫得见，<u>涕泣请出</u>。<u>上怜之</u>，<u>复幸</u>，<u>遂有身</u>，尊宠日隆。召其兄卫长君、弟青为侍中。而子夫后大幸有宠，凡生三女一男。男名据。初，上为太子时，娶长公主女为妃。立为帝，妃立为皇后，姓陈氏，无子。上之得为嗣，大长公主有力焉，以故陈皇后骄贵。闻卫子夫大幸，恚，几死者数矣。上愈怒。陈皇后挟妇人媚道，其事颇觉，于是废陈皇后，而立卫子夫为皇后。陈皇后母大长公主，景帝姊也，数让武帝姊平阳公主曰："帝非我不得立，已而弃捐吾女，壹何不自喜而倍本乎！"平阳公主曰："用无子故废耳。"陈皇后求子，与医钱凡九千万，然竟无子。命也。卫子夫已立为皇后，先是卫长君死，乃以卫青为将军，击胡有功，封为长平侯。青三子在襁褓中，皆封为列侯。及卫皇后所谓姊卫少儿，少儿生子霍去病，以军功封冠军侯，号骠骑将军。青号大将军。立卫皇后子据为太子。卫氏枝属以军功起家，五人为侯。

及卫后色衰，赵之王夫人幸，有子为齐王。王夫人蚤卒。而中山李夫人有宠，有男一人，为昌邑王。李夫人蚤卒，其兄李延年以音幸，号协律。协律者，故倡也。兄弟皆坐奸，族。是时其长兄广利为贰师将军，伐大宛，不及诛，还，而上既夷李氏，后怜其家，乃封为海西侯。他姬子二人为燕王、广陵王。其母无宠，以忧死。及李夫人卒，则有尹婕妤之属，更有宠。然皆以倡见，非王侯有土之女士，不可以配人主也。明言以讽也。

总叙中突出一"命"字，作全篇主意，逐节叙事，不必明言"命"字。而起伏颠倒，隐然有一"命"字散于一篇之中，而使人自得之。非独文情章法之妙，亦可消宫阙恩倖间无限妄想也。　　钟惺

大意深疾吕氏，栗姬、陈后皆与吕氏同妒而废斥以死者也。于王、卫则有轻薄之意焉。轻卫以出身，薄王则以夺自金氏而又能阴谋废立也。惟薄与窦两贤之，故叙到立孝文处两用特笔，而叙广国始末独详。盖虽挨次平列，用一"命"字贯

穿，而褒贬是非森然于其中，乃见示人知命安命之意。不则，总叙中许多议论竟成虚设矣。

萧相国世家

萧相国何者，沛丰人也。以文无害为沛主吏掾。高祖为布衣时，何为汉元功，从微贱时琐节叙起，已见大意。看他一句"高祖"一句"何"，许多"数"字、"常"字、"独"字着眼。何数以吏事护高祖。高祖为亭长，常左右之。高祖以吏繇咸阳，吏皆送奉钱三，何独以五。秦御史监郡者与从事，常辨之。何乃给泗水卒史事，第一。秦御史欲入言征何，何固请，得毋行。

及高祖起为沛公，何常为丞督事。沛公至咸阳，诸将皆争走金帛财物之府分之，何独先入收秦丞相御史律令图书藏之。沛公为汉王，以何为丞相。项王与诸侯屠烧咸阳而去。汉王所以具知天下厄塞、户口多少、强弱之处、民所疾苦者，以何具得秦图书也。得秦图书，知阨塞、户口，以失以守，是何第一功。后文发踪指示，正指此也。

何进言韩信，汉王以信为大将军。语在淮阴侯事中。汉王引兵东定三秦，何以丞相留，收巴蜀，填抚谕告，使给军食。汉二年，汉王与诸侯击楚，何守关中，侍太子治栎阳。为法令约束，立宗庙社稷宫室县邑，辄奏上，可，许以从事；即不及奏上，辄以便宜施行，上来以闻。关中事计户口转漕给军，汉王数失军遁去，何常兴关中卒，辄补缺。上以此专属任何关中事。何元功只得秦图书、留守关中二事。然得秦图书，厥以深○无可生疑；至专任关中，则大权属焉。而首功以此见疑，即以此矣。通过只此意思，盘旋到底，朴忠如何而犹反以功大致疑，史公有深叹焉。摹画汉高猜忌神理，几于须眉毕现。

汉三年，汉王与项羽相距京索之间，上数使使劳苦丞相。鲍生谓丞相曰："王暴衣露盖，数使使劳苦君者有疑君心也。为君计，莫若遣君子孙昆弟能胜兵者，悉诣军所，上必益信君。"于是何从其计，汉王大说。

汉五年，既杀项羽定天下，论功行封。群臣争功，岁余，功不决。高祖以萧何功最盛，封为酂侯，所食邑多。功臣皆曰："臣等身被坚执锐，多者百余战，少者数十合，攻城略地，大小各有差。今萧何未尝有汗马之劳，徒持文墨议论，不战，顾反居臣等上，何也？"高帝曰："诸君知猎乎？"曰："知之。""知猎狗乎？"曰："知之。"高帝曰："夫猎，追杀兽兔者，狗也，而发踪指示兽处者，人也。今诸君徒能得走兽耳，功狗也。至如萧何，发踪指示，功人也。且诸君独以身随我，多者两三人。<u>今萧何举宗数十人皆随我，功不可忘也</u>。"群臣皆莫敢言。先以得秦图书功，定封邑之多，继以专任关中功定位次之，皆分配确当，不可移易。然高祖既心欲何第一，而不能举其关中之功以难诸臣者，缘先以任关中，故有疑何心。虽赖鲍生计得释，而疑根犹伏，故后文至下屡疑不已，而此时反专赏其宗随之事，竟若忘其关中之功。其欲何第一者，良心未泯也；而无以复难者，疑根障蔽也。微鄂君畅言之不至，终蒙而不显者几何，直至后文下何廷尉，赖王卫尉推本关中功，激切言之，而后勉强释何。总是此一线疑根，忽蒙忽醒，忽起忽伏也。情事曲尽处，可谓句中有句，神外传神。列侯毕已受封，及奏位次，皆曰："平阳侯曹参，身被七十创，攻城略地功最多，宜第一。"上已桡功臣，多封萧何，<u>至位次未有以复难之，然心欲何第一</u>。关内侯鄂君进曰："群臣议皆误。夫曹参虽有野战略地之功，此特一时之事。夫上与楚相距五岁，常失军亡众，逃身遁者数矣。然萧何常从关中遣军补其处，非上所诏令召，而数万众会，上之乏绝者数矣。夫汉与楚相守荥阳数年，军无见粮，萧何转漕关中，给食不乏。陛下虽数亡山东，萧何常全关中以待陛下，<u>此万世之功也</u>。今虽亡曹参等百数，何缺于汉？汉得之，不必待以全。<u>奈何欲以一旦之功而加万世之功哉</u>！萧何第一，曹参次之。"高祖曰："善。"于是乃令萧何赐带剑履上殿，入朝不趋。上曰："吾闻进贤受上赏。萧何功虽高，得鄂君乃益明。"于是因鄂君故所食关内侯邑封为安平侯。是日，悉封何父子兄弟十余人，皆有食邑。乃益封何二千户，<u>以帝尝繇咸阳时何送我独赢奉钱二也</u>。此等处皆不忘，奈何反忽却关中功乎？

汉十一年，陈豨反，高祖自将至邯郸。未罢，淮阴侯谋反关中，吕后用萧何计，诛淮阴侯，语在淮阴事中。计诛淮阴而反益见疑，以其始荐之也。前后掩映中，涵无限感慨。上已闻淮阴侯诛，使使拜丞相何为相国，益封五千户，令卒五百人一都尉，为相国卫。诸君皆贺，召平独吊。萧何，秦刀笔吏而为汉首辅。召平，秦东陵侯而种瓜长安。闲情掩映，笔有余妍。细玩。召平者，故秦东陵侯。秦破，为布衣，贫，种瓜于长安城东，瓜美，故世俗谓之"东陵瓜"，相国富贵之忧，何如召平贫贱之安；相国当局者之迷，何如召平过来人之觉。意中更涵无限感慨。盖高祖疑何，此番作用尤深险。浅见之徒真谓赏功，惟召平历尽困顿，独能一眼观破其深心远虑，真堪为相国师。是以叹如是，有如此也。从召平以为名也。召平谓相国曰："祸自此始矣。上暴露于外而君守于中，非被矢石之事而益君封置卫者，以今者淮阴侯新反于中，疑君心矣。夫置卫卫君，非以宠君也。愿君让封勿受，悉以家私财佐军，则上心说。"相国从其计，高帝乃大喜。

汉十二年秋，黥布反，上自将击之，数使使问相国何为。大相逼。相国为上在军，乃拊循勉力百姓，悉以所有佐军，如陈豨时。客有说相国其客何多贤也。曰："君灭族不久矣。夫君位为相国，功第一，可复加哉？然君初入关中，得百姓心十余年矣，皆附君，常复孳孳得民和。上所为数问君者，畏君倾动关中。今君胡不多买田地，贱贳贷以自污？上心乃安。"于是相国从其计，上乃大说。

上罢布军归，民道遮行上书，言相国贱强买民田宅数千万。上至，相国谒。上笑曰："夫相国乃利民！"民所上书，皆以与相国，曰："君自谢民。"相国因为民请曰："长安地狭，上林中多空地弃，愿令民得入田，毋收稿，为禽兽食。"上大怒曰："相国多受贾人财物，乃为请吾苑！"乃下相国廷尉械系之。数日，王卫尉侍，前问曰："相国何大罪，陛下系之暴也？"上曰："吾闻李斯相秦皇帝，有善归主，有恶自与。今相国多受贾竖金而为民请吾苑，以自媚于民，故系治之。"王卫尉曰："夫职事苟有便于民而请之，真宰相事，陛下奈何乃疑相国受贾人钱乎！且陛下距楚数岁，陈豨、黥布反，陛下自将而往，<u>当是时</u>，<u>相国守关中</u>，<u>摇足则关以西非陛下有也</u>。<u>相国不以此时为利</u>，<u>今乃利贾人之金乎</u>？且秦以不闻其过亡天下，李斯之分过，又何足法哉。陛下何疑宰相之浅也。"<u>高帝不怿</u>。是日使使持节赦出相国。相国年老，素恭谨，入，徒跣谢。高帝曰："相国休矣！相国为民请苑，吾不许，我不过为桀纣主，而相国为贤相。吾故系相国，欲令百姓闻吾过也。"

<u>何素不与曹参相能</u>，及何病，始荐信，将终荐参相，两事相照，见知人之明。而此著"不相能"句，尤见无我之度，以深表何之不愧元辅也。"不相能"，自非以争功故，然亦前后掩映作章法。孝惠自临视相国病，因问曰："君即百岁后，谁可代君者？"对曰："知臣莫如主。"孝惠曰："曹参何如？"何顿首曰："<u>帝得之矣</u>！<u>臣死不恨矣</u>！"

何置田宅，必居穷处，为家不治垣屋。曰："<u>后世贤</u>，<u>师吾俭</u>；<u>不贤</u>，<u>毋为势家所夺</u>。"远识名言，似借学问世故中来。

孝惠二年，相国何卒，谥为文终侯。后嗣以罪失侯者四世，绝，天子辄复求何后，封续酂侯，<u>功臣莫得比焉</u>。束句海涵地负。

太史公曰：萧相国何，于秦时为刀笔吏，录录未有奇节。及汉兴，依日月之末光，何谨守管钥，因民之疾奉法，<u>顺流</u>，<u>与之更始</u>。淮阴、黥布等皆以诛灭，而何之勋烂焉。位冠群臣，声施后世，<u>与闳夭</u>、<u>散宜生等争烈矣</u>。

写相国朴忠，汉高猜忌，及诸人维护相国，章法极为缜密，情事极是刻透，而精神飞动，意致潇洒。读之，但觉一片爽气清光萦绕于笔墨之外，可谓妙处难名。

曹相国世家

　　平阳侯曹参者，沛人也。秦时为沛狱掾，而萧何为主吏，居县为豪吏矣。天然脉络，点逗用意，亦是以闲情振起全神。领句飘宕。高祖为沛公而初起也，参以中涓从。将击胡陵、方与，攻秦监公军，大破之。东下薛，击泗水守军薛郭西。复攻胡陵，取之。徙守方与。方与反为魏，击之。丰反为魏，攻之。赐爵七大夫。击秦司马尼军砀东，破之，取砀、狐父、祁善置。又攻下邑以西，至虞，击章邯车骑。攻爰戚，及亢父，先登。迁为五大夫。北救东阿，击章邯军，陷陈，追至濮阳。攻定陶，取临济。南救雍丘，击李由军，破之，杀李由，虏秦候一人。秦将章邯破杀项梁也，沛公与项羽引而东。楚怀王以沛公为砀郡长，将砀郡兵。于是乃封参为执帛，号曰"建成君"。迁为戚公，属砀郡。其后从攻东郡尉军，破之成武南。击王离军成阳南，复攻之杠里，大破之。追北，西至开封，击赵贲军，破之，围赵贲开封城中。西击秦将杨熊军于曲遇，破之，虏秦司马及御史各一人。迁为执珪。从攻阳武，下轘辕、缑氏，绝河津，还击赵贲军尸北，破之。从南攻犨，与南阳守齮战阳城郭东，陷陈，取宛，虏齮，尽定南阳郡。从西攻武关、峣关，取之。前攻秦军蓝田南，又夜击其北，秦军大破，遂至咸阳，灭秦。项羽至，以沛公为汉王。汉王封参为建成侯。从至汉中，迁为将军。从还定三秦，初攻下辩、故道、雍、斄。击章平军于好畤南，破之，围好畤，取壤乡。击三秦军壤东，及高栎，破之。复围章平，章平出好畤走。因击赵贲、内史保军，破之。东取咸阳，更命曰新城。参将兵守景陵二十日，三秦使章平等攻参，参出击，大破之。赐食邑于宁秦。参以将军引兵围章邯于废丘。以中尉从汉王出临晋关。至河内，下修武，渡围津，东击龙且、项他定陶，破之。东取砀、萧、彭城。击项籍军，汉军大败走。参以中尉围取雍丘。王武反于外黄，程处反于燕，往击，尽破之。柱天侯反于衍氏，又进破取衍氏。击羽婴于昆阳，追至叶。还攻武强，因至荥阳。参自汉中为将军中尉，从击诸侯及项羽，败，还至荥阳，凡二岁。高祖三年，拜为假左丞相，入屯兵关中。月余，魏王豹反，以假左丞相别与韩信东攻魏将军孙遬军东张，大破之。因攻安邑，得魏将王襄。击魏王于曲阳，追至武垣，生得魏王豹。取平阳，得魏王母妻子，尽定魏地，凡五十二城。赐食邑平阳。因从韩信击赵相国夏说军于邬东，大破之，斩夏说。韩信与故常山王张耳引兵下井陉，击成安君，而令参还围赵别将戚将军于邬城中。戚将军出走，追斩之。乃引兵诣敖仓汉王之所。韩信已破赵，为相国，东击齐。参以右丞相属韩信，攻破齐历下军，遂取临菑。还定济北郡，攻著、漯阴、平原、鬲、卢。已而从韩信击龙且军于上假密，大破之，斩龙且，虏其将军周兰。定齐，凡得七十余县。得故齐王田广，相田光，其守相许章，及故齐胶东将军田既。韩信为齐王，引兵诣陈，与汉王共破项羽，而参留平齐未服者。项籍已死，天下定，汉王为皇帝，韩信徙为楚王，齐为郡。参归汉相印。高帝以长子肥为齐王，而以参为齐相国。以高祖六年赐爵列侯，与诸侯剖符，世世勿绝。食邑平阳万六百三十户，号曰"平阳侯"，除前所食邑。以齐相国击陈豨将张春军，破之。黥布反，参以齐相国从悼惠王将兵车骑十二万人，与高祖会击黥布军，大破之。南至蕲，还定竹邑、相、萧、留。参功：凡下二国，县一百二十二；得王二人，相三人，将军六人，大莫敖、郡守、司马、候、御史各一人。孝惠帝元年，除诸侯相国法，更以参为齐丞相。参之相齐，齐七十城。天下初定，悼惠王富于春秋，参尽召长老诸生，问所以安集百姓，如齐故俗诸儒以百数，言人人殊，参未知所定。闻胶西有盖公，善治黄老言，使人厚币请之。既见盖公，盖公为言治道贵清静而民自定，推此类具言之。参于是避正堂舍盖公焉。其治要用黄老术，故相齐九年，齐国安集，大称贤相。惠帝二年，萧何卒。

参闻之，告舍人趣治行，"吾将入相"。居无何，使者果召参。参去，属其后相曰："以齐狱市为寄，慎勿扰也。"后相曰："治无大于此者乎？"参曰："不然，黄老大意只此一句，略见其味无穷。夫狱市者，所以并容也，今君扰之，奸人安所容也？吾是以先之。"参始微时，与萧何善，及为将相，有郤。至何且死，所推贤唯参。参代何为汉相国，举事无所变更，一遵萧何约束。择郡国吏木讷于文辞，重厚长者，即召除为丞相史。吏之言文刻深欲务声名者，辄斥去之。日夜饮醇酒。卿大夫已下吏及宾客见参不事事，来者皆欲有言。至者，参辄饮以醇酒，间之，欲有所言，复饮之，醉而后去，终莫得开说，以为常。相舍后园近吏舍，吏舍日饮歌呼。从吏恶之，无如之何，乃请参游园中，闻吏醉歌呼，从吏幸相国召按之。乃反取酒张坐饮，亦歌呼相与应和。参见人之有细过，专掩匿覆盖之，府中无事。参子窋为中大夫。惠帝怪相国不治事，以为"岂少朕与"，乃谓窋曰："若归，试私从容问而父曰：'高帝新弃群臣，帝富于春秋，君为相，日饮，无所请事，何以忧天下乎？'然无言吾告若也。"窋既洗沐归，间侍，自从其所谏参。参怒而笞窋二百，曰："趣入侍，天下事非若所当言也。"至朝时，惠帝让参曰："与窋胡治乎？乃者我使谏君也。"参免冠谢曰："陛下自察圣武孰与高帝？"上曰："朕乃安敢望先帝乎！"曰："陛下观臣能孰与萧何贤？"上曰："君似不及也。"参曰："陛下言之是也。且高帝与萧何定天下，法令既明，今陛下垂拱，参等守职，遵而勿失，不亦可乎？"惠帝曰："善。君休矣！"参为汉相国，出入三年。卒，谥懿侯。子窋代侯。百姓歌之曰："萧何为法，顜若画一；曹参代之，守而勿失。载其清净，民以宁一。"平阳侯窋，高后时为御史大夫。孝文帝立，免为侯。立二十九年卒谥为静侯。子奇代侯，立七年卒，谥为简侯。子时代侯。时尚平阳公主，生子襄。时病疠，归国。立二十三年卒，谥夷侯。子襄代侯。襄尚卫长公主，生子宗。立十六年卒，谥为共侯。子宗代侯。征和二年中，宗坐太子死，国除。

太史公曰：淮阴为汉元功，设不以反族，世家自酂侯而下，平阳得不让一头地乎？史公深悼之，故于此痛哭之，非直为参多战功，以与信俱也。曹相国参攻城野战之功所以能多若此者，<u>以与淮阴侯俱</u>。及信已灭，而列侯成功，唯独参擅其名。参为汉相国，<u>清静极言合道</u>。然百姓离秦之酷后，参与休息无为，故天下俱称其美矣。

此篇是史公极质直，不作深曲文字，如前幅叙战功，固极简洁明晰。然《绛侯世家》及《樊郦列传》亦用此法，不专为参设也。惟一篇文字必有一段出色处，方厌人意，不为苟作。而史公却极赏参之清净简易，一遵萧何约束，故全在后幅著精神。然既是清净简易，无所作为，则更无可称述形容之事业。于是就其玩世不恭处摹写之，纯以饮酒作波澜。一则曰日夜饮醇酒，再则曰饮欲有言者以醇酒，三则曰复饮之酒，四则曰吏舍日饮歌呼，五则曰取酒张坐饮，亦歌呼相与应和，反写得极扰攘热闹，而清净简易之意已飞动于楮墨间。极质直之文遂发无限风神，异样出色矣，岂非化境！

留侯世家

　　留侯张良者,<u>其先韩人也</u>。点晴。大父开地,相韩昭侯、宣惠王、襄哀王。父平,相厘王、悼惠王。悼惠王二十三年,平卒。卒二十岁,秦灭韩。良年少,<u>未宦事韩</u>。韩破,良家僮三百人,<u>弟死不葬,悉以家财求客刺秦王</u>,<u>为韩报仇</u>,<u>以大父</u>、<u>父五世相韩故</u>。

　　良尝学礼淮阳。东见沧海君。得力士,为铁椎重百二十斤。秦皇帝东游,<u>良与客狙击秦皇帝博浪沙中</u>,误中副车。秦皇帝大怒,大索天下,求贼甚急,为张良故也。良乃更名姓,亡匿下邳。良尝间<u>从容步游下邳圯上</u>,有一老父,衣褐,至良所,直堕其履圯下,顾谓良曰:"<u>孺子,下取履</u>!"<u>良愕然</u>,欲殴之。为其老,<u>强忍</u>,<u>下取履</u>。父曰:"履我!"良业为取履,因长跪履之。<u>父以足受</u>,<u>笑而去</u>。良殊大惊,随目之。<u>父去里所</u>,复还,曰:"<u>孺子可教矣</u>。<u>后五日平明</u>,<u>与我会此</u>。"<u>良因怪之</u>,跪曰:"诺。"五日平明,良往。父已先在,<u>怒曰</u>:"与老人期,<u>后</u>,何也?"去,曰:"后五日早会。"五日鸡鸣,良往。父又先在,复怒曰:"<u>后</u>,何也?"去,曰:"后五日复早来。"五日,良夜未半往。有顷,父亦来,喜曰:"当如是。"出一编书,曰:"<u>读此则为王者师矣</u>。振起全神。后十年兴。十三年<u>孺子见我济北</u>,谷城山下黄石即我矣。"遂去,<u>无他言</u>,<u>不复见</u>。旦日视其书,乃《太公兵法》也。良因异之,常习诵读之。居下邳,为任侠。<u>项伯尝杀人</u>,<u>从良匿</u>。

　　后十年,陈涉等起兵,良亦聚少年百余人。景驹自立为楚假王,在留。良欲往从之,道遇沛公。沛公将数千人,略地下邳西,遂属焉。沛公拜良为厩将。<u>良数以《太公兵法》说沛公</u>,<u>沛公善之</u>,<u>常用其策</u>。良为他人言,皆不省。良曰:"沛公殆天授。"故遂从之,不去见景驹。

　　及沛公之薛,见项梁。项梁立楚怀王。良乃说项梁曰:"君已立楚后，而韩诸公子横阳君成贤，可立为王，益树党。"项梁使良求韩成，立以为韩王。以良为韩申徒，与韩王将千余人，西略韩地，得数城，秦辄复取之，往来为游兵颍川。

沛公之从洛阳南出轘辕，良引兵从沛公下韩十余城，击破杨熊军。沛公乃令韩王成留守阳翟，与良俱南攻下宛，西入武关。沛公欲以兵二万人击秦峣下军，良说曰："秦兵尚强，未可轻。臣闻其将屠者子，贾竖易动以利。愿沛公且留壁，使人先行，为五万人具食，益为张旗帜诸山上为疑兵，令郦食其持重宝啖秦将。"秦将果畔，欲连和俱西，袭咸阳，沛公欲听之。良曰："此独其将欲叛耳，恐士卒不从。不从，必危，不如因其解击之。"沛公乃引兵击秦军，大破之。逐北至蓝田，再战，秦兵竟败。良功一。遂至咸阳，秦王子婴降沛公。沛公入秦宫，宫室帷帐狗马重宝妇女以千数，意欲留居之。樊哙谏沛公出舍，沛公不听。良曰："夫秦为无道，故沛公得至此。夫为天下除残贼，宜缟素为资。今始入秦，即安其乐，此所谓'助桀为虐'。且'忠言逆耳利于行，毒药苦口利于病'，愿沛公听樊哙言。"用樊哙。沛公乃还军霸上。良功二。

项羽至鸿门下，欲击沛公，项伯乃夜驰入沛公军，私见张良，欲与俱去。良曰："臣为韩王送沛公，今事有急，亡去不义。"乃具以语沛公。沛公大惊，曰："为将奈何？"良曰："沛公诚欲倍项羽邪？"沛公曰："鲰生教我距关无内诸侯，秦地可尽王，故听之。"良曰："沛公自度能却项羽乎？"沛公默然，良久，曰："固不能也。今为奈何？"良乃固要项伯。项伯见沛公。用项伯。沛公与饮，为寿，结宾婚。令项伯具言沛公不敢倍项羽，所以距关者，备他盗也。及见项羽后解，良功三。语在项羽事中。

汉元年正月，沛公为汉王，王巴蜀。汉王赐良金百溢，珠二斗，良具以献项伯。汉王亦因令良厚遗项伯，使请汉中地。项王乃许之，遂得汉中地。汉王之国，良送至褒中，遣良归韩。良因说汉王曰："王何不烧绝所过栈道，示天下无还心，以固项王意。"乃使良还。行烧绝栈道。良至韩，韩王成以良从汉王故，项王不遣成之国，从与俱东。良说项王曰："汉王烧绝栈道，无还心矣。"乃以齐王田荣反书告项王。用田荣。项王以此无西忧汉心，而发兵北击齐。良功四。此一功尤泯然无迹，并不必汉王知也。项王竟不肯遣韩王，乃以为侯，又杀之彭城。良亡，间行归汉王，汉王亦已还定三秦矣。复以良为成信侯，从东击楚。至彭城，汉败而还。至下邑，汉王下马踞鞍而问曰："吾欲捐关以东等弃之，谁可与共功者？"良进曰："九江王黥布，楚枭将，与项王有郄；彭越与齐王田荣反梁地：此两人可急使。而汉王之将，独韩信可属大事，当一面。即欲捐之，捐之此三人，用三人。则楚可破也。"汉王乃遣随何说九江王布，而使人连彭越。及魏王豹反，使韩信将兵击之，因举燕、代、齐、赵。然卒破楚者，此三人力也。良功五。

张良多病，未尝特将也，常为画策臣，时时从汉王。

汉三年，项羽急围汉王荥阳，汉王恐忧，与郦食其谋桡楚权。食其曰："昔汤伐桀，封其后于杞。武王伐纣，封其后于宋。今秦失德弃义，侵伐诸侯社稷，灭六国之后，使无立锥之地。陛下诚能复立六国后世，毕已受印，此其君臣百姓必皆戴陛下之德，莫不乡风慕义，愿为臣妾。德义已行，陛下南乡称霸，楚必敛衽而朝。"汉王曰："善。趣刻印，先生因行佩之矣。"食其未行，张良从外来谒。汉王方食，曰："子房前！客有为我计桡楚权者。"具以郦生语告于子房，曰："何如？"良曰："谁为陛下画此计者？陛下事去矣。"留侯为汉王言，惟此番独急而直，盖印已刻，而使将行，更自委曲不得也。然不责汉王之误，而始终答客计之非，仍是不犯乎也。汉王曰："何哉？"张良对曰："臣请藉前箸为大王筹之。"曰："昔者汤伐桀而封其后于杞者，度能制桀之死命也。命（按：中华书局本为"今"。）陛下能制项籍之死命乎？"曰："未能也。""其不可一也。武王伐纣，封其后于宋者，度能得纣之头也。今陛下能得项籍之头乎？"曰："未能也。""其不可二也。武王入殷，表商容之闾，释箕子之拘，封比干之墓。今陛下能封圣人之墓，表贤者之闾，式智者之门乎？"曰："未能也。""其不可三也。发距桥之粟，散鹿台之钱，以赐贫穷。今陛下能散府库以赐贫穷乎？"曰："未能也。""其不可四矣。殷事已毕，偃革为轩，倒置干戈，覆以虎皮，以示天下不复用兵。今陛下能偃武行文，不复用兵乎？"曰："未能也。""其不可五矣。休马华山之阳，示以无所为。今陛下能休马无所用乎？"曰："未能也。""其不可六矣。放牛桃林之阴，以示不复输积。今陛下能放牛不复输积乎？"曰："未能也。""其不可七矣。且<u>天下游士离其亲戚，弃坟墓，去故旧，从陛下游者，徒欲日夜望咫尺之地。今复六国，立韩、魏、燕、赵、齐、楚之后，天下游士各归事其主，从其亲戚，反其故旧坟墓，陛下与谁取天下乎？</u>其不可八矣。且夫楚唯无强，六国立者复桡而从之，陛下焉得而臣之？<u>诚用客之谋，陛下事去矣。</u>"汉王辍食吐哺，骂曰："<u>竖儒，几败而公事！</u>"令趣销印。良功六。

汉四年，韩信破齐而欲自立为齐王，汉王怒。张良说汉王，良功七。汉王使良授齐王信印，用韩信。语在淮阴事中。

其秋，汉王追楚至阳夏南，战不利而壁固陵，诸侯期不至。良说汉王，汉王用其计，诸侯皆至。良功八。用诸侯。语在项籍事中。

汉六年正月，封功臣。<u>良未尝有战斗功，高帝曰："运筹策帷帐中，决胜千里外，子房功也。</u>自择齐三万户。"良曰："始臣起下邳，<u>与上会留，</u>此天以臣授陛下。陛下用臣计，幸而时中，<u>臣愿封留足矣，</u>不敢当三万户。"乃封张良为留侯，与萧何等俱封。

六年，上已封大功臣二十余人，其余日夜争功不决，未得行封。上在洛阳南宫，从复道望见诸将，往往相与坐沙中语。上曰："此何语？"留侯曰："<u>陛下不知乎？此谋反耳。</u>"上曰："天下属安定，何故反乎？"留侯曰："陛下起布衣，以此属取天下，今陛下为天子，而所封皆萧、曹故人所亲爱,而所诛者皆生平所仇怨。今军吏计功,以天下不足遍封,此属畏陛下不能尽封,恐又见疑平生过失及诛,故即相聚谋反耳。"上乃忧曰:"为之奈何?"留侯岂不知雍齿乎?而只是空中画策,令上自言其人极危悚之论,到底立身事外,毫不犯乎。与止立六国后一节,意致略相似也。曰:"上平生所憎,群臣所共知,谁最甚者?"上曰:"雍齿与我故,数尝窘辱我。我欲杀之,为其功多,故不忍。"留侯曰:"今急先封雍齿以示群臣,群臣见雍齿封,则人人自坚矣。"于是上乃置酒,封雍齿为什方侯,而急趣丞相、御史定功行封。群臣罢酒,良功九。皆喜曰:"雍齿尚为侯,我属无患矣。"

刘敬说高帝曰:"都关中。"上疑之。左右大臣皆山东人,多劝上都洛阳:"洛阳东有成皋,西有殽黾,倍河向伊洛,其固亦足恃。"留侯曰:"洛阳虽有此固,其中小,不过数百里,田地薄,四面受敌,此非用武之国也。夫关中左殽函,右陇蜀,沃野千里,南有巴蜀之饶,北有胡苑之利,阻三面而守,独以一面东制诸侯。诸侯安定,河渭漕挽天下,西给京师;诸侯有变,顺流而下,足以委输。此所谓金城千里,天府之国也,<u>刘敬说是也</u>。"用刘敬。于是高帝即日驾西都关中。良功十。留侯从入关。

留侯性多病,即道,引不食谷,杜门不出,岁余。上欲废太子,立戚夫人子<u>赵王如意</u>。大臣多谏争,未能得坚决者也。吕后恐,不知所为。人或谓吕后曰:"留侯善用计策,上信用之。"吕后乃使建成侯吕泽劫留侯曰:"君常为上谋臣,今上欲易太子,君安得高枕而卧乎?"留侯曰:"始上数在困急之中,幸用臣策。今天下安定,以爱欲易太子,骨肉之间,虽臣等百余人何益。"吕泽强要曰:"为我画计。"留侯曰:"此难以口舌争也。顾上有不能致者,天下有四人。四人者,年老矣,皆以为上慢侮人,故逃匿山中,义不为汉臣。然上高此四人。今公诚能无爱金玉璧帛,令太子为书,卑辞安车,因使辩士固请,宜来。来以为客,时时从入朝,令上见之,则必异而问之。问之，上知此四人贤，用四皓。则一助也。"于是吕后令吕泽使人奉太子书，卑辞厚礼，迎此四人。四人至，客建成侯所。汉十一年，黥布反，上病，欲使太子将往击之。四人相谓曰："凡来者将以存太子。太子将兵，事危矣。"乃说建成侯曰："太子将兵，有功，则位不益。太子无功还，则从此受祸矣。且太子所与俱诸将，皆尝与上定天下枭将也，今使太子将之，此无异使羊将狼也，皆不肯为尽力，其无功必矣。臣闻'母爱者子抱'，今戚夫人日夜侍御，赵王如意常抱居前，上曰'终不使不肖子居爱子之上'，明乎其代太子位必矣。君何不急请吕后，承间为上泣言：'黥布，<u>天下猛将也</u>，<u>善用兵</u>，今诸将皆陛下故等夷，乃令太子将此属，无异使羊将狼，莫肯为用，<u>且使布闻之</u>，<u>则鼓行而西耳</u>。上虽病，强载辎车，卧而护之，诸将不敢不尽力。上虽苦，为妻子自强。'"于是吕泽立夜见吕后，吕后承间为上泣涕而言，如四人意。上曰："吾惟竖子固不足遣，而公自行耳。"于是上自将兵而东，群臣居守，皆送至灞上。留侯病，自强起至曲邮，见上曰："臣宜从，病甚。楚人剽疾，愿上无与楚人争锋。"因说上曰："令太子为将军，监关中兵。"上曰："子房虽病，强卧而傅太子。"是时叔孙通为太傅，留侯行少傅事。汉十二年，上从击破布军归，疾益甚，愈欲易太子。留侯谏，不听，因疾不视事。叔孙太傅称说引古今，以死争太子。上详许之，犹欲易之。及燕，置酒，太子侍。<u>四人从太子</u>，<u>年皆八十有余</u>，<u>须眉皓白</u>，<u>衣冠甚伟</u>。叙四皓，安太子，即较前文独详尽。缘此事最难，故特著其曲折，以深表留侯用四人之功。因兴起于详叙老父事略相掩映，亦为前文多用简质，到此将近结局，自应有此一番荡漾潆洄，以为曲终雅奏，使读者得悠然不尽之趣也。文心微妙，章法深化至此，几于可思而不可言矣。<u>上怪之</u>，问曰："彼何为者？"四人前对，<u>各言名姓</u>，曰东园公，<u>角里先生</u>，<u>绮里季</u>，<u>夏黄公</u>。<u>上乃大惊</u>，曰："吾求公数岁，公辟逃我，今公何自从吾儿游乎？"四人皆曰："陛下轻士善骂，臣等义不受辱，故恐而亡匿。窃闻太子为人仁孝，恭敬爱士，天下莫不延颈欲为太子死者，故臣等来耳。"上曰："烦公幸卒调护太子。"四人为寿已毕，<u>趋去。上目送之，召戚夫人指示四人者曰</u>："<u>我欲易之，彼四人辅之，羽翼已成，难动矣。吕后真而主矣</u>。"戚夫人泣，上曰："为我楚舞，吾为若楚歌。"歌曰："鸿鹄高飞，一举千里。羽翮已就，横绝四海。横绝四海，当可奈何！虽有矰缴，尚安所施！"歌数阕，戚夫人嘘唏流涕，上起去，罢酒。<u>竟不易太子者，留侯本招此四人之力也</u>。

　　留侯从上击代，出奇计马邑下，及立萧何相国，所与上从容言天下事甚众，<u>非天下所以存亡，故不著</u>。留侯乃称曰："<u>家世相韩，及韩灭，不爱万金之资，为韩报仇强秦，天下振动</u>。今以三寸舌为帝者师，<u>封万户，位列侯，此布衣之极，于良足矣。愿弃人间事，欲从赤松子游耳</u>。"乃学辟谷，<u>道引轻身</u>。会高帝崩，吕后德留侯，乃强食之，曰："人生一世间，如白驹过隙，何至自苦如此乎！"留侯不得已，强听而食。后八年卒，谥为文成侯。子不疑代侯。

　　<u>子房始所见下邳圯上老父与太公书者</u>，<u>后十三年从高帝过济北，果见谷城山下黄石，取而葆祠之</u>。应老人言，毫发无遗憾矣。<u>留侯死，并葬黄石冢</u>。每上冢伏腊，祠黄石。留侯不疑，孝文帝五年，坐不敬，国除。

　　太史公曰：学者多言无鬼神，然言有物。至如留侯所见老父予书，亦可怪矣。高祖离困者数矣，而留侯常有功力焉，岂可谓非天乎？上曰："夫运筹策帷帐之中，决胜千里外，吾不如子房。"<u>余以为其人计魁梧奇伟，至见其图，状貌如妇人好女</u>。盖孔子曰："以貌取人，失之子羽。"<u>留侯亦云</u>。

　　留侯一生作用，<u>著著在事外</u>，<u>步步在人前</u>，<u>其学问全在用人</u>。即从高帝，亦<u>为其所用</u>。能用留侯者，独老人耳。　　　　钟惺留侯一生，所用全是高帝一人。其余所用诸人，皆用高帝以用之也。盖留侯本念为韩，而韩既不可复兴，幸遇汉高天授，因藉其力以报君父累世之仇。既藉汉力以报韩仇，自当矢靖共以昌汉业，<u>其经济作用皆从忠孝大节生来</u>。此留侯本领所以高出一时诸公之上，而高帝反为所用也。然高帝性多猜忌，鸟尽弓藏之理，留侯久已了然。故其生平辅汉，不惟并无勇功，亦且不居智名。虽知无不言，言无不尽，而属意措辞常超然于功罪之表。至于天下已定，汉高欲易太子，则更暗用商山，全不露相。盖其所以用人处，<u>正其所以自全处</u>，<u>而忠孝大节与知苦心一以贯之矣</u>。文于前后幅，两用特笔提唱"为韩报仇"四字，如虎啸龙吟，声振天地。中间叙良大功十一条，皆曲传其立身事外之微情，于留侯全体大用，固已毫发无遗憾。而"愿沛公听樊哙言"与"刘敬说是也"两节遥对。"卒灭楚者，此三人力也"，"竟不易太子者，四人力也"两节遥对。"止立六国"，"计封功臣"两节亦微对。其余五节错综见，或整或散，参差不齐，章法尤有寓方于圆之妙也。

绛侯周勃世家

绛侯周勃者,沛人也。其先卷人,徙沛。勃以织薄曲为生,常为人吹箫给丧事,材官引强。高祖之为沛公初起,勃以中涓从,攻胡陵,下方与。方与反,与战,却适。攻丰。击秦军砀东。还军留,及萧。复攻砀,破之。下下邑,先登。赐爵五大夫。攻蒙、虞,取之。击章邯车骑,殿。定魏地。攻爰戚、东缗以往,至栗,取之。攻啮桑,先登。击秦军阿下,破之。追至濮阳,下甄城。攻都关、定陶,袭取宛朐,得单父令。夜袭取临济,攻张以前至卷,破之。击李由军雍丘下。攻开封,先至城下为多。后章邯破杀项梁,沛公与项羽引兵东如砀。自初起沛还至砀,一岁二月。总上小结,起下。

楚怀王封沛公,号安武侯,为砀郡长。沛公拜勃为虎贲令,以令从沛公定魏地。攻东郡尉于城武,破之。击王离军,破之。攻长社,先登。攻颍阳、缑氏,绝河津。击赵贲军尸北南。攻南阳守齮,破武关、峣关。破秦军于蓝田,至咸阳,灭秦。项羽至,以沛公为汉王。汉王赐勃爵为威武侯。从入汉中,拜为将军。还定三秦,至秦,赐食邑怀德。攻槐里、好畤,最。击赵贲、内史保于咸阳,最。北攻漆。击章平、姚卬军。西定汧。还下郿、频阳。围章邯废丘。破西丞。击盗巴军,破之。攻上邽。东守峣关。转击项籍。攻曲逆,最。还守敖仓,追项籍。籍已死,因东定楚地泗川、东海郡,凡得二十二县。还守雒阳、栎阳,赐与颍阴侯共食钟离。以将军从高帝击反者燕王臧荼,破之易下。所将卒当驰道为多。赐爵列侯,剖符世世勿绝。食绛八千一百八十户,号绛侯。以将军从高帝击反韩王信于代,降下霍人。以前至武泉,击胡骑,破之武泉北。转攻韩信军铜鞮,破之。还降太原六城。击韩信胡骑晋阳下,破之,下晋阳。后击韩信军于硰石,破之,追北八十里。还攻楼烦三城,因击胡骑平城下,所将卒当驰道为多。勃迁为太尉。击陈豨,屠马邑。所将卒斩豨将军乘马絺。击韩信、陈豨、赵利军于楼烦，破之。得豨将宋最、雁门守圂。因转攻得云中守遬、丞相箕，肆将勋。定雁门郡十七县，云中郡十二县。因复击豨灵丘，破之，斩豨，得豨丞相程纵、将军陈武、都尉高肆。定代郡九县。燕王卢绾反，勃以相国代樊哙将，击下蓟，得绾大将抵、丞相偃、守陉、太尉弱、御史大夫施，屠浑都。破绾军上兰，复击破绾军沮阳。追至长城，定上谷十一县，右北平十六县，辽西、辽东二十九县，渔阳二十二县。<u>最从高帝得相国一人</u>，<u>丞相二人</u>，<u>将军、二千石各三人</u>；<u>别破军二，下城三</u>，<u>定郡五</u>，<u>县七十九</u>，<u>得丞相、大将各一人</u>。

勃为人木强敦厚，<u>高帝以为可属大事</u>。勃不好文学，每召诸生说士，东乡坐而责之："趣为我语。"其椎少文如此。勃既定燕而归，高祖已崩矣，以列侯事孝惠帝。孝惠帝六年，置太尉官，以勃为太尉。十岁，高后崩。吕禄以赵王为汉上将军，吕产以吕王为汉相国，秉汉权，欲危刘氏。勃为太尉，不得入军门。陈平为丞相，不得任事。于是勃与平谋，卒诛诸吕而立孝文皇帝。其语在吕后、孝文事中。

文帝既立，以勃为右丞相，赐金五千斤，食邑万户。居月余，人或说勃曰："君既诛诸吕，立代王，威震天下，而君受厚赏，处尊位，以宠久之，即祸及身矣。"勃惧，亦自危，乃谢请归相印。上许之。

岁余，丞相平卒，上复以勃为丞相。十余月，上曰："前日吾诏列侯就国，或未能行，丞相吾所重，其率先之。"乃免相就国。岁余，每河东守尉行县至绛，绛侯勃自畏，恐诛，常被甲，令家人持兵以见之。其后人有上书，告勃欲反，下廷尉。廷尉下其事长安，逮捕勃治之。勃恐，不知置辞。木强人，可怜。吏稍侵辱之。勃以千金与狱吏，狱吏乃书牍背示之曰"以公主为证"。公主者，孝文帝女也，勃太子胜之尚之，故狱吏教引为证。勃之益封受赐，尽以予薄昭。

及系急，薄昭为言薄太后，太后亦以为无反事。文帝朝，太后以冒絮提文帝，曰："绛侯绾皇帝玺，将兵于北军，不以此时反，今居一小县，顾欲反邪！"文帝既见绛侯狱辞，乃谢曰："吏事方验而出之。"于是使使持节赦绛侯，复爵邑。绛侯既出，曰："吾尝将百万军，然安知狱吏之贵乎！"绛侯复就国。孝文帝十一年卒，谥为武侯。子胜之代侯。六岁，尚公主，不相中，坐杀人，国除。

绝一岁，文帝乃择绛侯勃子贤者河内守亚夫，封为条侯，续绛侯后。条侯亚夫自未侯为河中守时，许负相之，曰："君后三岁而侯。侯八岁为将相，持国秉，贵重矣，于人臣无两。其后九岁而君饿死。"亚夫笑曰："臣之兄已代父侯矣，有如卒，子当代，亚夫何说侯乎？然既已贵如负言，又何说饿死？指示我。"许负指其口曰："有从理入口，此饿死法也。"居三岁，其兄绛侯胜之有罪，孝文帝择绛侯子贤者，皆推亚夫，乃封亚夫为条侯，续绛侯后。

文帝之后六年，匈奴大入边。乃以宗正刘礼为将军，军霸上；祝福兹侯徐厉为将军，军棘门；以河内守亚夫为将军，军细柳：以备胡。上自劳军。至霸上，及棘门军，直驰入，将以下骑送迎。已而之细柳军，军士吏被甲锐兵刃，彀弓弩，持满。天子先驱至，不得入。先驱曰："天子且至！"军门都尉曰："将军令曰'军中闻将军令，不闻天子之诏'。"居无何，上至，又不得入。于是上乃使使持节诏将军："吾欲入劳军。"亚夫乃传言开壁门。壁门士吏谓从属车骑曰："将军约，军中不得驱驰。"于是天子乃按辔徐行。至营，将军亚夫持兵揖曰："介胄之士不拜，请以军礼见。"天子为动，改容式车。使人称谢："皇帝敬劳将军。"成礼而去。既出军门，群臣皆惊。文帝曰："嗟乎，此真将军矣！曩者霸上、棘门军，若儿戏耳，其将固可袭而虏也。至于亚夫，可得而犯邪！"称善者久之。月余，三军皆罢。乃拜亚夫为中尉。孝文且崩时，诫太子曰："即有缓急，周亚夫真可任将兵。"文帝崩，拜亚夫为车骑将军。

孝景三年，吴楚反。亚夫以中尉为太尉，东击吴楚。因自请上曰："楚兵剽轻，难与争锋。愿以梁委之，绝其粮道，乃可制。"上许之。太尉既会兵荥阳，吴方攻梁，梁急，请救。太尉引兵东北走昌邑，深壁而守。梁日使使请太尉，太尉守便宜，不肯往。梁上书言景帝，景帝使使诏救梁。太尉不奉诏，坚壁不出，而使轻骑兵弓高侯等绝吴楚兵后食道。吴兵乏粮，饥，数欲挑战，终不出。夜，军中惊，内相攻击扰乱，至于太尉帐下。太尉终卧不起。顷之，复定。后吴奔壁东南陬，太尉使备西北。已而其精兵果奔西北，不得入。吴兵既饿，乃引而去。太尉出精兵追击，大破之。吴王濞弃其军，而与壮士数千人亡走，保于江南丹徒。汉兵因乘胜，遂尽虏之，降其兵，购吴王千金。月余，越人斩吴王头以告。凡相攻守三月，而吴楚破平。于是诸将乃以太尉计谋为是。由此梁孝王与太尉有郤。

<small>克敌制胜之成，即为被馋殒命之始。二句紧接，感叹无穷。</small>

归，复置太尉官。五岁迁为丞相，景帝甚重之。景帝废栗太子，丞相固争之，不得。景帝由此疏之。而梁孝王每朝，常与太后言条侯之短。窦太后曰："皇后兄王信可侯也。"景帝让曰："始南皮、章武侯，先帝不侯，及臣即位乃侯之。信未得封也。"窦太后曰："人主各以时行耳。自窦长君在时，竟不得侯，死后乃封其子彭祖顾得侯。吾甚恨之。帝趣侯信也！"景帝曰："请得与丞相议之。"丞相议之，亚夫曰："高皇帝约'非刘氏不得王，非有功不得侯。不如约，天下共击之'。今信虽皇后兄，无功，侯之，非约也。"景帝默然而止。其后匈奴王徐卢等五人降，景帝欲侯之以劝后。丞相亚夫曰："彼背其主降陛下，陛下侯之，则何以责人臣不守节者乎？"景帝曰："丞相议不可用。"乃悉封徐卢等为列侯。亚夫因谢病。景帝中三年，以病免相。

顷之，景帝居禁中，召条侯赐食。独置大胾，无切肉，又不置箸。条侯心不平，顾谓尚席取箸。景帝视而笑曰："此非不足君所乎？"

条侯免冠谢。上起，条侯因趋出。景帝以目送之，曰："此怏怏者非少主臣也！"

居无何，条侯子为父买工官尚方甲楯五百被，可以葬者。取庸苦之，不予钱。庸知其盗买县官器，怒而上变告子，事连污条侯。书既闻上，上下吏。吏簿责条侯，条侯不对。景帝骂之曰："吾不用也。"召诣廷尉。廷尉责曰："君侯欲反邪？"亚夫曰："臣所买器，乃葬器也，何谓反邪？"吏曰："君侯纵不反地上，即欲反地下耳。"深文语，却毒极。吏侵之益急。初，吏捕条侯，条侯欲自杀，夫人止之，以故不得死，遂入廷尉。故为曲折，醒出饿死意，应计负语。因不食五日，呕血而死。国除。

绝一岁，景帝乃更封绛侯勃他子坚为平曲侯，续绛侯后。十九年卒，谥为共侯。子建德代侯，十三年，为太子太傅。坐酎金不善，元鼎五年，有罪，国除。再唤"饿死"字，悽伤激楚，余音绕梁。条侯果饿死。死后，景帝乃封王信为盖侯。

太史公曰：绛侯周勃始为布衣时，鄙朴人也，才能不过凡庸。及从高祖定天下，在将相位，诸吕欲作乱，勃匡国家难，复之乎正。虽伊尹、周公，何以加哉！亚夫之用兵，持威重，执坚刃，穰苴曷有加焉！足己而不学，守节不逊，绛侯父子，一语破的。终以穷困。悲夫！

绛侯诛吕安刘大功，具在吕后、孝文语中，此不复详；而独缕叙其功成自危，系狱惕息情事，感叹作波折，举重若轻，剪裁之妙也。条侯细柳军容，写得浩瀚沉雄，真有云垂海立意象。写吴楚功，亦坚緻密栗，后写刚直不容，感慨跌宕。无限烟波，视叙绛侯事，尤为可悲涕矣。

钟伯敬曰：木强敦厚，于汉世看社稷臣专用此四字。此武帝所以识汲黯、霍光也，光武之于彭宠又以此失之。

梁孝王世家

　　梁孝王武者，孝文皇帝子也，<u>而与孝景帝同母</u>。弄笔着眼，领起全神。<u>母，窦太后也</u>。孝文帝凡四男：长子曰太子，是为孝景帝；次子武；次子参；次子胜。孝文帝即位二年，以武为代王，以参为太原王，以胜为梁王。二岁，徙代王为淮阳王。以代尽与太原王，号曰代王。参立十七年，孝文后二年卒，谥为孝王。子登嗣立，是为代共王。立二十九年，元光二年卒。子义立，是为代王。十九年，汉广关，以常山为限，而徙代王王清河。清河王徙以元鼎三年也。初，武为淮阳王十年，而梁王胜卒，谥为梁怀王。怀王最少子，爱幸异于他子。其明年，徙淮阳王武为梁王。梁王之初王梁，孝文帝之十二年也。梁王自初王通历已十一年矣。梁王十四年，入朝。十七年，十八年，比年入朝，留，其明年乃之国。二十一年，入朝。二十二年，孝文帝崩。二十四年，入朝。二十五年，复入朝。<u>是时上未置太子也</u>。空中著句，振动全神。上与梁王燕饮，尝从容言曰："千秋万岁后传于王。"王辞谢。<u>虽知非至言</u>，<u>然心内喜</u>。太后亦然。其春，吴楚齐赵七国反。吴楚先击梁棘壁，杀数万人。梁孝王城守睢阳，而使韩安国、张羽等为大将军，以距吴楚。吴楚以梁为限，不敢过而西，与太尉亚夫等相距三月。吴楚破，而梁所破杀虏略<u>与汉中分</u>。<u>明年</u>，<u>汉立太子</u>。其后梁最亲，有功，又为大国，居天下膏腴地。地北界泰山，西至高阳，四十余城，皆多大县。<u>孝王</u>，<u>窦太后少子也</u>，<u>爱之</u>，<u>赏赐不可胜道</u>。参、胜俱亡，武为少子，特著此句，再振全神。于是孝王筑东苑，方三百余里。广睢阳城七十里。大治宫室，为复道，自宫连属于平台三十余里。得赐天子旌旗，出从千乘万骑。东西驰猎，<u>拟于天子</u>。出言跸，入言警。招延四方豪杰，自山以东游说之士，莫不毕至，齐人羊胜、公孙诡、邹阳之属。公孙诡多奇邪计，初见王，赐千金，官至中尉，梁号之曰公孙将军。梁多作兵器弩弓矛数十万，而府库金钱且百巨万，珠玉宝器<u>多于京师</u>。

二十九年，十月，梁孝王入朝。景帝使使持节，乘舆驷马迎梁王于关下。既朝，上疏因留，<u>以太后亲故</u>，王入则侍景帝同辇，出则同车游猎，射禽兽上林中。梁之侍中、郎、谒者，著籍引出入天子殿门，<u>与汉宦官无异</u>。十一月，<u>上废栗太子</u>，<u>窦太后心欲以孝王为后嗣</u>。大臣及袁盎等有所关说于景帝，<u>窦太后义格</u>，<u>亦遂不复言以梁王为嗣事由此</u>。以事秘，世莫知。乃辞归国。其夏四月，<u>上立胶东王为太子</u>。梁王怨袁盎及议臣，乃与羊胜、公孙诡之属阴使人刺杀袁盎，及他议臣十余人。逐其贼，未得也。于是<u>天子意梁王</u>，逐贼，果梁使之。乃遣使冠盖相望于道，覆按梁，捕公孙诡、羊胜。公孙诡、羊胜匿王后宫。使者责二千石急，梁相轩丘豹及内史韩安国进谏王，王乃令胜、诡皆自杀，出之。<u>上由此怨望于梁王</u>。梁王恐，乃使韩安国因长公主谢罪太后，<u>然后得释</u>。上怒稍解，因上书请朝。既至关，茅兰说王使乘布车，从两骑入，匿于长公主园。汉使使迎王，王已入关，车骑尽居外，不知王处。<u>太后泣曰："帝杀吾子！"</u>景帝忧恐。于是梁王伏斧质于阙下谢罪，<u>然后太后</u>、<u>景帝大喜</u>，<u>相泣</u>，复如故。悉召王从官入关。<u>然景帝益疏王</u>，不同车辇矣。三十五年冬，复朝。上疏欲留，<u>上弗许</u>。<u>归国</u>，<u>意忽忽不乐</u>。北猎良山，有献牛足出背上，孝王恶之。六月中，病热六日，卒，谥曰孝王。孝王慈孝，每闻太后病，口不能食，居不安寝，常欲留长安，侍太后。太后亦爱之。及闻梁王薨，<u>窦太后哭极哀</u>，<u>不食</u>，<u>曰："帝果杀吾子！"</u>景帝哀惧，不知所为。与长公主计之，乃分梁为五国，尽立孝王男五人为王，女五人皆食汤沐邑。于是奏之太后，<u>太后乃说</u>，<u>为帝加壹食</u>。梁孝王长子买为梁王，是为共王；子明为济川王；子彭离为济东王；子定为山阳王；子不识为济阴王。孝王未死时，财以巨万计，不可胜数。及死，藏府余黄金，尚四十余万斤，他财物称是。梁共王三年，景帝崩。共王立七年，卒，子襄立，是为平王。梁平王襄十四年，母曰陈太后。共王母曰李太后。李太后，亲平王之大母也。而平王之后姓任，曰任王后。任王后甚有宠于平王襄。初孝王在时，有罍樽，直千金。孝王诫后世，善保罍樽，无得以与人。任王后闻而欲得罍樽。平王大母李太后曰："先王有命，无得以罍樽与人。他物虽百巨万，犹自恣也。"任王后绝欲得之。平王襄直使人开府，取罍樽赐任王后。李太后大怒，汉使者来，欲自言，平王襄及任王后遮止闭门，李太后与争门，措指，遂不得见汉使者。李太后亦私与食官长及郎中尹霸等士通乱，而王与任王后以此使人风止李太后，李太后内有淫行，亦已。后病薨。病时，任后未尝请病；薨，又不持丧。元朔中，睢阳人类犴反者，人有辱其父，而与淮阳太守客出同车。太守客出下车，类犴反杀其仇于车上而去。淮阳太守怒，以让梁二千石。二千石以下求反甚急，执反亲戚。反知国阴事，乃上变事，具告知王与大母争樽状。时丞相以下见知之，欲以伤梁长吏，其书闻天子。天子下吏验问，有之。公卿请废襄为庶人。天子曰："李太后有淫行，而梁王襄无良师傅，故陷不义。"乃削梁八城，枭任王后首于市。梁余尚有十城。襄立三十九年，卒，谥为平王。子无伤立为梁王也。济川王明者，梁孝王子，以桓邑侯，孝景中六年为济川王。七岁，坐射杀其中尉，汉有司请诛，天子弗忍诛，废明为庶人。迁房陵，地入于汉为郡。济东王彭离者，梁孝王子，以孝景中六年为济东王。二十九年，彭离骄悍无人君礼，昏暮私与其奴、亡命少年数十人行剽杀人取财物，以为好。所杀发觉者百余人，国皆知之，莫敢夜行。所杀者子上书言。汉有司请诛，上不忍，废以为庶人，迁上庸，地入于汉，为大河郡。山阳哀王定者，梁孝王子，以孝景中六年为山阳王。九年卒，无子，国除，地入于汉，为山阳郡。济阴哀王不识者，梁孝王子，以孝景中六年为济阴王。一岁卒，无子，国除，地入于汉，为济阴郡。

太史公曰：梁孝王虽以亲爱之故，王膏腴之地，然会汉家隆盛，百姓殷富，故能植其财货，广宫室，车服拟于天子。<u>然亦僭矣</u>。

一篇写太后之溺爱梁王，正所以几危梁王，为千秋炯戒。后写罍樽事，则又见梁王之总于货宝，正所以危其后人也。然财物多太后所赐，则祸胎仍太后所贻，而溺爱之失益见矣。至其文境沉雄，于澹泊深老之中具生龙活虎之势，那得不令人叹绝！

伯夷列传

夫学者载籍极博，犹考信于六艺。《诗》《书》虽缺，然虞夏之文可知也。"考信"二字，一节章指，开手便于题前点明。尧将逊位，让于虞舜，舜禹之间，要从由、光引入夷、齐，先从尧、舜、禹引入由、光，来脉似大阔迂。而三圣以《诗》《书》考信，由、光以流俗传疑，一篇大意已透其极阔迂处，正其极亲切处，是谓妙远不测。盖此篇大意只是《诗》《书》未载之，人赖孔子传之，孔子已后之人赖《史记》传之也。岳牧咸荐，乃试之于位，典职数十年，功用既兴，然后授政。示天下重器，王者大统，传天下若斯之难也。而说者曰尧让天下于许由，许由不受，耻之，逃隐。及夏之时，有卞随、务光者。此何以称焉？太史公曰：余登箕山，上盖有许由冢云。孔子序列古之仁圣贤人，如吴太伯、伯夷之伦详矣。余以所闻由、光义至高，其文辞不少概见，何哉？孔子曰："伯夷、叔齐，不念旧恶，怨是用希。""求仁得仁，又何怨乎？"便为"各从其志"句领意。余悲伯夷之意，睹轶诗可异焉。

其传曰：伯夷、叔齐，孤竹君之二子也。父欲立叔齐，及父卒，叔齐让伯夷。伯夷曰："父命也。"遂逃去。叔齐亦不肯立而逃之。国人立其中子。于是伯夷、叔齐，闻西伯昌善养老，盍往归焉。及至，西伯卒，武王载木主，号为文王，东伐纣。伯夷、叔齐叩马而谏曰："父死不葬，爰及干戈，可谓孝乎？以臣弑君，可谓仁乎？"左右欲兵之。太公曰："此义人也。"扶而去之。武王已平殷乱，天下宗周，而伯夷、叔齐耻之，义不食周粟，隐于首阳山，采薇而食之。及饿且死，作歌。其辞曰："登彼西山兮，采其薇矣。以暴易暴兮，不知其非矣。神农、虞、夏忽焉没兮，我安适归矣？于嗟徂兮，命之衰矣！"遂饿死于首阳山。

由此观之，怨邪非邪？宕开，与下文"各从其志"句相呼应。

或曰："天道无亲，常与善人。"若伯夷、叔齐，可谓善人者非邪？积仁洁行如此而饿死！且七十子之徒，仲尼独荐颜渊为好学。然回也屡空，糟糠不厌，而卒早夭。天之报施善人，其何如哉？盗跖日杀不辜，肝人之肉，暴戾恣睢，聚党数千人，横行天下，竟以寿终。是遵何德哉？此其尤大彰明较著者也。若至近世，操行不轨，专犯忌讳，而终身逸乐，富厚累世不绝。或择地而蹈之，时然后出言，行不由径，非公正不发愤，而遇祸灾者，不可胜数也。余甚惑焉，傥所谓天道，是邪非邪？启。

　　子曰"道不同，不相为谋"，亦各从其志也。是无怨。故曰"富贵如可求，虽执鞭之士，吾亦为之。如不可求，承"志"字。从吾所好"。"岁寒，然后知松柏之后凋"。起名字。举世混浊，清士乃见。岂以其重若彼，其轻若此哉？"君子疾没世而名不称焉。"贾子曰："贪夫徇财，烈士徇名，夸者死权，众庶冯生。""同明相照，同类相求。""云从龙，风从虎，圣人作而万物睹。"伯夷、叔齐虽贤，得夫子而名益彰。颜渊虽笃学，附骥尾而行益显。岩穴之士，趋舍有时若此，类名堙灭而不称，悲夫！闾巷之人，欲砥行立名者，非附青云之士，恶能施于后世哉？

　　《本纪》《世家》所载，多帝王将相，而古今人物，不论穷通寿夭，皆不可使之湮没无传。此列传之作，尤所以绍法孔子而表章仁贤也。缘此为传之首篇，故特于此发凡。大意言唐虞三代以来之君子，非若尧舜禹递相禅让，得位行道而终身困穷，《诗》《书》不载者，惟凭孔子叙列为准。如许由、务光，世亦传其让德，而未经孔子叙列，遂疑有疑无，虽欲为作传不可。至如伯夷、叔齐之饿死，颜渊之贫夭，上天报施，其爽已甚。而君子修身砥行，义命自安，实惟没世无称是惧。然使非得明哲如孔子者为之表彰，亦竟终归湮没矣。以此见仁人君子宁受天之厄，而不能无藉乎人之传。而《史记》一书直与孔子所叙列者，同为维持天道之义，此史公一生自负处，亦此文用意之然可见处。缘其烟波杳渺，转接无端，使人猝难领会，而读者不复深求于史公作意，遂都如雾里看花，说来只成一场鹘突。夫读其文而不知其意，尚何以读为哉？

中幅插入颜渊，后幅又将颜渊并结，非专为行文波宕也。伯夷、叔齐先孔子，颜渊、孔子同时，而皆赖孔子以传。以况孔子已后，有史公先时，有同时，而皆赖《史记》以传也。故曰：七十篇大意于此发凡。

管晏列传

　　管仲夷吾者，颍上人也。少时常与鲍叔牙游，<u>鲍叔知其贤</u>。管仲贫困，常欺鲍叔，<u>鲍叔终善遇之，不以为言</u>。已而鲍叔事齐公子小白，管仲事公子纠。及小白立，为桓公，公子纠死，管仲囚焉。<u>鲍叔遂进管仲</u>。管仲既用，任政于齐，齐桓公以霸，九合诸侯，一匡天下，<u>管仲之谋也</u>。此句亦以是写鲍叔。管仲曰："吾始困时，尝与鲍叔贾，分财利多自与，<u>鲍叔不以我为贪</u>，知我贫也。吾尝为鲍叔谋事而更穷困，<u>鲍叔不以我为愚</u>，知时有利不利也。吾尝三仕三见逐于君，<u>鲍叔不以我为不肖</u>，知我不遭时也。我尝三战三走，<u>鲍叔不以我为怯</u>，知我有老母也。公子纠败，召忽死之，吾幽囚受辱，<u>鲍叔不以我为无耻</u>，知我不羞小节而耻功名不显于天下也。<u>生我者父母，知我者鲍子也</u>。"二语有诱。<u>鲍叔既进管仲，以身下之</u>。子孙世禄于齐，有封邑者十余世，常为名大夫。<u>天下不多管仲之贤而多鲍叔能知人也</u>。管仲既任政相齐，以区区之齐在海滨，通货积财，富国强兵，与俗同好恶。故其称曰："仓廪实而知礼节，衣食足而知荣辱，上服度则六亲固。四维不张，国乃灭亡。下命（按：中华书局本作"令"。）如流水之源，令顺民心。"故论卑而易行。俗之所欲，因而予之；俗之所否，因而去之。其为政也，<u>善因祸而为福，转败而为功</u>。<u>贵轻重，慎权衡</u>。桓公实怒少姬，南袭蔡，管仲因而伐楚，责包茅不入贡于周室。桓公实北征山戎，而管仲因而令燕修召公之政。于柯之会，桓公欲背曹沫之约，管仲因而信之，诸侯由是归齐。故曰："<u>知与之为取，政之宝也</u>。"管仲富拟于公室，有三归、反坫，齐人不以为侈。管仲卒，齐国遵其政，常强于诸侯。

　　<u>后百余年而有晏子焉</u>。晏平仲婴者，莱之夷维人也。事齐灵公、庄公、景公，<u>以节俭力行重于齐</u>。既相齐，食不重肉，妾不衣帛。其在朝，君语及之，即危言；语不及之，即危行。国有道，即顺命；

无道，即衡命。以此三世显名于诸侯。越石父贤，在缧绁中。晏子出，遭之途，解左骖赎之，载归。<u>弗谢</u>，入闺。久之，<u>越石父请绝</u>。晏子戄然，摄衣冠谢曰："婴虽不仁，免子于厄，何子求绝之速也？"石父曰："不然。<u>吾闻君子诎于不知己而信于知己者</u>。固是写石父，写御妻，都是在对面写晏子。方吾在缧绁中，彼不知我也。夫子既以感寤而赎我，<u>是知己</u>；<u>知己而无礼，固不如在缧绁之中</u>。"晏子于是延入为上客。晏子为齐相，出，其御之妻，从门间而窥其夫。其夫为相御，<u>拥大盖</u>，<u>策驷马</u>，<u>意气扬扬</u>，<u>甚自得也</u>。既而归，<u>其妻请去</u>。夫问其故。妻曰："晏子长不满六尺，身相齐国，名显诸侯。今者妾观其出，<u>志念深矣</u>，<u>常有以自下者</u>。在御妻口中写出晏子全神。妙甚！今子长八尺，乃为人仆御，<u>然子之意自以为足</u>，<u>妾是以求去也</u>。"其后夫自抑损。晏子怪而问之，御以实对。晏子荐以为大夫。

  太史公曰：吾读管氏《牧民》《山高》《乘马》《轻重》《九府》及《晏子春秋》，详哉其言之也。既见其著书，欲观其行事，故次其传。至其书，世多有之，是以不论，论其轶事。管仲，世所谓贤臣，然孔子小之。岂以为周道衰微，桓公既贤，而不勉之至王，乃称霸哉？语曰"将顺其美，匡救其恶，故上下能相亲也"。岂管仲之谓乎？方晏子伏庄公尸，哭之，成礼，然后去，岂所谓"见义不为，无勇"者邪？至其谏说，犯君之颜，此所谓"进思尽忠，退思补过"者哉！<u>假令晏子而在</u>，<u>余虽为之执鞭</u>，<u>所忻慕焉</u>。

  列传首伯夷，次管晏，世序故也。然伯夷、叔齐所全者，君臣父子兄弟之伦；而《管晏传》独于朋友之道三致意焉。维持人纪之义备矣。作史者其有忧患乎？

  唐顺之曰：此传纵横自得，非轨辙可寻。盖所谓神化者耶！

老庄申韩列传

　　老子者，楚苦县厉乡曲仁里人也，姓李氏，名耳，字伯阳，谥曰聃，周守藏室之史也。孔子适周，将问礼于老子。老子曰："子所言者，其人与骨皆已朽矣，独其言在耳。且君子得其时则驾，不得其时，则蓬累而行。吾闻之，良贾深藏若虚，君子盛德，容貌若愚。去子之骄气与多欲，态色与淫志，是皆无益于子之身。吾所以告子，若是而已。"孔子去，谓弟子曰："鸟，吾知其能飞；鱼，吾知其能游；兽，吾知其能走。走者可以为罔，游者可以为纶，飞者可以为矰。至于龙，吾不能知，其乘风云而上天。吾今日见老子，其犹龙邪！"老子修道德，其学以自隐无名为务。居周久之，见周之衰，乃遂去。至关，关令尹喜曰："子将隐矣，强为我著书。"于是老子乃著书上下篇，言道德之意五千余言而去，莫知其所终。或曰：老莱子亦楚人也，著书十五篇，言道家之用，与孔子同时云。盖老子百有六十余岁，或言，二百余岁，以其修道而养寿也。自孔子死之后百二十九年，而史记周太史儋见秦献公曰："始秦与周合而离，离五百岁而复合，合七十岁而霸王者出焉。"或曰儋即老子，或曰非也，世莫知其然否。老子，隐君子也。老子之子名宗，宗为魏将，封于段干。宗子注，注子宫，宫玄孙假，假仕于汉孝文帝。而假之子解为胶西王卬太傅，因家于齐焉。世之学老子者则绌儒学，儒学亦绌老子。"道不同，不相为谋"，岂谓是邪？李耳无为自化，清静自正。颂笔千钧。

　　庄子者，蒙人也，名周。周尝为蒙漆园吏，与梁惠王、齐宣王同时。其学无所不窥，然其要本归于老子之言。故其著书十余万言，大抵率寓言也。作《渔父》《盗跖》《胠箧》，以诋訿孔子之徒，以明老子之术。《畏累虚》《亢桑子》之属，皆空语无事实。然善属书离辞，指事类情，用剽剥儒、墨，虽当世宿学不能自解免也。其言洸洋自恣以适己，故自王公大人不能器之。二语承上起下。楚威王闻庄周贤，使使厚币迎之，许以为相。庄周笑谓楚使者曰："千金，重利；卿相，尊位也。子独不见郊祭之牺牛乎？养食之数岁，衣以文绣，以入大庙。当是之时，虽欲为孤豚，岂可得乎？子亟去，无污我。我宁游戏污渎之中自快，无为有国者所羁，终身不仕，以快吾志焉。"

申不害者，京人也，故郑之贱臣。学术以干韩昭侯，昭侯用为相。内修政教，外应诸侯十五年。终申子之身，国治兵强，无侵韩者。申子之学本于黄老而主刑名。著书二篇，号曰《申子》。

韩非者，韩之诸公子也。喜刑名法术之学，而其归本于黄老。非为人口吃，不能道说，而善著书。与李斯俱事荀卿，斯自以为不如非。非见韩之削弱，数以书谏韩王，韩王不能用。于是韩非疾治国不务修明其法制，执势以御其臣下，富国强兵而以求人任贤，反举浮淫之蠹而加之于功实之上。以为儒者用文乱法，而侠者以武犯禁。宽则宠名誉之人，急则用介胄之士。今者所养非所用，所用非所养。悲廉直不容于邪枉之臣，观往者得失之变，故作《孤愤》《五蠹》《内外储》《说林》《说难》十余万言。然韩非知说之难，为《说难》书甚具，终死于秦，不能自脱。《说难》曰：凡说之难，非吾知之有以说之难也；又非吾辩之难，能明吾意之难也；又非吾敢横失能尽之难也。凡说之难，在知所说之心，一篇立意。可以吾说当之。所说出于为名高者也，而说之以厚利，则见下节而遇卑贱，必弃远矣。所说出于厚利者也，而说之以名高，则见无心而远事情，必不收矣。所说实为厚利而显为名高者也，而说之以名高，则阳收其身而实疏之；若说之以厚利，则阴用其言而显弃其身。此之不可不知也。

夫事以密成，语以泄败。未必其身泄之也，而语及其所匿之事，如是者身危。贵人有过端，而说者明言善议以推其恶者，则身危。周泽未渥也，而语极知，说行而有功则德亡，说不行而有败则见疑，如是者身危。夫贵人得计而欲自以为功，说者与知焉，则身危。彼显有所出事，乃自以为也，故说者与知焉，则身危。强之以其所必不为，止之以其所不能已者，身危。故曰：与之论大人，则以为间己；与之论细人，则以为鬻权。论其所爱，则以为借资；论其所憎，则以为尝己。径省其辞，则不知而屈之；泛滥博文，则多而久之。顺事陈意，则曰怯懦而不尽；虑事广肆，则曰草野而倨侮。此说之难，不可不知也。

<u>凡说之务，在知饰所说之所敬</u>，<u>而灭其所丑</u>。彼自知其计，则毋以其失穷之；自勇其断，则毋以其敌怒之；自多其力，则毋以其难概之。规异事与同计，誉异人与同行者，则以饰之无伤也。有与同失者，则明饰其无失也。大忠无所拂辞，悟言无所击排，乃后申其辩知焉。此所以亲近不疑，知尽之难也。得旷日弥久而周泽既渥，深计而不疑，交争而不罪，乃明计利害以致其功，直指是非以饰其身，以此相持，此说之成也。

伊尹为庖，百里奚为虏，皆所由干其上也。故此二子者，皆圣人也，犹不能无役身而涉世如此其污也，则非能仕之所设也。宋有富人，天雨墙坏。其子曰"不筑，且有盗"，其邻人之父亦云，暮而果大亡其财，其家甚知其子而疑邻人之父。昔者郑武公欲伐胡，乃以其子妻之。因问群臣曰："吾欲用兵，谁可伐者？"关其思曰："胡可伐。"乃戮关其思，曰："胡，兄弟之国也，子言伐之，何也？"胡君闻之，以郑为亲己而不备郑。郑人袭胡，取之。<u>此二说者其知皆当矣</u>，<u>然而甚者为戮</u>，<u>薄者见疑</u>。<u>非知之难也</u>，<u>处知则难矣</u>。

昔者弥子瑕见爱于卫君。卫国之法，窃驾君车者罪至刖。既而弥子之母病，人闻，往夜告之，弥子矫驾君车而出。君闻之而贤之曰："孝哉，为母之故而犯刖罪！"与君游果园，弥子食桃而甘，不尽而奉君。君曰："爱我哉，忘其口而念我！"及弥子色衰而爱弛，得罪于君。君曰："是尝矫驾吾车，又尝食我以其余桃。"故<u>弥子之</u>

行未变于初也，前见贤而后获罪者，爱憎之至变也。故有爱于主，则知当而加亲；见憎于主，则罪当而加疏。故谏说之士不可不察爱憎之主而后说之矣。

夫龙之为虫也，可扰狎而骑也。然其喉下有逆鳞径尺，人有婴之，则必杀人。人主亦有逆鳞，说之者能无婴人主之逆鳞，则几矣。叹得恰当。

人或传其书至秦。秦王见《孤愤》《五蠹》之书，曰："嗟乎，寡人得见此人与之游，死不恨矣！"李斯曰："此韩非之所著书也。"秦因急攻韩。韩王始不用非，及急，乃遣非使秦。秦王悦之，未信用。李斯、姚贾害之，毁之曰："韩非，韩之诸公子也。今王欲并诸侯，非终为韩不为秦，此人之情也。今王不用，久留而归之，此自遗患也，不如以过法诛之。"秦王以为然，下吏治非。李斯使人遗非药，使自杀。韩非欲自陈，不得见。秦王后悔之，使人赦之，非已死矣。申子、韩子皆著书，传于后世，学者多有。余独悲韩子为《说难》而不能自脱耳。

太史公曰：老子所贵道虚无，因应变化于无为，故著书辞称微妙难识。庄子散道德放论，要亦归之自然。申子卑卑，施之于名实。韩子引绳墨，切事情，明是非，其极惨刻少恩。皆原于道德之意，而老子深远矣。

庄、申、韩之学皆本于黄老，全传以老子作主贯穿。其叙老子处，将老子学问本领三番提唤，而中间多用疑鬼疑神之笔以络绎之，有惝恍难名、言不尽意光景，固是极力推尚。叙庄子、申子简洁有致，而独韩子颇详，悲之也！非直为死于说难，意中言外犹有深悲焉。悲谗人之罔极也，韩子之智而不能自脱于谗也。

司马穰苴列传

司马穰苴者，田完之苗裔也。齐景公时，晋伐阿、甄，而燕侵河上，齐师败绩。景公患之。晏婴乃荐田穰苴曰："穰苴虽田氏庶孽，然其人<u>文能附众</u>，<u>武能威敌</u>，愿君试之。"景公召穰苴，与语兵事，大说之，以为将军，将兵扞燕晋之师。穰苴曰："臣素卑贱，君擢之闾伍之中，加之大夫之上，士卒未附，百姓不信，人微权轻，愿得君之宠臣，国之所尊，以监军，乃可。"于是景公许之，使庄贾往。穰苴既辞，与庄贾约曰："旦日日中会于军门。"穰苴先驰至军，<u>立表下漏待贾</u>。贾素骄贵，<u>以为将己之军而己为监</u>，<u>不甚急</u>；亲戚左右送之，留饮。日中而贾不至。穰苴则仆表决漏，<u>入</u>，<u>行军勒兵</u>，<u>申明约束</u>。约束既定，<u>夕时</u>，<u>庄贾乃至</u>。穰苴曰："何后期为？"贾谢骄态如画。曰："<u>不佞大夫亲戚送之</u>，<u>故留</u>。"穰苴曰："<u>将受命之日则忘其家</u>，<u>临军约束则忘其亲</u>，<u>援枹鼓之急则忘其身</u>。今敌国深侵，邦内骚动，士卒暴露于境，君寝不安席，食不甘味，百姓之命皆悬于君，<u>何谓相送乎</u>！"召军正问曰："军法期而后至者云何？"<u>对曰</u>："<u>当斩</u>。"庄贾惧，使人驰报景公请救。既往，未及反，<u>于是遂斩庄贾以徇三军</u>。三军之士皆振慄。久之，景公遣使者持节赦贾，驰入军中。穰苴曰："<u>将在军</u>，<u>君令有所不受</u>。"问军正曰："军中不驰，今使者驰，云何？"<u>正曰</u>："<u>当斩</u>。"<u>使者大惧</u>。穰苴曰："君之使不可杀。"乃斩其仆车之左驸，马之左骖，<u>以徇三军</u>。<u>遣使者还报</u>，然后行。士卒次舍井灶饮食问疾医药，<u>身自拊循之</u>。悉取将军之资粮享士卒，<u>身与士卒平分粮食</u>。<u>最比其羸弱者</u>。<u>三日而后勒兵</u>。<u>病者皆求行</u>，<u>争奋出为之赴战</u>。晋师闻之，<u>为罢去</u>。燕师闻之，<u>度水而解</u>。于是追击之，遂取所亡封内故境而引兵归。<u>未至国</u>，<u>释兵旅</u>，<u>解约束</u>，<u>誓盟而后入邑</u>。景公与诸大夫郊迎，<u>劳师成礼</u>，<u>然后反归寝</u>。既见穰苴，尊为大司马。田氏日以益尊于齐。已而大夫鲍氏、高、国之属害之，谮于景公。景公退穰苴，苴发疾而死。田乞、田豹之徒由此怨高、国等。其后及田常杀简公，尽灭高子、国子之族。至常曾孙和，因自立为齐威王，<u>用兵行威</u>，"威"字从逗，与起应。<u>大放穰苴之法</u>，<u>而诸侯朝齐</u>。齐威王使大夫追论古者《司马兵法》而附穰苴于其中，因号曰《司马穰苴兵法》。

太史公曰：余读《司马兵法》，闳廓深远，虽三代征伐，未能竟其义，如其文也，亦少褒矣。若夫穰苴，区区为小国行师，何暇及《司马兵法》之揖让乎？世既多《司马兵法》，以故不论，著穰苴之列传焉。

"文武"二句，一篇纲领。诛庄贾、斩使者仆，是武；拊循士卒，是文。以是附众，即以是威敌，而燕晋之兵不战已屈矣。行文严肃静重，亦在乃文乃武之间。

商君列传

　　商君者，卫之诸庶孽公子也，名鞅，姓公孙氏，其祖本姬姓也。鞅少好刑名之学，事魏公叔座为中庶子。公叔座知其贤，未及进。会座病，魏惠王亲往问病，曰："公叔病有如不可讳，将奈社稷何？"公叔曰："座之中庶子公孙鞅，年虽少，有奇才，愿王举国而听之。"王默然。王且去，座屏人言曰："王即不听用鞅，必杀之，无令出境。"王许诺而去。公叔座召鞅谢曰："今者王问可以为相者，我言若，王色不许我。我方先君后臣，因谓王即弗用鞅，当杀之。王许我。汝可疾去矣，且见禽。"鞅曰："彼王不能用君之言任臣，又安能用君之言杀臣乎？魏不任之亦不杀之，秦姑任之而终杀之。"必杀"二字直贯全篇。卒不去。惠王既去，而谓左右曰："公叔病甚，悲乎，欲令寡人以国听公孙鞅也，岂不悖哉！"公叔既死，公孙鞅闻秦孝公下令国中求贤者，将修缪公之业，东复侵地，乃遂西入秦，因孝公宠臣景监以求见孝公。孝公既见卫鞅，语事良久，孝公时时睡，弗听。罢而孝公怒景监曰："子之客，妄人耳，安足用邪！"景监以让卫鞅。卫鞅曰："吾说公以帝道，其志不开悟矣。"后五日，复求见鞅。鞅复见孝公，孝公益愈，然而未中旨。罢而孝公复让景监，景监亦让鞅。鞅曰："吾说公以王道而未入也。请复见鞅。"鞅复见孝公，孝公善之而未用也。罢而去。孝公谓景监曰："汝客善，可与语矣。"鞅曰："吾说公以霸道，其意欲用之矣。诚复见我，我知之矣。"卫鞅复见孝公。公与语，不自知膝之前于席也。语数日不厌。景监曰："子何以中吾君？吾君之欢甚也。"鞅曰："吾说君以帝王之道比三代，而君曰：'久远，吾不能待。且贤君者，各及其身显名天下，安能邑邑待数十百年以成帝王乎？'故吾以强国之术说君，君大说之耳。然亦难以比德于殷周矣。"孝公既用卫鞅，鞅欲变法，恐天下议己。卫鞅曰："疑行无名，疑事无功。且夫有高人之行者，固见非于世；有独知之虑者，必见敖于民。愚者闇于成事，知者见于未萌。民不可与虑始，而可与乐成。论至德者不和于俗，成大功者不谋于众。是以圣人苟可以强国，不法其故；苟可以利民，不循其礼。"孝公曰："善。"甘龙曰："不然。圣人不易民而教，知者不变法而治。因民而教，不劳而成功；缘法而治者，吏习而民安之。"卫鞅曰："龙之所言，世俗之言也。常人安于故俗，学者溺于所闻。以此两者，居官守法可也，非所与论于法之外也。三代不同礼而王，五伯不同法而霸。智者作法，愚者制焉；贤者更礼，不肖者拘焉。"杜挚曰："利不百，不变法；功不十，不易器。法古无过，循礼无邪。"卫鞅曰："治世不一道，便国不法古。故汤武不循古而王，夏殷不易礼而亡。反古者不可非，而循礼者不足多。"孝公曰："善。"以卫鞅为左庶长，卒定变法之令。令民为什伍而相牧司连坐。不告奸者腰斩，告奸者，与斩敌首同赏，匿奸者，与降敌同罚。民有二男以上，不分异者倍其赋。有军功者，各以率受上爵。为私斗者，各以轻重被刑，大小僇力。本业耕织，致粟帛多者，复其身。事末利及怠而贫者，举以为收孥。宗室非有军功论，不得为属籍。明尊卑爵秩等级，各以差次名田宅臣妾衣服以家次。有功者显荣，无功者虽富无所芬华。令既具，未布，恐民之不信己，乃立三丈之木于国都市南门，募民有能徙置北门者予十金。民怪之，莫敢徙。复曰"能徙者予五十金"。有一人徙之，辄予五十金，以明不欺。卒下令，令行于民。期年，秦民之国都，言初令之不便者以千数。于是太子犯法。卫鞅曰："法之不行，自上犯之。"将法太子。太子，君嗣也，不可施刑，刑其傅公子虔，黥其师公孙贾。明日，秦人皆趋令。行之十年，秦民大说，道不拾遗，山无盗贼，家给人足。民勇于公战，怯于私斗，乡邑大治。秦民初言令不便者，有来言令便者，卫鞅曰"此皆乱化之民也"，尽迁之于边城。其后民莫敢议令。于是以鞅为大良造。将兵围魏安邑，降之。居三年，作为筑冀阙宫庭于咸阳，秦自雍徙都之。而令民父子兄弟同室内息者为禁。而集小都乡邑聚为县，置令、丞，凡三十一县。为田开阡陌封疆，而赋税平。平斗桶权衡丈尺。行之四年，公子虔复犯约，劓之。居五年，秦人富强，天子致胙于孝公，诸侯毕贺。

其明年，齐败魏兵于马陵，虏其太子申，杀将军庞涓。其明年，卫鞅说孝公曰："秦之与魏，譬若人之有腹心疾，非魏并秦，秦即并魏。何者？魏居领厄之西，都安邑，与秦界河而独擅山东之利。利则西侵秦，病则东收地。今以君之贤圣，国赖以盛。而魏往年大破于齐，诸侯畔之，可因此时伐魏。魏不支秦，必东徙。东徙，秦据河山之固，东乡以制诸侯，此帝王之业也。"孝公以为然，使卫鞅将而伐魏。魏使公子卬将而击之。军既相距，卫鞅遗魏将公子卬书曰："吾始与公子欢，今俱为两国将，不忍相攻，可与公子面相见盟，乐饮而罢兵，以安秦魏。"魏公子卬以为然。会盟，已饮，而卫鞅伏甲士而袭虏魏公子卬，因攻其军尽破之，以归秦。魏惠王兵数破于齐秦，国内空，日以削，恐，乃使使割河西之地献于秦以和。而魏遂去安邑，徙都大梁。<u>梁惠王曰</u>："<u>寡人恨不用公叔座之言也</u>。"叙此一叹，兜裹上半篇，振动前后。如常山之蛇，击中间而首尾俱应。卫鞅既破魏还，秦封之于、商十五邑，号为商君。

商君相秦十年，宗室贵戚多怨望者。赵良见商君。商君曰："鞅之得见也，从孟兰皋，今鞅请得交，可乎？"赵良曰："仆弗敢愿也。孔丘有言曰：'推贤而戴者进，聚不肖而王者退。'仆不肖，故不敢受命。仆闻之曰：'非其位而居之曰贪位，非其名而有之曰贪名。'仆听君之义，则恐仆贪位贪名也。故不敢闻命。"商君曰："子不说吾治秦与？"赵良曰："<u>反听之谓聪</u>，<u>内视之谓明</u>，<u>自胜之谓强</u>。虞舜有言曰：'自卑也尚矣。'君不若道虞舜之道，无为问仆矣。"商君曰："始秦戎翟之教，父子无别，同室而居。今我更制其教而为其男女之别，大筑冀阙，营如鲁卫矣。子观我治秦也，孰与五羖大夫贤？"赵良曰："千羊之皮，不如一狐之掖；千人之诺诺，不如一士之谔谔。

武王谔谔以昌,殷纣墨墨以亡。君若不非武王乎,则仆请终日正言而无诛,可乎?"商君曰:"语有之矣,貌言,华也,至言,实也,苦言,药也,甘言,疾也。夫子果肯终日正言,鞅之药也。鞅将事子,子又何辞焉!"赵良曰:"夫五羖大夫,荆之鄙人也。闻秦缪公之贤而愿望见,行而无资,自鬻于秦客,被褐食牛。期年,缪公知之,举之牛口之下,而加之百姓之上,秦国莫敢望焉。相秦六七年而东伐郑,三置晋国之君,一救荆国之祸。发教封内,而巴人致贡;施德诸侯,而八戎来服。由余闻之,款关请见。五羖大夫之相秦也,劳不坐乘,暑不张盖,行于国中,不从车乘,不操干戈,功名藏于府库,德行施于后世。五羖大夫死,秦国男女流涕,童子不歌谣,舂者不相杵。此五羖大夫之德也。今君之见秦王也,因嬖人景监以为主,非所以为名也。相秦不以百姓为事,而大筑冀阙,非所以为功也。刑黥太子之师傅,残伤民以骏刑,是积怨畜祸也。教之化民也深于命,民之效上也捷于令。今君又左建外易,非所以为教也。君又南面而称寡人,日绳秦之贵公子。《诗》曰:'相鼠有体,人而无礼,人而无礼,何不遄死。'以《诗》观之,非所以为寿也。公子虔杜门不出已八年矣,君又杀祝欢而黥公孙贾。《诗》曰:'得人者兴,失人者崩。'此数事者,非所以得人也。君之出也,后车十数,从车载甲,多力而骈胁者为骖乘,持矛而操阘戟者旁车而趋。此一物不具,君固不出。《书》曰:'恃德者昌,恃力者亡。'君之危若朝露,尚将欲延年益寿乎?则何不归十五都灌园于鄙,劝秦王显岩穴之士,养老存孤,敬父兄,序有功,尊有德,可以少安。君尚将贪商于之富,宠秦国之教,畜百姓之怨,秦王一旦捐宾客而不立朝,秦国之所以收君者,岂其微哉?亡可翘足而待。"商君弗从。后五月而秦孝公卒,太子立。公子虔之徒告商君欲反,发吏捕商君。商君亡至关下,欲舍客舍。客舍人不知其是商君也,曰:"商君之法,舍人无验者坐之。"<u>商君喟然叹曰:"嗟乎,为法之敝一至此哉</u>!"去之魏。<u>魏人怨其欺公子卬而破魏师</u>，<u>弗受</u>。商君欲之他国。魏人曰："商君，秦之贼。秦强而贼入魏，<u>弗归</u>，<u>不可</u>。"遂内秦。商君既复入秦，走商邑，与其徒属发邑兵北出击郑。秦发兵攻商君，杀之于郑黾池。秦惠王车裂商君以徇，曰："莫如商鞅反者！"<u>遂灭商君之家</u>。

太史公曰：商君，<u>其天资刻薄人也</u>。迹其欲干孝公以帝王术，挟持浮说，非其质矣。且所因由嬖臣，及得用，刑公子虔，欺魏将卬，不师赵良之言，亦足发明商君之<u>少恩矣</u>。余尝读商君开塞耕战书，与其人行事相类。卒受恶名于秦，有以也夫！

公叔座，鞅知己也。惠王虽未听其言任鞅，亦未听其言图鞅。视范睢僇辱之怨，相去迳庭。而相秦之后，惟魏是图，无良极矣。卒也奔魏不内，反送诸秦，以至车裂、赤族，岂非天道哉！史公尤深恶之，故显于秦、灭于秦，为鞅传正文。而前后、中间却用公叔语、惠王语、魏人语回环兜裹，以深著其罪，使正文反似衬贴，波澜反似正文，此一篇作意也。而如此看来，章法更极生动，超逸之胜矣。

妙处全在中间惠王一叹，振动前后，有点睛欲飞之势，使通身骨节皆灵。若不著此一叹，犹只是印板文字，无甚生气也。

孟子荀卿列传

　　太史公曰：<u>余读《孟子》书</u>，<u>至梁惠王问"何以利吾国"</u>，<u>未尝不废书而叹也</u>。<u>曰</u>：<u>嗟乎，利诚乱之始也</u>！<u>夫子罕言利者，常防其原也</u>。故曰"<u>放于利而行，多怨</u>"。<u>自天子至于庶人，好利之弊何以异哉</u>！以闲笔作住笔。

　　孟轲，驺人也。受业子思之门人。道既通，<u>游事齐宣王</u>，宣王不能用。适梁，梁惠王不果所言，则见以为迂远而阔于事情。当是之时，秦用商君，富国强兵；楚、魏用吴起，战胜弱敌；齐威王、宣王用孙子、田忌之徒，而诸侯东面朝齐。<u>天下方务于合纵连衡，以攻伐为贤</u>，<u>而孟轲乃述唐</u>、<u>虞</u>、<u>三代之德</u>，<u>是以所如者不合</u>。退而与万章之徒<u>序《诗》《书》</u>，述仲尼之意，作《孟子》七篇。

　　其后有驺子之属。齐有三驺子。其前驺忌，以鼓琴干威王，因及国政，封为成侯而受相印，先孟子。其次驺衍，<u>后孟子</u>。驺衍睹有国者益淫侈，不能尚德，若《大雅》整之于身，施及黎庶矣。乃深观阴阳消息而作怪迂之变，《终始》、《大圣》之篇十余万言。其语闳大不经，必先验小物，推而大之，至于无垠。先序今以上至黄帝，学者所共术，大并世盛衰，因载其𧗱祥度制，推而远之，至天地未生，<u>窈冥不可考而原也</u>。先列中国名山大川，通谷禽兽，水土所殖，物类所珍，<u>因而推之</u>，及海外人之所不能睹。称引天地剖判以来，五德转移，治各有宜，而符应若兹。<u>以为儒者所谓中国者</u>，于天下乃八十一分居其一分耳。中国名曰赤县神州。赤县神州内自有九州，禹之序九州岛是也，不得为州数。中国外如赤县神州者九，乃所谓九州岛也。于是有裨海环之，人民禽兽莫能相通者，如一区中者，乃为一州。如此者九，乃有大瀛海环其外，天地之际焉。<u>其术皆此类也</u>。结。然要其归，必止乎仁义节俭，君臣上下六亲之施，始也滥耳。<u>王公大人初见其术</u>，<u>惧然顾化</u>，<u>其后不能行之</u>。是以驺子重于齐。适梁，梁（按：中华书局本无此字。）惠王郊迎，执宾主之礼。适赵，平原君侧行撇席。如燕，昭王拥彗先驱，请列弟子之座而受业，筑碣石宫，身亲往师之。作主运。其游诸侯见尊礼如此，岂与仲尼菜色陈蔡，孟轲困于齐梁同乎哉！

故武王以仁义伐纣而王，伯夷饿不食周粟；卫灵公问陈，而孔子不答；梁惠王谋欲攻赵，孟轲称太王去邠。此岂有意阿世俗苟合而已哉！持方枘欲内圜凿，其能入乎？余波荡漾，使人不测。或曰，伊尹负鼎而勉汤以王，百里奚饭牛车下而缪公用霸，作先合，然后引之大道。驺衍其言虽不轨，傥亦有牛鼎之意乎？

自驺衍与齐之稷下先生，如淳于髡、慎到、环渊、接子、田骈、驺奭之徒，各著书言治乱之事，以干世主，岂可胜道哉！

淳于髡，齐人也。博闻强记，学无所主。其谏说慕晏婴之为人也，然而承意观色为务。客有见髡于梁惠王，惠王屏左右，独坐而再见之，终无言也。惠王怪之，以让客曰："子之称淳于先生，管、晏不及，及见寡人，寡人未有得也。岂寡人不足为言邪？何故哉？"客以谓髡。髡曰："固也。吾前见王，王志在驱逐；后复见王，王志在音声：吾是以默然。"客具以报王，王大骇曰："嗟乎，淳于先生诚圣人也！前淳于先生之来，人有献善马者，寡人未及视，会先生至。后先生之来，人有献讴者，未及试，亦会先生来。寡人虽屏人，然私心在彼有之。"后淳于髡见，壹语连三日三夜无倦。惠王欲以卿相位待之，髡因谢去。于是送以安车驾驷，束帛加璧，黄金百镒。终身不仕。

慎到，赵人。田骈、接子，齐人。环渊，楚人。皆学黄老道德之术，因发明序其指意。故慎到著十二论，环渊著上下篇，而田骈、接子皆有所论焉。驺奭者，齐诸驺子，亦颇采驺衍之术以纪文。于是齐王嘉之，自如淳于髡以下，皆命曰列大夫，为开第康庄之衢，高门大屋，尊宠之。览天下诸侯宾客，言齐能致天下贤士也。

荀卿，赵人。年五十，始来游学于齐。驺衍之术，迂大而闳辩；奭也文具难施；淳于髡久与处，时有得善言。故齐人颂曰："谈天衍，雕龙奭，炙毂过髡。"田骈之属皆已死。齐襄王时，而荀卿最为老师。齐尚修列大夫之缺，而荀卿三为祭酒焉。齐人或谗荀卿，荀卿乃适楚，而春申君以为兰陵令。春申君死而荀卿废，因家兰陵。李斯尝为弟子，已而相秦。荀卿嫉浊世之政，亡国乱君相属，不遂大道而营于巫祝，信机祥，鄙儒小拘，如庄周等又猾稽乱俗，于是推儒、墨、道德之行事兴坏，序列著数万言而卒。因葬兰陵。

而赵亦有公孙龙为坚白同异之辩，剧子之言；魏有李悝，尽地力之教；楚有尸子、长卢；阿之吁子焉。自如孟子至于吁子，世多有其书，故不论其传云。盖墨翟，宋之大夫，善守御，为节用。或曰并孔子时，或曰在其后。

纵横恣肆，风度最跌宕可观。　　孙矿

《孟荀传》自为起止，落落忽忽，伸缩藏露，章法变化妙不可传。　　钟惺

多人合传，而孟、荀为主。孟、荀并传，而孟子为尊，以其私淑孔子也。开手叙孟子语，即追本孔子。而后文咏叹孟子处，每将孔子连叙。末叙墨翟，又借绾孔子以结之。盖此只是儒墨总传，却另提出孟子说耳。观此则史公平时并称儒墨，乃指衍、髡诸子而言，非将孔、曾、思、孟之儒与墨氏等量齐观明矣。至于诸人脉络皆从齐事贯下，缘当时齐所致士独多他国，而孟子固尝游齐，即荀卿亦尝为齐祭酒也。故凡生于齐及鲁、游于齐者，一线连叙，而其与齐无涉之数子，缀点篇末，只若余波然。

信陵君列传

　　魏公子无忌者，魏昭王少子，而魏安厘王异母弟也。昭王薨，安厘王即位，封公子为信陵君。是时范睢亡魏相秦，以怨魏齐故，秦兵围大梁，破魏华阳下军，走芒卯。魏王及公子患之。先叙患秦，为后文抑秦张本。公子为人一篇纲领。<u>仁而下士，士无贤不肖皆谦而礼交之，不敢以其富贵骄士</u>。士以此方数千里争往归之，致食客三千人。<u>当是时，诸侯以公子贤，多客，不敢加兵谋魏十余年</u>。浑叙公子下士之美，诸侯重魏之故，领起全文大意。

　　公子与魏王博，而北境传举烽，言"赵寇至，且入界"。魏王释博，欲召大臣谋。公子止王曰："赵王田猎耳，非为寇也。"复博如故。此闲事，因公子以此见疑，故叙为后文魏王疑公子张本；而略带赵事，便为为后文救赵张本；且又见公子多有用之客。只此叙事，岂非琐屑，不经意处，皆神妙不可端倪处乎？王恐，心不在博。居顷，复从北方来，传言曰："赵王猎耳，非为寇也。"魏王大惊，曰："公子何以知之？"公子曰："臣之客有能深得赵王阴事者，赵王所为，客辄以报臣，臣以此知之。"<u>是后魏王畏公子之贤能，不敢任公子以国政</u>。

　　<u>魏有隐士曰侯嬴</u>，年七十，家贫，为大梁夷门监者。公子抑秦大功全在救赵，其策却定自侯生。故史公用全副精神写此一段，以深表公子之知人能得士也。而"魏有隐士"句领起，比"郦自到"句煞住，若为侯生作小传者。中间宾主夹写，水乳交融，痕迹俱化，文心之妙无以加矣。公子闻之，往请，欲厚遗之。不肯受，曰："臣修身洁行数十年，终不以监门困故而受公子财。"公子于是乃置酒，大会宾客。坐定，公子从车骑虚左，自迎夷门侯生。侯生摄弊衣冠，直上载公子上坐，<u>不让，欲以观公子</u>。<u>公子执辔愈恭</u>。公子识敬，始终如一，逐节皆从侯生心目中着出。分外写得有神，皆文章加一倍法也。侯生又谓公子曰："臣有客在市屠中，愿枉车骑过之。"公子引车入市，侯生下见其客朱亥，<u>俾倪，故久立与其客</u>

语,微察公子。公子颜色愈和。当是时,魏将相宗室宾客满堂,待公子举酒。此人从市人、从骑心目中看出侯生之傲。公子之恭又加一倍矣。市人皆观公子执辔。从骑皆窃骂侯生。侯生视公子色终不变,乃谢客就车。至家,公子引侯生坐上坐,遍赞宾客,宾客皆惊。酒酣,公子起为寿侯生前。侯生因谓公子曰:"今日嬴之为公子亦足矣。嬴乃夷门抱关者也,而公子亲枉车骑,自迎嬴于众人广坐之中,不宜有所过,今公子故过之。然嬴欲就公子之名,故久立公子车骑市中,过客以观公子,公子愈恭。市人皆以嬴为小人,而以公子为长者能下士也。"于是罢酒,侯生遂为上客。侯生谓公子曰:"臣所过屠者朱亥,此子贤者,世莫能知,故隐屠间耳。"公子往数请之,朱亥故不复谢,公子怪之。伏后小礼,以不了语住,妙绝。

　　魏安厘王二十年,秦昭王已破赵长平军,又进兵围邯郸。公子姊为赵惠文王弟平原君夫人,数遗魏王及公子书,请救于魏。魏王使将军晋鄙将十万众救赵。秦王使使者告魏王曰:"吾攻赵,旦暮且下,而诸侯敢救者,已拔赵,必移兵先击之。"魏王恐,使人止晋鄙,留军壁邺,名为救赵,实持两端以观望。平原君使者冠盖相属于魏,让魏公子曰:"胜所以自附为婚姻者,以公子之高义,为能急人之困。今邯郸旦暮降秦而魏救不至,安在公子能急人之困也!且公子纵轻胜,弃之降秦,独不怜公子姊邪?"公子患之,数请魏王,及宾客辩士说王万端。魏王畏秦,终不听公子。公子自度终不能得之于王,计不独生而令赵亡,乃请宾客,约车骑百余乘,欲以客往赴秦军,与赵俱死。行过夷门,见侯生,具告所以欲死秦军状。辞决而行,侯生曰:"公子勉之矣,老臣不能从。"公子行数里,心不快,写公子、侯生而必相知,曲折如绘。曰:"吾所以待侯生者备矣,天下莫不闻,今吾且死,而侯生曾无一言半辞送我,我岂有所失哉?"复引车还,问侯生。侯生笑曰:"臣固知公子之还也。"曰:"公子喜士,名闻天下。今有难,无他端,而欲赴秦军,譬若以肉投馁虎,何功之有哉?

尚安事客？然公子遇臣厚，公子往而臣不送，以是知公子恨之复返也。"公子再拜，因问。侯生乃屏人间语，曰："嬴闻晋鄙之兵符常在王卧内，而如姬最幸，出入王卧内，力能窃之。嬴闻如姬父为人所杀，如姬资之三年，自王以下，欲求报其父仇莫能得。如姬为公子泣，公子使客斩其仇头，敬进如姬。如姬之欲为公子死，无所辞，顾未有路耳。公子诚一开口请如姬，如姬必许诺，则得虎符，夺晋鄙军，北救赵而西却秦，此五霸之伐也。"公子从其计，请如姬。如姬果盗晋鄙兵符与公子。公子行，侯生曰："将在外，主令有所不受，以便国家。公子即合符，而晋鄙不授公子兵而复请之，事必危矣。臣客屠者朱亥可与俱，此人力士。晋鄙听，大善；不听，可使击之。"于是公子泣。只一"泣"字中，仁智俱见。侯生曰："公子畏死邪？何泣也？"公子曰："晋鄙嚄唶宿将，往恐不听，必当杀之，是以泣耳，岂畏死哉？"于是公子请朱亥。朱亥笑曰：着一"笑"字传神，且与公子"泣"字掩映，亦与前侯生"笑曰"掩映。"臣乃市井鼓刀屠者，而公子亲数存之，所以不报谢者，以为小礼无所用。今公子有急，此乃臣效命之秋也。"遂与公子俱。公子过谢侯生。侯生曰："臣宜从，老不能。请数公子行日，以至晋鄙军之日，北乡自刭，以送公子。"公子遂行。至邺，矫魏王令，代晋鄙。晋鄙合符，疑之，举手视公子曰："今吾拥十万之众，屯于境上，国之重任，今单车来代之，何如哉？"欲无听。朱亥袖四十斤铁椎，椎杀晋鄙，公子遂将晋鄙军。勒兵下令军中曰："父子俱在军中，父归；兄弟俱在军中，兄归；独子无兄弟，归养。"得选兵八万人，进兵击秦军。秦军解去，遂救邯郸，存赵。一煞句，山立。赵王及平原君自迎公子于界，平原君负韊矢为公子先引。赵王再拜唱叹。曰："自古贤人，未有及公子者也。"当此之时，平原君不敢自比于人妙绘。公子与侯生决，至军，侯生果北乡自刭。

魏王怒公子之盗其兵符，矫杀晋鄙，公子亦自知也。已却秦存赵，<u>使将将其军归魏，而公子独与客留赵</u>。收上起下。赵孝成王德公子之矫夺晋鄙兵而存赵，乃与平原君计以五城封公子。公子闻之，意骄矜而有自功之色。客此客大有学识，惜不传其名。有说公子曰："<u>物有不可忘，或有不可不忘</u>。<u>夫人有德于公子，公子不可忘也</u>；<u>公子有德于人，愿公子忘之也</u>。且矫魏王令，夺晋鄙兵以救赵，<u>于赵则有功矣</u>，于魏则未为忠臣也。公子乃自骄而功之，窃为公子不取也。"<u>于是公子立自责</u>，<u>似若无所容者</u>。赵王埽除自迎，执主人之礼，引公子就西阶。公子侧行辞让，从东阶上。<u>自言罪过</u>，<u>以负于魏</u>，<u>无功于赵</u>。<u>赵王侍酒至暮</u>，妙绘。<u>口不忍献五城</u>，<u>以公子退让也</u>。公子竟留赵。赵王以鄗为公子汤沐邑，魏亦复以信陵奉公子。公子留赵。

　　公子闻赵有处士毛公，藏于博徒，薛公，藏于卖浆家，公子欲见两人，<u>两人自匿</u>，<u>不肯见公子</u>。公子闻所在，乃间步往从此两人游，甚欢。平原君闻之，谓其夫人曰："始吾闻夫人弟公子天下无双，今吾闻之，乃妄从博徒卖浆者游，公子妄人耳。"夫人以告公子。公子乃谢夫人去，曰："始吾闻平原君贤，故负魏王而救赵，以称平原君。<u>平原君之游</u>，<u>徒豪举耳</u>，<u>不求士也</u>。无忌自在大梁时，常闻此两人贤，至赵，恐不得见。以无忌从之游，尚恐其不我欲也，今平原君乃以为羞，其不足从游。"乃装为去。夫人具以语平原君。平原君乃免冠谢，固留公子。平原君门下闻之，半去平原君归公子，<u>天下士复往归公子</u>，公子倾平原君客。此等客去留不另计。

　　又收上起下。<u>公子留赵十年不归</u>。<u>秦闻公子在赵</u>，<u>日夜出兵东伐魏</u>。魏王患之，使使往请公子。公子恐其怒之，乃诫门下："有敢为魏王使通者，死。"宾客皆背魏之赵，莫敢劝公子归。毛公、薛公两人往见公子曰："<u>公子所以重于赵</u>，<u>名闻诸侯者</u>，<u>徒以有魏也</u>。今秦攻魏，魏急而公子不恤，<u>使秦破大梁而夷先王之宗庙</u>，<u>公子当何面目立天下乎</u>？"语未及卒，<u>公子立变色</u>，<u>告车趣驾归救魏</u>。<u>魏王见公子</u>，<u>相与泣</u>，而以上将军印授公子，公子遂将。魏安厘王三十年，公子使使遍告诸侯。<u>诸侯闻公子将</u>，<u>各遣将将兵救魏</u>。先是诸侯不敢加兵谋魏，至是诸侯将兵救魏，秦兵亦不敢出，而公子之功遂。果如侯生所言，上与五伯间伐矣。两"不敢"字，前后紧关，"然"句山立。公子率五国之兵，破秦军于河外，走蒙骜。遂乘胜逐秦军，至函谷关，抑秦兵，<u>秦兵不敢出</u>。<u>当是时，公子威振天下</u>，唱叹。诸侯之客进兵法，公子皆名之，故世俗称《魏公子兵法》。先是"魏王及公子患之"，才是"魏王患之"，进转到"秦王患之"，妙甚！

秦王患之，乃行金万斤于魏，求晋鄙客，令毁公子于魏王曰："公子亡在外十年矣，今为魏将，诸侯将皆属，诸侯徒闻魏公子，不闻魏王。公子亦欲因此时定南面而王，诸侯畏公子之威，方欲共立之。"秦数使反间，伪贺公子得立为魏王未也。魏王日闻其毁，不能不信，后果使人代公子将。公子自知再以毁废，<u>乃谢病不朝</u>，<u>与宾客为长夜饮</u>，<u>饮醇酒</u>，<u>多近妇女</u>。<u>日夜为乐饮者四岁</u>，<u>竟病酒而卒</u>。其岁，魏安厘王亦薨。<u>秦闻公子死</u>，使蒙骜攻魏，拔二十城，初置东郡。其后秦稍蚕食魏，十八岁而虏魏王，屠大梁。高祖始微，少时，数闻公子贤。及即天子位，每过大梁，常祠公子。高祖十二年，从击黥布还，<u>为公子置守冢五家</u>，<u>世世岁以四时奉祠公子</u>。公子结。

太史公曰：<u>吾过大梁之墟</u>，<u>求问其所谓夷门。夷门者，城之东门也</u>。<u>天下诸公子亦有喜士者矣</u>，<u>然信陵君之接岩穴隐者</u>，<u>不耻下交</u>，<u>有以也</u>。<u>名冠诸侯</u>，<u>不虚耳</u>。<u>高祖每过之而令民奉祠不绝也</u>。悠然可思。

　　信陵君是太史公胸中得意人，故本传亦是太史公得意文。　　茅坤

　　一篇是救赵、抑秦两大截，起手将线路一一提清，已后一气贯注。当时秦患已极，六国中，公卿将相惟信陵真能下士，从谏若流，故独能抑秦。救赵正所以抑秦，而非其始能救赵，则后亦不能抑秦也。文二千五百余字，而"公子"字凡

一百四十余,见极尽慨慕之意。其神理处处酣畅,精采处处焕发,体势处处密栗,态味处处浓郁,机致处处飞舞,节奏处处铿锵。初读之,爱其诸美毕兼,领取无尽;读之既久,更如江心皓月,一片空明。我终不能测其文境之所至矣!

范睢蔡泽列传

　　范睢者，魏人也，字叔。游说诸侯，欲事魏王，<u>家贫无以自资</u>，乃先事魏中大夫须贾。一路叙得楚楚有致。须贾为魏昭王使于齐，范睢从。留数月，未得报。齐襄王闻睢辩口，乃使人赐睢金十斤及牛酒，<u>睢辞谢不敢受</u>。须贾知之，大怒，以为睢持魏国阴事告齐，故得此馈，令睢受其牛酒，还其金。既归，心怒睢，以告魏相。魏相，魏之诸公子曰魏齐。魏齐大怒，使舍人笞击睢，折胁折齿。<u>睢佯死</u>，即卷以箦，置厕中。宾客饮者醉，更溺睢，故僇辱以惩后，令无妄言者。睢从箦中谓守者曰："公能出我，我必厚谢公。"守者乃请出弃箦中死人。魏齐醉，曰："可矣。"范睢得出。后魏齐悔，复召求之。魏人郑安平闻之，乃遂操范睢亡，<u>伏匿</u>，<u>更名姓曰张禄</u>。

　　当此时，秦昭王使谒者王稽于魏。郑安平诈为卒侍王稽。王稽问："魏有贤人，可与俱西游者乎？"郑安平曰："臣里中有张禄先生，欲见君，言天下事。其人有仇，不敢昼见。"王稽曰："夜与俱来。"郑安平夜与张禄见王稽。<u>语未究</u>，<u>王稽知范睢贤</u>，谓曰："先生待我于三亭之南。"与私约而去。<u>王稽辞魏去</u>，<u>过载范睢入秦</u>。至湖关，望见车骑从西来。范睢曰："彼来者为谁？"王稽曰："秦相穰侯东行县邑。"范睢曰："<u>吾闻穰侯</u>，<u>专秦权</u>，恶内诸侯客，此恐辱我，我宁且匿车中。"有顷，穰侯果至，劳王稽，因立车而语曰："关东有何变？"曰："无有。"又谓王稽曰："谒君得无与诸侯客子俱来乎？无益，徒乱人国耳。"王稽曰："不敢。"即别去。范睢曰："<u>吾闻穰侯</u>，<u>智士也</u>，其见事迟，乡者疑车中有人，忘索之。"<u>于是范睢下车走曰</u>："<u>此必悔之</u>。"行十余里，果使骑还索车中，无客，乃已。王稽遂与范睢入咸阳。已报使，因言曰："魏有张禄先生，天下辩士也。曰'秦王之国危于累卵，得臣则安。然不可以书传也'。臣故载来。"秦王弗信，使舍食草具。待命岁余。

当是时，昭王已立三十六年。南拔楚之鄢郢，楚怀王幽死于秦。秦东破齐愍王，常称帝，后去之。数困三晋。<u>厌天下辩士，无所信</u>。

穰侯，华阳君，昭王母宣太后之弟也；而泾阳君、高陵君，皆昭王同母弟也。穰侯相，三人者更将，有封邑，以太后故，私家富重于王室。及穰侯为秦将，且欲越韩、魏而伐齐纲寿，<u>欲以广其陶封</u>。

范雎乃上书曰：臣闻明主立政，有功者不得不赏，有能者不得不官，劳大者其禄厚，功多者其爵尊，能治众者其官大。故无能者不敢当职焉，有能者亦不得蔽隐。使以臣之言为可，愿行而益利其道；以臣之言为不可，久留臣无为也。语曰："庸主赏所爱而罚所恶；明主则不然，赏必加于有功，而刑必断于有罪。"今臣之胸不足以当椹质，而要不足以待斧钺，<u>岂敢以疑事尝试于王哉</u>！<u>虽以臣为贱人而轻辱，独不重任臣者之无反复于王邪</u>？

且臣闻周有砥砨，宋有结绿，梁有县藜，楚有和朴，此四宝者，土之所生，良工之所失也，而为天下名器。然则圣王之所弃者，独不足以厚国家乎？臣闻善厚家者取之于国，善厚国者取之于诸侯。天下有明主，则诸侯不得擅厚者，何也？<u>为其割荣也</u>。承言以引之。良医知病人之死生，而圣主明于成败之事，利则行之，害则舍之，<u>疑则少尝之</u>，虽舜禹复生，弗能改已。

<u>语之至者，臣不敢载之于书，其浅者又不足听也</u>。<u>意者臣愚而不概于王心邪</u>？<u>亡其言臣者贱而不可用乎</u>？自非然者，臣愿得少赐游观之间，望见颜色。一语无效，请伏斧质。

于是秦昭王大说，乃谢王稽，使以传车召范雎。于是范雎乃得见于离宫，<u>详为不知永巷而入其中</u>。王来，而宦者怒逐之曰："王至！"范雎缪为曰："<u>秦安得王</u>？<u>秦独有太后、穰侯耳</u>。"欲以感怒昭王。危言以激之。昭王至，闻其与宦者争言，遂延迎谢曰："寡人宜以身受命久矣，会义渠之事急，寡人旦暮自请太后；今义渠之事已，寡人乃

得受命。窃闵然不敏，敬执宾主之礼。"范雎辞让。是日观范雎之见者，群臣莫不洒然变色易容者。秦王屏左右，宫中虚无人。秦王跽而请曰："先生何以幸教寡人？"范雎曰："唯唯。"有间，秦王复跽而请曰："先生何以幸教寡人？"范雎曰："唯唯。"若是者三。秦王跽曰："先生卒不幸教寡人邪？"范雎曰："非敢然也。臣闻昔者吕尚之遇文王也，身为渔父而钓于渭滨耳。若是者，交疏也。已说而立为太师，载与俱归者，其言深也。故文王遂收功于吕尚而卒王天下。乡使文王疏吕尚而不与深言，是周无天子之德，而文武无与成其王业也。今臣羁旅之臣也，交疏于王，而所愿陈者皆匡君之事，处人骨肉之间，愿效愚忠而未知王之心也。此所以王三问而不敢对者也。臣非有畏而不敢言也。臣知今日言之于前而明日伏诛于后，然臣不敢避也。大王信行臣之言，提笔。死不足以为臣患，亡不足以为臣忧，漆身为厉、被发为狂不足以为臣耻。且以五帝之圣焉而死，三王之仁焉而死，五霸之贤焉而死，乌获、任鄙之力焉而死，成荆、孟贲、王庆忌、夏育之勇焉而死。死者，人之所必不免也。处必然之势，可以少有补于秦，此臣之所大愿也，臣又何患哉！伍子胥橐载而出昭关，夜行昼伏，至于陵水，无以糊其口，膝行蒲伏，稽首肉袒，鼓腹吹篪，乞食于吴市，卒兴吴国，阖闾为伯。使臣得尽谋如伍子胥，加之以幽囚，终身不复见，是臣之说行也，臣又何忧？箕子、接舆漆身为厉，被发为狂，无益于主。假使臣得同行于箕子，可以有补所贤之主，是臣之大荣也，臣有何耻？又作一笔，妙绝！臣之所恐者，独恐臣死之后，天下见臣之尽忠而身死，因以是杜口裹足，莫肯乡秦耳。足下上畏太后之严，下惑于奸臣之态，居深宫之中，不离阿保之手，终身迷惑，无与昭奸。大者宗庙灭覆，说得悚然，所谓其言深也。小者身以孤危，此臣之所恐耳。若夫穷辱之事，死亡之患，臣不敢畏也。臣死而秦治，是臣死贤于生。"秦王跽曰："先生是何言也！夫秦国辟远，寡人愚不肖，先生乃幸辱至于此，是天以寡人恩先生而存先王之宗庙也。寡人得受命于先生,是天所以幸先王而不弃其孤也。先生奈何而言若是!事无小大,上及太后,下至大臣,愿先生悉以教寡人,<u>无疑寡人也</u>。"范睢拜,<u>秦王亦拜</u>。

范睢曰:"大王之国,四塞以为固,北有甘泉、谷口,南带泾、渭,右陇、蜀,左关、阪,奋击百万,战车千乘,利则出攻,不利则入守,此王者之地也。民怯于私斗而勇于公战,此王者之民也。王并此二者而有之。夫以秦卒之勇,车骑之众,以治诸侯,譬若驰(按:中华书局本作"施"。)韩卢而搏蹇兔也,霸王之业可致也,而群臣莫当其位。至今闭关十五年,不敢窥兵于山东者,是穰侯为秦谋不忠,而大王之计有所失也。"秦王跽曰:"寡人愿闻失计。"

<u>然左右多窃听者</u>,<u>范睢恐</u>,<u>不敢言内</u>,<u>先言外事</u>,<u>以观秦王之俯仰</u>。因进曰:"夫穰侯越韩、魏而攻齐纲、寿,<u>非计也</u>。少出师则不足以伤齐,多出师则害于秦。臣意王之计,欲少出师而悉韩、魏之兵也,则不义矣。今见与国之不亲也,越人之国而攻,可乎?其于计疏矣。且昔齐湣王南攻楚,破军杀将,再辟地千里,而齐尺寸之地无得焉者,<u>岂不欲得地哉</u>,<u>形势不能有也</u>。诸侯见齐之罢弊,君臣之不和也,兴兵而伐齐,大破之。士辱兵顿,皆咎其王曰:'谁为此计者乎?'王曰:'文子为之。'大臣作乱,文子出奔。故齐所以大破者,以其伐楚而肥韩、魏也。<u>此所谓借贼兵而赍盗粮者也</u>。<u>王不如远交而近攻</u>,<u>得寸则王之寸也</u>,<u>得尺亦王之尺也</u>。今释此而远攻,不亦缪乎!且昔者中山之国,地方五百里,赵独吞之,功成名立而利附焉,天下莫之能害也。今夫韩、魏,中国之处而天下之枢也,<u>王其欲霸</u>,<u>必亲中国以为天下枢</u>,<u>以威楚、赵</u>。楚强则附赵,赵强则附楚,楚、赵皆附,齐必惧矣。齐惧,必卑辞重币以事秦。齐附而韩、魏因可虏也。"昭王曰:"吾欲亲魏久矣,而魏多变之国也,寡人不能亲。请问亲魏奈何?"对曰:"<u>王卑词重币以事之</u>;<u>不可</u>,<u>则割地而赂之</u>;<u>不可</u>,<u>因举兵而伐之</u>。"王曰:"寡人敬闻命矣。"

乃拜范雎为客卿，谋兵事。卒听范雎谋，使五大夫绾伐魏，拔怀。后二岁，拔邢丘。

客卿范雎复说昭王曰："秦韩之地形，相错如绣。秦之有韩也，譬如木之有蠹也，人之有心腹之病也。天下无变则已，天下有变，其为秦患者孰大于韩乎？王不如收韩。"昭王曰："吾固欲收韩，韩不听，为之奈何？"对曰："韩安得无听乎？王下兵而攻荥阳，则巩、成皋之道不通；北断太行之道，则上党之师不下。王一兴兵而攻荥阳，则其国断而为三。夫韩见必亡，安得不听乎？若韩听，而霸事因可虑矣。"王曰："善。"且欲发使于韩。

范雎日益亲，复说用数年矣，因请间说曰："臣居山东时，闻齐之有田文，不闻其有王也；闻秦之有太后、穰侯、华阳、高陵、泾阳，不闻其有王也。夫擅国之谓王，能利害之谓王，制杀生之威之谓王。今太后擅行不顾，穰侯出使不报，华阳、泾阳等击断无讳，高陵进退不请。四贵备而国不危者，未之有也。为此四贵者下，乃所谓无王也。然则权安得不倾，令安得从王出乎？臣闻善治国者，乃内固其威而外重其权。穰侯使者操王之重，决制于诸侯，剖符于天下，政适伐国，莫敢不听。战胜攻取则利归于陶，国弊御于诸侯；战败则结怨于百姓，而祸归于社稷。诗曰'木实繁者披其枝，披其枝者伤其心；大其都者危其国，尊其臣者卑其主'。崔杼、淖齿管齐，射王股，擢王筋，县之于庙梁，宿昔而死。李兑管赵，囚主父于沙丘，百日而饿死。今臣闻秦太后、穰侯用事，高陵、华阳、泾阳佐之，卒无秦王，此亦淖齿、李兑之类也。且夫三代所以亡国者，君专授政，纵酒驰骋弋猎，不听政事。其所授者，妒贤嫉能，御下蔽上，以成其私，不为主计，而主不觉悟，故失其国。今自有秩以上至诸大吏，下及王左右，无非相国之人者。见王独立于朝，臣窃为王恐，万世之后，有秦国者非王子孙也。"昭王闻之大惧，曰："善。"

于是废太后，逐穰侯、高陵、华阳、泾阳君于关外。秦王乃拜范雎为相。收穰侯之印,使归陶,因使县官给车牛以徙,千乘有余。到关,关阅其宝器,宝器珍怪多于王室。秦封范雎以应,号为应侯。当是时,秦昭王四十一年也。范雎既相秦,秦号曰张禄,应前。而魏不知,以为范雎已死久矣。

魏闻秦且东伐韩、魏,魏使须贾于秦。范雎闻之,为微行,敝衣间步之邸,见须贾。须贾见之而惊曰:叙事俱极楚楚有致,然较起手又加波宕矣。"范叔固无恙乎!"范雎曰:"然。"须贾笑曰:"范叔有说于秦邪?"曰:"不也。雎前日得过于魏相,故亡逃至此,安敢说乎!"须贾曰:"今叔何事?"范雎曰"臣为人庸赁。"须贾意哀之,留与坐饮食,曰:"范叔一寒如此哉!"乃取其一绨袍以赐之。须贾因问曰:"秦相张君,公知之乎?吾闻幸于王,天下之事皆决于相君。今吾事之去留在张君。孺子岂有客习于相君者哉?"范雎曰:"主人翁习知之。唯雎亦得谒,雎请为见君于张君。"须贾曰:"吾马病,车轴折,非大车驷马,吾固不出。"范雎曰:"愿为君借大车驷马于主人翁。"范雎归取大车驷马,为须贾御之,入秦相府。府中望见,有识者皆避匿。须贾怪之。至相舍门,谓须贾曰:"待我,我为君先入通于相君。"须贾待门下,持车良久,问门下曰:"范叔不出,何也?"门下曰:"无范叔。"须贾曰:"乡者与我载而入者。"门下曰:"乃吾相张君也。"须贾大惊,自知见卖,乃肉袒膝行,因门下人谢罪。于是范雎盛帷帐,侍者甚众,见之。须贾顿首言死罪,曰:"贾不意君能自致于青云之上,贾不敢复读天下之书,不敢复与天下之事。贾有汤镬之罪,请自屏于胡貉之地,唯君死生之!"范雎曰:"汝罪有几?"曰:"擢贾之发以续贾之罪,尚未足。"范雎曰:"汝罪有三耳。昔者楚昭王时,而申包胥为楚却吴军,楚王封之以荆五千户,包胥辞不受,为丘墓之寄于荆也。今雎之先人丘墓亦在魏,公前以雎为有外心于齐而恶雎于魏齐,公之罪一也。当魏齐辱我于厕中,公不止,罪二也。更醉而溺我,公其何忍乎?罪三矣。然公之所以得无死者,以绨袍恋恋,有故人之意,故释公。"乃谢罢。入言之昭王,罢归须贾。

须贾辞于范雎,范雎大供具,尽请诸侯使,与坐堂上,食饮甚设。而坐须贾于堂下,置莝豆其前,令两黥徒夹而马食之。数曰:"为我告魏王,急持魏齐头来!不然者,我且屠大梁。"须贾归以告魏齐。魏齐恐,亡走赵,匿平原君所。

范雎既相,王稽谓范雎曰:"事有不可知者三,有不奈何者亦三。宫车一日晏驾,是事之不可知者一也。君卒然捐馆舍,是事之不可知者二也。使臣卒然填沟壑,是事之不可知者三也。宫车一日晏驾,君虽恨于臣,无可奈何。君卒然捐馆舍,君虽恨于臣,亦无可奈何。使臣卒然填沟壑,君虽恨于臣,亦无可奈何。"范雎不怿,乃入言于王曰:"非王稽之忠,莫能内臣于函谷关;非大王之贤圣,莫能贵臣。今臣官至于相,爵在列侯,王稽之官尚止于谒者,非其内臣之意也。"昭王召王稽拜为河东守,三岁不上计。又任郑安平,昭王以为将军。

范雎于是散家财物,尽以报所尝困厄者。一饭之德必偿,睚眦之怨必报。范雎相秦二年,秦昭王之四十二年,东伐韩少曲、高平,拔之。

秦昭王闻魏齐在平原君所,欲为范雎必报其仇,乃详为好书遗平原君曰:"寡人闻君之高义,愿与君为布衣之友,君幸过寡人,寡人愿与君为十日之饮。"叙魏齐从逃亡至自到,情事曲尽。盖平原、虞卿之义,侯嬴对信陵之言,皆有足感者。故史公因而详著之,然亦是极写秦王隆重范雎,必报其仇,一时沸腾赵魏,有如此也。平原君畏秦,且以为然,而入秦见昭王。昭王与平原君饮数日,昭王谓平原君曰:"昔周文王得吕尚以为太公,齐桓公得管夷吾以为仲父,今范君亦寡人之叔父也。范君之仇,在君之家,愿使人归取其头来;不然,吾不出君于关。"平原君曰:"贵而为友者,为贱也;富而为交者,为贫也。夫魏齐者,胜之友也,在,固不出也,今又不在臣所。"昭王乃遗赵王书曰:"王之弟在秦，范君之仇魏齐在平原君之家。王使人疾持其头来；不然，吾举兵而伐赵，又不出王之弟于关。"赵孝成王乃发卒围平原君家，急，魏齐夜亡出，见赵相虞卿。<u>虞卿度赵王终不可说，乃解其相印，与魏齐亡，间行，念诸侯莫可以急抵者，乃复走大梁</u>，欲因信陵君以走楚。信陵君闻之，<u>畏秦犹豫，未肯见</u>，曰："虞卿何如人也？"<u>时侯嬴在旁，曰</u>："<u>人固未易知，知人亦未易也</u>。夫虞卿蹑屩檐簦，一见赵王，赐白璧一双，黄金百镒；再见，拜为上卿；三见，卒受相印，封万户侯。当此之时，天下争知之。夫魏齐穷困过虞卿，虞卿不敢重爵禄之尊，解相印，捐万户侯而间行。急士之穷而归公子，公子曰'何如人'。<u>人固不易知，知人亦未易也</u>！"信陵君大惭，驾如野迎之。魏齐闻信陵君之初难见之，怒而自刭。赵王闻之，卒取其头予秦。秦昭王乃出平原君归赵。

　　昭王四十三年，秦攻韩汾陉，拔之，因城河上广武。后五年，昭王用应侯谋，纵反间卖赵，赵以其故，令马服子代廉颇将。秦大破赵于长平，遂围邯郸。已而与武安君白起有隙，言而杀之。任郑安平，使将击赵。郑安平为赵所围，急，以兵二万人降赵。应侯席稾请罪。秦之法，任人而所任不善者，各以其罪罪之。于是应侯罪当收三族。秦昭王恐伤应侯之意，乃下令国中："有敢言郑安平事者，以其罪罪之。"写秦王隆重范雎至此，无以复加，而雎更不可一朝居矣。而加赐相国应侯食物日益厚，以顺适其意。

　　后二岁，王稽为河东守，与诸侯通，坐法诛。而应侯日益以不怿。昭王临朝叹息，应侯进曰："臣闻'<u>主忧臣辱，主辱臣死</u>'。今大王中朝而忧，臣敢请其罪。"昭王曰："吾闻楚之铁剑利而倡优拙。夫铁剑利则士勇，倡优拙则思虑远。夫以远思虑而御勇士，吾恐楚之图秦也。夫物不素具，不可以应卒，今武安君既死，而郑安平等畔，内无良将，而外多敌国，吾是以忧。"<u>欲以激励应侯。应侯惧，不知所出。蔡泽闻之，往入秦也</u>。

蔡泽者，燕人也。游学干诸侯，小大甚众，不遇。而从唐举相，曰："吾闻先生相李兑，曰'百日之内持国秉政'，有之乎？"曰："有之。"曰："若臣者何如？"唐举孰视而笑曰："先生曷鼻，巨肩，魋颜，蹙齃，膝挛。吾闻圣人不相，殆先生乎？"蔡泽知唐举戏之，乃曰："富贵吾所自有，吾所不知者寿也，愿闻之。"唐举曰："先生之寿，从今以往者四十三岁。"蔡泽笑谢而去，谓其御者曰："吾持梁刺齿肥，跃马疾驱，怀黄金之印，结紫绶于要，揖让人主之前，食肉富贵，四十三年足矣。"

去之赵，见逐。之韩、魏，遇夺釜鬲于涂。闻应侯任郑安平，王稽皆负重罪于秦，与雎传穰侯，欲广陶封节对。应侯内惭，蔡泽乃西入秦。将见昭王与范雎入永巷争言，欲以感怒昭王节对。使人宣言以感怒应侯曰："燕客蔡泽，天下雄俊弘辩智士也。彼一见秦王，秦王必困君而夺君之位。"

应侯闻，曰："五帝三代之事，百家之说，吾既知之，众口之辩，吾皆摧之，是恶能困我而夺我位乎？"使人召蔡泽。蔡泽入，则揖应侯。与范雎拜，秦王亦拜节对。应侯固不快，及见之，又倨，应侯因让之曰："子尝宣言欲代我相秦，宁有之乎？"对曰："然。"应侯曰："请闻其说。"蔡泽曰：与范雎先言外事，以观秦王俯仰节对。"吁，君何见之晚也！夫四时之序，成功者去。二语提纲。夫人生百体坚强，手足便利，耳目聪明，而心圣智，岂非士之愿与？"应侯曰："然。"蔡泽曰："质仁秉义，行道施德，得志于天下，天下怀乐敬爱而尊慕之，皆愿以为君王，岂不辩智之期与？"应侯曰："然。"蔡泽复曰："富贵显荣，成理万物，使各得其所；性命寿长，终其天年而不夭伤；天下继其统，守其业，传之无穷；名实纯粹，泽流千里，世世称之而无绝，与天地终始：岂道德之符而圣人所谓吉祥善事者与？"应侯曰："然。"蔡泽曰："若夫秦之商君，楚之吴起，越之大夫种，其卒，然亦可愿与？"与王曰"敬闻命矣"节对。应侯知蔡泽之欲困己以说，复谬曰："何为不可？夫公孙鞅之事孝公也，极身无贰虑，尽公而不顾私；设刀锯以禁奸邪，信赏罚以致治；披腹心，示情素，蒙怨咎，欺旧友，夺魏公子卬，安秦社稷，利百姓，卒为秦禽将破敌，攘地千里。吴起之事悼王也，使私不得害公，谗不得蔽忠，言不取苟合，行不取苟容，不为危易行，行义不辟难，然为霸主强国，不辞祸凶。大夫种之事越王也，主虽困辱，悉忠而不解，主虽绝亡，尽能而弗离，成功而弗矜，贵富而不骄怠。若此三子者，固义之至也，忠之节也。是故君子以义死难，视死如归；生而辱不如死而荣。士固有杀身以成名，唯义之所在，虽死无所恨。何为不可哉？"与范睢再说收韩节对。

蔡泽曰："主圣臣贤，天下之盛福也；君明臣直，国之福也；父慈子孝，夫信妻贞，家之福也。故比干忠而不能存殷，子胥智而不能完吴，申生孝而晋国乱。是皆有忠臣孝子，而国家灭乱者，何也？无明君贤父以听之，故天下以其君父为僇辱而怜其臣子。今商君、吴起、大夫种之为人臣是也；其君非也。故世称三子致功而不见德，岂慕不遇世死乎？夫待死而后可以立忠成名，是微子不足仁，孔子不足圣，管仲不足大也。夫人之立功，岂不期于成全邪？身与名俱全者上也。名可法而身死者，其次也。名在僇辱而身全者，下也。"于是应侯称善。与范睢亲朋数年间，因请间疏节对。

蔡泽少得间，因曰："夫商君、吴起、大夫种，其为人臣尽忠致功，则可愿矣，闳夭事文王，周公辅成王也，岂不亦忠圣乎？以君臣论之，商君、吴起、大夫种其可愿孰与闳夭、周公哉？"应侯曰："商君、吴起、大夫种弗若也。"蔡泽曰："然则君之主，慈仁任忠，惇厚旧故，其贤智与有道之士为胶漆，义不倍功臣，孰与秦孝公、齐（按：中华书局本作"楚"。）悼王、越王乎？"应侯曰："未知何如也。"蔡泽曰："今主亲忠臣，不过秦孝公、楚悼王、越王，君之设智能，为主安危修政，治乱强兵，批患折难，广地殖谷，富国足家，强主尊社稷，显宗庙，天下莫敢欺犯其主，主之威盖震海内，功彰万里之外，声名光辉，传于千世，君孰与商君、吴起、大夫种？"应侯曰："不若。"蔡泽曰："今主之亲忠臣不忘旧故，不若孝公、悼王、句践，而君之功绩爱信亲幸，又不若商君、吴起、大夫种，然而君之禄位贵盛，私家之富过于三子，而身不退者，恐患之甚于三子，窃为君危之。语曰'日中则移，月满则亏'。物盛则衰，天地之常数也。进退盈缩，与时变化，圣人之常道也。故'国有道则仕，国无道则隐'。圣人曰'飞龙在天，利见大人'。'不义而富且贵，于我如浮云'。今君之怨已仇而德已报，意欲至矣，而无变计，窃为君不取也。且夫翠、鹄、犀、象，其处势非不远死也，而所以死者，惑于饵也。苏秦、智伯之智，非不足以辟辱远死也，而所以死者，惑于贪利不止也。是以圣人制礼节欲，取于民有度，使之以时，用之有止，故志不溢，行不骄，常与道俱而不失，故天下承而不绝。昔者齐桓公九合诸侯，一匡天下，至于葵丘之会，有骄矜之志，畔者九国。吴王夫差兵无敌于天下，勇强以轻诸侯，陵齐晋，故遂以杀身亡国。夏育、太史噭叱呼骇三军，然而身死于庸夫。此皆乘至盛而不返道理，不居卑退处俭约之患也。夫商君为秦孝公明法令，禁奸本，尊爵必赏，有罪必罚，平权衡，正度量，调轻重，决裂阡陌，以静生民之业而一其俗，劝民耕农利土，一室无二事，力田稸积，习战陈之事，是以兵动而地广，兵休而国富，故秦无敌于天下，立威诸侯，成秦国之业。功已成矣，而遂以车裂。楚地方数千里，持戟百万，白起率数万之师以与楚战，一战举鄢郢以烧夷陵，再战南并蜀汉。又越韩、魏而攻强赵，北坑马服，诛屠四十余万之众，尽之于长平之下，流血成川，沸声若雷，遂入围邯郸，使秦有帝业。楚、赵天下之强国而秦之仇敌也，自是之后，楚、赵皆慴伏不敢攻秦者，白起之势也。身所服者七十余城，功已成矣，而遂赐剑死于杜邮。吴起为楚悼王立法，卑减大臣之威重，罢无能，废无用，损不急之官，塞私门之请，一楚国之俗，禁游客之民，精耕战之士，南收杨越，北并陈、蔡，破横散从，使驰说之士无所开其口，禁朋党以厉百姓，定楚国之政，兵震天下，威服诸侯。功已成矣，而卒枝解。大夫种为越王深谋远计，免会稽之危，以亡为存，因辱为荣，垦草入邑，辟地殖谷，率四方之士，专上下之力，辅勾践之贤，报夫差之仇，卒擒劲吴，令越成霸。功已彰而信矣，勾践终负而杀之。<u>此四子者，功成不去，祸至于身。此所谓信而不能诎，往而不能返者也。范蠡知之，超然辟世，长为陶朱公。</u>君独不观夫博者乎？或欲大投，或欲分功，此皆君之所明知也。今君相秦，计不下席，谋不出廊庙，坐制诸侯，利施三川，以实宜阳，决羊肠之险，塞太行之道，又斩范、中行之涂，六国不得合从，栈道千里，通于蜀汉，使天下皆畏秦，<u>秦之欲得矣，君之功极矣，此亦秦之分功之时也。如是而不退，则商君、白公、吴起、大夫种是也</u>。吾闻之，'鉴于水者，见面之容；鉴于人者，知吉与凶'。书曰'成功之下，不可久处'。四子之祸，君何居焉？君何不以此时归相印，让贤者而授之，退而岩居川观，必有伯夷之廉，长为应侯，世世称孤，而有许由、延陵季子之让，乔松之寿，孰与以祸终哉？即君何居焉？忍不能自离，疑不能自决，必有四子之祸矣。《易》曰'亢龙有悔'，<u>此言上而不能下，信而不能诎，往而不能自返者也。愿君孰计之</u>！"与"秦王闻之，大惧，曰'善'"节对。

应侯曰："善。吾闻'欲而不知止，失其所以欲；有而不知足，失其所以有'。先生幸教，雎敬受命。'"于是乃延入坐，为上客。

后数日，入朝，言于秦昭王曰："客新有从山东来者曰蔡泽，其人辩士，明于三王之事，五伯之业，世俗之变，足以寄秦国之政。臣之见人甚众，莫及，臣不如也。臣敢以闻。"秦昭王召见，与语，大说之，拜为客卿。应侯因谢病，请归相印。<u>大说客卿，为相惧诛，谢病归印，一一相对。</u>昭王强起应侯，应侯遂称病笃。范雎免相，昭王新说蔡泽计画，遂拜为秦相，东收周室。叙泽功大，只一句叙睢功，数节对。

蔡泽相秦数月，人或恶之，惧诛，乃谢病归相印，号为纲成君。居秦十余年，事昭王、孝文王、庄襄王。略叙年数，与"四十三年足矣"相掩映。卒事始皇帝，为秦使于燕，三年，而燕使太子丹入质于秦。

太史公曰：韩子称"长袖善舞，多钱善贾"，信哉是言也！范雎、蔡泽世所谓一切辩士，然游说诸侯，至白首无所遇者，非计策之拙，所为说力少也。及二人羁旅入秦，继踵取卿相，垂功于天下者，固强弱之势异也。一转无限感慨。<u>然士亦有偶合</u>，<u>贤者多如此二子</u>，<u>不得尽意，岂可胜道哉</u>！<u>然二子不困厄</u>，<u>恶能激乎</u>？

写范雎恩怨处，烟波千里。写蔡泽一言而夺相处，势如转丸于掌上。　茅坤

此文著意在<u>互夺相位处</u>。范雎夺穰侯于方盛之时，故数年而后得；蔡泽夺范雎<u>于自危之候</u>，<u>故立谈而已解</u>。一边极写夺之难，一边极写夺之易，情势相反，而立谈节奏乃与数年曲折一一相称，斯合传之一奇也。

议论尽本《国策》，而叙事贯串，则太史公笔也。

乐毅列传

乐毅者，其先祖曰乐羊。乐羊为魏文侯将，其先仕于魏。伐取中山，魏文侯封乐羊以灵寿。封于灵寿。乐羊死，葬于灵寿，其后子孙因家焉。家于中山。中山复国，至赵武灵王时复灭中山，而乐氏后有乐毅。家入于赵，毅生于赵。乐毅贤，主句。好兵，赵人举之。举于赵。及武灵王有沙丘之乱，乃去赵适魏。适魏。闻燕昭王以子之之乱而齐大败燕，燕昭王怨齐，未尝一日而忘报齐也。燕国小，辟远，力不能制，于是屈身下士，先礼郭隗以招贤者。乐毅于是为魏昭王使于燕，入燕。燕王以客礼待之。乐毅辞让，遂委质为臣，居燕。燕昭王以为亚卿，久之。当是时，齐湣王强，南败楚相唐眛于重丘，西摧三晋于观津，遂与三晋击秦，助赵灭中山，破宋，广地千余里极写齐湣之强，以激起毅功之大，是一篇吃紧处。与秦昭王争重为帝，已而复归之。诸侯皆欲背秦而服于齐。湣王自矜，百姓弗堪。于是燕昭王问伐齐之事。乐毅对曰："齐霸国之余业也，地大人众，未易独攻也。王必欲伐之，莫如与赵及楚、魏。"于是使乐毅约赵惠文王，使赵。别使连楚、魏，令赵嚙说秦以伐齐之利。诸侯害齐湣王之骄暴，皆争合从与燕伐齐。乐毅还报，燕昭王悉起兵，使乐毅为上将军，赵惠文王以相国印授乐毅。还燕。此使赵还燕二节，亦毅迁徙靡定中之波澜衬贴也。而赵王授印，又为下文奔赵张本。乐毅于是并护赵、楚、韩、魏、燕之兵以伐齐，破之济西。诸侯兵罢归，而燕军乐毅独追，至于临菑。齐湣王之败济西，亡走保于莒。乐毅独留徇齐，齐皆城守。乐毅攻入临菑，尽取齐宝财物祭器输之燕。燕昭王大说，亲至济上劳军，行赏飨士，封子。封乐毅于昌国，号为昌国君。于是燕昭王收齐卤获以归，而使乐毅复以兵平齐城之不下者。乐毅留徇齐五岁，下齐七十余城，皆为郡县以属燕，唯独莒、即墨未服。会燕昭王死，子立为燕惠王。惠王自为太子时，尝不快于乐毅，及即位，齐之田单闻之，乃纵反间于燕，曰："齐城不下者两城耳。然所以不早拔者，闻乐毅与燕新王有隙，欲连兵且留齐，南面而王齐。齐之所患，唯恐他将之来。"于是燕惠王固已疑乐毅，得齐反间，乃使骑劫代将，而召乐毅。乐毅知燕惠王之不善代之，畏诛，<u>遂西降赵</u>。去燕奔赵。<u>赵封乐毅于观津</u>，<u>号曰望诸君</u>，封于赵。<u>尊宠乐毅以警动于燕、齐</u>。空中着句，极写乐毅如龙见雷般。齐田单后与骑劫战，果设诈诳燕军，遂破骑劫于即墨下，而转战逐燕，北至河上，尽复得齐城，而迎襄王于莒，入于临菑。燕惠王后悔使骑劫代乐毅，以故破军亡将失齐；又怨乐毅之降赵，恐赵用乐毅而乘燕之弊以伐燕。燕惠王乃使人让乐毅，且谢之曰："先王举国而委将军，将军为燕破齐，报先王之仇，天下莫不震动，寡人岂敢一日而忘将军之功哉！会先王弃群臣，寡人新即位，左右误寡人。寡人之使骑劫代将军，为将军久暴露于外，故召将军且休，计事。将军过听，以与寡人有隙，遂捐燕归赵。将军自为计则可矣，而亦何以报先王之所以遇将军之意乎？"乐毅报遗燕惠王书曰：

　　臣不佞，不能奉承王命，以顺左右之心，恐伤先王之明，有害足下之义，故遁逃走赵。今足下使人数之以罪，臣恐侍御者不察先王之所以畜幸臣之理，又不白臣之所以事先王之心，故敢以书对。

　　臣闻贤圣之君，不以禄私亲，其功多者赏之，其能当者处之。故察能而授官者，成功之君也；论行而结交者，立名之士也。臣窃观先王之举也，见有高世主之心，故假节于魏，以身得察于燕。先王过举，厕之宾客之中，立之群臣之上，不谋父兄，以为亚卿。臣窃不自知，自以为奉令承教，可幸无罪，故受令而不辞。

　　先王命之曰："我有积怨深怒于齐，不量轻弱，而欲以齐为事。"臣曰："夫齐，霸国之余业而最胜之遗事也。练于兵甲，习于战攻。王若欲伐之，必与天下图之。与天下图之，莫若结于赵。且又淮北、宋地，楚魏之所欲也，赵若许而约四国攻之，齐可大破也。"先王以为然，具符节南使臣于赵。顾反命，起兵击齐。以天之道，先王之灵，河北之地随先王而举之济上。济上之军受命击齐，大败齐人。轻卒锐兵，长驱至国。齐王遁而走莒，仅以身免；珠玉财宝，车甲珍器，尽收入于燕。齐器设于宁台，大吕陈于元英，故鼎反乎磨室，蓟丘之植植于汶篁，自五伯已来，功未有及先王者也。先王以为慊于志，故裂地而封之，使得比小国诸侯。臣窃不自知，自以为奉命承教，可幸无罪，是以受命不辞。

臣闻贤圣之君，功立而不废，故著于《春秋》；早知之士，名成而不毁，故称于后世。若先王之报怨雪耻，夷万乘之强国，收八百岁之蓄积，及至弃群臣之日，余教未衰，执政任事之臣，修法令，慎庶孽，施及乎萌隶皆可以教后世。

臣闻之，善作者不必善成，善始者不必善终。昔伍子胥说听于阖闾，而吴王远迹至郢；夫差弗是也，赐之鸱夷而浮之江。吴王不寤先论之可以立功，故沈子胥而不悔；子胥不早见主之不同量，是以至于入江而不化。

夫免身立功以明先王之迹，臣之上计也。离毁辱之诽谤，堕先王之名，臣之所大恐也。临不测之罪以幸为利，义之所不敢出也。

臣闻古之君子，交绝不出恶声；忠臣去国，不絜其名。臣虽不佞，数奉教于君子矣。恐侍御者之亲，左右之说，不察疏远之行，故敢献书以闻，唯君王之留意焉。

于是燕王复以乐毅子乐间为昌国君；后人复封于燕。而乐毅往来复通燕，燕、赵以为客卿。往来燕赵。乐毅卒于赵。卒于赵。乐间居燕三十余年，后人居燕。燕王喜用其相栗腹之计，欲攻赵，而问昌国君乐间。乐间曰："赵，四战之国也，其民习兵，伐之不可。"燕王不听，遂伐赵。赵使廉颇击之，大破栗腹之军于鄗，禽栗腹、乐乘。乐乘者，乐间之宗也。于是乐间奔赵后人奔赵。赵遂围燕。燕重割地以与赵和，赵乃解而去。燕王恨不用乐间，乐间既在赵，后人在赵。乃遗乐间书曰："纣之时，箕子不用，犯谏不怠，以冀其听；

商容不达，身祇辱焉，以冀其变。及民志不入，狱囚自出，然后二子退隐。故纣负桀暴之累，二子不失忠圣之名。何者？其忧患之尽矣。今寡人虽愚，不若纣之暴也；燕民虽乱，不若殷民之甚也。室有语，不相尽以告邻里。二者，寡人不为君取也。"乐间、乐乘怨燕不听其计，二人卒留赵。后人留赵。赵封乐乘为武襄君。后人封于赵。其明年，乐乘、廉颇为赵围燕，燕重礼以和，乃解。后五岁，赵孝成王卒。襄王使乐乘代廉颇。廉颇攻乐乘，乐乘走，廉颇亡入魏。其后十六年而秦灭赵。其后二十余年，高帝过赵，问："乐毅有后世乎？"对曰："有乐叔。"高帝封之乐乡，后人封乐乡。号曰华成君。华成君，乐毅之孙也。而乐氏之族有乐瑕公、乐臣公，赵且为秦所灭，亡之齐高密。后人奔齐。乐臣公善修黄帝、老子之言，显闻于齐，称贤师。后人显于齐，贤字应。

太史公曰：始齐之蒯通及主父偃读乐毅之<u>《报燕王书》，未尝不废书而泣也</u>。乐臣公学黄帝、老子，其本师号曰河上丈人，不知其所出。河上丈人教安期生，安期生教毛翕公，毛翕公教乐瑕公，乐瑕公教乐臣公，乐臣公教盖公。盖公教于齐高密、胶西，为曹相国师。

一篇以《报燕书》为正文，以踪迹移徙为章法。看其前叙仕燕、谋齐、约赵、破齐，皆综括不详，或反略于书，只似为书辞作案者。而于书之前先略叙《燕王书》以引之，书之后又略叙《燕王与乐间书》以衬之，此所谓以书辞为正文也。毅之先本魏人，为魏将，取中山而封中山之灵寿，中山复国，遂为中山人。中山入赵，毅遂为赵人；赵乱适魏，又为魏人；自魏使燕，因为燕人；自燕奔赵，又为赵人；自赵通燕，又为燕、赵间人。子族仕燕，又专为燕人；或禽或奔，又俱为赵人；怨燕留赵，则终为赵人；有孙在赵，则世为赵人。其族奔齐显齐，则又别为齐人。曲折详尽，结构井然，此所谓以踪迹移徙为章法也。然此是何故？只缘毅始自魏入燕，君臣鱼水，用成大功。而卒以后嗣见疑，寸衷莫白，不终于燕，为可悲叹！史公故特取书辞作正文，而因备叙其家世迁流靡定之迹，与其入燕、去燕两大节目后先萦绕，以深致感悼，为无限烟波，而章法之所由生也。呜呼，微矣！

廉颇蔺相如列传

廉颇者，<u>赵之良将也</u>。赵惠文王十六年，廉颇为赵将伐齐，大破之，取晋阳，拜为上卿，<u>以勇气闻于诸侯</u>。"勇"字一篇绕萦。相如之勇在缪贤口中见，奢之勇即在奢语中见，已极变化。而牧之勇，偏用三"怯"字反激，益使人迷眩耳。蔺相如者，赵人也，为赵宦者令缪贤舍人。赵惠文王时，得楚和氏璧。秦昭王闻之，使人遗赵王书，愿以十五城请易璧。赵王与大将军廉颇诸大臣谋：欲予秦，秦城恐不可得，徒见欺；欲勿予，即患秦兵之来。计未定，求人可使报秦者，未得。宦者令缪贤曰："<u>臣舍人蔺相如可使</u>。"王问"何以知之？"对曰："臣尝有罪，窃计欲亡走燕，臣舍人相如止臣，曰：'君何以知燕王？'臣语曰：'臣尝从大王与燕王会境上，燕王私握臣手曰"愿结友"。以此知之，故欲往。"相如谓臣曰：'夫赵强而燕弱，而君幸于赵王，故燕王欲结于君。今君乃亡赵走燕，<u>燕畏赵，其势必不敢留君，而束君归赵矣</u>。君不如肉袒伏斧质请罪，则幸得脱矣。'臣从其计，大王亦幸赦臣。臣窃以为其人<u>勇士</u>，称相如多一"智"字，故赞语专赞相如而曰："其处智勇，可谓兼之矣"。<u>有智谋</u>，宜可使。"于是王召见，问蔺相如曰："秦王以十五城请易寡人之璧，可予不？"相如曰："秦强而赵弱，不可不许。"王曰："取吾璧，不予我城，奈何？"相如曰："秦以城求璧而赵不许，曲在赵。赵予璧而秦不予赵城，曲在秦。<u>均之二策</u>，<u>宁许以负秦曲</u>。"王曰："谁可使者？"相如曰："王必无人，臣愿奉璧往使。<u>城入赵而璧留秦</u>；<u>城不入</u>，<u>臣请完璧归赵</u>。"

赵王于是遂遣相如奉璧西入秦。秦王坐章台见相如，相如奉璧奏秦王。秦王大喜，传以示美人及左右，左右皆呼万岁。<u>相如视秦王无意偿赵城</u>，度秦王。乃前曰："璧有瑕，请指示王。"王授璧，<u>相如因持璧却立</u>，<u>倚柱</u>，<u>怒发上冲冠</u>，<u>谓秦王</u>谓秦王。曰："大王欲得璧，使人发书至赵王，赵王悉召群臣议，皆曰'<u>秦贪</u>，<u>负其强</u>，<u>以空言</u>

求璧，偿城恐不可得'。议不欲予秦璧。臣以为布衣之交尚不相欺，况大国乎！且以一璧之故逆强秦之欢，不可。于是赵王乃斋戒五日，使臣奉璧，拜送书于庭。何者？严大国之威以修敬也。今臣至，大王见臣列观，礼节甚倨；得璧，传之美人，以戏弄臣。臣观大王无意偿赵王城邑，故臣复取璧。大王必欲急臣，臣头今与璧俱碎于柱矣！"相如持其璧睨柱，欲以击柱。秦王恐其破璧，乃辞谢固请，召有司案图，指从此以往十五都予赵。相如度秦王特以诈详为予赵城，实不可得，再谓秦王。乃谓秦王曰："和氏璧，天下所共传宝也，赵王恐，不敢不献。赵王送璧时，斋戒五日，今大王亦宜斋戒五日，设九宾于廷，臣乃敢上璧。"秦王度之，终不可强夺，插入秦王。一度为相如，一度作波。遂许斋五日，舍相如广成传舍。相如度秦王虽斋，决负约不偿城，乃使其从者衣褐，怀其璧，从径道亡，归璧于赵。

　　秦王斋五日后，乃设九宾礼于庭，引赵使者蔺相如。相如至，三谓秦王。谓秦王曰："秦自缪公以来二十余君，未尝有坚明约束者也。臣诚恐见欺于王而负赵，故令人持璧归，间至赵矣。且秦强而赵弱，大王遣一介之使至赵，赵立奉璧来。今以秦之强而先割十五都予赵，赵岂敢留璧而得罪于大王乎？臣知欺大王之罪当诛，臣请就汤镬，唯大王与群臣孰计议之。"秦王与群臣相视而嘻。左右或欲引相如去，秦王因曰："今杀相如，终不能得璧也，而绝秦赵之欢，不如因而厚遇之，使归赵，赵王岂以一璧之故欺秦邪！"卒廷见相如，毕礼而归之。相如既归，赵王以为贤大夫使不辱于诸侯，拜相如为上大夫。颇、牧良将，见处即点相如与奢之贤，一在赵王意中，一在平原意中注出，亦一篇紧要关会也。秦亦不以城予赵，赵亦终不予秦璧。

　　其后秦伐赵，拔石城。明年，复攻赵，杀二万人。秦王使使者告赵王，欲与王为好会于西河外渑池。赵王畏秦，欲毋行。廉颇、蔺相如计曰："王不行，示赵弱且怯也。"赵王遂行，相如从。廉颇送至境，与王诀此处极写廉颇。曰："王行，度道里会遇之礼毕，还不过三十日。三十日不还，则请立太子为王，以绝秦望。"王许之，遂与秦王会渑池。秦王饮酒酣，曰："寡人窃闻赵王好音，请奏瑟。"赵王鼓瑟。秦御史前书曰"某年月日，秦王与赵王会饮，令赵王鼓瑟"。蔺相如前曰："赵王窃闻秦王善为秦声，请奏盆缻秦王，以相娱乐"。秦王怒，不许。于是相如前进缻，因跪请秦王。秦王不肯击缻。相如曰："五步之内，相如请得以颈血溅大王矣！"左右欲刃相如，相如张目叱之，左右皆靡。于是秦王不怿，为一击缻。相如顾召赵御史书曰"某年月日，秦王为赵王击缻"。秦之群臣曰："请以赵十五城为秦王寿。"蔺相如亦曰："请以秦之咸阳为赵王寿。"秦王竟酒，终不能加胜于赵。篇中凡叙秦赵交关处，皆用紧笔、重笔。此处秦不能胜，秦不敢动是也。奢阏与之胜，牧宜安之胜亦然，括长平之败亦然。皆所以深表诸人之功，而痛赵王之信间也。赵亦盛设兵以待秦，秦不敢动。

既罢归国，以相如功大，拜为上卿，位在廉颇之右。廉颇曰："我为赵将，有攻城野战之大功，而蔺相如徒以口舌为劳，而位居我上，且相如素贱人，吾羞，不忍为之下。"宣言曰："我见相如，必辱之。"相如闻，不肯与会。相如每朝时，常称病，不欲与廉颇争列。已而相如出，望见廉颇，相如引车避匿。于是舍人相与谏曰："臣所以去亲戚而事君者，徒慕君之高义也。今君与廉颇同列，廉君宣恶言，而君畏匿之，恐惧殊甚，且庸人尚羞之，况于将相乎！臣等不肖，请辞去。"蔺相如固止之，曰："公之视廉将军，孰与秦王？"曰："不若也。"相如曰："夫以秦王之威，而相如廷叱之，辱其群臣，相如虽驽，独畏廉将军哉？顾吾念之，强秦之所以不敢加兵于赵者，徒以吾两人在也。此可以睹作一篇纲要。今两虎共斗，其势不俱生。吾所以为此者，以先国家之急而后私仇也。"廉颇闻之，肉袒负荆，因宾客至蔺相如门谢罪。曰："鄙贱之人，不知将军宽之至此也。"卒相与欢，为刎颈之交。合传关键。

是岁廉颇东攻齐，破其一军。居二年，廉颇复伐齐几，拔之。

后三年，廉颇攻魏之防陵、安阳，拔之。后四年，蔺相如将而攻齐，至平邑而罢。其明年，赵奢破秦军阏与下。<u>诸欣曰：只就赵之年分，固今叙来，忽而廉蔺，忽而赵李，绝无○子痕迹。</u>

赵奢者，赵之田部吏也。收租税而平原君家不肯出，赵奢以法治之，杀平原君用事者九人。平原君怒，将杀奢。奢因说曰："君于赵为贵公子，今纵君家而不奉公则法削，法削则国弱，国弱则诸侯加兵，诸侯加兵<u>是无赵也，君安得有此富乎</u>？以君之贵，奉公如法，则上下平，上下平则国强，国强则赵固，而君为贵戚，岂轻于天下邪？"<u>平原君以为贤</u>，言之于王。王用之治国赋，国赋大平，民富而府库实。秦伐韩，军于阏与。王召廉颇而问曰："可救不？"对曰："道远，险狭难救。"又召乐乘而问焉，乐乘对如廉颇言。<u>乐乘时见，亦为后文颇乘相攻张本。</u>又召问赵奢，奢对曰："其道远险狭，<u>譬之犹两鼠斗于穴中，将勇者胜</u>。"王乃令赵奢救之。兵去邯郸三十里，而令军中曰："<u>有以军事谏者死</u>。"秦军军武安西，秦军鼓噪勒兵，武安屋瓦尽振。军中侯有一人言急救武安，<u>赵奢立斩之</u>。坚壁，<u>留二十八日不行，复益增垒。秦间来入，赵奢善食而遣之</u>。<u>写奢反用秦间，与后文赵王屡听秦间相激射。</u>间以报秦将，秦将大喜曰："夫去国三十里而军不行，乃增垒，阏与非赵地也。"<u>赵奢既已遣秦间，乃卷甲而趋之，二日一夜至</u>，令善射者去阏与五十里而军。军垒成，秦人闻之，悉甲而至。军士许历请以军事谏，<u>赵奢曰："内之。"</u>许历曰："秦人不意赵师至此，其来气盛，<u>将军必厚集其阵以待之</u>。<u>不然，必败</u>。"赵奢曰："请受令。"许历曰："请就铁质之诛。"赵奢曰："胥后令邯郸。"许历复请谏，曰："<u>先据北山上者胜，后至者败</u>。"赵奢许诺，即发万人趋之。秦兵后至，争山，不得上，<u>赵奢纵兵击之，大破秦军</u>。<u>繁笔重华。</u><u>秦军解而走，遂解阏与之围而归</u>。赵惠文王赐奢号为马服君，以许历为国尉。<u>赵奢于是与廉颇、蔺相如同位</u>。<u>一句串合。</u>

后四年，赵惠文王卒，子孝成王立。七年，秦与赵兵相距长平，时赵奢已死，而蔺相如病笃，三句合叙。使廉颇将攻秦，秦数败赵军，赵军固壁不战。写颇御秦作用，与奢救阏与、牧备匈奴无二。特笔。秦数挑战，廉颇不肯。赵王信秦之间。倒注此句，其叹息痛恨于赵王者至矣。秦之间言曰："秦之所恶，独畏马服君赵奢之子赵括为将耳。"赵王因以括为将，代廉颇。蔺相如曰："王以名使括，若胶柱而鼓瑟耳。括徒能读其父书传，不知合变也。"赵王不听，信间至此。遂将之。赵括自少时学兵法，言兵事，以天下莫能当。尝与其父奢言兵事，奢不能难，然不谓善。括母问奢其故，奢曰："兵，死地也，而括易言之。使赵不将括即已，若必将之，破赵军者必括也。"颇、牧与奢破敌，全是不易言兵。此句暗作一篇纲要，非直为括论也。及括将行，其母上书言于王曰："括不可使将。"王曰："何以？"对曰："始妾事其父时，为将，身所奉饭饮而进食者以十数，所友者以百数，大王及宗室所赏赐者，尽以予军吏士大夫，受命之日，不问家事。因是且用赵括亦已，补写赵奢。今括一旦为将，东向而朝军吏，无敢仰视之者，王所赐金帛，归藏于家，而日视便利田宅可买者买之。王以为何如其父？父子异心，愿王勿遣。"王曰："母置之，吾已决矣。"信间至此，并不信其父、母之言。括母因曰："王终遣之，即有如不称，妾得无随坐乎？"王许诺。赵括既代廉颇，悉更约束，易置军吏。秦将白起闻之，纵奇兵佯败走，而绝其粮道，分断其军为二，士卒离心。四十余日，军饿，赵括出锐卒自博战，秦军射杀赵括。括军败，数十万之众遂降秦，秦悉坑之。此两行内亦用许多繁笔、重笔。赵前后所亡凡四十五万。明年，秦兵遂围邯郸，岁余，几不得脱。赖楚、魏诸侯来救，乃得解邯郸之围。赵王亦以括母先言，竟不诛也。周匝。

　　自邯郸围解五年，转提。具有大力。而燕用栗腹之谋，曰"赵壮者尽于长平，其孤未壮"，举兵击赵。赵使廉颇将，击，大破燕军于鄗，杀栗腹，遂围燕。燕割五城请和，乃听之。赵以尉文封廉颇为信平君，为假相国。廉颇之免长平归也，失势之时，故客尽去。廉颇短处全在篇里。前以怨恨相如，几败国事；后以怒攻乐乘，与赵终楚。史公有深惜焉，此推客亦褊表之一端，故特用追叙。与前愤嫉相如，相如舍人辞去事，两相映射，以引起攻乘奔亡。故而写来只似波宕间文，使人莫测其无穷奥美，真神工也。

及复用为将，客又复至。廉颇曰："客退矣！"客曰："吁！君何见之晚也？夫天下以市道交，君有势，我则从君，君无势则去，此固其理也，有何怨乎？"

居六年，赵使廉颇伐魏之繁阳，拔之。赵孝成王卒，子悼襄王立，使乐乘代廉颇。廉颇怒，攻乐乘，乐乘走。廉颇遂奔魏之大梁。其明年，赵乃以李牧为将而攻燕，拔武遂、方城。入李牧，无断续处。廉颇居梁久之，魏不能信用。赵以数困于秦兵，赵王思复得廉颇，廉颇亦思复用于赵。赵王使使者视廉颇尚可用否。廉颇之仇郭开，多与使者金，令毁之。赵使者既见廉颇，廉颇为之一饭斗米，肉十斤，被甲上马，以示尚可用。赵使还报王曰："廉将军虽老，尚善饭，然与臣坐顷之，三遗矢矣。"赵王以为老，遂不召。又以信间矣，颇可叹。

楚闻廉颇在魏，阴使人迎之。廉颇一为楚将，无功，曰："我思用赵人。"此一句深表廉颇，写得凄然欲绝。廉颇卒死于寿春。

李牧者，赵之北边良将也。常居代雁门，备匈奴。以便宜置吏，市租皆输入莫府，为士卒费。日击数牛飨士，习射骑，谨烽火，多间谍，厚遇战士。为约曰："匈奴即入盗，急入收保，有敢捕虏者斩。"匈奴每入，烽火谨，辄入收保，不敢战。如是数岁，亦不亡失。然匈奴以李牧为怯，虽赵边兵亦以为吾将怯。赵王让李牧，李牧如故。赵王怒，召之，使他人代将。岁余，匈奴每来出战。出战数不利，失亡多，边不得田畜。复请李牧。牧杜门不出，固称疾。赵王乃复强起使将兵。牧曰："王必用臣，臣如前，乃敢奉令。"王许之。李牧至，如故约。匈奴数岁无所得。终以为怯。边士日得赏赐而不用，皆愿一战。于是乃具选车得千三百乘，选骑得万三千匹，百金之士五万人，彀者十万人，悉勒习战。大纵畜牧，人民满野。匈奴小入，详北不胜，以数千人委之。单于闻之，大率众来入。李牧多为奇陈，张左右翼击之，大破杀匈奴十余万骑。灭襜褴，破东胡，降林胡，单于奔走。此处亦用许多繁笔、重笔。其后十余岁，匈奴不敢近赵边城。

赵悼襄王元年，廉颇既亡入魏，赵使李牧攻燕，拔武遂、方城。居二年，庞煖破燕军，杀剧辛。庞煖时见无关，秦事不立传。后七年，秦破赵杀将扈辄于武遂城，斩首十万。赵乃以李牧为大将军，击秦军于宜安，大破秦军，走秦将桓齮。紧笔重笔。封李牧为武安君。居三年，秦攻番吾，李牧击破秦军，南距韩、魏。赵王迁七年，秦使王翦攻赵，赵使李牧、司马尚御之。司马尚因牧附见，不立传。秦多与赵王宠臣郭开金，为反间，言李牧、司马尚欲反。赵王乃使赵葱及齐将颜聚代李牧。写赵王始终以信间致败亡，可痛。李牧不受命，赵使人微捕得李牧，斩之。废司马尚。后三月，王翦因急击赵，大破杀赵葱，虏赵王迁及其将颜聚，遂灭赵。赵之良将，无论颇、牧，颇既以间废，牧又以间死，而赵亡足不旋踵矣。用"遂灭赵"三字作结，感叹无穷。

太史公曰：知死必勇，四字奇妙。非死者难也，处死者难。方蔺相如引璧睨柱，及叱秦王左右，势不过诛，然士或怯懦而不敢发。相如一奋其气，威信敌国，退而让颇，名重太山，其处智勇，可谓兼之矣！

褚欣曰：却秦、让颇二事中，各有智勇。却秦，智生勇也；让颇，勇全智也。

赵事为经，四人为纬。盖四人用舍，关赵国存亡，而其君闇而听谗，终至不振。史公深慨叹之，故作法如此变化。其结撰之微密，摹画之精彩，更令人游赏不尽也。

两人为一传，中复附赵奢，已而复缀李牧，为四人传。须详太史公决四人线索，才书赵之兴亡矣。　　茅坤

田单列传

　　田单者，齐诸田疏属也。愍王时，单为临菑市掾，不见知。及燕使乐毅伐破齐，齐愍王出奔，已而保莒城。燕师长驱平齐，而田单走安平，令其宗人尽断其车轴末而傅铁笼。已而燕军攻安平，城坏，齐人走，争涂，以轊折车败，为燕所虏，唯田单宗人以铁笼故得脱，东保即墨。燕既尽降齐城，唯独莒、即墨不下。燕军闻齐王在莒，并兵攻之。淖齿既杀愍王于莒，因坚守距燕军，数年不下。燕引兵东围即墨，即墨大夫出与战，败死。城中相与推田单，曰："安平之战，田单宗人以铁笼得全，习兵。"立以为将军，以即墨距燕。顷之，燕昭王卒，惠王立，与乐毅有隙。田单闻之，<u>乃纵反间于燕</u>，<u>宣言</u>曰："齐王已死，城之不拔者二耳。乐毅畏诛而不敢归，以伐齐为名，实欲连兵南面而王齐。细。齐人未附，故且缓攻细。即墨以待其事。齐人所惧，唯恐他将之来，即墨残矣。"燕王以为然，使骑劫代乐毅。<u>乐毅因归赵，燕人士卒忿</u>。细。<u>而田单乃令城中人食必祭其先祖于庭</u>，飞鸟悉翔舞城中下食。<u>燕人怪之</u>。<u>田单因宣言曰</u>："<u>神来下教我</u>。"细。乃令城中人曰："当有神人为我师。"有一卒曰："<u>臣可以为师乎</u>？"因反走。田单乃起，<u>引还</u>，<u>东乡坐</u>，细。师事之。卒曰："臣欺君，诚无能也。"田单曰："<u>子勿言也</u>！"因师之。<u>每出约束，必称神师</u>。细。乃宣言曰："吾唯惧燕军之劓所得齐卒，置之前行，细。与我战，即墨败矣。"燕人闻之，<u>如其言</u>。<u>城中人见齐诸降者尽劓</u>，皆怒，<u>坚守</u>，细。唯恐见得。<u>单又纵反间</u>细。曰："吾惧燕人掘吾城外冢墓，僇先人，可为寒心。"<u>燕军尽掘垄墓</u>，<u>烧死人</u>。细。<u>即墨人从城上望见</u>，<u>皆涕泣</u>，细。其（按：中华书局本作"俱"。）<u>欲出战</u>，<u>怒自十倍</u>。<u>田单知士卒之可用</u>，乃身操版插，与士卒分功，妻妾编于行伍之间，细。尽散饮食飨士。细。令甲卒皆伏，使老弱女子乘城，细。遣使约降于燕，<u>燕军皆呼万岁</u>。<u>田单又收民金</u>，细。<u>得千镒</u>，<u>令</u>

即墨富豪遗燕将，曰："即墨即降，愿无虏掠吾族家妻妾，令安堵。"燕将大喜，许之。燕军由此益懈。细。田单乃收城中得千余牛，细。为绛缯衣，画以五彩龙文，细。束兵刃于其角，而灌脂束苇于尾，烧其端。凿城数十穴，细。夜纵牛，壮士五千人随其后。牛尾热，细。怒而奔燕军，燕军夜大惊。牛尾炬火光明炫耀，燕军视之细。皆龙文，所触尽死伤。五千人因衔枚击之，而城中鼓噪从之，老弱皆击铜器为声，细。声动天地。燕军大骇，败走。写破燕复齐，势如破竹。然却用十层写出细，其不细不足以表其奇。齐人遂夷杀其将骑劫。燕军扰乱奔走，齐人追亡逐北，所过城邑皆畔燕而归田单，兵日益多，乘胜，燕日败亡，卒至河上，而齐七十余城皆复为齐。乃迎襄王于莒，入临菑而听政。襄王封田单，号曰安平君。

太史公曰：兵以正合，以奇胜。善之者，出奇无穷。奇正还相生，如环之无端。夫始如处女，适人开户；后如脱兔，适不及距：其田单之谓邪！

初，淖齿之杀湣王也，莒人求湣王子法章，得之太史嬓之家，为人灌园。嬓女怜而善遇之。后法章私以情告女，女遂与通。及莒人共立法章为齐王，以莒距燕，而太史氏女遂为后，所谓"君王后"也。

燕之初入齐，闻画邑人王蠋贤，令军中曰"环画邑三十里无入"，以王蠋之故。已而使人谓蠋曰："齐人多高子之义，吾以子为将，封子万家。"蠋固谢。燕人曰："子不听，吾引三军而屠画邑。"王蠋曰："忠臣不事二君，贞女不更二夫。齐王不听吾谏，故退而耕于野。国既破亡，吾不能存；今又劫之以兵为君将，是助桀为暴也。与其生而无义，固不如烹！"遂经其颈于树枝，自奋绝脰而死。齐亡大夫闻之，曰："王蠋，布衣也，义不北面于燕，况在位食禄者乎！"乃相聚如莒，求诸子，立为襄王。

田单以一即墨距全燕，非出奇不能制胜，非细入无间亦不能出奇。今作者用笔亦全是细入无间，故能曲尽神奇。读者勿徒赏其书事之奇，而忘其用笔之细也。

屈原贾生列传

　　屈原者，名平，楚之同姓也。为楚怀王左徒。博闻强志，明于治乱，娴于辞令。入则与王图议国事，以出号令；出则接遇宾客，应对诸侯。王甚任之。上官大夫与之同列，争宠而心害其能。四字怕人。怀王使屈原造为宪令，屈平属草稿未定。上官大夫见而欲夺之，屈平不与，因谗之曰："王使屈平为令，众莫不知，每一令出，平伐其功，以为'非我莫能为'也。"王怒而疏屈平。

　　屈平疾王听之不聪也，谗谄之蔽明也，邪曲之害公也，方正之不容也，故忧愁幽思而作《离骚》。离骚者，犹离忧也。夫天者，人之始也；父母者，人之本也。人穷则反本，故劳苦倦极，未尝不呼天也；疾痛惨怛，未尝不呼父母也。屈平正道直行，竭忠尽智以事其君，谗人间之，可谓穷矣。信而见疑，忠而被谤，能无怨乎？屈平之作《离骚》，盖自怨生也。哀音婉转。《国风》好色而不淫，《小雅》怨诽而不乱。若《离骚》者，可谓兼之矣。上称帝喾，下道齐桓，中述汤武，以刺世事。明道德之广崇，治乱之条贯，靡不毕见。句法参差有致。其文约，其辞微，其志洁，其行廉，其称文小而其指极大，举类迩而见义远。其志洁，故其称物芳。其行廉，故死而不容自疏。濯淖汙泥之中，蝉蜕于浊秽，以浮游尘埃之外，不获世之滋垢，皭然泥而不滓者也。推此志也，虽与日月争光可也。

　　忽接入叙事。屈平既绌，二用提笔遥接，乃是感叹无穷。故作此频呼叠唤，以振动神理，亦直为行文断续即离，出没隐逸之妙也，而妙处已具。其后秦欲伐齐，齐与楚从亲，惠王患之，乃令张仪佯去秦，厚币委质事楚，曰："秦甚憎齐，齐与楚从亲，楚诚能绝齐，秦原献商、于之地六百里。"楚怀王贪而信张仪，遂绝齐，使使如秦受地。张仪诈之曰："仪与王约六里，不闻六百里。"楚使怒去，归告怀王。怀王怒，大兴师伐秦。秦发兵击之，大破楚师于丹、淅，斩首八万，虏楚将屈匄，遂取楚之汉中地。怀王乃悉发国中兵以深入击秦，战于蓝田。魏闻之，袭楚至邓。楚兵惧，自秦归。而齐竟怒，不救楚，楚大困。明年，秦割汉中地与楚以和。楚王曰："不愿得地，愿得张仪而甘心焉。"张仪闻，乃曰："以一仪而当汉中地，臣请往如楚。"如楚，又因厚币用事者臣靳尚，而设诡辩于怀王之宠姬郑袖。怀王竟听郑袖，复释去张仪。遥接得妙。是时屈平既疏，不复在位，使于齐，顾反，谏怀王曰："何不杀张仪？"怀王悔，追张仪不及。其后诸侯共击楚，大破之，杀其将唐眛。时秦昭王与楚婚，欲与怀王会。怀王欲行，屈平曰："秦虎狼之国，不可信，不如无行。"怀王稚子子兰劝王行："奈何绝秦欢！"怀王卒行。入武关，秦伏兵绝其后，因留怀王以求割地。怀王怒，不听。亡走赵，赵不内。复之秦，竟死于秦而归葬。长子顷襄王立，以其弟子兰为令尹。

　　楚人既咎子兰以劝怀王入秦而不反也。接得妙。屈平既嫉之，虽放流，睠顾楚国，系心怀王，不忘欲反，冀幸君之一悟，俗之一改也。其存君兴国而欲反覆之，一篇之中三致志焉。然终无可奈何，故不可以反，卒以此见怀王之终不悟也。人君无愚智贤不肖，莫不欲求忠以自为，举贤以自佐，然亡国破家相随属，而圣君治国，累世而不见者，其所谓忠者不忠，而所谓贤者不贤也。怀王以不知忠臣之分，故内惑于郑袖，外欺于张仪，疏屈平而信上官大夫、令尹子兰。兵挫地削，亡其六郡，身客死于秦，为天下笑。此不知人之祸也。《易》曰："井泄不食，为我心恻，可以汲。王明，并受其福。"王之不明，岂足福哉！

　　接得妙。令尹子兰闻之大怒，卒使上官大夫短屈原于顷襄王，顷襄王怒而迁之。

　　屈原至于江滨，被发行吟泽畔。颜色憔悴，形容枯槁。渔父见而问之曰："子非三闾大夫欤？何故而至此？"屈原曰："举世混浊而我独清，众人皆醉而我独醒，是以见放。"渔父曰："夫圣人者，不凝滞于物而能与世推移。举世混浊，何不随其流而扬其波？众人皆醉，何不餔其糟而啜其醨？何故怀瑾握瑜而自令见放为？"屈原曰："吾闻之，新沐者必弹冠，新浴者必振衣，人又谁能以身之察察，受物之汶汶者乎！宁赴常流而葬乎江鱼腹中耳，又安能以皓皓之白而蒙世俗之温蠖乎！"乃作《怀沙》之赋。其辞云：

陶陶孟夏兮，草木莽莽。伤怀永哀兮，汩徂南土。眴兮窈窕，孔静幽墨。冤结纡轸兮，离愍之长鞠；抚情效志兮，俛诎以自抑。

刓方以为圜兮，常度未替，易初本由兮，君子所鄙。章画职墨兮，前度未改；内直质重兮，大人所盛。巧匠不斫兮，孰察其揆正？玄文幽处兮，蒙谓之不章；离娄微睇兮，瞽以为无明。变白而为黑兮，倒上以为下。凤凰在笯兮，鸡雉翔舞。同糅玉石兮，一概而相量。夫党人之鄙妒兮，羌不知我所臧。

任重载盛兮，陷滞而不济；怀瑾握瑜兮，穷不得余所示。邑犬群吠兮，吠所怪也；诽骏疑桀兮，固庸态也。文质疏内兮，众不知吾之异采；材朴委积兮，莫知余之所有。重仁袭义兮，谨厚以为丰；重华不可悟兮，孰知余之从容！古固有不并兮，岂知其故也？汤禹久远兮，邈不可慕也。惩违改忿兮，抑心而自强；离愍而不迁兮，原志之有象。进路北次兮，日昧昧其将暮；含忧虞哀兮，限之以大故。

乱曰：浩浩沅、湘兮，分流汩兮。修路幽拂兮，道远忽兮。曾唫恒悲兮，永叹慨兮。世既莫吾知兮，人心不可谓兮。怀情抱质兮，独无匹兮。伯乐既殁兮，骥将焉程兮？人生有命兮，各有所错兮。定心广志，余何畏惧兮？曾伤爰哀，永叹喟兮。世溷不吾知，心不可谓兮。知死不可让兮，愿勿爱兮。明以告君子兮，吾将以为类兮。

于是怀石遂自投汨罗以死。

屈原既死之后，楚有宋玉、唐勒、景差之徒者，皆好辞而以赋见称；此言直谏之难，别无可合传之人，以〇起贾生。然皆祖屈原之从容辞

<u>令</u>，<u>终莫敢直谏</u>。<u>其后楚日以削</u>，<u>数十年竟为秦所灭</u>。<u>自屈原沉汨罗后百有余年</u>，<u>汉有贾生</u>，<u>为长沙王太傅</u>，<u>过湘水</u>，<u>投书以吊屈原</u>。

贾生名谊，洛阳人也。年十八，以能诵诗属书闻于郡中。吴廷尉为河南守，闻其秀才，召置门下，甚幸爱。孝文皇帝初立，闻河南守吴公治平为天下第一，故与李斯同邑而常学事焉，乃征为廷尉。廷尉乃言贾生年少，颇通诸子百家之书。文帝召以为博士。是时贾生年二十余，最为少。每诏令议下，诸老先生不能言，贾生尽为之对，人人各如其意所欲出。诸生于是乃以为能，不及也。孝文帝说之，超迁，一岁中至太中大夫。

贾生以为汉兴至孝文二十余年，天下和洽，而固当改正朔，易服色，法制度，定官名，兴礼乐，乃悉草具其事仪法，色尚黄，数用五，为官名，悉更秦之法。孝文帝初即位，谦让未遑也。诸律令所更定，及列侯悉就国，其说皆自贾生发之。于是天子议以为贾生任公卿之位。绛、灌、东阳侯、冯敬之属<u>尽害之</u>，乃短贾生曰："洛阳之人，年少初学，专欲擅权，纷乱诸事。"于是天子后亦疏之，不用其议，乃以贾生为长沙王太傅。贾生既辞往行，<u>闻长沙卑湿</u>，<u>自以寿不得长</u>，<u>又以适去</u>，<u>意不自得</u>。及<u>渡湘水</u>，<u>为赋以吊屈原</u>。连合屈原。其辞曰：

共承嘉惠兮，俟罪长沙。侧闻屈原兮，自沈汨罗。造托湘流兮，敬吊先生。遭世罔极兮，乃陨厥身。呜呼哀哉，逢时不祥！鸾凤伏窜兮，鸱枭翱翔。阘茸尊显兮，<u>谗谀得志</u>；贤圣逆曳兮，<u>方正倒植</u>。<u>世谓伯夷贪兮</u>，<u>谓盗跖廉</u>；<u>莫邪为顿兮</u>，<u>铅刀为铦</u>。于嗟嘿嘿兮，<u>生之无故</u>！斡弃周鼎兮宝康瓠，<u>腾驾罢牛兮骖蹇驴</u>，骥垂两耳兮服盐车。章甫荐屦兮，渐不可久；嗟苦先生兮，独离此咎！

讯曰：已矣，国其莫我知，独堙郁兮其谁语？凤漂漂其高遰兮，夫固自缩而远去。袭九渊之神龙兮，沕深潜以自珍。弥融爚以隐处兮，夫岂从蚁与蛭螾？所贵圣人之神德兮，远浊世而自藏。使骐骥可得系羁兮，岂云异夫犬羊！<u>般纷纷其离此尤兮</u>，<u>亦夫子之辜也</u>！瞝九州岛而相君兮，何必怀此都也？凤凰翔于千仞之上兮，览德辉焉下之；见细德之险微兮，摇增翮逝而去之。彼寻常之污渎兮，岂能容吞舟之鱼！横江湖之鳣鲟兮，固将制于蚁蝼。

贾生为长沙王太傅三年，有鸮飞入贾生舍，止于坐隅。楚人命鸮曰"服"。贾生既以适居长沙，长沙卑湿，自以为寿不得长，伤悼之，乃为赋以自广。其辞曰：

单阏之岁兮，四月孟夏，庚子日施兮，服集予舍，止于坐隅，貌甚闲暇。异物来集兮，私怪其故，发书占之兮，策言其度。曰"野鸟入处兮，主人将去"。请问于服兮："予去何之？吉乎告我，凶言其菑。淹数之度兮，语予其期。"服乃叹息，举首奋翼，口不能言，请对以臆。

万物变化兮，固无休息。斡流而迁兮，或推而还。形气转续兮，化变而嬗。沕穆无穷兮，胡可胜言！祸兮福所倚，福兮祸所伏；忧喜聚门兮，吉凶同域。老子语。彼吴强大兮，夫差以败；越栖会稽兮，句践霸世。斯游遂成兮，卒被五刑；傅说胥靡兮，乃相武丁。夫祸之与福兮，何异纠缠。命不可说兮，孰知其极？水激则旱兮，鹖冠事语。矢激则远。万物回薄兮，振荡相转。云蒸雨降兮，错缪相纷。大专盘物兮，坱轧无垠。天不可与虑兮，道不可与谋。迟数有命兮，恶识其时？

且夫天地为炉兮，造化为工；阴阳为炭兮，万物为铜。合散消息兮，安有常则；千变万化兮，未始有极。忽然为人兮，何足控抟；化为异物兮，又何足患！小知自私兮，贱彼贵我；通人大观兮，物无不可。庄子语。贪夫徇财兮，烈士徇名；夸者死权兮，品庶冯生。怵迫之徒兮，或趋西东；大人不曲兮，亿变齐同。拘士系俗兮，攌如囚拘；至人遗物兮，独与道俱。众人或或兮，好恶积意；真人"淡"（按：中华书局本作"憺"。）漠兮，独与道息。释知遗形兮，超然自丧；寥廓忽荒兮，与道翱翔。乘流则逝兮，得坻则止；纵躯委命兮，不私与己。其生若浮兮，其死若休；澹乎若深渊之静，泛乎若不系之舟。不以生故自宝兮，养空而游；德人无累兮，知命不忧。细故慸葪兮，何足以疑！

后岁余，贾生征见。孝文帝方受釐，坐宣室。上因感鬼神事，而问鬼神之本。贾生因具道所以然之状。至夜半，文帝前席。既罢，曰："吾久不见贾生，自以为过之，今不及也。"居顷之，拜贾生为梁怀王太傅。梁怀王，文帝之少子，爱，而好书，故令贾生傅之。文帝复封淮南厉王子四人皆为列侯。贾生谏，以为患之兴自此起矣。贾生数上疏，言诸侯或连数郡，非古之制，可稍削之。文帝不听。居数年，怀王骑堕马而死，无后。贾生自伤为傅无状，哭泣岁余，亦死。贾生之死时年三十三矣。及孝文崩，孝武皇帝立，举贾生之孙叙后人，反映贾生不遇，亦与原传后宋玉诸人相掩映也。二人至郡守，而贾嘉最好学，世其家，与余通书。至孝昭时，列为九卿。

太史公曰：余读《离骚》、《天问》、《招魂》、《哀郢》，悲其志。此赞凡四传，反复留恋低回妙绝。适长沙，观屈原所以沈渊，未尝不垂涕，想见其为人。及见贾生吊之，又怪屈原以彼其材，游诸侯，何国不容，而自令若是。读《服鸟赋》，同死生，轻去就，又爽然自失矣。

太史公作《屈原传》，其文便似《离骚》。其论作《骚》一节婉雅凄怆，真得骚之趣者也。　　杨慎

序事未毕，中间杂以论断，与《伯夷传》略同，盖传之变体也。惟伯夷、屈原，太史所重慕，故详论之。　　余有丁

《伯夷传》议论、叙事犹分，惟此传错杂。　　邓以赞

写贾生学问、经济、辞令、忠谏、以能招妒、被谗见疏、幽忧系恋，感伤作

赋，憔悴亡身，一一皆与屈原仿佛，非直为过湘水投书而合传也。<u>前后对照处宜细看</u>。若无此，即投书凭吊，岂遂当合传哉？然惟其相类，是以相吊，而有此一节，乃真觉两人心情前古后今，遥遥欲接。行文更水乳交融，烟波无际矣！仔细看来，直是天地间自然之文，借书于太史公之笔也。

吕不韦列传

吕不韦者，阳翟大贾人也。"大贾"二字，一篇骨子。往来贩贱卖贵，家累千金。秦昭王四十年，太子死。其四十二年，以其次子安国君为太子。安国君有子二十馀人。安国君有所甚爱姬，立以为正夫人，号曰华阳夫人。华阳夫人无子。安国君中男名子楚，子楚母曰夏姬，毋爱。子楚为秦质子于赵。秦数攻赵，赵不甚礼子楚。子楚，秦诸庶孽孙，质于诸侯，车乘进用不饶，居处困，不得意。吕不韦贾邯郸，见而怜之，曰"此奇货可居"。大贾心计语此矣。乃往见子楚，说曰："吾能大子之门。"子楚笑曰："且自大君之门，而乃大吾门！"吕不韦曰："子不知也，吾门待子门而大。"子楚心知所谓，乃引与坐，深语。子楚上算。吕不韦曰："秦王老矣，安国君得为太子。窃闻安国君爱幸华阳夫人，华阳夫人无子，能立适嗣者独华阳夫人耳。今子兄弟二十余人，子又居中，不甚见幸，久质诸侯。即大王薨，安国君立为王，则子毋几得与长子及诸子旦暮在前者，争为太子矣。"子楚曰："然。为之奈何？"吕不韦曰："子贫，客于此，非有以奉献于亲及结宾客也。不韦虽贫，请以千金为子西游，事安国君及华阳夫人，立子为适嗣。"子楚乃顿首曰："必如君策，请得分秦国与君共之。"吕不韦乃以五百金与子楚，为进用，结宾客；分叙千金买人本领作用。而复以五百金买奇物玩好，自奉而西游秦，求见华阳夫人姊，而皆以其物献华阳夫人。因言子楚贤智，结诸侯宾客遍天下，常曰"楚也以夫人为天，日夜泣思太子及夫人"。夫人大喜。夫人上算。不韦因使其姊说夫人曰："吾闻之，以色事人者，色衰而爱弛。今夫人事太子，甚爱而无子，不以此时早自结于诸子中贤孝者，举立以为适而子之，夫在则重尊，夫百岁之后，所子者为王，终不失势，此所谓一言而万世之利也。不以繁华时树本，即色衰爱弛后虽欲开一言，尚可得乎？今子楚贤，而自知中男也，次不得为适，其母又不得幸，自附夫人，夫人诚以此时拔以为适，夫人则竟世有宠于秦矣。"华阳夫人以为然，夫人上算。承太子间，从容言子楚质于赵者绝贤，来往者皆称誉之。乃因涕泣曰："妾幸得充后宫，不幸无子，愿得子楚立以为适嗣，以托妾身。"安国君许之，安国君上算。乃与夫人刻玉符，约以为适嗣。安国君及夫人因厚馈遗子楚，而请吕不韦傅之，子楚以此名誉益盛于诸侯。吕不韦取邯郸诸姬绝好善舞者与居，知有身。子楚从不韦饮，见而说之，因起为寿，请之。吕不韦怒，念业已破家为子楚，欲以钓奇，大贾心计，语妙甚。乃遂献其姬。姬自匿有身，至大期时生子政。子楚遂立姬为夫人。秦昭王五十年，使王齮围邯郸急，赵欲杀子楚。子楚与吕不韦谋，行金六百斤予守者吏，得脱，亡赴秦军，遂以得归。赵欲杀子楚妻子，子楚夫人，赵豪家女也，得匿，以故母子竟得活。秦昭王五十六年，薨，太子安国君立为王，华阳夫人为王后，子楚为太子。赵亦奉子楚夫人及子政归秦。秦王立一年，薨，谥为孝文王。太子子楚代立，是为庄襄王。庄襄王所养母华阳后为华阳太后，真母夏姬尊以为夏太后。庄襄王元年，以吕不韦为丞相，封为文信侯，食河南洛阳十万户。极言其富。庄襄王即位三年，薨，太子政立为王，尊吕不韦为相国，号称"仲父"。始皇号之乎？太后好之乎？秦王年少，太后时时窃私通吕不韦。不韦家僮万人。极言其富。当是时，魏有信陵君，楚有春申君，赵有平原君，齐有孟尝君，皆下士喜宾客以相倾。吕不韦以秦之强，羞不如，亦招致士，厚遇之，至食客三千人。极言其富。是时诸侯多辩士，如荀卿之徒，著书布天下。吕不韦乃使其客人人著所闻，集论以为八览、六论、十二纪，二十余万言。以为备天地万物古今之事，号曰《吕氏春秋》。因著书而悬千金于市门，妙甚！谚所谓"句句不离本行也"。布咸阳市门，悬千金其上，延诸侯游士宾客有能增损一字者予千金。始皇帝益壮，太后淫不止。吕不韦恐觉祸及己，先赠子楚以求富贵，继荐嫪毐以保富贵。孔子所谓"苟患失之，无所不至也"。可知千古鄙夫皆千古贾人耳。乃私求大阴人嫪毐以为舍人，时纵倡乐，使毐以其阴关桐轮而行，令太后闻之，以啖太后。太后闻，果欲私得之。吕不韦乃进嫪毐，诈令人以腐罪告之。不韦又阴谓太后曰："可事诈腐，则得给事中。"太后乃阴厚赐主腐者吏，诈论之，拔其须眉，为宦者，遂得侍太后。太后私与通，绝爱之。有身，太后恐人知之，诈卜当避时，徙宫居雍。嫪毐常从，赏赐甚厚，事皆决于嫪毐。<u>嫪毐家僮数千人</u>，<u>诸客求宦为嫪毐舍人千余人</u>。亦极言其富，以配不韦，然于诸客尽情嘲笑矣。趋利如鹜，何人之尽贾心乎？始皇七年，庄襄王母夏太后薨。孝文王后曰华阳太后，与孝文王会葬寿陵。夏太后子庄襄王葬芷阳，写华阳、太后会葬，为后文帝、太后会葬正衬。故夏太后独别葬杜东，写夏太后别葬，为后文帝、太后会葬反衬。曰"东望吾子，西望吾夫。后百年，旁当有万家邑"。始皇九年，有告嫪毐实非宦者，常与太后私乱，生子二人，皆匿之。与太后谋曰"王即薨，以子为后"。于是秦王下吏治，具得情实，事连相国吕不韦。九月，夷嫪毐三族，杀太后所生两子，而遂迁太后于雍。诸嫪毐舍人，皆没其家而迁之蜀。王欲诛相国，为其奉先王功大，及宾客辩士为游说者众，王不忍致法。秦王十年，十月，免相国吕不韦。及齐人茅焦说秦王，秦王乃迎太后于雍，归复咸阳，而出文信侯就国河南。迎太后，出不韦，中下一"而"字，两句合为一句妙甚！岁余，诸侯宾客使者相望于道，请文信侯。秦王恐其为变，乃赐文信侯书曰："<u>君何功于秦</u>？<u>秦封君河南</u>，<u>食十万户</u>。<u>君何亲于秦</u>？<u>号称仲父</u>。句合此处，无限意思，妙甚！其与家属徙处蜀！"吕不韦自度稍侵，恐诛，乃饮酖而死。秦王所加怒吕不韦、嫪毐皆已死，乃皆复归嫪毐舍人迁蜀者。始皇十九年，太后薨，谥为帝<u>太后</u>，<u>与庄襄王会葬芷阳</u>。庄襄、太后会葬，叙于不韦传尾作结。妙甚！

太史公曰：不韦及嫪毐贵，封号文信侯。人之告嫪毐，毐闻之。秦王验左右，未发。上之雍郊，毐恐祸起，乃与党谋，矫太后玺发卒以反蕲年宫。发吏攻毐，毐败亡走，追斩之好畤，遂灭其宗。而吕不韦由此绌矣。孔子之所谓"闻"者，其吕子乎？

　　通身为"大贾"二字写照，然其播扬秦丑不遗余力矣。事覼辞微，妙处往往不可思议。

刺客列传

曹沫者，鲁人也，以勇力事鲁庄公。庄公好力。曹沫为鲁将，与齐战，三败北。鲁庄公惧，乃献遂邑之地以和。<u>犹复以为将</u>。<u>知己</u>。齐桓公许与鲁会于柯而盟。桓公与庄公既盟于坛上，曹沫执匕首劫齐桓公，<u>桓公左右莫敢动</u>，而问曰："子将何欲？"曹沫曰："齐强鲁弱，而大国侵鲁亦以甚矣。今鲁城坏，即压齐境，君其图之。"桓公乃许尽归鲁之侵地。既已言，<u>曹沫投其匕首</u>，<u>下坛</u>，<u>北面就群臣之位</u>，<u>颜色不变</u>，<u>辞令如故</u>。桓公怒，欲倍其约。管仲曰："不可。夫贪小利以自快，弃信于诸侯，失天下之援，不如与之。"于是桓公乃遂割鲁侵地，<u>曹沫三战所亡地尽复予鲁</u>。

<u>其后百六十有七年而吴有专诸之事</u>。

专诸者，吴堂邑人也。伍子胥之亡楚而如吴也，知专诸之能。伍子胥既见吴王僚，说以伐楚之利。吴公子光曰："彼伍员父兄皆死于楚而员言伐楚，欲自为报私仇也，非能为吴。"吴王乃止。伍子胥知公子光之欲杀吴王僚，乃曰："彼光将有内志，未可说以外事。"乃进专诸于公子光。光之父兄吴王诸樊。诸樊弟三人：次曰余祭，次曰夷眛，次曰季子札。诸樊知季子札贤而不立太子，以次传三弟，欲卒致国于季子札。诸樊既死，传余祭。余祭死，传夷眛。夷眛死，当传季子札；季子札逃，不肯立，吴人乃立夷眛之子僚为王。公子光曰："使以兄弟次邪，季子当立；必以子乎，则光真嫡嗣，当立。"故尝阴养谋臣以求立。光既得专诸，<u>善客待之</u>。

九年而楚平王死。春，吴王僚欲因楚丧，使其二弟公子盖余、属庸，将兵围楚之潜；使延陵季子于晋，以观诸侯之变。楚发兵绝吴将盖余、属庸路，吴兵不得还。于是公子光谓专诸曰："此时不可失，不求何获！且光真王嗣，当立，季子虽来，不吾废也。"专诸曰："<u>王僚可杀也</u>。母老子弱，而两弟将兵伐楚，楚绝其后。方今吴外困于楚，而内空无骨鲠之臣，是无如我何。"公子光顿首曰："光之身，子之身也。"知己。四月丙子，光伏甲士于窟室中，而具酒请王僚。极写对面。王僚使兵陈自宫至光之家，门户阶陛左右，皆王僚之亲戚也，夹立侍，皆持长铍。酒既酣，公子光详为足疾，入窟室中，使专诸置匕首鱼炙之腹中而进之。既至王前，专诸擘鱼，因以匕首刺王僚，王僚立死。左右亦杀专诸，王人扰乱。公子光出其伏甲以攻王僚之徒，尽灭之，遂自立为王，是为阖闾。阖闾乃封专诸之子以为上卿。

其后七十余年而晋有豫让之事。

豫让者，晋人也，故尝事范中行氏而无所知名。去而事智伯，智伯甚尊宠之。及智伯伐赵襄子，赵襄子与韩、魏合谋灭智伯，灭智伯之后而三分其地。赵襄子最怨智伯，漆其头以为饮器。豫让遁逃山中，曰："嗟乎！士为知己者死，女为说己者容。今智伯知我，我必为报仇而死，以报智伯，则吾魂魄不愧矣。"乃变名姓为刑人，入宫涂厕中，挟匕首，欲以刺襄子。襄子如厕，心动，执问涂厕之刑人，则豫让内持刀兵，曰："欲为智伯报仇！"左右欲诛之。襄子曰："彼义人也，吾谨避之耳。且智伯亡无后，而其臣欲为报仇，此天下之贤人也。"卒释去之。居顷之，豫让又漆身为厉，吞炭为哑，使形状不可知，行乞于市。其妻不识也。顿挫。行见其友，其友识之，曰："汝非豫让邪？"曰："我是也。"曲折顿挫。其友为泣友为泣。曰："以子之才，委质而臣事襄子，襄子必近幸子。近幸子，乃为所欲，顾不易邪？何乃残身苦形，欲以求报襄子，不亦难乎！"豫让曰："既已委质臣事人，而求杀之，是怀二心以事其君也。且吾所为者极难耳！然所以为此者，将以愧天下后世之为人臣怀二心以事其君者也。"既去，顷之，襄子当出，豫让伏于所当过之桥下。襄子至桥，马惊，襄子曰："此必是豫让也。"使人问之，果豫让也。于是襄子乃数豫让曰："子不尝事范、中行氏乎？智伯尽灭之，而子不为报仇，而反委质臣于智伯。智伯亦已死矣，而子独何以为之报仇之深也？"豫让曰："臣事范中行氏，范中行氏皆众人遇我，我故众人报之。至于智伯，<u>国士遇我，我故国士报之</u>。"襄子喟然叹息而泣襄子为泣。曰："嗟乎豫子！子之为智伯，名既成矣，而寡人赦子，亦已足矣。子其自为计，寡人不复释子！"使兵围之。豫让曰："臣闻明主不掩人之美，而忠臣有死名之义。前君已宽赦臣，天下莫不称君之贤。今日之事，臣固伏诛，然愿请君之衣而击之，焉以致报仇之意，则虽死不恨。非所敢望也，敢布腹心！"于是襄子大义之，乃使使持衣与豫让。<u>豫让拔剑三跃而击之</u>，曰："吾可以下报智伯矣！"遂伏剑自杀。<u>死之日，赵国志士闻之</u>，皆为涕泣。志士为泣，王立互映作章法。

<u>其后四十余年而轵有聂政之事。</u>

聂政者，轵深井里人也。杀人避仇，与母、姊如齐，以屠为事。顿挫。久之，濮阳严仲子事韩哀侯，顿挫。与韩相侠累有郤。严仲子恐诛，亡去游，求人可以报侠累者。至齐，齐人或言聂政，勇敢士也，顿挫。避仇，隐于屠者之间。严仲子至门请，曲折顿挫。<u>数反，然后具酒自畅聂政母前</u>。酒酣，<u>严仲子奉黄金百溢</u>，<u>前为聂政母寿</u>。聂政惊怪其厚，固谢严仲子。曲折顿挫。严仲子固进，而聂政谢曰："臣幸有老母，家贫客游以为狗屠，可以旦夕得甘毳以养亲。亲供养备，不敢当仲子之赐。"严仲子辟人，因为聂政言曰："臣有仇，而行游诸侯众矣；然至齐，窃闻足下义甚高，故进百金者，将用为大人粗粝之费，得以交足下之欢，岂敢以有求望邪！"聂政曰："臣所以降志辱身，居市井屠者，<u>徒幸以养老母</u>；<u>老母在</u>，<u>政身未敢许人也</u>。"严仲子固让，曲折顿挫。聂政竟不肯受也。<u>然严仲子卒备宾主之礼而去</u>。久之，顿挫。聂政母死。<u>既已葬</u>，"已"字写得细甚。<u>除服</u>，聂政曰："嗟乎！政乃市井之人，鼓刀以屠；而严仲子乃诸侯之卿相也，不远千里，枉车骑而交臣。臣之所以待之，至浅鲜矣，未有大功可以称者，而严仲子奉百金为亲寿，我虽不受，<u>然是者徒深知政也</u>。<u>夫贤者以感忿睚眦之意而亲信穷僻之人，而政独安得嘿然而已</u>

乎！且前日要政，政徒以老母；<u>老母今以天年终</u>，<u>政将为知己者用</u>。"乃遂西至濮阳，见严仲子曰："前日所以不许仲子者，徒以亲在；今不幸而母以天年终。仲子所欲报仇者为谁？请得从事焉！"严仲子具告曰："臣之仇韩相侠累，侠累又韩君之季父也，宗族盛多，居处兵卫甚设，臣欲使人刺之，终莫能就。今足下幸而不弃，请益其车骑壮士，可为足下辅翼者。"聂政曰："韩之与卫，相去中间不甚远，今杀人之相，相又国君之亲，<u>此其势不可以多人</u>，<u>多人不能无生得失</u>，<u>生得失则语泄</u>，语泄是韩举国而与仲子为仇，<u>岂不殆哉</u>！"遂谢车骑人徒，<u>聂政乃辞</u>，<u>独行</u>。<u>杖剑至韩</u>，<u>韩相侠累方坐府上</u>，<u>持兵戟而卫侍者甚众</u>。极写对面。<u>聂政直入</u>，<u>上阶刺杀侠累</u>，<u>左右大乱</u>。<u>聂政大呼</u>，<u>所击杀者数十人</u>，<u>因自皮面决眼</u>，<u>自屠出肠</u>，<u>遂以死</u>。韩取聂政尸暴于市，购问莫知谁子。于是韩购县之，有能言杀相侠累者予千金。<u>久之莫知也</u>。顿挫。<u>政姊荣闻人有刺杀韩相者</u>，<u>贼不得</u>，<u>国不知其名姓</u>，<u>暴其尸而县之千金</u>，<u>乃于邑曰</u>："<u>其是吾弟与？嗟乎</u>，<u>严仲子知吾弟</u>！"<u>立起</u>，<u>如韩</u>，<u>之市</u>，<u>而死者果政也，伏尸哭极哀</u>，<u>曰</u>："<u>是轵深井里所谓聂政者也</u>。"市行者诸众人皆曰："此人暴虐吾国相，王县购其名姓千金，夫人不闻与？何敢来识之也？"荣应之顿挫。曰："<u>闻之</u>。然政所以蒙污辱，自弃于市贩之间者，为老母幸无恙，妾未嫁也。亲既以天年下世，妾已嫁夫，严仲子乃察举吾弟困污之中而交之，<u>泽厚矣</u>，顿挫。<u>可奈何</u>！士固为知己者死，今乃以妾尚在之故，重自刑以绝从，<u>妾其奈何畏殁身之诛</u>，<u>终灭贤弟之名</u>！"<u>大惊韩市人</u>。<u>乃大呼天者三</u>，<u>卒于邑悲哀而死政之旁</u>。豫让传，赵国志士闻之，此皆是齐卫闻之。荆轲传，鲁勾践闻之。三"闻之"、五"快作"章法。<u>晋</u>、<u>楚</u>、<u>齐</u>、<u>卫闻之</u>，<u>皆曰</u>："<u>非独政能也</u>，<u>乃其姊亦烈女也</u>。乡使政诚知其姊无濡忍之志，不重暴骸之难，必绝险千里以列其名，姊弟俱僇于韩市者，亦未必敢以身许严仲子也。<u>严仲子亦可谓知人能得士矣</u>！"反赞严仲子。妙！

<u>其后二百二十余年秦有荆轲之事。</u>

荆轲者，卫人也。其先乃齐人，徙于卫，卫人谓之庆卿。而之燕，燕人谓之荆卿。<u>荆卿好读书击剑</u>，以术说卫元君，卫元君不用。其后秦伐魏，逗秦。置东郡，<u>徙卫元君之支属于野王</u>。不用荆轲所致。

荆轲尝游过榆次，与盖聂论剑，盖聂怒而目之。荆轲出，人或言复召荆卿。盖聂曰："曩者吾与论剑有不称者，吾目之；试往，是宜去，不敢留。"使使往之主人，荆卿则已驾而去榆次矣。使者还报，盖聂曰："固去也，吾曩者目摄之！"旁及盖聂、勾践，为写轲之勇沈神理，结处因引勾践叹惜语，应前作波宕耳。然盖聂后不复应，故此处叙盖聂语勾践后应，故此处无勾践语。章法之伸缩变化，殆细入无间矣。荆轲游于邯郸，鲁句践与荆轲博，争道，鲁句践怒而叱之，<u>荆轲嘿而逃去</u>，<u>遂不复会</u>。荆轲之燕后，先出高渐离，次出田光以及太子丹、秦王、鞠武、樊于期，皆一定之序也。开头叙一狗屠，无事实，不传其姓名。正如浩荡烟波，白鸥出没。何等摹写！何等风神！

<u>荆轲既至燕</u>，<u>爱燕之狗屠及善击筑者高渐离</u>。<u>荆轲嗜酒</u>，<u>日与狗屠及高渐离饮于燕市</u>，<u>酒酣以往</u>，<u>高渐离击筑</u>，<u>荆轲和而歌于市中</u>，<u>相乐也</u>，<u>已而相泣</u>，<u>旁若无人者</u>。何等风采！何等赞许！<u>荆轲虽游于酒人乎</u>，<u>然其为人沈深好书</u>；<u>其所游诸侯</u>，<u>尽与其贤豪长者相结</u>。

<u>其之燕</u>，<u>燕之处士田光先生亦善待之</u>，此处"善待"之二字，与专诸传应。<u>知其非庸人也</u>。知己。

<u>居顷之</u>，<u>会燕太子丹质秦亡归燕</u>。前段及后幅妙绝，然自此至治行已上。一路笔势飘举，有天马行空之乐，皆妙境也。燕太子丹者，故尝质于赵，而秦王政生于赵，其少时与丹欢。及政立为秦王，而丹质于秦。秦王之遇燕太子丹不善，故丹怨而亡归。归而求为报秦王者，国小，力不能。其后秦日出兵山东，以伐齐、楚、三晋，稍蚕食诸侯，且至于燕，燕君臣皆恐祸之至。<u>太子丹患之</u>，<u>问其傅鞠武</u>。武对曰："秦地遍天下，威胁韩、魏、赵氏，北有甘泉、谷口之固，南有泾、渭之

沃，擅巴、汉之饶，右陇、蜀之山，左关、殽之险，民众而士厉，兵革有余。意有所出，则长城之南，易水以北，未有所定也。奈何以见陵之怨，欲批其逆鳞哉！"丹曰："然则何由？"对曰："请入图之。"

居有间，秦将樊于期得罪于秦王，亡之燕，太子受而舍之。鞫武谏曰："不可。夫以秦王之暴而积怒于燕，足为寒心，又况闻樊将军之所在乎？是谓'委肉当饿虎之蹊'也，祸必不振矣！虽有管、晏，不能为之谋也。愿太子疾遣樊将军入匈奴以灭口。请西约三晋，南连齐、楚，北购于单于，其后乃可图也。"

太子曰："太傅之计，旷日弥久，心惽然，恐不能须臾。且非独于此也，夫樊将军穷困于天下，归身于丹，丹终不以迫于强秦而弃所哀怜之交，置之匈奴，是固丹命卒之时也。愿太傅更虑之。"鞫武曰："夫行危欲求安，造祸而求福，计浅而怨深，连结一人之后交，不顾国家之大害，此所谓'资怨而助祸'矣。夫以鸿毛燎于炉炭之上，必无事矣。且以雕鸷之秦，行怨暴之怒，岂足道哉！燕有田光先生，其为人智深而勇沈，可与谋。""智深勇沈"四字，明赞田光却是隐赞荆轲，看后文"沈深好书"句可知。故将智、勇字藏在此处，使人迷眩也。武语光，简。太子曰："愿因太傅而得交于田先生，可乎？"鞫武曰："敬诺。"出见田先生，道"太子愿图国事于先生也"。田光曰："敬奉教。"乃造焉。太子逢迎，却行为导，跪而蔽席。田光坐定，左右无人，太子避席而请太子语光，又简。曰："燕秦不两立，愿先生留意也。"田光曰："臣闻骐骥盛壮之时，一日而驰千里；至其衰老，驽马先之。今太子闻光盛壮之时，不知臣精已消亡矣。虽然，光不敢以图国事，所善荆卿可使也。"太子曰："愿因先生得结交于荆卿可乎？"田光曰："敬诺。"即起，趋出。太子送至门，戒曰："丹所报，先生所言者，国之大事也，愿先生勿泄也！"田光俯而笑曰："诺。"偻行见荆卿，光语轲，详。曰："光与子相善，燕国莫不知。今太子闻光壮盛之时，不知吾形已不逮也，幸而教之曰'燕秦不两立，愿先生留意也'。

光窃不自外，言足下于太子也，愿足下过太子于宫。"荆轲曰："谨奉教。"田光曰："吾闻之，长者为行，不使人疑之。今太子告光曰：'所言者国之大事也，愿先生勿泄'，是太子疑光也。夫为行而使人疑之，非节侠也。"欲自杀以激荆卿，曰："愿足下急过太子，言光已死，明不言也。"因遂自刎而死。先以死明不言，非本念也。太子欲用光，又转用轲，不自杀何以留轲？然此意却道破不得，故托辞太子还疑耳。史公推见田光，至隐着自杀句为一篇血脉，通体皆灵，真非史公不能有此神笔，读者须识得。若无此笔，即前后神理尽成懈散，才不枉却古人也。

　　荆轲遂见太子，言田光已死，致光之言。太子再拜而跪，膝行流涕，有顷，而后言曰："丹所以诫田先生毋言者，欲以成大事之谋也。今田先生以死明不言，岂丹之心哉！"荆轲坐定，太子避席顿首曰：太子语轲，益详。"田先生不知丹之不肖，使得至前，敢有所道，此天之所以哀燕而不弃其孤也。今秦有贪利之心，而欲不可足也。非尽天下之地，臣海内之王者，其意不厌。今秦已虏韩王，尽纳其地。又举兵南伐楚，北临赵；王翦将数十万之众距漳、邺，而李信出太原、云中。赵不能支秦，必入臣，入臣则祸至燕。燕小弱，数困于兵，今计举国不足以当秦。诸侯服秦，莫敢合从。丹之私计，愚以为诚得天下之勇士，使于秦，窥以重利；秦王贪，其势必得所愿矣。诚得劫秦王使悉反诸侯侵地，此为传之末节，兜转曹沫，首尾回环。若曹沫之与齐桓公，则大善矣；则不可，因而刺杀之。是丹本意。彼秦大将擅兵于外，而内有乱，则君臣相疑，以其间诸侯得合从，其破秦必矣。此丹之上愿，而不知所委命，唯荆卿留意焉。"久之，此"久之"字极写荆轲沈深意思。荆轲曰："此国之大事也，臣驽下，恐不足任使。"太子前顿首，固请毋让，然后许诺。于是尊荆卿为上卿，舍上舍。太子日造门下，供太牢，具异物，间进，车骑美女恣荆轲所欲，以顺适其意。

　　顿挫。久之，荆轲未有行意。秦将王翦破赵，虏赵王，尽收入其地，进兵北略地，至燕南界。太子丹恐惧，乃请荆轲曰："秦兵旦暮渡易水，则虽欲长侍足下，岂可得哉！"荆轲曰："微太子言，臣愿谒之。今行而毋信，则秦未可亲也。夫樊将军，秦王购之金千斤，邑万家。诚得樊将军首与燕督亢之地图，奉献秦王，秦王必说见臣，臣乃得有以报。"太子曰："樊将军穷困来归丹，丹不忍以己之私而伤长者之意，愿足下更虑之！"荆轲知太子不忍，乃遂私见樊于期曰："秦之遇将军，可谓深矣，父母宗族皆为戮没。今闻购将军首金千斤，邑万家，将奈何？"于期仰天太息流涕曰："于期每念之，常痛于骨髓，顾计不知所出耳！"荆轲曰："今有一言，可以解燕国之患，报将军之仇者，何如？"于期乃前曰："为之奈何？"荆轲曰："愿得将军之首以献秦王，秦王必喜而见臣，臣左手把其袖，右手揕其胸，然则将军之仇报而燕见陵之愧除矣。将军岂有意乎？"樊于期偏袒搤捥而进曰："此臣之日夜切齿腐心也，乃今得闻教！"遂自刎。太子闻之，驰往，伏尸而哭，极哀。既已不可奈何，乃遂盛樊于期首函封之。

于是太子豫求天下之利匕首，得赵人徐夫人匕首，取之百金，使工以药焠之，以试人，血濡缕，人无不立死者。乃装为遣荆卿。燕国有勇士秦舞阳，年十三，杀人，人不敢忤视。此非写舞阳，乃极写荆轲如此之人。到荆轲队中，只如无有也。有待，与俱，紧接舞阳为副下。妙甚！虽百舞阳，犹算不得一副也。乃令秦舞阳为副。荆轲有所待，欲与俱；其人居远未来，而为治行。顷之，未发，太子迟之，疑其改悔，乃复请曰："日已尽矣，荆卿岂有意哉？丹请得先遣秦舞阳。"荆轲怒叱太子曰："何太子之遣？往而不反者，竖子也！此句已先结舞阳局，身后文何足更叙。且提一匕首入不测之强秦，仆所以留者，待吾客与俱。今太子迟之，请辞决矣！"遂发。

太子及宾客知其事者，皆白衣冠以送之。至易水之上，既祖，取道，高渐离击筑，荆轲和而歌，茅云："何等摹写！何等风神！"为变征之声，士皆垂泪涕泣。又前而歌曰："风萧萧兮易水寒，壮士一去兮不复还！"复为羽声慷慨，士皆瞋目，发尽上指冠。于是荆轲就车而去，终已不顾。

遂至秦，持千金之资币物，厚遗秦王宠臣中庶子蒙嘉。嘉为先言于秦王曰："燕王诚振怖大王之威，不敢举兵以逆军吏，愿举国为内臣，比诸侯之列，给贡职如郡县，而得奉守先王之宗庙。恐惧不敢自陈，谨斩樊于期之头，及献燕督亢之地图，函封，燕王拜送于庭，使使以闻大王，唯大王命之。"秦王闻之，大喜，乃朝服设九宾，见燕使者咸阳宫。荆轲奉樊于期头函，而秦舞阳奉地图匣，以次进。至陛，秦舞阳色变振恐，群臣怪之。荆轲顾笑舞阳，荆轲神勇。只此写出两人本领，迥若天渊。可知后文若叙久舞阳结局，便是辱杀荆轲也。前谢曰："北蕃蛮夷之鄙人，未尝见天子，故振慑。愿大王少假借之，使得毕使于前。"秦王谓轲曰："取舞阳所持地图。"轲既取图奏之，秦王发图，图穷而匕首见。因左手把秦王之袖，而右手持匕首揕之。钟云："极仓遽，情事全从一段极详尽之笔写出，不祥至不见兵，仓遽也。节矣。"未至身，秦王惊，自引而起，袖绝。拔剑，剑长，操其室。如绘。时惶急，剑坚，故不可立拔。荆轲逐秦王，秦王环柱而走。群臣皆愕，卒起不意，尽失其度。而秦法，群臣侍殿上者不得持尺寸之兵；诸郎中执兵皆陈殿下，非有诏召不得上。方急时，不及召下兵，以故荆轲乃逐秦王。而卒惶急，无以击轲，而以手共搏之。是时侍医夏无且以其所奉药囊提荆轲也。笔有余闲，妙绝！秦王方环柱走，卒惶急，不知所为，左右乃曰："王负剑！"负剑，遂拔以击荆轲，断其左股。荆轲废，乃引其匕首以擿秦王，不中，中桐柱。秦王复击轲，轲被八创。轲自知事不就，倚柱而笑，箕踞以骂曰："事所以不成者，以欲生劫之，必得约契以报太子也。"于是左右既前杀轲，秦王不怡者良久。余威犹震。已而论功赏群臣，及当坐者各有差，而赐夏无且黄金二百溢，笔有余闲。曰："无且爱我，乃以药囊提荆轲也。"

于是秦王大怒，益发兵诣赵，诏王翦军以伐燕。十月而拔蓟城。燕王喜、太子丹等尽率其精兵，东保于辽东。秦将李信追击燕王急，代王嘉乃遗燕王喜书曰："秦所以尤追燕急者，以太子丹故也。今王诚杀丹献之秦王，秦王必解，而社稷幸得血食。"其后李信追丹，丹匿衍水中，燕王乃使使斩太子丹，欲献之秦。秦复进兵攻之。后五年，秦卒灭燕，虏燕王喜。

　　其明年，秦并天下，立号为皇帝。<u>于是秦逐太子丹、荆轲之客，皆亡</u>。高渐离变名姓为人庸保，匿作于宋子。茅云：末后附高渐离，曲终之奏。董云：政传有姊，轲传有离，皆天下绝奇也。故○。<u>久之，作苦，闻其家堂上客击筑，傍徨不能去。每出言曰："彼有善有不善。"从者以告其主，曰："彼庸乃知音，窃言是非。"</u>家丈人召使前击筑，<u>一坐称善，赐酒</u>。<u>而高渐离念久隐畏约无穷时，乃退，出其装匣中筑与其善衣，更容貌而前</u>。<u>举坐客皆惊</u>，下与抗礼，以为上客。<u>使击筑而歌，客无不流涕而去者</u>。何等摹写！何等风神！宋子传客之，闻于秦始皇。秦始皇召见，<u>人有识者，乃曰</u>："<u>高渐离也</u>。"秦始皇帝惜其善击筑，重赦之，乃矐其目。使击筑，未尝不称善。稍益近之，高渐离乃以铅置筑中，复进得近，举筑扑秦皇帝，不中。于是遂诛高渐离，终身不复近诸侯之人。

　　<u>鲁句践已闻荆轲之刺秦王</u>，余音袅袅。<u>私曰："嗟乎，惜哉其不讲于刺剑之术也！甚矣吾不知人也！曩者吾叱之，彼乃以我为非人也！"</u>

　　太史公曰：世言荆轲，其称太子丹之命，"天雨粟，马生角"也，太过。又言荆轲伤秦王，皆非也。始公孙季功、董生与夏无且游，具知其事，为余道之如是。自曹沫至荆轲五人，<u>此其义或成或不成</u>，史公一生，不以成败论人。<u>然其立意较然，不欺其志，名垂后世，岂妄也哉</u>！

　　刺客事本奇特，传中写得风神勃发，笔墨淋漓，固是文与事称也。大意只士为知己者死。史公一生重知己之感，故其文尤极慷慨悲歌之胜矣。

李斯列传

李斯者，楚上蔡人也。年少时，为郡小吏，见吏舍厕中鼠，食不洁，近人犬，数惊恐之。斯入仓，观仓中鼠，食积粟，居大庑之下，不见人犬之忧。于是李斯乃叹曰：一叹。"人之贤不肖譬如鼠矣，在所自处耳！"乃从荀卿学帝王之术。学已成，度楚王不足事，而六国皆弱，无可为建功者，欲西入秦。辞于荀卿曰："斯闻得时无怠，今万乘方争时，游者主事。今秦王欲吞天下，称帝而治，此布衣驰骛之时而游说者之秋也。处卑贱之位而计不为者，此禽鹿视肉，人面而能强行者耳。故诟莫大于卑贱，而悲莫甚于穷困。久处卑贱之位、困苦之地，非世而恶利，自托于无为，此非士之情也。故斯将西说秦王矣。"

至秦，会庄襄王卒，李斯乃求为秦相文信侯吕不韦舍人；不韦贤之，任以为郎。李斯因以得说，说秦王曰："胥人者，去其几也。成大功者，在因瑕衅而遂忍之。昔者秦穆公之霸，终不东并六国者何也？诸侯尚众，周德未衰，故五伯迭兴，更尊周室。自秦孝公以来，周室卑微，诸侯相兼，关东为六国，秦之乘胜役诸侯，盖六世矣。今诸侯服秦，譬若郡县。夫以秦之强，大王之贤，由灶上骚除，足以灭诸侯，成帝业，为天下一统，此万世之一时也。今怠而不急就，诸侯复强，相聚约从，虽有黄帝之贤，不能并也。"秦王乃拜斯为长史，听其计，阴遣谋士赍持金玉以游说诸侯。诸侯名士可下以财者，厚遗结之；不肯者，利剑刺之。离其君臣之计，秦王乃使其良将随其后。秦王拜斯为客卿。会韩人郑国来间秦，以作注溉渠，已而觉。秦宗室大臣皆言秦王曰："诸侯人来事秦者，大抵为其主游间于秦耳，请一切逐客。"李斯议亦在逐中。斯乃上书曰：一上书。

臣闻吏议逐客，窃以为过矣。不引前代他国事，只以秦之先为言，切实动听。昔缪公求士，西取由余于戎，东得百里奚于宛，迎蹇叔于宋，求（按：中华书局本作"来"。）丕豹、公孙支于晋。<u>此五子者，不产于秦，而缪公用之，并国二十，遂霸西戎</u>。

孝公用商鞅之法，移风易俗，民以殷盛，国以富强，百姓乐用，诸侯亲服，获楚、魏之师，举地千里，至今治强。

惠王用张仪之计，拔三川之地，西并巴、蜀，北收上郡，南取汉中，包九夷，制鄢、郢，东据成皋之险，割膏腴之壤，遂散六国之从，使之西面事秦，功施到今。

昭王得范雎，废穰侯，逐华阳，强公室，杜私门，蚕食诸侯，使秦成帝业。

<u>此四君者，皆以客之功。由此观之，客何负于秦哉！向使四君却客而不内，疏士而不用</u>，<u>是使国无富利之实而秦无强大之名也</u>。

今陛下致昆山之玉，有随、和之宝，垂明月之珠，服太阿之剑，乘纤离之马，建翠凤之旗，树灵鼍之鼓。此数宝者，秦不生一焉，而陛下说之，何也？必秦国之所生然后可，则是夜光之璧，不饰朝廷，犀象之器，不为玩好，郑、卫之女，不充后宫，而骏良駃騠，不实外厩，江南金锡不为用，西蜀丹青不为采。<u>所以饰后宫，充下陈，娱心意，说耳目者，必出于秦然后可</u>，则是宛珠之簪，傅玑之珥，阿缟之衣，锦绣之饰不进于前，而随俗雅化佳冶窈窕赵女不立于侧也。

夫击瓮叩缶弹筝搏髀，而歌呼呜呜快耳目者，真秦之声也；郑、卫、桑间、昭、虞、武、象者，异国之乐也。今弃击瓮叩缶而就郑卫，退弹筝而取昭虞，若是者何也？<u>快意当前，适观而已矣</u>。

<u>今取人则不然。不问可否，不论曲直，非秦者去，为客者逐</u>。<u>然则是所重者在乎色乐珠玉，而所轻者在乎人民也</u>。此非所以跨海内制诸侯之术也。

臣闻地广者粟多，国大者人众，兵强则士勇。是以太山不让土壤，故能成其大；河海不择细流，故能就其深；王者不却众庶，故

能明其德。是以地无四方，民无异国，四时充美，鬼神降福，此五帝、三王之所以无敌也。今乃弃黔首以资敌国，却宾客以业诸侯，使天下之士，退而不敢西向，裹足不入秦，此所谓"藉寇兵而赍盗粮"者也。

<u>夫物不产于秦</u>，<u>可宝者多</u>；<u>士不产于秦</u>，<u>而愿忠者众</u>。今逐客以资敌国，损民以益仇，内自虚而外树怨于诸侯，求国无危，不可得也。

秦王乃除逐客之令，复李斯官，卒用其计谋。官至廷尉。二十余年，<u>竟并天下</u>，尊主为皇帝，以斯为丞相。此言竟并天下；竟并者，大不与其能并也。结言遂以亡天下；遂亡者，固知其将亡也。皆深恶斯之辞。始皇纪结处，秦竟亡矣，意思又别。夷郡县城，销其兵刃，示不复用。使秦无尺土之封，不立子弟为王功臣为诸侯者，使后无战攻之患。

始皇三十四年，置酒咸阳宫，博士仆射周青臣等颂始皇威德。齐人淳于越进谏曰："臣闻之，殷周之王千余岁，封子弟功臣自为支辅。今陛下有海内，而子弟为匹夫，卒有田常、六卿之患，臣无辅弼，何以相救哉？事不师古而能长久者非所闻也。今青臣等又面谀以重陛下过，非忠臣也。"始皇<u>下其议丞相</u>，<u>丞相谬其说</u>，绌其辞，乃上书曰：二上书。"古者天下散乱，莫能相一，是以诸侯并作，语皆道古以害今，饰虚言以乱实，人善其所私学，以非上所建立。今陛下并有天下，别白黑而定一尊；而私学乃相与非法教之制，闻令下，即各以其私学议之，入则心非，出则巷议，非主以为名，异趣以为高，率群下以造谤。如此不禁，则主势降乎上，党与成乎下。禁之便。臣请诸有文学《诗》《书》百家语者，蠲除去之。令到满三十日弗去，黥为城旦。所不去者，医药卜筮种树之书。若有欲学者，以吏为师。"始皇可其议，收去《诗》《书》百家之语以愚百姓，使天下无以古非今。明法度，定律令，皆以始皇起。同文书。法（按：中华书局本作"治"。）离宫别馆，周遍天下。明年，又巡狩，外攘四夷，斯皆有力焉。斯长男由为三川守,诸男皆尚秦公主,女悉嫁秦诸公子。三川守李由告归咸阳,李斯置酒于家,百官长皆前为寿,门廷车骑以千数。李斯喟然而叹曰:二叹。"嗟乎!吾闻之荀卿曰'物禁大盛'。夫斯乃上蔡布衣,闾巷之黔首,上不知其驽下,遂擢至此。当今人臣之位无居臣上者,可谓富贵极矣。物极则衰,吾未知所税驾也!"

始皇三十七年十月,行出游会稽,并海上,北抵琅邪。丞相斯、中车府令赵高兼行符玺令事皆从。始皇有二十余子,长子扶苏,以数直谏上,上使监兵上郡,蒙恬为将。少子胡亥爱,请从,上许之。余子莫从。其年七月,始皇帝至沙丘,病甚,令赵高为书赐公子扶苏曰:"以兵属蒙恬,与丧会咸阳而葬。"书已封,未授使者,始皇崩。书及玺皆在赵高所,独子胡亥、丞相李斯、赵高及幸宦者五六人,知始皇崩,余群臣皆莫知也。李斯以为上在外崩,无真太子,故秘之。置始皇居辒辌车中,百官奏事上食如故,宦者辄从辒辌车中可诸奏事。赵高因留所赐扶苏玺书,而谓公子胡亥曰:"上崩,无诏封王诸子而独赐长子书。长子至,即立为皇帝,而子无尺寸之地,为之奈何?"胡亥曰:"固也。吾闻之,明君知臣,明父知子。父捐命不封诸子,何可言者!"赵高曰:"不然。方今天下之权,存亡在子与高及丞相耳,愿子图之。且夫臣人与见臣于人,制人与见制于人,岂可同日道哉!"胡亥曰:"废兄而立弟,是不义也;不奉父诏而畏死,是不孝也;能薄而材谫,强因人之功,是不能也。三者逆德,天下不服,身殆倾危,社稷不血食。"高曰:"臣闻汤、武杀其主,天下称义焉,不为不忠。卫君杀其父,而卫国载其德,孔子著之,不为不孝。夫大行不小谨,盛德不辞让,乡曲各有宜而百官不同功。故顾小而忘大,后必有害;狐疑犹豫,后必有悔。断而敢行,鬼神避之,后有成功。愿子遂之!"胡亥喟然叹曰:"今大行未发,丧礼未终,岂宜以此事干丞相哉!"赵高曰:"时乎时乎,间不及谋!

赢粮跃马,唯恐后时!"胡亥既然高之言,高曰:"不与丞相谋,恐事不能成,臣请为子与丞相谋之。"高乃谓丞相斯曰:"上崩,赐长子书,与丧会咸阳而立为嗣。书未行,今上崩,未有知者也。所赐长子书及符玺,皆在胡亥所,定太子在君侯与高之口耳。事将何如?"斯曰:"安得亡国之言!此非人臣所当议也!"高曰:"君侯自料能孰与蒙恬?功高孰与蒙恬?谋远不失孰与蒙恬?无怨于天下孰与蒙恬?长子旧而信之孰与蒙恬?"斯曰:"此五者皆不及蒙恬,而君责之何深也?"高曰:"高固内官之厮役也,幸得以刀笔之文进入秦宫,管事二十余年,未尝见秦免罢丞相功臣,有封及二世者也,卒皆以诛亡。皇帝二十余子,皆君之所知。长子刚毅而武勇,信人而奋士,即位,必用蒙恬为丞相,君侯终不怀通侯之印归于乡里明矣。只以富贵劝斯,危祸劫斯。高受诏教习胡亥,使学以法事数年矣,未尝见过失。慈仁笃厚,轻财重士,辩于心而讷于口,尽礼敬士,秦之诸子未有及此者,可以为嗣。君计而定之。"斯曰:"君其反位!斯奉主之诏,听天之命,何虑之可定也?"高曰:"安可危也,危可安也。安危不定,何以贵圣?"斯曰:"斯,上蔡闾巷布衣也,上幸擢为丞相,封为通侯,子孙皆至尊位重禄者,故将以存亡安危属臣也。岂可负哉!夫忠臣不避死而庶几,孝子不勤劳而见危,人臣各守其职而已矣。君其勿复言,将令斯得罪。"高曰:"盖闻圣人迁徙无常,就变而从时,见末而知本,观指而睹归。物固有之,安得常法哉!方今天下之权命悬于胡亥,高能得志焉。且夫从外制中谓之惑,从下制上谓之贼。故秋霜降者草花落,水摇动者万物作,此必然之效也。君何见之晚?"斯曰:"吾闻晋易太子,三世不安;齐桓兄弟争位,身死而戮;纣杀亲戚,不听谏者,国为丘墟,遂危社稷;三者逆天,宗庙不血食。斯其犹人哉,安足为谋!"高曰:"上下合同,可以长久;中外若一,事无表里。君听臣之计,即长有封侯,世世称孤,只以富贵动斯,危祸劫斯。被高看破久矣。必有乔松之寿,孔、墨之智。今释此而不从，祸及子孙，足以为寒心。善者因祸为福，君何处焉？"<u>斯乃仰天而叹</u>，三叹。<u>垂泪太息</u>曰："嗟乎！<u>独遭乱世，既以不能死，安托命哉</u>！"<u>于是斯乃听高</u>。高乃报胡亥曰："臣请奉太子之明命以报丞相，丞相斯敢不奉令！"于是乃相与谋，诈为受始皇诏丞相，立子胡亥为太子。更为书赐长子扶苏曰："朕巡天下，祷祠名山诸神以延寿命。今扶苏与将军蒙恬，将师数十万以屯边，十有余年矣，不能进而前，士卒多耗，无尺寸之功，乃反数上书直言，诽谤我所为，以不得罢归为太子，日夜怨望。扶苏为人子不孝，其赐剑以自裁！将军恬与扶苏居外，不匡正，宜知其谋。为人臣不忠，其赐死，以兵属裨将王离。"封其书，以皇帝玺，遣胡亥客奉书赐扶苏于上郡。使者至，发书，扶苏泣，入内舍，欲自杀。蒙恬止扶苏曰："陛下居外，未立太子，使臣将三十万众守边，公子为监，此天下重任也。今一使者来，即自杀，安知其非诈？请复请，复请而后死，未暮也。"使者数趣之。扶苏为人仁，谓蒙恬曰："父而赐子死，尚安复请！"即自杀。蒙恬不肯死，使者即以属吏，系于阳周。使者还报，胡亥、斯、高大喜。至咸阳，发丧，太子立为二世皇帝。以赵高为郎中令，常侍中用事。

　　二世燕居，乃召高与谋事，谓曰："夫人生居世间也，譬犹骋六骥过决隙也。吾既已临天下矣，欲悉耳目之所好，穷心志之所乐，以安宗庙而乐万姓，长有天下，终吾年寿，其道可乎？"高曰："此贤主之所能行也，而昏乱主之所禁也。臣请言之，不敢避斧钺之诛，愿陛下少留意焉。夫沙丘之谋，诸公子及大臣皆疑焉，而诸公子尽帝兄，大臣又先帝之所置也。今陛下初立，此其属意怏怏皆不服，恐为变。且蒙恬已死，蒙毅将兵居外，臣战战栗栗，唯恐不终。且陛下安得为此乐乎？"二世曰："为之奈何？"赵高曰："严法而刻刑，令有罪者相坐诛，至收族，灭大臣而远骨肉；贫者富之，贱者贵之。尽除去先帝之故臣，更置陛下之所亲信者近之。此则阴德归陛下，害除而奸谋塞，群臣莫不被润泽，蒙厚德，陛下则高枕肆志宠乐矣。计莫出于此。"二世然高之言，乃更为法律。于是群臣诸公子有罪，辄下高，令鞫治之。杀大臣蒙毅等，公子十二人僇死咸阳市，十公主矺死于杜，财物入于县官，相连坐者不可胜数。公子高欲奔，恐收族，乃上书曰："先帝无恙时，臣入则赐食，出则乘舆。御府之衣，臣得赐之；中厩之宝马，臣得赐之。臣当从死而不能，为人子不孝，为人臣不忠。不忠者无名以立于世，臣请从死，愿葬郦山之足。唯上幸哀怜之。"书上，胡亥大说，召赵高而示之，曰："此可谓急乎？"赵高曰："人臣当忧死而不暇，何变之得谋！"胡亥可其书，赐钱十万以葬。

  法令诛罚日益刻深，群臣人人自危，欲畔者众。又作阿房之宫，治直道驰道，赋敛愈重，戍徭无已。于是楚戍卒陈胜、吴广等乃作乱，起于山东，杰俊相立，自置为侯王，叛秦，兵至鸿门而却。李斯数欲请间谏，二世不许。而二世责问李斯曰："吾有私议而有所闻于韩子也，曰'尧之有天下也，堂高三尺，采椽不斫，茅茨不剪，虽逆旅之宿不勤于此矣。冬日鹿裘，夏日葛衣，粢粝之食，藜藿之羹，饭土匦，啜土铏，虽监门之养，不觳于此矣。禹凿龙门，通大夏，疏九河，曲九防，决渟水致之海，而股无胈，胫无毛，手足胼胝，面目黎黑，遂以死于外，葬于会稽，臣虏之劳，不烈于此矣'。然则夫所贵于有天下者，岂欲苦形劳神，身处逆旅之宿，口食监门之养，手持臣虏之作哉？此不肖人之所勉也，非贤者之所务也。彼贤人之有天下也，专用天下适己而已矣，此所以贵于有天下也。夫所谓贤人者，必能安天下而治万民，今身且不能利，将恶能治天下哉！故吾愿赐志广欲，长享天下而无害，为之奈何？"李斯子由为三川守，群盗吴广等西略地，过去弗能禁。章邯以破逐广等兵，使者覆案三川相属，诮让斯居三公位，如何令盗如此。<u>李斯恐惧，重爵禄，不知所出，乃阿二世意，欲求容</u>，以书对曰：三上书。

夫贤主者，必且能全道而行督责之术者也。督责之，则臣不敢不竭能以徇其主矣。此臣主之分定，上下之义明，则天下贤不肖，莫敢不尽力竭任以徇其君矣。是故主独制于天下而无所制也。能穷乐之极矣，贤明之主也，可不察焉！

故申子曰"有天下而不恣睢，命之曰以天下为桎梏"者，无他焉，不能督责，而顾以其身劳于天下之民，若尧、禹然，故谓之"桎梏"也。夫不能修申、韩之明术，行督责之道，专以天下自适也，而徒务苦形劳神，以身徇百姓，则是黔首之役，非畜天下者也，何足贵哉！夫以人徇己，则己贵而人贱；以己徇人，则己贱而人贵。故徇人者贱，而人所徇者贵，自古及今，未有不然者也。凡古之所为尊贤者，为其贵也；而所为恶不肖者，为其贱也。而尧、禹以身徇天下者也，因随而尊之，则亦失所为尊贤之心矣夫！可谓大缪矣。谓之为"桎梏"，不亦宜乎？不能督责之过也。

故韩子曰："慈母有败子而严家无格虏"者，何也？则能罚之加焉必也。故商君之法，刑弃灰于道者。夫弃灰，薄罪也，而被刑，重罚也。彼唯明主为能深督轻罪。夫罪轻且督深，而况有重罪乎？故民不敢犯也。是故韩子曰"布帛寻常，庸人不释，铄金百镒，盗跖不搏"者，非庸人之心重，寻常之利深，而盗跖之欲浅也；又不以盗跖之行，为轻百镒之重也。搏必随手刑，则盗跖不搏百镒；而罚不必行也，则庸人不释寻常。是故城高五丈，而楼季不轻犯也；泰山之高百仞而跛牂牧其上。夫楼季也而难五丈之限，岂跛牂也而易百仞之高哉？峭堑之势异也。明主圣王之所以能久处尊位，长执重势，而独擅天下之利者，非有异道也，能独断而审督责，必深罚，故天下不敢犯也。今不务所以不犯，而事慈母之所以败子也，则亦不察于圣人之论矣。夫不能行圣人之术，则舍为天下役何事哉？可不哀邪！

且夫俭节仁义之人立于朝，则荒肆之乐辍矣；谏说论理之臣间于侧，则流漫之志诎矣；烈士死节之行显于世，则淫康之虞废矣。故明主能外此三者，而独操主术以制听从之臣，而修其明法，故身尊而势重也。凡贤主者，必将能拂世摩俗，而废其所恶，立其所欲，故生则有尊重之势，死则有贤明之谥也。是以明君独断，故权不在臣也。然后能灭仁义之涂，掩驰说之口，困烈士之行，塞聪揜明，内独视听，故外不可倾以仁义烈士之行，而内不可夺以谏说忿争之辩。故能荦然独行恣睢之心而莫之敢逆。若此然后可谓能明申、韩之术，而修商君之法。法修术明而天下乱者，未之闻也。故曰"王道约而易操"也。唯明主为能行之。若此则谓督责之诚，则臣无邪，臣无邪则天下安，天下安则主严尊，主严尊则督责必，督责必则所求得，所求得则国家富，国家富则君乐丰。故督责之术设，则所欲无不得矣。群臣百姓救过不给，何变之敢图？若此则帝道备，而可谓能明君臣之术矣。虽申、韩复生，不能加也。

　　书奏，二世说。于是行督责益严，税民深者为明吏。二世曰："若此则可谓能督责矣。"刑者相半于道，而死人日成积于市。杀人众者为忠臣。二世曰："若此则可谓能督责矣。"初，赵高为郎中令，所杀及报私怨众多，恐大臣入朝奏事毁恶之，乃说二世曰："天子所以贵者，但以闻声，群臣莫得见其面，故号曰'朕'。且陛下富于春秋，未必尽通诸事，今坐朝廷，谴举有不当者，则见短于大臣，非所以示神明于天下也。且陛下深拱禁中，与臣及侍中习法者待事，事来有以揆之。如此则大臣不敢奏疑事，天下称圣主矣。"二世用其计，乃不坐朝廷见大臣，居禁中。赵高常侍中用事，事皆决于赵高。高闻李斯以为言，乃见丞相曰："关东群盗多，今上急益发繇治阿房宫，聚狗马无用之物。臣欲谏，为位贱。此真君侯之事，君何不谏？"李斯曰："固也，吾欲言之久矣。今时上不坐朝廷，上居深宫，吾有所言者，不可传也，欲见无间。"赵高谓曰："君诚能谏，请为君候上间语君。"于是赵高待二世方燕乐，妇女居前，使人告丞相："上方间，可奏事。"丞相至宫门上谒，如此者三。二世怒曰："吾常多间日，丞相不来。吾方燕私，丞相辄来请事。丞相岂少我哉？且固我哉？"赵高因曰："如此殆矣！夫沙丘之谋，丞相与焉。今陛下已立为帝，而丞相贵不益，此其意亦望裂地而王矣。且陛下不问臣，臣不敢言。丞相长男李由为三川守，楚盗陈胜等皆丞相傍县之子，以故楚盗公行，过三川，城守不肯击。高闻其文书相往来，未得其审，故未敢以闻。且丞相居外，权重于陛下。"二世以为然。欲案丞相，恐其不审，乃使人案验三川守与盗通状。李斯闻之。

是时二世在甘泉，方作觳抵优俳之观。李斯不得见，<u>因上书言赵高之短</u>曰：四上书。"臣闻之，臣疑其君，无不危国；妾疑其夫，无不危家。今有大臣于陛下擅利擅害，与陛下无异，此甚不便。昔者司城子罕相宋，身行刑罚，以威行之，期年遂劫其君。田常为简公臣，爵列无敌于国，私家之富与公家均，布惠施德，下得百姓，上得群臣，阴取齐国，杀宰予于庭，即弑简公于朝，遂有齐国。此天下所明知也。今高有邪佚之志，危反之行，如子罕相宋也；私家之富，若田氏之于齐也。兼行田常、子罕之逆道而劫陛下之威信，其志若韩玘为韩安相也。陛下不图，臣恐其为变也。"二世曰："何哉？夫高，故宦人也，然不为安肆志，不以危易心，洁行修善，自使至此，以忠得进，以信守位，朕实贤之，而君疑之，何也？且朕少失先人，无所识知，不习治民，而君又老，恐与天下绝矣。朕非属赵君，当谁任哉？且赵君为人精廉强力，下知人情，上能适朕，君其勿疑。"李斯曰："不然。夫高，故贱人也，无识于理，贪欲无厌，求利不止，列势次主，求欲无穷，臣故曰殆。"二世已前信赵高，恐李斯杀之，乃私告赵高。高曰："丞相所患者独高，高已死，丞相即欲为田常所为。"于是二世曰："其以李斯属郎中令！"

赵高案治李斯。<u>李斯拘执束缚</u>，<u>居囹圄中</u>，仰天而叹曰：四叹。"嗟乎，悲夫！不道之君，何可为计哉！昔者桀杀关龙逢，纣杀王子比干，吴王夫差杀伍子胥。此三臣者，岂不忠哉，然而不免于死，身死而所忠者非也。今吾智不及三子，而二世之无道过于桀、纣、夫差，吾以忠死，宜矣。且二世之治岂不乱哉！日者夷其兄弟而自立也，杀忠臣而贵贱人，作为阿房之宫，赋敛天下。吾非不谏也，而不吾听也。凡古圣王，饮食有节，车器有数，宫室有度，出令造事，加费而无益于民利者禁，故能长久治安。今行逆于昆弟，不顾其咎；侵杀忠臣，不思其殃；大为宫室，厚赋天下，不爱其费：三者已行，天下不听。今反者已有天下之半矣，而心尚未寤也，而以赵高为佐，吾必见寇至咸阳，麋鹿游于朝也。"

于是二世乃使高案丞相狱，治罪，责斯与子由谋反状，皆收捕宗族宾客。赵高治斯，榜掠千余，不胜痛，自诬服。斯所以不死者，自负其辩，有功，实无反心，幸得上书自陈，幸二世之寤而赦之。李斯乃从狱中上书曰：五上书。"臣为丞相治民，三十余年矣。逮秦地之狭隘。先王之时秦地不过千里，兵数十万。臣尽薄材，谨奉法令，阴行谋臣，资之金玉，使游说诸侯，阴修甲兵，饰政教，官斗士，尊功臣，盛其爵禄，故终以胁韩弱魏，破燕、赵，夷齐、楚，卒兼六国，虏其王，立秦为天子。罪一矣。地非不广，又北逐胡、貉，南定百越，以见秦之强。罪二矣。尊大臣，盛其爵位，以固其亲。罪三矣。立社稷，修宗庙，以明主之贤。罪四矣。更克画，平斗斛度量文章，布之天下，以树秦之名。罪五矣。治驰道，兴游观，以见主之得意。罪六矣。缓刑罚，薄赋敛，以遂主得众之心，万民戴主，死而不忘。罪七矣。若斯之为臣者，罪足以死固久矣。上幸尽其能力，乃得至今，愿陛下察之！"书上，赵高使吏弃去，不奏，曰："囚安得上书！"赵高使其客十余辈诈为御史、谒者、侍中，更往覆讯斯。斯更以其实对，辄使人复榜之。后二世使人验斯，斯以为如前，终不敢更言，辞服。奏当上，二世喜曰："微赵君，几为丞相所卖。"及二世所使案三川之守至，则项梁已击杀之。使者来，会丞相下吏，赵高皆妄为反辞。

二世二年七月，具斯五刑，论腰斩咸阳市。斯出狱，与其中子俱执，<u>顾谓其中子曰</u>："<u>吾欲与若复牵黄犬俱出上蔡东门逐狡兔，岂可得乎</u>！"遂父子相哭，<u>而夷三族</u>。前之四叹，此时只以一哭。

李斯已死，二世拜赵高为中丞相，事无大小，辄决于高。高自知权重，乃献鹿，谓之马。二世问左右："此乃鹿也？"左右皆曰"马也"。二世惊，自以为惑，乃召太卜令卦之。太卜曰："陛下春秋郊祀，奉宗庙鬼神，斋戒不明，故至于此。可依盛德而明斋戒。"于是乃入上林斋戒。日游弋猎，有行人入上林中，二世自射杀之。赵高教其女婿咸阳令阎乐劾不知何人贼杀人移上林。高乃谏二世曰："天子无故贼杀不辜人，此上帝之禁也，鬼神不享，天且降殃，当远避宫以禳之。"二世乃出居望夷之宫。留三日，赵高诈诏卫士，令士皆素服持兵内乡，入告二世曰："山东群盗兵大至！"二世上观而见之，恐惧，高既因劫令自杀。引玺而佩之，左右百官莫从；上殿，殿欲坏者三。高自知天弗与，群臣弗许，乃召始皇弟，授之玺。子婴既位，患之，乃称疾不听事，与宦者韩谈及其子谋杀高。高上谒，请病，因召入，令韩谈刺杀之，夷其三族。子婴立三月，沛公兵从武关入，至咸阳，群臣百官皆畔，不适。子婴与妻子自系其颈以组，降轵道旁。沛公因以属吏。项王至而斩之。<u>遂以亡天下</u>。

太史公曰：李斯以闾阎历诸侯，入事秦，因以瑕衅，以辅始皇，卒成帝业，斯为三公，可谓尊用矣。斯知六蓺之归，不务明政以补主上之缺，持爵禄之重，阿顺苟合，严威酷刑，听高邪说，废适立庶。诸侯已畔，斯乃欲谏争，不亦末乎！人皆以斯极忠而被五刑死，察其本，乃与俗议之异。不然，斯之功且与周、召列矣。

孔子所云"苟患失之，无所不至矣"，正李斯一辈人也。其学问、功业佐秦兼天下者，皆其取富贵之资；而其种种罪过，能使秦亡天下者，即其守富贵之道。

究之患失愈甚而三族已夷矣，可哀也！夫太史公言秦用李斯二十年，竟并天下，而于秦亡关目紧要处皆系之，李斯传若作秦本纪者，而结之曰"遂以亡天下"，罪斯极而垂戒深矣。　　钟惺

　　亡秦者，高也；赤斯族者，高也。废扶苏，立胡亥，然后高得以逞其恶，而斯实听之；废封建，弱子弟，然后高得以成其谋，而斯实主之。故秦之天下，斯实亡之；而斯之族，斯自赤之。不待沙丘废立，当谬辞说遏淳于而局已先定也。然其必力阻分封者，何也？斯专恃秦以建功，而恶宗室大臣逐客之议之几危其富贵，故以此报之也。此文大意，钟评已明，然必如此看乃见史公布置用意，草蛇灰线之妙。不然，则《谏逐客书》亦似可载可不载矣。

　　以四叹、一哭、五上书作章法。

史记半解 卷三

张耳陈馀列传

　　张耳者，大梁人也。其少时及魏公子无忌为客。先叙耳为贤公子客，以见耳之贤，故能自致贤客也。张耳尝亡命游外黄。<u>外黄富人女甚美</u>，嫁庸奴亡其夫，去抵父客。父客素知张耳，乃谓女曰："<u>必欲求贤夫，从张耳</u>。"耳、馀皆以妻富人女获赀，用耳子若后以帝女为妻母故封侯王。前后掩映作波，趣。<u>女听</u>，<u>乃卒为请决</u>，<u>嫁之张耳</u>。<u>张耳是时脱身游</u>，<u>女家厚奉给张耳</u>，<u>张耳以故致千里客</u>。耳成功及子孙代封，皆客之力，而客由妻家。故耳妻是正文，馀妻乃陪叙也。要事闲情合一，不测文至此，化矣。乃宦魏为外黄令。名由此益贤。

　　陈馀者，亦大梁人也，好儒术，数游赵苦陉。<u>富人公乘氏以其女妻之</u>，<u>亦知陈馀非庸人也</u>。馀年少，父事张耳，<u>两人相与为刎颈交</u>。

　　秦之灭大梁也，张耳家外黄。高祖为布衣时，尝数从张耳游，客数月。秦灭魏数岁，已闻此两人魏之名士也，购求有得<u>张耳千金</u>，雌雄已别。<u>陈馀五百金</u>。张耳、陈馀乃变名姓，俱之陈，为里监门以自食。<u>两人相对</u>。同心同艰，相守相怜，又四字写得活现，妙笔入神。里吏尝有过笞陈馀，馀器识远张耳，于此处见大意，影迄后文耳成馀败之故，此以闲情为托要也。<u>陈馀欲起</u>，<u>张耳蹑之</u>，<u>使受笞</u>。<u>吏去</u>，<u>张耳乃引陈馀之桑下而数之曰</u>："<u>始吾与公言何如？今见小辱而欲死一吏乎？</u>"陈馀然之。秦诏书购求两人，两人亦反用门者以令里中。

　　陈涉起蕲，至入陈，兵数万。张耳、陈馀上谒陈涉。涉及左右，生平数闻张耳、陈馀贤，未尝见，见即大喜。陈中豪杰父老乃说陈涉曰：说一。"将军身被坚执锐，率士卒以诛暴秦，复立楚社稷，存亡继绝，功德宜为王。且夫监临天下诸将，不为王不可，愿将军立为楚王也。"陈涉问此两人，<u>两人对曰</u>：说二。因问而言，故曰"对"其实"说"也。故下一节"说"字上加"复"字。"夫秦为无道，破人国家，灭人社稷，绝人后世，罢百姓之力，尽百姓之财。将军瞋目张胆，出万死不顾一生之计，为天下除残也。今始至陈而王之，示天下私。愿将军毋王，急引兵而西，遣人立六国后，自为树党，为秦益敌也。敌多则力分，与众则兵强。如此，野无交兵，县无守城，诛暴秦，据咸阳，以令诸侯。诸侯亡而得立，以德服之，如此则帝业成矣。今独王陈，恐天下解也。"陈涉不听，遂立为王。

　　陈馀乃复说陈王曰：说三。"大王举梁、楚而西，务在入关，未及收河北也。臣尝游赵，知其豪桀及地形，愿请奇兵北略赵地。"于是陈王以故所善陈人武臣为将军，邵骚为护军，以张耳、陈馀为左右校尉，予卒三千人北略赵地。武臣等从白马渡河，至诸县，说其豪杰曰：说四。"秦为乱政虐刑以残贼天下，数十年矣。北有长城之役，南有五岭之戍，外内骚动，百姓罢敝，头会箕敛以供军费，财匮力尽，民不聊生。重之以苛法峻刑，使天下父子不相安。陈王奋臂为天下倡始，王楚之地，方二千里，莫不响应，家自为怒，人自为斗，各报其怨而攻其仇，县杀其令丞，郡杀其守尉。今已张大楚王陈，使吴广、周文将卒百万西击秦。于此时而不成封侯之业者，非人豪也。诸君试相与计之！夫天下同心而苦秦久矣。因天下之力而攻无道之君，报父兄之怨而成割地有土之业，此士之一时也。"豪桀皆然其言。乃行收兵，得数万人，号武臣为武信君。下赵十城，馀皆城守莫肯下。乃引兵东北击范阳。范阳人蒯通说范阳令曰：蒯通行说一节，写得天矫恣肆，不可方物。说五。"窃闻公之将死，故吊。虽然，贺公得通而生。"范阳令曰："何以吊之？"对曰："秦法重，足下为范阳令十年矣，杀人之父，孤人之子，断人之足，黥人之首，不可胜数。然而慈父孝子莫敢倳刃公之腹中者，畏秦法耳。今天下大乱，秦法不施，然则慈父孝子且倳刃公之腹中以成其名，此臣之所以吊公也。今诸侯畔秦矣，武信君兵且去，而君坚守范阳，少年皆争杀君，下武信君。君急遣臣见武信君，可转祸为福，在今矣。"

范阳令乃使蒯通见武信君曰：亦说也。说六。"足下必将战胜然后略地，攻得然后下城，臣窃以为过矣。诚听臣之计，可不攻而降城，不战而略地，传檄而千里定，可乎？"武信君曰："何谓也？"蒯通曰："今范阳令宜整顿其士卒以守战者也，怯而畏死，贪而重富贵，故欲先天下降，畏君以为秦所置吏，诛杀如前十城也。然今范阳少年亦方杀其令，自以城距君。君何不赍臣侯印，拜范阳令，范阳令则以城下君，少年亦不敢杀其令。令范阳令乘朱轮华毂，使驱驰燕、赵郊。燕、赵郊见之，皆曰此范阳令，故作摇曳，笔态极浓。先下者也，即喜矣，燕、赵城可毋战而降也。此臣之所谓传檄而千里定者也。"武信君从其计，因使蒯通赐范阳令侯印。赵地闻之，不战以城下者三十余城。

至邯郸，张耳、陈馀闻周章军入关，至戏却；又闻诸将为陈王徇地，多以谗毁得罪诛，怨陈王不用其策，不以为将，而以为校尉。乃说武臣曰：说七。"陈王起蕲，至陈而王，非必立六国后。将军今以三千人下赵数十城，独介居河北，不王，无以填之。且陈王听谗，还报，恐不脱于祸。又不如立其兄弟；不即立赵后。将军毋失时，时间不容息。"武臣乃听之，遂立为赵王。以陈馀为大将军，张耳为右丞相，邵骚为左丞相。使人报陈王，陈王大怒，欲尽族武臣等家而发兵击赵。陈王相国房君谏曰：谏言亦说也。说八。"秦未亡而诛武臣等家，此又生一秦也。不如因而贺之，使急引兵西击秦。"陈王然之，从其计，徙系武臣等家宫中，封张耳子敖为成都君。陈王使使者贺赵，令趣发兵西入关。张耳、陈馀说武臣曰：说九。"王王赵，非楚意，特以计贺王。楚已灭秦，必加兵于赵。愿王毋西兵，北徇燕、代，南收河内以自广。赵南据大河，北有燕、代，楚虽胜秦，必不敢制赵。"赵王以为然，因不西兵，而使韩广略燕，李良略常山，张黡略上党。

韩广至燕，燕人因立广为燕王。赵王乃与张耳、陈馀北略地燕界。赵王间出，为燕军所得。燕将囚之，欲与分赵地半，乃归王。使者往，燕辄杀之以求地。张耳、陈馀患之。<u>有厮养卒谢其舍中曰</u>：<small>养卒说救赵王一节，写得更天矫恣肆，不可方物，皆所谓奇情横溢也。</small>"<u>吾为公说燕，与赵王载归</u>。"舍中皆笑曰："使者往十余辈，辄死，若何以能得王？"乃走燕壁。燕将见之，问燕将曰：<small>说十。</small>"<u>知臣何欲</u>？"燕将曰："若欲得赵王耳。"曰："<u>君知张耳、陈馀何如人也</u>？"燕将曰："<u>贤人也</u>。"曰："<u>知其志何欲</u>？"曰："欲得其王耳。"<u>赵养卒乃笑曰</u>："<u>君未知此两人所欲也</u>。夫武臣、张耳、陈馀杖马箠下赵数十城，<u>此亦各欲南面而王，岂欲为卿相终己邪？夫臣与主岂可同日而道哉</u>，顾其势初定，未敢参分而王，<u>且以少长先立武臣为王</u>，以持赵心。今赵地已服，<u>此两人亦欲分赵而王</u>，<u>时未可耳</u>。今君乃因赵王。<u>此两人名为求赵王，实欲燕杀之</u>，<u>此两人分赵自立</u>。<u>夫以一赵尚易燕</u>，<u>况以两贤王左提右挈</u>，<u>而责杀王之罪</u>，<u>灭燕易矣</u>。"<u>燕将以为然</u>，乃归赵王，<u>养卒为御而归</u>。<small>结得趣。</small>

　　李良已定常山，还报赵王，复使良略太原。至石邑，秦兵塞井陉，未能前。秦将诈称二世使人遗李良书，不封，曰：<small>此亦说也，说十一。</small>"良尝事我得显幸。良诚能反赵为秦，赦良罪，贵良。"良得书，疑不信。乃还之邯郸，益请兵。未至，道逢赵王姊出饮，从百余骑。<small>耳、馀以妾故着贤，武臣以姊故殒命，而耳、馀亦几至不保，叙来自然相映。</small>李良望见，以为王，伏谒道旁。王姊醉，不知其将，使骑谢李良。李良素贵，起惭其从官。从官有一人曰："天下畔秦，能者先立。且赵王素出将军下，今女儿乃不为将军下车，请追杀之。"李良已得秦书，固欲反赵未决，因此怒，遣人追杀王姊道中，乃遂将其兵袭邯郸。邯郸不知，竟杀武臣、邵骚。赵人多为张耳、陈馀耳目者，以故脱。出收其兵，得数万人。客有说张耳曰：<small>说十二。</small>"两君羁旅，而欲附赵，难独立赵后，扶以义，可就功。"乃求得赵歇立为赵王，居信都。李良进兵击陈馀，陈馀败李良，李良走归章邯。

章邯引兵至邯郸，皆徙其民河内，夷其城郭。张耳与赵王歇走入钜鹿城，王离围之。陈馀北收常山兵，得数万人，军钜鹿北。章邯军钜鹿南棘原，筑甬道属河，饷王离。王离兵食多，急攻钜鹿。钜鹿城中食尽兵少，张耳数使人召前陈馀，陈馀自度兵少，不敌秦，不敢前。数月，张耳大怒，怨陈馀，使张黡、陈泽往让陈馀曰：此"让"而非说，然亦说之意也。说十三。"始吾与公为刎颈交，今王与耳旦暮且死，而公拥兵数万，不肯相救，安在其相为死！苟必信，胡不赴秦军俱死？且有十一二相全。"陈馀曰："吾度前，终不能救赵，徒尽亡军。且馀所以不俱死，欲为赵王、张君报秦。今必俱死，如以肉委饿虎，何益？"张黡、陈泽曰："事已急，要以俱死立信，安知后虑！"陈馀曰："吾死，顾以为无益。必如公言。"乃使五千人令张黡、陈泽先尝秦军，至皆没。当是时，<u>燕、齐、楚闻赵急，皆来救</u>。馀虽逊耳！却是耳先负馀。当时非项羽莫存巨鹿，救为耳子，尚观望不敢救，何以责耳！史公不以成败论英雄，故此处多用特笔振醒。此意见馀无罪而耳责之太过，以判断相负之后先，为一篇陡要处也。<u>张敖亦北收代兵</u>，<u>得万余人</u>，<u>来</u>，<u>皆壁馀旁</u>，<u>未敢击秦</u>。项羽兵数绝章邯甬道，王离军乏食，项羽悉引兵渡河，遂破章邯。<u>章邯引兵解</u>，<u>诸侯军乃敢击围钜鹿秦军</u>，遂虏王离。涉间自杀。<u>卒存钜鹿者</u>，<u>楚力也</u>。

于是赵王歇、张耳乃得出钜鹿，谢诸侯。张耳与陈馀相见，责让陈馀以不肯救赵，及问张黡、陈泽所在。陈馀怒曰："张黡、陈泽以必死责臣，臣使将五千人先尝秦军，皆没不出。"张耳不信，以为杀之，数问陈馀。陈馀怒曰："不意君之望臣深也！岂以臣为重去将哉？"乃脱解印绶，推予张耳。张耳亦愕不受。陈馀起如厕。客有说张耳曰：说十四。"臣闻'天与不取，反受其咎'。今陈将军与君印，君不受，反天，不祥。急取之！"张耳乃佩其印，收其麾下。而陈馀还，亦望张耳不让，遂趋出。张耳遂收其兵。陈馀独与麾下所善数百人，之河上泽中渔猎。<u>由此陈馀</u>、<u>张耳遂有隙</u>。此一隙是关键。

赵王歇复居信都。张耳从项羽诸侯入关。汉元年二月，项羽立诸侯王，张耳雅游，人多为之言，此说非一人一起，反不明点"说"字。说十五。项羽亦素数闻张耳贤，乃分赵，立张耳为常山王，治信都。信都更名襄国。陈馀客多说项羽曰：馀客只此一晃。说十六。"陈馀、张耳，一体有功于赵。"项羽以陈馀不从入关，闻其在南皮，即以南皮旁三县以封之，而徙赵王歇王代。张耳之国，陈馀愈益怒曰："张耳与馀功等也，今张耳王，馀独侯，此项羽不平。"及齐王田荣畔楚，陈馀乃使夏说说田荣曰：说十七。"项羽为天下宰，不平，尽王诸将善地，徙故王王恶地，今赵王乃居代！愿王假臣兵，请以南皮为扞蔽。"田荣欲树党于赵以反楚，乃遣兵从陈馀。陈馀因悉三县兵袭常山王张耳。张耳败走，念诸侯无可归者，曰："汉王与我有旧故，而项羽又强，立我，我欲之楚。"甘公曰：甘公此说为耳定大计，反不明下"说"字。说十八。"汉王之入关，五星聚东井。东井者，秦分也。先至，必霸。楚虽强，后必属汉。"故耳走汉。汉王亦还定三秦，方围章邯废丘。张耳谒汉王，汉王厚遇之。陈馀已败张耳，皆复收赵地，迎赵王于代，复为赵王。赵王德陈馀，立为代王。陈馀为赵王弱，国初定，不之国，留傅赵王，而使夏说以相国守代。汉二年东击楚，使使告赵，欲与俱。陈馀曰："汉杀张耳乃从。"于是汉王求人类张耳者斩之，持其头遗陈馀。陈馀乃遣兵助汉。汉之败于彭城西，陈馀亦复觉张耳不死，即背汉。汉三年，韩信已定魏地，遣张耳与韩信击破赵井陉，斩陈馀泜水上，一篇句而结此。追杀赵王歇襄国。汉立张耳为赵王。汉五年，张耳薨，谥为景王。

子敖嗣立为赵王。高祖长女鲁元公主为赵王敖后。汉七年，高祖从平城过赵，赵王朝夕袒鞲蔽，自上食，礼甚卑，有子婿礼。高祖箕踞詈，甚慢易之。赵相贯高、赵午等年六十余，<u>故张耳客也</u>。此句待点，后之极写贯高出色，总是为张耳上色也。<u>生平为气</u>，<u>乃</u>怒曰："吾王屑王也！"说王曰：说十九。"夫天下豪桀并起，能者先立。今王事高祖甚恭，而高祖无礼，请为王杀之！"张敖啮其指出血，曰："君何言之误！且先人亡国，赖高祖得复国，德流子孙，秋豪皆高祖力也。愿君无复出口。"贯高、赵午等十余人皆相谓曰："乃吾等非也。吾王长者，不倍德。且吾等义不辱，今怨高祖辱我王，故欲杀之，何乃污王为乎？令事成归王，事败独身坐耳。"汉八年，上从东垣还过赵，贯高等乃壁人柏人，要之置厕。上过，欲宿，心动，问曰："县名为何？"曰："柏人。""柏人者，迫于人也！"杜撰得妙境如此，免充奇。不宿而去。汉九年，贯高怨家知其谋，乃上变告之。于是上皆并逮捕赵王、贯高等。十余人皆争自到，贯高独怒骂曰："谁令公为之？今王实无谋，而并捕王；公等皆死，谁白王不反者！"乃辎车胶致，与王诣长安。治张敖之罪。上乃诏赵群臣宾客，有敢从王，皆族。贯高与客孟舒等十余人，皆自髡钳，为王家奴，从来。贯高至，对狱，曰："独吾属为之，王实不知。"吏治榜笞数千，刺剟，身无可击者，终不复言。吕后数言张王以鲁元公主故，不宜有此。上怒曰："使张敖据天下，岂少而女乎！"不听。廷尉以贯高事辞闻，上曰："壮士！谁知者，以私问之。"中大夫泄公曰："臣之邑子，素知之。此固赵国立名义不侵为然诺者也。"上使泄公持节问之箯舆前。仰视曰："泄公邪？"泄公劳苦如生平欢，与语，问张王果有计谋不。高曰："人情宁不各爱其父母妻子乎？今吾三族皆以论死，岂以王易吾亲哉！顾为王实不反，独吾等为之。"具道本指所以为者王不知状。于是泄公入，具以报上，乃赦赵王。上贤贯高为人能立然诺，使泄公具告之，曰："张王已出。"因赦贯高。贯高喜曰："吾王审出乎？"泄公曰："然。"泄公曰："上多足下，故赦足下。"贯高曰："所以不死一身无余者，白张王不反也。今王已出，吾责已塞，死不恨矣。且人臣有篡杀之名，何面目复事上哉！纵上不杀我，我不愧于心乎？"乃仰绝肮，遂死。当此之时，名闻天下。

张敖已出，以尚鲁元故，封为宣平侯。于是上贤张王诸客，诸客再用特点，以束通一篇。以钳奴从张王入关，无不为诸侯相、郡守者。及孝惠、高后、文帝、孝景时，上文已唱叹诸客作束矣，此一及其子孙之世为大官再加一束，以益著其盛，益厚其势。且与下文张王子孙之世为公侯，宾主相配。只此一笔，前瞻后顾，左宜右有，觉得奥美无穷。张王客子孙皆得为二千石。

张敖，高后六年薨。子偃为鲁元王。以母吕后女故，吕后封为鲁元王。元王弱，兄弟少，乃封张敖他姬子二人：寿为乐昌侯，侈为信都侯。高后崩，诸吕无道，大臣诛之，而废鲁元王及乐昌侯、信都侯。孝文帝即位，复封故鲁元王偃为南宫侯，续张氏。

太史公曰：张耳、陈馀，世传所称贤者；其宾客厮役，莫非天下俊杰，所居国无不取卿相者。然张耳、陈馀始居约时，相然信以死，岂顾问哉。及据国争权，卒相灭亡，何乡者相慕用之诚，后相倍之戾也！岂非以利哉？名誉虽高，宾客虽盛，所由殆与太伯、延陵季子异矣。

虽系耳、馀合传，而耳成馀败，故一篇以耳能"致千里客"为主句。因两人始以善说发韧，张耳后以客说成功。故排列局中，许多相说节目作章法。有耳、馀说人，有人说耳、馀；有人说人，有人为耳、馀说人。有合说，有分说，有明点说字，有暗含说字。一路宾主错综，出没隐见，排列几至二十余节。而烟波百道，缭绕行间，使人无迹可寻，宜乎向来未经拈出也。不识今之读者其有先我而窥之者否与？

黥布列传

　　黥布者，六人也，姓英氏。秦时为布衣。少年，有客相之曰："当刑而王。"及壮，坐法黥。布欣然笑曰；"人相我当刑而王，几是乎？"人有闻者，共俳笑之。布已论输丽山，丽山之徒数十万人，布皆与其徒长豪杰交通，乃率其曹偶，亡之江中为群盗。

　　陈胜之起也，布乃见番君，与其众叛秦，聚兵数千。番君以其女妻之。章邯之灭陈胜，破吕臣军，布乃引兵北击秦左右校，破之清波，引兵而东。闻项梁定江东会稽，涉江而西。陈婴以项氏世为楚将，乃以兵属项梁，渡淮南，英布、蒲将军亦以兵属项梁。

　　项梁涉淮而西，击景驹、秦嘉等，布常冠军。项梁至薛，闻陈王定死，乃立楚怀王。项梁号为武信君，英布为当阳君。项梁败死定陶，怀王徙都彭城，诸将英布亦皆保聚彭城。当是时，秦急围赵，赵数使人请救。怀王使宋义为上将，范增为末将，项籍为次将，英布、蒲将军皆为将军，悉属宋义，北救赵。及项籍杀宋义于河上，怀王因立籍为上将军，诸将皆属项籍。项籍使布先涉渡河击秦，布数有利，籍乃悉引兵涉河从之，遂破秦军，降章邯等。楚兵常胜，功冠诸侯。诸侯兵皆以服属楚者，以布数以少败众也。

　　项籍之引兵西至新安，又使布等夜击坑章邯秦卒二十余万人。至关，不得入，又使布等先从间道破关下军，遂得入，至咸阳。布常为军锋。项王封诸将，立布为九江王，都六。

　　汉元年四月，诸侯皆罢戏下，各徙国。项氏立怀王为义帝，徙都长沙，乃阴令九江王布等行击之。其八月，布使将击义帝，追杀之郴县。汉二年，齐王田荣畔楚，项王往击齐，征兵九江，九江王布称病不往，遣将将数千人行。汉之败楚彭城，布又称病不佐楚。项王由此怨布，数使使者诮让召布，布愈恐，不敢往。项王方北忧齐、赵，西患汉，所与者<u>独九江王</u>，<u>又多布材</u>，欲亲用之，<u>以故未击</u>。

汉三年，汉王击楚，大战彭城，不利，出梁地，至虞，谓左右曰："<u>如彼等者，无足与计天下事</u>。"谒者随何进曰："不审陛下所谓。"汉王曰："<u>孰能为我使淮南，令之发兵倍楚，留项王于齐数月，我之取天下可以百全</u>。"随何曰："<u>臣请使之</u>。"乃与二十人俱，使淮南。至，因太宰主之，三日不得见。随何因说太宰曰："王之不见何，必以楚为强，以汉为弱，此臣之所以为使。使何得见，言之而是邪，是大王所欲闻也；言之而非邪，使何等二十人伏斧质淮南市，<u>以明王倍汉而与楚也</u>。"太宰乃言之王，王见之。随何曰："汉王使臣敬进书大王御者，<u>窃怪大王与楚何亲也</u>。"淮南王曰："寡人北乡而臣事之。"随何曰："大王与项王俱列为诸侯，北乡而臣事之，<u>必以楚为强，可以托国也</u>。项王伐齐，身负板筑，以为士卒先，<u>大王宜悉淮南之众</u>，<u>身自将之</u>，<u>为楚军前锋</u>，今乃发四千人以助楚。<u>夫北面而臣事人者，固若是乎</u>？夫汉王战于彭城，项王未出齐也，<u>大王宜骚淮南之兵渡淮</u>，日夜会战彭城下，<u>大王抚万人之众</u>，<u>无一人渡淮者</u>，<u>垂拱而观其孰胜</u>。夫托国于人者，<u>固若是乎</u>？大王提空名以乡楚，<u>而欲厚自托</u>，<u>臣窃为大王不取也</u>。<u>然而大王不背楚者</u>，以汉为弱也。夫楚兵虽强，<u>天下负之以不义之名</u>，以其背盟约而杀义帝也。然而楚王恃战胜自强，汉王收诸侯，还守成皋、荥阳，下蜀、汉之粟，深沟壁垒，分卒守徼乘塞，楚人还兵，间以梁地，深入敌国八九百里，欲战则不得，攻城则力不能，老弱转粮千里之外；楚兵至荥阳、成皋，汉坚守而不动，进则不得攻，退则不能解。故曰楚兵不足恃也。<u>使楚胜汉</u>，此句又深言楚，一胜即推两危矣。<u>则诸侯自危惧而相救</u>。夫楚之强，适足以致天下之兵耳。故楚不如汉，其势易见也。今大王不与万全之汉而自托于危亡之楚，臣窃为大王惑之。<u>臣非以淮南之兵足以亡楚也</u>。<u>夫大王发兵而倍楚，</u>

项王必留；留数月，汉之取天下可以万全。臣请与大王提剑而归汉，汉王必裂地而封大王，又况淮南，淮南必大王有也。故汉王敬使使臣进愚计，愿大王之留意也。"淮南王曰："请奉命。"阴许畔楚与汉，未敢泄也。

楚使者在，方急责英布发兵，舍传舍。随何直入，坐楚使者上坐，曰："九江王已归汉，楚何以得发兵？"布愕然。楚使者起。何因说布曰："事以构，可遂杀楚使者，无使归，而疾走汉并力。"布曰："如使者教，因起兵而击之耳。"于是杀使者，因起兵而攻楚。楚使项声、龙且攻淮南，项王留而攻下邑。数月，龙且击淮南，破布军。布欲引兵走汉，恐楚王杀之，故间行与何俱归汉。淮南王至，上方踞床洗，召布入见，布甚大怒，悔来，欲自杀。出就舍，帐御饮食从官如汉王居，布又大喜过望。于是乃使人入九江。楚已使项伯收九江兵，尽杀布妻子。布使者颇得故人幸臣，将众数千人归汉。汉益分布兵，而与俱北收兵至成皋。四年七月，立布为淮南王，与击项籍。

汉五年，布使人入九江，得数县。六年，布与刘贾入九江，诱大司马周殷，周殷反楚，遂举九江兵与汉击楚，破之垓下。项籍死，天下定，上置酒。上折随何之功，谓何为腐儒，为天下安用腐儒。随何跪曰："夫陛下引兵攻彭城，楚王未去齐也，陛下发步卒五万人，骑五千，能以取淮南乎？"上曰："不能。"随何曰："陛下使何与二十人使淮南，至，如陛下之意，是何之功贤于步卒五万人骑五千也。然而陛下谓何腐儒，为天下安用腐儒，何也？"上曰："吾方图子之功。"乃以随何为护军中尉。布遂剖符为淮南王，都六，九江、庐江、衡山、豫章郡皆属布。七年，朝陈。八年，朝雒阳。九年，朝长安。十一年，高后诛淮阴侯，布因心恐。夏，汉诛梁王彭越，醢之，盛其醢遍赐诸侯。至淮南，淮南王方猎，见醢，因大恐，阴令人部聚兵，候伺旁郡警急。

布所幸姬疾，请就医，医家与中大夫贲赫对门，姬数如医家，贲赫自以为侍中，乃厚馈遗，从姬饮医家。姬侍王，从容语次，誉赫长者也。王怒曰："汝安从知之？"具说状。王疑其与乱。赫恐，称病。王愈怒，欲捕赫。赫言变事，乘传诣长安。布使人追，不及。赫至，上变，言布谋反有端，可先未发诛也。上读其书，语萧相国。相国曰："布不宜有此，恐仇怨妄诬之。请击赫，使人微验淮南王。"淮南王布见赫以罪亡，上变，固已疑其言国阴事；汉使又来，颇有所验，遂族赫家，发兵反。反书闻，上乃赦贲赫，以为将军。

上召诸将问曰："布反，为之奈何？"皆曰："发兵击之，坑竖子耳，何能为乎！"汝阴侯滕公召故楚令尹问之。令尹曰："<u>是固当反</u>。"滕公曰："上裂地而王之，疏爵而贵之，南面而立万乘之主，其反何也？"令尹曰："<u>往年杀彭越，前年杀韩信，此三人者，同功一体之人也</u>。自疑祸及身，故反耳。"滕公言之上曰："臣客故楚令尹薛公者，其人有筹策之计，可问。"上乃召见问薛公。薛公对曰："<u>布反不足怪也。使布出于上计，山东非汉之有也</u>；出于中计，胜败之数未可知也；出于下计，陛下安枕而卧矣。"上曰："何谓上计？"令尹对曰："东取吴，西取楚，并齐取鲁，传檄燕、赵，固守其所，山东非汉之有也。""何谓中计？""东取吴，西取楚，并韩取魏，据敖仓之粟，塞成皋之口，胜败之数未可知也。""何谓下计？""东取吴，西取下蔡，归重于越，身归长沙，陛下安枕而卧，汉无事矣。"上曰："是计将安出？"令尹对曰："出下计。"上曰："何谓废上中计而出下计？"令尹曰："<u>布故丽山之徒也，自致万乘之主，此皆为身，不顾后为百姓万世虑者也，故曰出下计</u>。"上曰："善。"封薛公千户。乃立皇子长为淮南王。上遂发兵自将东击布。

布之初反，谓其将曰："上老矣，厌兵，必不能来。使诸将，诸将独患淮阴、彭越，今皆已死，余不足畏也。"<u>故遂反</u>。果如薛

<u>公筹之</u>，东击荆，荆王刘贾走死富陵。尽劫其兵，渡淮击楚。楚发兵与战徐、僮间，为三军，欲以相救为奇。或说楚将曰："布善用兵，民素畏之。且兵法，诸侯战其地为散地。今别为三，彼败吾一军，余皆走，安能相救！"不听。布果破其一军，其二军散走。遂西，与上兵遇蕲西会甄。布兵精甚，上乃壁庸城，望布军置陈如项籍军，上恶之。与布相望见，遥谓布曰："何苦而反？"布曰："<u>欲为帝耳</u>。"上怒骂之，遂大战。布军败走，渡淮，数止战，不利，与百余人走江南。布故与番君婚，以故长沙哀王使人绐布，伪与亡，诱走越，故信而随之番阳。番阳人杀布兹乡民田舍，遂灭黥布。立皇子长为淮南王，封贲赫为期思侯，<u>诸将率多以功封者</u>。

　　太史公曰：英布者，其先岂《春秋》所见楚灭英、六，皋陶之后哉？身被刑法，何其拔兴之暴也！项氏之所坑杀人以千万数，而布常为首虐。功冠诸侯，用此得王，亦不免于身为世大僇。<u>祸之兴自爱姬殖，妒媢生患，竟以灭国</u>！

　　此文自始至终<u>一片奇气</u>，其透快如刀砍斧截，蹦跳如生龙活虎。当时淮南勇冠三军，劈易万人。史公为之作传，便全是此意象，真化工肖物之神技也！

淮阴侯列传

　　淮阴侯韩信者，淮阴人也。始为布衣时，贫无行，不得推择为吏，又不能治生商贾，常从人寄食饮，人多厌之者，常数从其下乡南昌亭长寄食，数月，亭长妻患之，乃晨炊蓐食。吕后始亦亭长妻也，特著此句，直以与吕后杀信相掩映。食时信往，不为具食。信亦知其意，怒，竟绝去。

　　信钓于城下，诸母漂，有一母见信饥，饭信，竟漂数十日。信喜，谓漂母曰："吾必有以重报母。"母怒曰："大丈夫不能自食，吾哀王孙而进食，岂望报乎！"母识量高出信上。史公写来，直若隐然为信下针砭也。余尝过漂母祠，有诗吊之曰："进食穷途岂为金？王孙可惜负婆心。假王责报先贻祸，长使英雄泪湿襟。"

　　淮阴屠中少年有侮信者，曰："若虽长大，好带刀剑，中情怯耳。"众辱之曰："信能死，刺我；不能死，出我袴下。"<u>于是信熟视之，俛出袴下</u>，蒲伏。<u>一市人皆笑信，以为怯。</u>

　　及项梁渡淮，信杖剑从之，居戏下，无所知名。项梁败，又属项羽，羽以为郎中。数以策干项羽，<u>羽不用</u>。汉王之入蜀，信亡楚归汉，未得知名，为连敖。坐法当斩，其辈十三人皆已斩，次至信，<u>信乃仰视，适见滕公，曰</u>："<u>上不欲就天下乎？何为斩壮士！</u>"自负语壮甚！振动全神。<u>滕公奇其言，壮其貌，释而不斩。与语，大说之</u>。言于上，上拜以为治粟都尉，<u>上未之奇也</u>。

　　信数与萧何语，<u>何奇之</u>。至南郑，诸将行道亡者数十人，信度何等已数言上，上不我用，即亡。何闻信亡，不及以闻，自追之。人有言上曰："丞相何亡。"上大怒，如失左右手。居一二日，何来谒上，<u>上且怒且喜</u>，骂何曰："若亡，何也？"何曰："臣不敢亡也，臣追亡者。"上曰："若所追者谁？"何曰："韩信也。"上复骂曰："诸将亡者以十数，公无所追；追信，诈也。"何曰：

"诸将易得耳。至如信者,<u>国士无双</u>。妙赞确评,四字屹然山立。王必欲长王汉中,无所事信;<u>必欲争天下</u>,<u>非信无所与计事者</u>。顾王策安所决耳。"三必"欲"字着眼。王曰:"吾亦欲东耳,安能郁郁久居此乎?"何曰:"王计必欲东,能用信,信即留;不能用,信终亡耳。"王曰:"吾为公以为将。"何曰:"虽为将,信必不留。"王曰:"以为大将。"何曰:"幸甚。"于是王欲召信拜之。何曰:"王素慢无礼,今拜大将如呼小儿耳,此乃信所以去也。<u>王必欲拜之</u>,<u>择良日</u>,<u>斋戒</u>,<u>设坛场</u>,<u>具礼</u>,<u>乃可耳</u>。"王许之。<u>诸将皆喜</u>,<u>人人各自以为得大将</u>。妙。<u>至拜大将</u>,<u>乃信也</u>,妙。<u>一军皆惊</u>。

信拜礼毕,上坐。王曰:"丞相数言将军,将军何以教寡人计策?"信谢,因问王曰:"今东乡争权天下,岂非项王邪?"汉王曰:"然。"曰:"大王自料勇悍仁强孰与项王?"汉王默然良久,曰:"不如也。"信再拜贺曰:"惟信亦以为大王不如也。然臣尝事之,请言项王之为人也。项王喑噁叱咤,千人皆废,然不能任属贤将,<u>此特匹夫之勇耳</u>。项王见人恭敬慈爱,言语呕呕,人有疾病,涕泣分食饮,至使人有功当封爵者,印刓弊,忍不能予,<u>此所谓妇人之仁也</u>。项王虽霸天下而臣诸侯,不居关中而都彭城。有背义帝之约,而以亲爱王,<u>诸侯不平</u>。诸侯之见项王迁逐义帝置江南,亦皆归逐其主而自王善地。项王所过无不残灭者,<u>天下多怨</u>,<u>百姓不亲附</u>,<u>特劫于威强耳</u>。<u>名虽为霸</u>,<u>实失天下心</u>。<u>故曰其强易弱</u>。今大王诚能反其道:任天下武勇,何所不诛!以天下城邑封功臣,何所不服!以义兵从思东归之士,何所不散!且三秦王为秦将,将秦子弟数岁矣,所杀亡不可胜计,又欺其众降诸侯,至新安,项王诈坑秦降卒二十余万,唯独邯、欣、翳得脱,<u>秦父兄怨此三人</u>,<u>痛入骨髓</u>。<u>今楚强以威王此三人</u>,<u>秦民莫爱也</u>。大王之入武关,秋毫无所害,除秦苛法,与秦民约,法三章耳,<u>秦民无不欲得大王王秦者</u>。于诸侯之约,大王当王关中,关中民咸知之。大王失职入汉中,<u>秦</u>

民无不恨者。今大王举而东，三秦可传檄而定也。"于是汉王大喜，自以为得信晚。遂听信计，部署诸将所击。

八月，汉王举兵东出陈仓，定三秦。汉二年，出关，收魏、河南，韩、殷王皆降。合齐、赵共击楚。四月，至彭城，汉兵败散而还。信复收兵与汉王会荥阳，复击破楚京、索之间，以故楚兵卒不能西。

汉之败却彭城，塞王欣、翟王翳亡汉降楚，齐、赵亦反汉与楚和。六月，魏王豹谒归视亲疾，至国，即绝河关反汉，与楚约和。汉王使郦生说豹，先伏郦生一笔。不下。其八月，以信为左丞相，击魏。魏王盛兵蒲坂，塞临晋，信乃益为疑兵，陈船欲渡临晋，而伏兵从夏阳以木罂缻渡军，袭安邑。魏王豹惊，引兵迎信，信遂虏豹，定魏为河东郡。汉王遣张耳与信俱，引兵东，北击赵、代。后九月，破代兵，禽夏说阏与。信之下魏破代，汉辄使人收其精兵，诣荥阳以距楚。

信与张耳以兵数万，欲东下井陉击赵。赵王、成安君陈馀闻汉且袭之也，聚兵井陉口，号称二十万。广武君李左车说成安君曰：借左车语总束前文。"闻汉将韩信涉西河，虏魏王，禽夏说，新喋血阏与，今乃辅以张耳，议欲下赵，此乘胜而去国远斗，其锋不可当。臣闻千里馈粮，士有饥色，樵苏后爨，师不宿饱。今井陉之道，车不得方轨，骑不得成列，行数百里，其势粮食必在其后。愿足下假臣奇兵三万人，此策好甚。左车比信然高一筹。或谓采国，信必另有奇策回也，然两国于对弈岂不大难？且既用其策，则将终用其人。而此以策往彼，又以策应矣。虽欲引兵遂下，岂可得哉！史公百三十篇中无为左车作传之理，特于此传深表之。信之赤族，亦只是不终听左车，自蹈成安覆辙也。从间路绝其辎重；足下深沟高垒，坚营勿与战。彼前不得斗，退不得还，吾奇兵绝其后，使野无所掠，不至十日，而两将之头可致于戏下。愿君留意臣之计。否，必为二子所禽矣。"成安君，儒者也，常称义兵不用诈谋奇计，曰："吾闻兵法十则围之,倍则战之。今韩信兵号数万,其实不过数千。能千里而袭我,亦以罢极。今如此避而不击,后有大者,何以加之!则诸侯谓吾怯,而轻来伐我。"不听广武君策,广武君策不用。添此一句,重赞广武君至矣。

　　韩信使人间视,知其不用,还报,则大喜,乃敢引兵遂下。未至井陉口三十里,止舍。夜半传发,选轻骑二千人,人持一赤帜,从间道萆山而望赵军,诫曰："赵见我走,必空壁逐我,若疾入赵壁,拔赵帜,立汉赤帜。"令其裨将传飧,曰："今日破赵会食!"诸将皆莫信,详应曰："诺。"谓军吏曰："赵已先据便地为壁,且彼未见吾大将旗鼓,未肯击前行,恐吾至阻险而还。"信乃使万人先行,出,背水阵。赵军望见而大笑。平旦,信建大将之旗鼓,鼓行出井陉口,赵开壁击之,大战良久。于是信、张耳详弃鼓旗,走水上军。水上军开入之,复疾战。赵果空壁争汉鼓旗,逐韩信、张耳。韩信、张耳已入水上军,军皆殊死战,不可败。信所出奇兵二千骑,共候赵空壁逐利,则驰入赵壁,皆拔赵旗,立汉赤帜二千。赵军已不胜,不能得信等,欲还归壁,壁皆汉赤帜,而大惊,以为汉皆已得赵王将矣,兵遂乱,遁走,赵将虽斩之,不能禁也。于是汉兵夹击,大破虏赵军,斩成安君泜水上,禽赵王歇。

　　信乃令军中毋杀广武君,有能生得者购千金。于是有缚广武君而致戏下者,信乃解其缚,东乡坐,西乡对,师事之。极写信重广武君。

　　诸将效首虏休,毕贺,因问信间接。曰："兵法右倍山陵,前左水泽,今者将军令臣等反背水陈,曰破赵会食,臣等不服。然竟以胜,此何术也?"信曰："此在兵法,顾诸君不察耳。兵法不曰'陷之死地而后生,置之亡地而后存'?且信非得素拊循士大夫也,此所谓'驱市人而战之',其势非置之死地,使人人自为战;今予之生地,皆走,宁尚可得而用之乎!"诸将皆服曰："善。非臣所及也。"

于是信问广武君曰："仆欲北攻燕，东伐齐，何若而有功？"广武君辞谢曰："臣闻败军之将，不可以言勇，亡国之大夫，不可以图存。今臣败亡之虏，何足以权大事乎！"信曰："仆闻之，百里奚居虞而虞亡，在秦而秦霸，非愚于虞而智于秦也，用与不用，听与不听也。诚令成安君听足下计，若信者亦已为禽矣。以不用足下，故信得侍耳。"因固问曰："<u>仆委心归计，愿足下勿辞。</u>"极写信重广武君。广武君曰："臣闻智者千虑，必有一失；愚者千虑，必有一得。故曰'狂夫之言，圣人择焉'。顾恐臣计未必足用，愿效愚忠。夫成安君有百战百胜之计，一旦而失之，军败鄗下，身死泜上。今将军涉西河，虏魏王，借左车语再束前文。禽夏说阏与，一举而下井陉，不终朝破赵二十万众，诛成安君。名闻海内，威震天下，农夫莫不辍耕释耒，褕衣甘食，倾耳以待命者。<u>若此，将军之所长也</u>。然而众劳卒罢，其实难用。今将军欲举倦罢之兵，顿之燕坚城之下，欲战恐久力不能拔，情见势屈，旷日粮竭，而弱燕不服，齐必距境以自强也。燕齐相持而不下，则刘项之权未有所分也。<u>若此者，将军所短也</u>。臣愚，窃以为亦过矣。故善用兵者<u>不以短击长，而以长击短</u>。"韩信曰：极写信重广武君。"然则何由？"广武君对曰："方今为将军计，<u>莫如案甲休兵，镇赵抚其孤</u>，百里之内，牛酒日至，以飨士大夫醳兵，北首燕路，而后遣辩士奉咫尺之书，<u>暴其所长于燕</u>，燕必不敢不听从。燕已从，<u>使喧言者东告齐</u>，齐必从风而服，虽有智者，亦不知为齐计矣。如是，则天下事皆可图也。<u>兵固有先声而后实者，此之谓也</u>。"韩信曰："善。"从其策，发使使燕，燕从风而靡。乃遣使报汉，因请立张耳为赵王，请王张耳，早为自王张本。以镇抚其国。汉王许之，乃立张耳为赵王。

楚数使奇兵渡河击赵，赵王耳、韩信往来救赵，因行定赵城邑，发兵诣汉。楚方急围汉王于荥阳，汉王南出，之宛、叶间，得黥布，走入成皋，楚又复急围之。六月，汉王出成皋，东渡河，独与滕公带应滕公一笔。俱，从张耳军修武。至，宿传舍。晨自称汉使，驰入赵壁。张耳、韩信未起，即其卧内上夺其印符，以麾召诸将，易置之。信、耳起，乃知汉王来，大惊。汉王夺两人军，即令张耳备守赵地。拜韩信为相国，收赵兵未发者击齐。

信引兵东，未渡平原，闻汉王使郦食其已说下齐，韩信欲止。范阳辩士蒯通说信通语较左车公私仁暴判若天渊，却说得娓娓可听。使信自功之心、王齐之志勃然而起，不可复遏。而左车正论遂弃焉如遗，其人亦从此逝矣。曰："将军受诏击齐，而汉独发间使下齐，宁有诏止将军乎？何以得毋行也！且郦生一士，伏轼掉三寸之舌，下齐七十余城，将军将数万众，岁余乃下赵五十余城，为将数岁，反不如一竖儒之功乎？"于是信然之，从其计，遂渡河。齐已听郦生，即留纵酒，罢备汉守御。信因袭齐历下军，遂至临菑。齐王田广以郦生卖己，乃亨之，而走高密，使使之楚请救。韩信已定临菑，遂东追广至高密西。楚亦使龙且将，号称二十万，救齐。

齐王广、龙且并军与信战，未合。人或说龙且曰："汉兵远斗穷战，其锋不可当。齐、楚自居其地战，兵易败散。不如深壁，令齐王使其信臣招所亡城，亡城闻其王在，楚来救，必反汉。汉兵二千里客居，齐城皆反之，其势无所得食，可无战而降也。"此策亦好甚，不亚于李左车。可知天下未尝无人，但困于不遇耳。然非此等亦入不得《淮阴传》也。譬之古用然喜，在上者必张仲然。龙且曰："吾平生知韩信为人，易与耳。且夫救齐不战而降之，吾何功？今战而胜之，齐之半可得，何为止！"遂战，与信夹潍水阵。韩信乃夜令人为万余囊，满盛沙，壅水上流，引军半渡，击龙且，详不胜，还走。龙且果喜曰："固知信怯也。"遂追信渡水。信使人决壅囊，水大至。龙且军大半不得渡，即急击，杀龙且。龙且水东军散走，齐王广亡去。信遂追北至城阳，皆虏楚卒。

汉四年，遂皆降平齐。使人言汉王曰："齐伪诈多变，反覆之国也，南边楚，不为假王以镇之，其势不定。愿为假王便。"插句妙。<u>当是时</u>，楚方急围汉王于荥阳，韩信使者至，发书，<u>汉王大怒</u>，骂曰："吾困于此，<u>旦暮望若来佐我，乃欲自立为王！</u>"张良、陈平蹑汉王足，<u>因附耳语曰</u>："汉方不利，<u>宁能禁信之王乎</u>？不如因而立，善遇之，使自为守。不然，变生。"汉王亦悟，<u>因复骂曰</u>："<u>大丈夫定诸侯，即为真王耳，何以假为</u>！"汉王一悟，信族赤矣。乃遣张良往立信为齐王，征其兵击楚。

楚已亡龙且，项王恐，使盱眙人武涉往说齐王信曰："天下共苦秦久矣，相与戮力击秦。秦已破，计功割地，分土而王之，以休士卒。今汉王复兴兵而东，侵人之分，夺人之地，已破三秦，引兵出关，收诸侯之兵以东击楚，其意非尽吞天下者不休，其不知厌足如是甚也。且汉王不可必，身居项王掌握中数矣，项王怜而活之，然得脱，辄倍约，复击项王，其不可亲信如此。今足下虽自以与汉王为厚交，为之尽力用兵，终为之所禽矣。<u>足下所以得须臾至今者，以项王尚存也</u>。透极。当今二王之事，权在足下。<u>足下右投则汉王胜，左投则项王胜。项王今日亡，则次取足下</u>。足下与项王有故，何不反汉与楚连和，三分天下王之？今释此时，而自必于汉以击楚，且为智者固若此乎！"韩信谢曰："臣事项王，官不过郎中，位不过执戟，言不听，画不用，故倍楚而归汉。汉王授我上将军印，予我数万众，解衣衣我，推食食我，言听计用，故吾得以至于此。<u>夫人深亲信我，我倍之不祥，虽死不易</u>。幸为信谢项王！"

过接极妙。武涉已去，<u>齐人蒯通知天下权在韩信，欲为奇策而感动之</u>，以相人说韩信曰："仆尝受相人之术。"韩信曰："先生相人何如？"对曰："贵贱在于骨法，忧喜在于容色，<u>成败在于决断</u>，以此参之，万不失一。"韩信曰："善。先生相寡人何如？"对曰："愿少间。"信曰："左右去矣。"通曰："相君之面，不过封侯，又危不安。<u>相君之背，贵乃不可言</u>。"韩信曰："何谓也？"蒯通曰:"天下初发难也,俊雄豪杰建号一呼,天下之士云合雾集,鱼鳞杂遝,熛至风起。当此之时,忧在亡秦而已。今楚汉分争,使天下无罪之人肝胆涂地,父子暴骸骨于中野,不可胜数。楚人起彭城,转斗逐北,至于荥阳,乘利席卷,威震天下。然兵困于京、索之间,迫西山而不能进者,三年于此矣。汉王将数十万之众,距巩、雒,阻山河之险,一日数战,无尺寸之功,折北不救,败荥阳,伤成皋,遂走宛、叶之间,此所谓智勇俱困者也。夫锐气挫于险塞,而粮食竭于内府,百姓罢极怨望,容容无所倚。以臣料之,其势非天下之贤圣固不能息天下之祸。当今两主之命县于足下。足下为汉则汉胜,与楚则楚胜。臣愿披腹心,输肝胆,效愚计,恐足下不能用也。诚能听臣之计,莫若两利而俱存之,三分天下,鼎足而居,其势莫敢先动。夫以足下之贤圣,有甲兵之众,据强齐,从燕、赵,出空虚之地而制其后,因民之欲,西乡为百姓请命,则天下风走而响应矣,孰敢不听!割大弱强,以立诸侯,诸侯已立,天下服听而归德于齐。案齐之故,有胶、泗之地,怀诸侯之德,深拱揖让,则天下之君王相率而朝于齐矣。盖闻天与弗取,反受其咎;时至不行,反受其殃。愿足下孰虑之。"

韩信曰:"汉王遇我甚厚,载我以其车,衣我以其衣,食我以其食。吾闻之,乘人之车者载人之患,衣人之衣者怀人之忧,食人之食者死人之事,吾岂可以乡利倍义乎!"蒯生曰:"足下自以为善汉王,欲建万世之业,臣窃以为误矣。始常山王、成安君为布衣时,相与为刎颈之交,后争张黡、陈泽之事,二人相怨。常山王背项王,奉项婴头而窜,逃归于汉王。汉王借兵而东下,杀成安君泜水之南,头足异处,卒为天下笑。此二人相与,天下至欢也。然而卒相禽者,何也?患生于多欲而人心难测也。今足下欲行忠信以交于汉王,必不能固于二君之相与也,而事多大于张黡、陈泽。故臣以为足下必汉王之不危己,亦误矣。大夫种、范蠡存亡越,霸勾践,立功成名而身死亡。野兽已尽而猎狗亨。夫以交友言之，则不如张耳之与成安君者也；以忠信言之，则不过大夫种、范蠡之于句践也。此二人者，足以观矣。愿足下深虑之。转笔，健势。且臣闻勇略震主者身危，而功盖天下者不赏。此文借蒯通语总束前文。臣请言大王功略：足下涉西河，虏魏王，禽夏说，引兵下井陉，诛成安君，徇赵，胁燕，定齐，南摧楚人之兵二十万，东杀龙且，西乡以报，此所谓功无二于天下，而略不世出者也。今足下戴震主之威，挟不赏之功，归楚，楚人不信；归汉，汉人震恐：足下欲持是安归乎？夫势在人臣之位而有震主之威，名高天下，窃为足下危之。"韩信谢曰："先生且休矣，吾将念之。"

后数日，蒯通复说曰："夫听者事之候也，计者事之机也，听过计失而能久安者，鲜矣。听不失一二者，不可乱以言；计不失本末者，不可纷以辞。夫随厮养之役者，失万乘之权；守儋石之禄者，阙卿相之位。故知者决之断也，疑者事之害也，审毫厘之小计，遗天下之大数，智诚知之，决弗敢行者，百事之祸也。故曰'猛虎之犹豫，不若蜂虿之致螫；骐骥之踯躅，不如驽马之安步；孟贲之狐疑，不如庸夫之必至也；虽有舜禹之智，吟而不言，不如瘖聋之指麾也'。此言贵能行之。夫功者难成而易败，时者难得而易失也。时乎时，不再来。愿足下详察之。"韩信犹豫不忍倍汉，又自以为功多，汉终不夺我齐，遂谢蒯通。蒯通说不听，已详狂为巫。汉王之困固陵，用张良计，召齐王信，遂将兵会垓下。项羽已破，高祖袭夺齐王军。汉五年正月，徙齐王信为楚王，都下邳。

信至国，召所从食漂母，赐千金。及下乡南昌亭长，赐百钱，曰："公，小人也，为德不卒。"召辱己之少年令出袴下者以为楚中尉。告诸将相曰："此壮士也。方辱我时，我宁不能杀之邪？杀之无名，故忍而就于此。"

项王亡将钟离眛家在伊庐，素与信善。项王死后，亡归信。汉王怨眛，闻其在楚，诏楚捕眛。信初之国，行县邑，陈兵出入。汉六年，人有上书告楚王信反。高帝以陈平计，天子巡狩会诸侯，南方有云梦，发使告诸侯会陈："吾将游云梦。"实欲袭信，信弗知。高祖且至楚，信欲发兵反，自度无罪，欲谒上，恐见禽。人或说信曰："斩眛谒上，上必喜，无患。"信见眛计事。眛曰："汉所以不击取楚，以眛在公所。若欲捕我以自媚于汉，吾今日死，公亦随手亡矣。"乃骂信曰："公非长者！"卒自刭。信持其首，谒高祖于陈。上令武士缚信，载后车。信曰："果若人言，'狡兔死，良狗亨；高鸟尽，良弓藏；敌国破，谋臣亡。'天下已定，我固当亨！"上曰："人告公反。"遂械系信。至雒阳，赦信罪，以为淮阴侯。

信知汉王畏恶其能，常称病不朝从。信由此日怨望，居常鞅鞅，羞与绛、灌等列。信尝过樊将军哙，哙跪拜送迎，言称臣，曰："大王乃肯临臣！"信出门，笑曰："生乃与哙等为伍！"上常从容与信言诸将能不，各有差。上问曰："如我能将几何？"信曰："陛下不过能将十万。"上曰："于君何如？"曰："臣多多而益善耳。"上笑曰："多多益善，何为为我禽？"信曰："陛下不能将兵，而善将将，此乃言之所以为陛下禽也。且陛下所谓天授，非人力也。"

陈豨拜为钜鹿守，辞于淮阴侯。淮阴侯挈其手，辟左右与之步于庭，仰天叹曰："子可与言乎？欲与子有言也。"豨曰："唯将军令之。"淮阴侯曰："公所居，天下精兵处也；而公，陛下之信幸臣也。人言公之畔，陛下必不信；再至，陛下乃疑矣；三至，必怒而自将。吾为公从中起，天下可图也。"陈豨素知其能也，信之，曰："谨奉教！"汉十二年，陈豨果反。上自将而往，信病不从。阴使人至豨所，曰："第举兵，吾从此助公。"信乃谋与家臣夜诈诏赦诸官徒奴，欲发以袭吕后、太子。部署已定，待豨报。其舍人得罪于信，信囚，欲杀之。舍人弟上变，告信欲反状于吕后。吕后欲召，恐其党不就，乃与萧相国谋，诈令人从上所来，言豨已得死，列侯群臣皆贺。相国绐信曰："虽疾，强入贺。"信入，吕后使武士缚信，斩之长乐钟室。信方斩之，曰："吾悔不用蒯通之计，乃为儿女子所诈，岂非天哉！"褚欣曰：观此益见狱辞之妄。遂夷信三族。

高祖已从豨军来，至，见信死，且喜且怜之，问："信死亦何言？"吕后曰："信言恨不用蒯通计。"高祖曰："是齐辩士也。"乃诏齐捕蒯通。蒯通至，上曰："若教淮阴侯反乎？"对曰："然，臣固教之。竖子不用臣之策，故令自夷于此。如彼竖子用臣之计，陛下安得而夷之乎！"上怒曰："亨之。"通曰："嗟乎，冤哉亨也！"上曰："若教韩信反，何冤？"对曰："秦之纲绝而维弛，山东大扰，异姓并起，英俊乌集。秦失其鹿，天下共逐之，于是高材疾足者先得焉。跖之狗吠尧，尧非不仁，狗因吠非其主。当是时，臣惟独知韩信，非知陛下也。且天下锐精持锋欲为陛下所为者甚众，顾力不能耳。又可尽亨之邪？"高帝曰："置之。"乃释通之罪。

太史公曰：吾如淮阴，淮阴人为余言，韩信虽为布衣时，其志与众异。其母死，贫无以葬，然乃行营高敞地，令其旁可置万家。补传未及闲淡鸡瘦。余视其母冢，良然。假令韩信学道谦让，不伐己功，不矜其能，则庶几哉，于汉家勋可以比周、召、太公之徒，后世血食矣。不务出此，而天下已集，乃谋畔逆，夷灭宗族，不亦宜乎？

信本用左车之策，欲遣辩士风齐，且燕国从风，其策已效；乃至郦生下齐，而反改听蒯通举兵袭齐者，为郦生非信所自遣，而无以收下齐之功也。其必欲收下齐之功，何也？当请王张耳于赵时，早自蓄王齐之志也。信之始求李左车也，何等隆重！意气何等投合！看来左车识量高信一等。使其始终佐信，当有深益，而乃以私心一动，背弃其言，至使左车灭迹扫影而去，岂不重可惜哉！史公此后亦若忘却左车，无复收煞者，所以深贵信之听蒯通而失左车也。至于破齐乞王、蹑足附耳之间杀机密伏，而犹燕雀处堂，自谓功多不夺我齐，岂不惑哉！然信一生志愿只在封王。既为齐王，愿望已毕，并无丝毫反念，而卒以赤族。故史公既深责之，又重伤之：既深责信之矜功要爵，自取灭亡；又重伤汉之蓄意剪除，激令怨望。因特详叙蒯通说信反汉奇策于前，更将释通之罪作结于后，以见通劝信反，犹得无辜。信本不从通反，而汉奈何因疑生嫉，激而罪之，至于此极也！如此看出下半篇作意作法，方得明透。旧评亦多约略见得，但说来犹欠圆足耳。

传中是两蒯通说信。伐齐之蒯通乃范阳人，即《田儋传》赞中所痛恨及《张耳陈馀传》中所叙列者是；说信反汉之蒯通乃齐人，即《乐毅传》赞中所称者是。当系一名通，一名彻，因避汉武名讳并改作通耳。然虽均谓蒯通，而彼曰范阳辩士，此曰齐辩士，原自分明，读者幸勿混看。

请欣曰：《项羽纪》、《淮阴传》，皆史公悉心营构之文，故其叙事处真如黄河怒涛，龙门峭壁，曲尽九垓八埏间奇致，班、范诸公安能入其室哉！

淮阴叛逆，其为吕后、萧何罗织巨铼而成之，十可八九也。识如子长而责以谋叛，岂明有不逮欤？抑为本朝成案，不敢轻易昭雪欤？又何其责之甚深也！然以不矜不伐，学道谦让为淮阴尽居成功之策，则善亦至矣！

田儋列传

田儋者，狄人也，故齐王田氏族也。<u>儋从弟田荣</u>，<u>荣弟田横</u>，<u>皆豪</u>，<u>宗强</u>，<u>能得人</u>。

陈涉之初起王楚也，使周市略定魏地，北至狄，狄城守。<u>田儋</u>详为缚其奴，从少年之廷，欲谒杀奴。见狄令，因击杀令，而召豪吏子弟曰："诸侯皆反秦自立，齐，古之建国，儋，田氏，当王。"遂自立为齐王，发兵以击周市。周市军还去，田儋因率兵东略定齐地。秦将章邯围魏王咎于临济，急。魏王请救于齐，齐王田儋将兵救魏。章邯夜衔枚击，大破齐、魏军，杀田儋于临济下。<u>儋弟田荣</u>收儋余兵走东阿。

齐人闻王田儋死，乃立故齐王建之弟田假为齐王，田角为相，田间为将，以距诸侯。田荣之走东阿，章邯追围之。项梁闻田荣之急，乃引兵击破章邯军东阿下。章邯走而西，项梁因追之。而田荣怒齐之立假，乃引兵归，击逐齐王假。假亡走楚。齐相角亡走赵；角弟田间前救赵，因留不敢归。田荣乃立田儋子市为齐王，荣相之，田横为将，平齐地。项梁既追章邯，章邯兵益盛，项梁使使告赵、齐，发兵共击章邯。田荣曰："使楚杀田假，赵杀田角、田间，乃肯出兵。"楚怀王曰："田假与国之王，穷而归我，杀之不义。"赵亦不杀田角、田间以市于齐。齐曰："蝮螫手则斩手，螫足则斩足。何者？为害于身也。今田假、田角、田间于楚、赵，非直手足戚也，何故不杀？且秦复得志于天下，则龁龂用事者坟墓矣。"楚、赵不听，齐亦怒，终不肯出兵。章邯果败杀项梁，破楚兵，楚兵东走，而章邯渡河围赵于钜鹿。项羽往救赵，由此怨田荣。项羽既存赵，降章邯等，西屠咸阳，灭秦而立侯王也，乃徙齐王田市更王胶东，治即墨。齐将田都从共救赵，因入关，故立都为齐王，治临淄。故齐王建孙田安，项羽方渡河救赵，田安下济北数城，引兵降项羽，项羽立田安为济北王，治博阳。田荣以负项梁，不肯出兵助楚、赵攻秦，故不得王；赵将陈馀亦失职不得王；二人俱怨项王。项王既归，诸侯各就国，田荣使人将兵助陈馀，令反赵地，而荣亦发兵以距击田都，田都亡走楚。田荣留齐王市，无令之胶东。市之左右曰："项王强暴，而王当之胶东，不就国，必危。"市惧，乃亡就国。田荣怒，追击杀齐王市于即墨，还攻杀济北王安。于是田荣乃自立为齐王，尽并三齐之地。项王闻之，大怒，乃北伐齐。齐王田荣兵败，走平原，平原人杀荣。项王遂烧夷齐城郭，所过者尽屠之。齐人相聚畔之。<u>荣弟横</u>收齐散兵得数万人，反击项羽于城阳。而汉王率诸侯败楚入彭城。项羽闻之乃释齐而归，击汉于彭城，因连与汉战，相距荥阳。以故田横复得收齐城邑，立田荣子广为齐王，而横相之，专国政，政无巨细皆断于相。

横定齐三年，汉王使郦生往说下齐王广及其相国横。横以为然，解其历下军。汉将韩信引兵且东击齐。齐初使华无伤、田解军于历下以距汉，汉使至，乃罢守战备，纵酒，且遣使与汉平。汉将韩信已平赵、燕，用蒯通计，度平原，袭破齐历下军，因入临淄。齐王广、相横怒，以郦生卖己，而亨郦生。齐王广东走高密，相横走博阳，守相田光走城阳，将军田既军于胶东。楚使龙且救齐，齐王与合军高密。汉将韩信与曹参破杀龙且，虏齐王广。汉将灌婴追得齐守相田光。至博阳，而横闻齐王死，<u>自立为</u>齐王，还击婴，婴败横之军于嬴下。田横亡走梁，归彭越。彭越是时居梁地，中立，且为汉，且为楚。韩信已杀龙且，因令曹参进兵破杀田既于胶东，使灌婴破杀齐将田吸于千乘。韩信遂平齐，乞自立为齐假王，汉因而立之。后岁余，汉灭项籍，汉王立为皇帝，以彭越为梁王。田横惧诛，而与其徒属五百余人入海居岛中。高帝闻之，以为田横兄弟本定齐，齐人贤者多附焉，今在海中不收，后恐为乱，乃使使赦田横罪而召之。田横因谢曰："臣亨陛下之使郦生，今闻其弟郦商为汉将而贤，臣恐惧不敢奉诏，请为庶人，守海岛中。"使还报，高皇帝乃诏卫尉郦商曰："齐王田横即至，人马从者敢动摇者致族夷！"乃复使使持节具告以诏商状，曰："田横来，大者王，小者乃侯耳；不来，且举兵加诛焉。"田横乃与其客二人乘传诣雒阳。未至三十里，至尸乡厩置，横谢使者曰："人臣见天子，当洗沐。"止留。谓其客曰："横始与汉王俱南面称孤，今汉王为天子，而横乃为亡虏，而北面事之，其耻固已甚矣。且吾亨人之兄，与其弟并肩而事其主，纵彼畏天子之诏，不敢动我，我独不愧于心乎？<u>且陛下所以欲见我者，不过欲一见吾面貌耳</u>。今陛下在洛阳，今斩吾头，<u>驰三十里间，形容尚未能败，犹可观也</u>。"遂自刭，令客奉其头，从使者驰奏之高帝。高帝曰："嗟乎，<u>有以也夫</u>！起自布衣，<u>兄弟三人更王，岂不贤乎哉</u>！"为之流涕，而拜其二客为都尉，发卒二千人，以王者礼葬田横。<u>既葬，二客穿其冢旁孔，皆自刭，下从之</u>。高帝闻之，<u>乃大惊</u>，<u>以田横之客皆贤</u>。<u>吾闻其余尚五百人在海中</u>，<u>使使召之</u>。至则闻田横死，<u>亦皆自杀</u>。于是乃知田横兄弟能得士也。

　　太史公曰：甚矣蒯通之谋，乱齐，骄淮阴，其卒亡此两人！蒯通者，善为长短说，论战国之权变，为八十一首。通善齐人安期生，安期生尝干项羽，项羽不能用其策。已而项羽欲封此两人，两人终不肯受，亡去。田横之高节，宾客慕义而从横死，岂非至贤！余因而列焉。<u>无不善画者</u>，<u>莫能图</u>，<u>何哉</u>？

　　　田氏兄弟相贼杀，头绪如丝，而太史公详次如指画。　　茅坤

　　　观赞语，知太史公于田横慕之深矣，故其后幅极咏叹。淫佚之妙，浩气盘旋，凄音嘹亮。每读一过，辄令人作冯虚御风，遗世独立想。不自知其情生文，文生情也。

张丞相列传

　　张丞相苍者，阳武人也。好书律历。秦时为御史，主柱下方书。有罪，亡归。及沛公略地过阳武，苍以客从攻南阳。苍坐法当斩，解衣伏质，身长大，肥白如瓠，时王陵见而怪其美士，乃言沛公，赦勿斩。遂从西入武关，至咸阳。沛公立为汉王，入汉中，还定三秦。陈馀击走常山王张耳，耳归汉，汉乃以张苍为常山守。从淮阴侯击赵，苍得陈馀。赵地已平，汉王以苍为代相，备边寇。历叙苍相诸侯王，与周昌不期为赵相掩映。已而徙为赵相，相赵王耳。耳卒，相赵王敖。复徙相代王。燕王臧荼反，高祖往击之。苍以代相从攻臧荼有功，以六年中封为北平侯，食邑千二百户。迁为计相，一月，更以列侯为主计四岁。是时萧何为相国，而张苍乃自秦时为柱下史，明习天下图书计籍。苍又善用算律历，故令苍以列侯居相府，领主郡国上计者。黥布反亡，汉立皇子长为淮南王，而张苍相之。十四年，迁为御史大夫。

　　周昌者，沛人也。其从兄曰周苛，秦时皆为泗水卒史。及高祖起沛，击破泗水守监，於是周昌、周苛自卒史从沛公，沛公以周昌为职志，周苛为客。从入关，破秦。沛公立为汉王，以周苛为御史大夫，周昌为中尉。汉王四年，楚围汉王荥阳急，汉王遁出去，而使周苛守荥阳城。楚破荥阳城，欲令周苛将。苛骂曰："若趣降汉王！不然，今为虏矣！"项羽怒，亨周苛。于是乃拜周昌为御史大夫。常从击破项籍。以六年中与萧、曹等俱封：封周昌为汾阴侯；周苛子周成以父死事，封为高景侯。昌为人强力，敢直言，自萧、曹等皆卑下之。昌尝燕时入奏事，高帝方拥戚姬，昌还走，高帝逐得，骑周昌项，问曰："我何如主也？"昌仰曰："陛下即桀纣之主也。"于是上笑之，然尤惮周昌。及帝欲废太子，而立戚姬子如意为太子，大臣固争之，莫能得；上以留侯策即止。而周昌廷争之强，上问其说，昌为人吃，又盛怒，曰："臣口不能言，然臣期期知其不可。陛下虽欲废太子，臣期期不奉诏。"上欣然而笑。既罢，吕后侧耳于东箱听，见周昌，为跪谢曰："微君，太子几废。"是后戚姬子如意为赵王，年十岁，高祖忧即万岁之后不全也。赵尧年少，为符玺御史。赵人方与公谓御史大夫周昌曰："君之史赵尧，年虽少，然奇才也，君必异之，是且代君之位。"周昌笑曰："尧年少，刀笔吏耳，何能至是乎！"居顷之，赵尧侍高祖。高祖独心不乐，悲歌，群臣不知上之所以然。赵尧进请问曰："陛下所为不乐，非为赵王年少而戚夫人与吕后有卻邪？备万岁之后而赵王不能自全乎？"高祖曰："然。吾私忧之，不知所出。"尧曰："陛下独宜为赵王置贵强相，及吕后、太子、群臣素所敬惮乃可。"高祖曰："然。吾念之欲如是，而群臣谁可者？"尧曰："御史大夫周昌，其人坚忍质直，且自吕后、太子及大臣皆素敬惮之。独昌可。"高祖曰："善。"于是乃召周昌，谓曰："吾欲固烦公，公强为我相赵王。"周昌泣曰："臣初起从陛下，陛下独奈何中道而弃之于诸侯乎？"高祖曰："吾极知其左迁，然吾私忧赵王，念非公无可者。公不得已强行！"于是徙御史大夫周昌为赵相。既行久之，高祖持御史大夫印弄之，曰："谁可以为御史大夫者？"孰视赵尧，曰："无以易尧。"遂拜赵尧为御史大夫。尧亦前有军功食邑，及以御史大夫从击陈豨有功，封为江邑侯。高祖崩，吕太后使使召赵王，其相周昌令王称疾不行。使者三反，周昌固为不遣赵王。于是高后患之，乃使使召周昌。周昌至，谒高后，高后怒而骂周昌曰："尔不知我之怨戚氏乎？而不遣赵王，何？"昌既征，高后使使召赵王，赵王果来。至长安月余，饮药而死。周昌因谢病不朝见，三岁而死。后五岁，高后闻御史大夫江邑侯赵尧高祖时定赵王如意之画，乃抵尧罪，以广阿侯任敖为御史大夫。

任敖者，故沛狱吏。高祖尝辟吏，吏系吕后，遇之不谨。任敖素善高祖，怒，击伤主吕后吏。及高祖初起，敖以客从为御史，守丰二岁，高祖立为汉王，东击项籍，敖迁为上党守。陈豨反时，敖坚守，封为广阿侯，食千八百户。高后时为御史大夫。三岁免，<u>以平阳侯曹窋为御史大夫</u>。高后崩，不与大臣共诛吕禄等。免，<u>以淮南相张苍为御史大夫</u>。

<u>苍与绛侯等尊立代王为孝文皇帝</u>。四年，丞相灌婴卒，<u>张苍为丞相</u>。自汉兴至孝文二十余年，会天下初定，将相公卿皆军吏。张苍为计相时，绪正律历。以高祖十月始至霸上，因故秦时本以十月为岁首，弗革。推五德之运，以为汉当水德之时，尚黑如故。吹律调乐，入之音声，及以比定律令。若百工，天下作程品。至於为<u>丞相</u>，卒就之，故汉家言律历者，本之张苍。苍本好书，无所不观，无所不通，而尤善律历。张苍德王陵。王陵者，安国侯也。及苍贵，常父事王陵。陵死后，苍为<u>丞相</u>，洗沐，常先朝陵夫人上食，然后敢归家。苍为<u>丞相</u>十余年，鲁人公孙臣上书言汉土德时，其符有黄龙当见。诏下其议张苍，张苍以为非是，罢之。其后黄龙见成纪，于是文帝召公孙臣以为博士，草土德之历制度，更元年。张丞相由此自绌，谢病称老。苍任人为中候，大为奸利，上以让苍，苍遂病免。苍为丞相十五岁而免。孝景前五年，苍卒，谥为文侯。子康代侯，<u>八年卒</u>。子类代为侯，八年，坐临诸侯丧后就位不敬，国除。初，张苍父长不满五尺，及生苍，苍长八尺余，为侯、丞相。苍子复长。及孙类，长六尺余，坐法失侯。苍之免相后，老，口中无齿，食乳，女子为乳母。妻妾以百数，尝孕者不复幸。苍年百有余岁而卒。

申屠<u>丞相</u>嘉者，梁人，以材官蹶张从高帝击项籍，迁为队率。从击黥布军，为都尉。孝惠时，为淮阳守。孝文帝元年，举故吏士二千石从高皇帝者，悉以为关内侯，食邑二十四人，而申屠嘉食邑五百户。<u>张苍已为丞相</u>，<u>嘉迁为御史大夫</u>。张苍免相，孝文帝欲用

皇后弟窦广国为<u>丞相</u>,曰:"恐天下以吾私广国。"广国贤有行,故欲相之,念久之不可,而<u>高帝时大臣又皆多死</u>,此句又追惜周昌。余见无可者,<u>乃以御史大夫嘉为丞相</u>,因故邑封为故安侯。嘉为人廉直,门不受私谒。是时太中大夫邓通方隆爱幸,赏赐累巨万。文帝尝燕饮通家,其宠如是。是时<u>丞相入朝</u>,而通居上傍,有怠慢之礼。丞相奏事毕,因言曰:"陛下爱幸臣,则富贵之;<u>至于朝廷之礼,不可以不肃</u>!"上曰:"君勿言,吾私之。"罢朝坐府中,嘉为檄召邓通诣<u>丞相府</u>,<u>不来</u>,<u>且斩通</u>。通恐,入言文帝。文帝曰:"汝第往,吾今使人召若。"通至<u>丞相府</u>,<u>免冠</u>,<u>徒跣</u>,<u>顿首谢</u>。<u>嘉坐自如</u>,<u>故不为礼</u>,责曰:"<u>夫朝廷者</u>,<u>高皇帝之朝廷也</u>。<u>通小臣</u>,<u>戏殿上</u>,<u>大不敬</u>,<u>当斩</u>。吏今行斩之!"通顿首,<u>首尽出血</u>,<u>不解</u>。文帝度<u>丞相</u>已困通,使使者持节召通,而谢丞相曰:"此吾弄臣,君释之。"<u>邓通既至</u>,<u>为文帝泣曰:</u>"<u>丞相几杀臣</u>。"嘉为<u>丞相五岁</u>,孝文帝崩,孝景帝即位。二年,晁错为内史,贵幸用事,诸法令多所请变更,议以谪罚侵削诸侯。而丞相嘉自绌所言不用,疾错。错为内史,门东出,不便,更穿一门南出。南出者,太上皇庙堧垣。嘉闻之,欲因此以法错擅穿宗庙垣为门,奏请诛错。错客有语错,错恐,夜入宫上谒,自归景帝。至朝,丞相奏请诛内史错。景帝曰:"错所穿非真庙垣,乃外堧垣,故他官居其中,且又我使为之,错无罪。"罢朝,嘉谓长史曰:"吾悔不先斩错,乃先请之,为错所卖。"至舍,因欧血而死。谥为节侯。子共侯蔑代,<u>三年卒</u>。子侯去病代,三十一年卒。子侯臾代,六岁,坐为九江太守受故官送有罪,国除。<u>自申屠嘉死之后</u>,传尾历叙不当为丞相而为丞相者,亦是反映周昌。景帝时开封侯陶青、桃侯刘舍<u>为丞相</u>。及今上时,柏至侯许昌、平棘侯薛泽、武强侯庄青翟、高陵侯赵周等<u>为丞相</u>。皆以列侯继嗣,娖娖廉谨,<u>为丞相备员而已</u>,无所能发明功名有著于当世者。

太史公曰:"张苍文学律历,为汉名相,而绌贾生、公孙臣等言正朔服色事而不遵，明用秦之颛顼历，何哉？周昌，木强人也。任敖以旧德用。申屠嘉可谓刚毅守节矣，然无术学，殆与萧、曹、陈平异矣。

　　一传中论张苍为丞相及申屠嘉为丞相，皆非备员者，而周昌、周苛、赵尧、任敖、曹窋皆为御史大夫，故并著一传。　　王维桢

　　以官串人，《张苍传》、《酷吏传》同体。《张苍传》，御史大夫也，《酷吏传》，中尉、廷尉也。　　唐顺之

　　二评皆见其表，未见其里。试问何故此传定该以官串人？何故两丞相传中定该将从前御史大夫不问贤否，并著一传？不几于茫然乎！岂史公漫然而作此章法乎？不知史公微意乃深惜周昌之不得为丞相也。昌立朝廷则萧、曹卑下，安太子则留侯同功，声价过苍与嘉远甚，使不左迁而得为丞相。当孝惠、高后时，必大有可观者。奈何以私故弃之诸侯，致使终抑郁以死哉！此史公之所为惜也。其不另立传，何也？另传则反不见其不为丞相之可惜，若明以此意入论赞，则又生硬非法也。惟合之等为御史大夫而得为丞相者，传中彼以贤而得为丞相，此尤贤而不得为丞相，则此之可惜不必明言而意已曲至，文章倍觉含蓄有味。

　　此传之所由合，而以官串人之法之所由生也。然昌为御史大夫，至苍尚隔数层。既以官串人，即不得不牵叙诸御史大夫，此赵尧、任敖等之所以并著一传也。然既将诸人并著，又焉见其专为周昌？曰：《苍传》中间固止有《周昌传》也。前周苛，后赵尧，皆附《昌传》，见任敖虽略提叙，究与曹窋同为昌后苍前之过接耳，以此知其专为周昌也。于《苍传》则云"萧何为相国，而苍乃为主计"；于《昌传》则云"与萧、曹等俱封"，又云"萧、曹等俱卑下之"，又云"上尤惮周昌"，又云"上以留侯策即止，而昌廷争之强"，又云"吕后、大臣，素所敬惮"：是皆特笔相形，见昌远胜于苍，以此知其深惜昌之不为丞相也。然则《昌传》曷为不直先苍而嵌于《苍传》之中间？曰：此正明其为丞相传也。传为丞相，

而叙至丞相方为御史大夫时，忽然追忆从前之贤御史大夫而不得为丞相者，而姑附传焉，乃所以深致其惜之之意也。然则任敖曷为亦用提叙？曰：此固文势自然之潆洄，亦史公故设之疑阵。而敖特以吕后旧德用，非有他长也。由其姓名别无所见，既已叙及，因以叙之者略之，而窑之不与大臣共诛吕禄，则益非昌匹也。御史大夫已尸位矣，而相与不相又何论焉！以此益见史公详传周昌之独深惜其不为丞相也。故以丞相名篇，以御史大夫作线，其故皆为周昌而起，而章法之所以确不可易者，乃在乎此。解此，乃见其文心之幻化，精神之飞动，意味之深长。否则寻行数墨而已矣。明如王、唐二先生而徒见其表，莫窥其里，史公有知，不当叹息泉下乎！

郦生陆贾列传

郦生食其者，陈留高阳人也。好读书，家贫落魄，无以为衣食业，为里监门吏。<u>然县中贤豪不敢役</u>，<u>县中皆谓之狂生</u>。

及陈胜、项梁等起，诸将徇地过高阳者数十人，郦生闻其<u>将皆握龂好苛礼自用，不能听大度之言</u>，<u>郦生乃深自藏匿</u>。后闻沛公将兵略地陈留郊，沛公麾下骑士适郦生里中子也，沛公时时问邑中贤士豪杰。骑士归，郦生见谓之曰："吾闻沛公慢而易人，多大略，<u>此真吾所愿从游</u>，<u>莫为我先</u>。若见沛公，谓曰'臣里中有郦生，年六十余，长八尺，<u>人皆谓之狂生</u>，<u>生自谓我非狂生</u>'。"骑士曰："沛公不好儒，诸客冠儒冠来者，沛公辄解其冠，溲溺其中。与人言，常大骂。未可以儒生说也。"郦生曰："第言之。"骑士从容言如郦生所诫者。沛公至高阳传舍，使人召郦生。郦生至，入谒，沛公方倨床使两女子洗足，而见郦生。<u>郦生入</u>，<u>则长揖不拜</u>，<u>曰</u>："<u>足下欲助秦攻诸侯乎？且欲率诸侯破秦也</u>？"沛公骂曰："竖儒！夫天下同苦秦久矣，故诸侯相率而攻秦，何谓助秦攻诸侯乎？"郦生曰："<u>必聚徒合义兵诛无道秦</u>，<u>不宜倨见长者</u>。"<u>于是沛公辍洗</u>，<u>起摄衣</u>，<u>延郦生上坐</u>，<u>谢之</u>。郦生因言六国纵横时。沛公喜，赐郦生食，问曰："计将安出？"郦生曰："足下起纠合之众，收散乱之兵，不满万人，欲以径入强秦，此所谓探虎口者也。夫陈留，天下之冲，四通五达之郊也，今其城又多积粟。臣善其令，请得使之，令下足下。即不听，足下举兵攻之，臣为内应。"于是遣郦生行，沛公引兵随之，遂下陈留。号郦食其为广野君。郦生言其弟郦商，使将数千人从沛公西南略地。郦生常为说客，驰使诸侯。

汉三年秋，项羽击汉，拔荥阳，汉兵遁保巩、洛。楚人闻淮阴侯破赵，彭越数反梁地，则分兵救之。淮阴方东击齐，汉王数困荥阳、成皋，计欲捐成皋以东，屯巩、洛以拒楚。郦生因曰："臣闻知天之天者,王事可成;不知天之天者,王事不可成。王者以民人为天,而民人以食为天。夫敖仓,天下转输久矣,臣闻其下乃有藏粟甚多,楚人拔荥阳,不坚守敖仓,乃引而东,令适卒分守成皋,此乃天所以资汉也。方今楚易取而汉反却,自夺其便,臣窃以为过矣。且两雄不俱立,楚汉久相持不决,百姓骚动,海内摇荡,农夫释耒,工女下机,天下之心未有所定也。愿足下急复进兵,<u>收取荥阳</u>,<u>据敖仓之粟</u>,<u>塞成皋之险</u>,<u>杜大行之道</u>,<u>距蜚狐之口</u>,<u>守白马之津</u>,以示诸侯效实形制之势,<u>则天下知所归矣</u>。方今燕、赵已定,唯齐未下。今田广据千里之齐,田间将二十万之众,军于历下,诸田宗强,负海阻河济,南近楚,人多变诈,足下虽遣数十万师,未可以岁月破也。臣请得奉明诏说齐王,使为汉而称东藩。"上曰:"善。"乃从其画,复守敖仓,而使郦生说齐王曰:"王知天下之所归乎?"王曰:"不知也。"曰:"王知天下之所归,则齐国可得而有也;若不知天下之所归,即齐国未可得保也。"齐王曰:"天下何所归?"曰:"归汉。"曰:"先生何以言之?"曰:"汉王与项王戮力西面击秦,约先入咸阳者王之。汉王先入咸阳,项王负约,不与,而王之汉中。项王迁杀义帝,汉王闻之,起蜀汉之兵击三秦,出关而责义帝之处,收天下之兵,立诸侯之后。降城即以侯其将,得赂即以分其士,与天下同其利,豪英贤才皆乐为之用。诸侯之兵四面而至,蜀汉之粟方船而下。项王有倍约之名,杀义帝之负;于人之功无所记,于人之罪无所忘;战胜而不得其赏,拔城而不得其封;非项氏莫得用事;为人刻印,刓而不能授;攻城得赂,积而不能赏;天下畔之,贤才怨之,而莫为之用。故天下之士归于汉王,可坐而策也。夫汉王发蜀汉,定三秦;涉西河之外,援上党之兵;下井陉,诛成安君;破北魏,举三十二城:此蚩尤之兵也,非人之力也,天之福也。今已据敖仓之粟,塞成皋之险,守白马之津,杜大行之阪,距蜚狐之口,天下后服者先亡矣。王疾先下汉王,齐国社稷可得而保也；不下汉王，危亡可立而待也。"田广以为然，乃听郦生，罢历下兵守战备，与郦生日纵酒。淮阴侯闻郦生伏轼下齐七十余城，乃夜度兵平原袭齐。齐王田广闻汉兵至，以为郦生卖己，乃曰："汝能止汉军，我活汝；不然，我将亨汝！"郦生曰："举大事不细谨，盛德不辞让。而公不为若更言！"齐王遂亨郦生，引兵东走。

汉十二年，曲周侯郦商以丞相将兵击黥布有功。高祖举列侯功臣，思郦食其。郦食其子郦疥数将兵，功未当侯，上以其父故，封疥为高梁侯。后更食武遂，嗣三世。元狩元年中，武遂侯平坐诈诏衡山王取百斤金，当弃市，病死，国除也。

陆贾者，楚人也。以客从高祖定天下，名为有口辩士四字写生。居左右，常使诸侯。

及高祖时，中国初定，尉他平南越，因王之。高祖使陆贾赐尉他印为南越王。陆生至，尉他魋结箕倨见陆生。陆生因进说他曰："足下中国人，屈他在此五字，开口已得晋〇矣。亲戚昆弟坟墓在真定。今足下反天性，弃冠带，欲以区区之越与天子抗衡为敌国，祸且及身矣。且夫秦失其政，诸侯豪杰并起，唯汉王先入关据咸阳。项羽倍约，自立为西楚霸王，诸侯皆属，可谓至强。然汉王起巴蜀，鞭笞天下，劫略诸侯，遂诛项羽灭之。五年之间，海内平定，此非人力，天之所建也。天子闻君王王南越，不助天下诛暴逆，将相欲移兵而诛王，天子怜百姓新劳苦，故且休之，遣臣授君王印，剖符通使。君王宜郊迎，北面称臣，乃欲以新造未集之越，屈强于此。汉诚闻之，掘烧王先人冢，夷灭宗族，使一偏将将十万众临越，则越杀王降汉，如反覆手耳。"

于是尉他乃蹶然坐起，谢陆生曰："居蛮夷中久，殊失礼义。"因问陆生曰："我孰与萧何、曹参、韩信贤？"陆生曰："王似贤。"复曰："我孰与皇帝贤？"陆生曰："皇帝起丰沛，讨暴秦，诛强楚，为天下兴利除害，继五帝三王之业，统理中国。中国之人以亿计，地方万里，居天下之膏腴，人众车舆，万物殷富，政由一家，自天地剖泮未始有也。今王众不过数十万，皆蛮夷，崎岖山海间，譬若汉一郡，王何乃比于汉！"尉他大笑曰："吾不起中国，故王此。使我居中国，何渠不若汉？"乃大说陆生，留与饮数月。曰："<u>越中无足与语</u>，<u>至生来</u>，<u>令我日闻所不闻</u>。"赐陆生橐中装直千金，他送亦千金。陆生卒拜尉他为南越王，令称臣奉汉约。归报，高祖大悦，拜贾为太中大夫。

陆生时时前说称《诗》《书》。高帝骂之曰："乃公居马上而得之，安事诗书！"陆生曰："<u>居马上得之</u>，<u>宁可以马上治之乎</u>？且汤武逆取而以顺守之，文武并用，长久之术也。昔者吴王夫差、智伯极武而亡；秦任刑法不变，卒灭赵氏。乡使秦已并天下，行仁义，法先圣，陛下安得而有之？"<u>高帝不怿而有惭色</u>，乃谓陆生曰："试为我著秦所以失天下，吾所以得之者何，及古成败之国。"陆生乃粗述存亡之征，凡著十二篇。<u>每奏一篇</u>，<u>高帝未尝不称善</u>，<u>左右呼万岁</u>，号其书曰"<u>新语</u>"。

孝惠帝时，吕太后用事，欲王诸吕，畏大臣有口者，陆生自度不能争之，乃病免家居。以好畤田地善，可以家焉。有五男，<u>乃出所使越得橐中装卖千金</u>，<u>分其子</u>，<u>子二百金</u>，<u>令为生产</u>。陆生常安车驷马，<u>从歌舞鼓琴瑟侍者十人</u>，宝剑直百金，谓其子曰："与汝约：过汝，汝给吾人马酒食，极欲，十日而更。所死家，得宝剑车骑侍从者。一岁中往来过他客，率不过再三过，<u>数见不鲜</u>，<u>无久慁公为也</u>。"写陆生旷朗，妙甚。

吕太后时，王诸吕，诸吕擅权，欲劫少主，危刘氏。右丞相陈平患之，力不能争，恐祸及己，<u>常燕居深念</u>。陆生往请，直入坐，而陈丞相方深念，不时见陆生。陆生曰："何念之深也？"陈平曰："<u>生揣我何念</u>？"陆生曰："足下位为上相，食三万户侯，可谓极富贵无欲矣。然有忧念，不过患诸吕、少主耳。"陈平曰："<u>然</u>。为之奈何？"陆生曰："<u>天下安，注意相；天下危，注意将。将相和调，则士务附；士务附，天下虽有变，即权不分。为社稷计，在两君掌握耳</u>。臣常欲谓太尉绛侯，绛侯与我戏，易吾言。君何不交欢太尉，深相结？"为陈平画吕氏数事。陈平用其计，乃以五百金为绛侯寿，厚具乐饮；太尉亦报如之。<u>此两人深相结，则吕氏谋益衰</u>。陈平乃以奴婢百人，车马五十乘，钱五百万，遗陆生为饮食费。<u>陆生以此游汉廷公卿间，名声藉盛</u>。（按：中华书局本作"甚"）

及诛诸吕，立孝文帝，陆生颇有力焉。孝文帝即位，欲使人之南越。陈丞相等乃言陆生为太中大夫，往使尉他，令尉他去黄屋称制，令比诸侯，皆如意旨。语在南越语中。<u>陆生竟以寿终</u>。此竟以寿终，非怪之也。对郦生、平原而言，幸之也。幸陆生，所以哀郦生、平原也。只一"竟"字，中三节俱动，悲风欲来。

平原君朱建者，楚人也。故尝为淮南王黥布相，有罪去，后复事黥布。布欲反时，问平原君，平原君止（按：中华书局本作"非"）之，布不听而听梁父侯，遂反。汉已诛布，闻平原君谏不与谋，得不诛。语在黥布语中。

平原君为人辩有口，刻廉刚直，家于长安。行不苟合，义不取容。辟阳侯行不正，得幸吕太后。时辟阳侯欲知平原君，平原君不肯见。及平原君母死，陆生素与平原君善，过之。平原君家贫，未有以发丧，方假贷服具，陆生令平原君发丧。陆生往见辟阳侯，<u>贺曰："平原君母死</u>。"辟阳侯曰："平原君母死，何乃贺我乎？"陆贾曰："前日君侯欲知平原君，平原君义不知君，以其母故。今其母死，君诚厚送丧，则彼为君死矣。"辟阳侯乃奉百金往税。列侯贵人以辟阳侯故，往税凡五百金。

辟阳侯幸吕太后，人或毁辟阳侯于孝惠帝，孝惠帝大怒，下吏，欲诛之。吕太后惭，不可以言。大臣多害辟阳侯行，欲遂诛之。辟阳侯急，因使人欲见平原君。平原君辞曰："狱急，不敢见君。"乃求见孝惠幸臣闳籍孺，说之曰："君所以得幸帝，天下莫不闻。今辟阳侯幸太后而下吏，<u>道路皆言君谗，欲杀之</u>。今日辟阳侯诛，<u>旦日太后含怒</u>，<u>亦诛君</u>。何不肉袒为辟阳侯言于帝？帝听君出辟阳侯，<u>太后大欢</u>。<u>两主共幸君</u>，<u>君贵富益倍矣</u>。"于是闳籍孺大恐，从其计，言帝，果出辟阳侯。辟阳侯之囚，欲见平原君，平原君不见辟阳侯，辟阳侯以为倍己，大怒。及其成功出之，乃大惊。吕太后崩，大臣诛诸吕，辟阳侯于诸吕至深，而卒不诛。计画所以全者，皆陆生、平原君之力也。

　　孝文帝时，淮南厉王杀辟阳侯，以诸吕故。文帝闻其客平原君为计策，使吏捕欲治。闻吏至门，平原君欲自杀。诸子及吏皆曰："事未可知，何早自杀为？"平原君曰："<u>我死祸绝</u>，<u>不及而身矣</u>。"遂自刭。孝文帝闻而惜之，曰："吾无意杀之。"乃召其子，拜为中大夫。使匈奴，<u>单于无礼</u>，<u>乃骂单于</u>，<u>遂死匈奴中</u>。

　　初，沛公引兵过陈留，下陈留为破秦根本，厥功甚伟，而情事传闻颇异。故又另记后闻于传尾，以两存其说而结之。以边入破秦，极表郦生大功，亦所谓乐道之者不一而足也。而奇气勃勃，更与前文精彩互见，旗鼓相当。郦生踵军门上谒曰："高阳贱民郦食其，窃闻沛公暴露，将兵助楚讨不义，敬劳从者，愿得望见，口画天下便事。"使者入通，沛公方洗，问使者曰："何如人也？"使者对曰："状貌类大儒，衣儒衣，冠侧注。"沛公曰："为我谢之，言我方以天下为事，未暇见儒人也。"使者出谢曰："沛公敬谢先生，方以天下为事，未暇见儒人也。"<u>郦生瞋目案剑叱使者曰</u>："走！复入言沛公，吾高阳酒徒也，非儒人也。"使者惧而失谒，<u>跪拾谒</u>，<u>还走</u>，复入报曰："客，天下壮士也，叱臣，臣恐，至失谒。曰'走！复入言，而公高阳酒徒也'。"沛公遽雪足杖矛曰："延客入！"郦生入，揖沛公曰："足下甚苦，暴衣露冠，将兵助楚讨不义，足下何不自喜也？臣愿以事见，而曰

'吾方以天下为事，未暇见儒人也'。夫足下欲兴天下之大事而成天下之大功，而以目皮相，恐失天下之能士。且吾度足下之智不如吾，勇又不如吾。若欲就天下而不相见，窃为足下失之。"沛公谢曰："乡者闻先生之容，今见先生之意矣。"乃延而坐之，问所以取天下者。郦生曰："夫足下欲成大功，不如止陈留。陈留者，天下之据冲也，兵之会地也，积粟数千万石，城守甚坚。臣素善其令，愿为足下说之。不听臣，臣请为足下杀之，而下陈留。足下将陈留之众，据陈留之城，而食其积粟，招天下之从兵；从兵已成，足下横行天下，莫能有害足下者矣。"沛公曰："敬闻命矣。"

于是郦生乃夜见陈留令，说之曰："夫秦为无道而天下畔之，今足下与天下从则可以成大功。今独为亡秦婴城而坚守，臣窃为足下危之。"陈留令曰："秦法至重也，不可以妄言，妄言者无类，吾不可以应。先生所以教臣者，非臣之意也，愿勿复道。"郦生留宿卧，夜半时斩陈留令首，逾城而下报沛公。沛公引兵攻城，县令首于长竿以示城上人，曰："趣下，而令头已断矣！今后下者必先斩之！"于是陈留人见令已死，遂相率而下沛公。沛公舍陈留南城门上，因其库兵，食积粟，留出入三月，从兵以万数，<u>遂入破秦</u>。

太史公曰：世之传郦生书，多曰汉王已拔三秦，东击项籍而引军于巩洛之间，郦生被儒衣往说汉王。乃非也。自沛公未入关，与项羽别而至高阳，得郦生兄弟。余读陆生新语书十二篇，固当世之辩士。至平原君子与余善，是以得具论之。

敏辩，说士所同，而郦生较豪宕，陆生较旷朗，其气质有别，故其语言、意致亦微有别也。惟作者化工肖物真能辩析毫茫，而文之磊落英名遂成绝胜。

《郦生传》笔气横甚，不横不足以写郦生之豪宕也，然却多用坚重排叠之句，以厚其势。势不厚而强为横，则又恐其气之剽而不留也。看《史记》，大半不能多著圈点，学者须于此等处细细玩取，才见他妙用真是领略不尽。

刘敬叔孙通列传

刘敬者，齐人也。汉五年，戍陇西，过洛阳，高帝在焉。娄敬脱挽辂，衣其羊裘，见齐人虞将军曰："臣愿见上言便事。"虞将军欲与之鲜衣，娄敬曰："<u>臣衣帛，衣帛见</u>；<u>衣褐，衣褐见</u>；<u>终不敢易衣</u>。"于是虞将军入言上。上召入见，赐食。已而问娄敬，娄敬说曰："<u>陛下都洛阳，岂欲与周室比隆哉</u>？"上曰："然。"娄敬曰："陛下取天下与周室异。周之先自后稷，尧封之邰，积德累善十有余世。公刘避桀居豳。太王以狄人故，去豳，杖马箠居岐，国人争随之。及文王为西伯，断虞芮之讼，始受命，吕望、伯夷自海滨来归之。武王伐纣，不期而会孟津之上八百诸侯，皆曰纣可伐矣，遂灭殷。成王即位，周公之属傅相焉，乃营成周洛邑，以此为天下之中也，诸侯四方纳贡职，道里均矣，有德则易以王，无德则易以亡。凡居此者，欲令周务以德致人，不欲依阻险，令后世骄奢以虐民也。及周之盛时，天下和洽，四夷乡风，慕义怀德，附离而并事天子，不屯一卒，不战一士，八夷大国之民莫不宾服，效其贡职。及周之衰也，分而为两，天下莫朝，周不能制也。<u>非其德薄也，而形势弱也</u>。今陛下起丰击沛，收卒三千人，以之径往而卷蜀汉，定三秦，与项羽战荥阳，争成皋之口，大战七十，小战四十，使天下之民肝脑涂地，父子暴骨中野，不可胜数，哭泣之声未绝，伤痍者未起，<u>而欲比隆于成康之时</u>，<u>臣窃以为不侔也</u>。且夫秦地被山带河，四塞以为固，卒然有急，百万之众可具也。因秦之故，资甚美膏腴之地，此所谓天府者也。陛下入关而都之，山东虽乱，秦之故地可全而有也。<u>夫与人斗</u>，<u>不搤其亢</u>，<u>拊其背</u>，<u>未能全其胜也</u>。今陛下入关而都，案秦之故地，<u>此亦搤天下之亢而拊其背也</u>。"

高帝问群臣，群臣皆山东人，争言周王数百年，秦二世即亡，不如都周。上疑未能决。<u>及留侯明言入关便</u>，<u>即日车驾西都关中</u>。二客见高祖从谏如流。于是上曰："本言都秦地者娄敬，'娄'者乃'刘'也。"赐姓刘氏，拜为郎中，号为奉春君。

汉七年，韩王信反，高帝自往击之。至晋阳，闻信与匈奴欲共击汉，上大怒，使人使匈奴。匈奴匿其壮士肥牛马，但见老弱及羸畜。使者十辈来，皆言匈奴可击。上使刘敬复往使匈奴，还报曰："两国相击，此宜夸矜见所长。今臣往，徒见羸瘠老弱，此必欲见短，伏奇兵以争利。愚以为匈奴不可击也。"是时汉兵已逾句注，二十余万兵已业行。上怒，骂刘敬曰："齐虏！以口舌得官，今乃妄言沮吾军。"械系敬广武。遂往，至平城，匈奴果出奇兵围高帝白登，七日然后得解。高帝至广武，赦敬，曰："吾不用公言，以困平城。吾皆已斩前使十辈言可击者矣。"乃封敬二千户，为关内侯，号为建信侯。

高帝罢平城归，韩王信亡入胡。当是时，冒顿为单于，兵强，控弦三十万，数苦北边。上患之，问刘敬。刘敬曰："天下初定，士卒罢于兵，未可以武服也。冒顿杀父代立，妻群母，以力为威，未可以仁义说也。独可以计久远子孙为臣耳，然恐陛下不能为。"上曰："诚可，何为不能！顾为奈何？"刘敬对曰："陛下诚能以适长公主妻之，厚奉遗之，彼知汉适女送厚，蛮夷必慕以为阏氏，生子必为太子。代单于。何者？贪汉重币。陛下以岁时汉所余彼所鲜数问遗，因使辩士风谕以礼节。冒顿在，固为子婿；死，则外孙为单于。岂尝闻外孙敢与大父抗礼者哉？兵可无战以渐臣也。若陛下不能遣长公主，而令宗室及后宫诈称公主，彼亦知，不肯贵近，无益也。"高帝曰："善。"欲遣长公主。吕后日夜泣，曰："妾唯太子、一女，奈何弃之匈奴！"上竟不能遣长公主，而取家人子名为长公主，妻单于。使刘敬往结和亲约。刘敬从匈奴来，因言"匈奴河南白羊、楼烦王，去长安近者七百里，轻骑一日一夜可以至秦中。秦中，新破少民，地肥饶，可益实。夫诸侯初起时，非齐诸田，楚昭、屈、景莫能兴。今陛下虽都关中，实少人。刘敬实功乃在谏都关中，此节只是完美此一事也。故传即以此作达讫。北近胡寇，东有六国之族，宗强，一日有变，陛下亦未得高枕而卧也。臣愿陛下徙齐诸田，楚昭、屈、景、燕、赵、韩、魏后，及豪杰名家居关中。无事，可以备胡；诸侯有变，亦足率以东伐。此强本弱末之术也"。"本字"用意。上曰："善。"乃使刘敬徙所言关中十余万口。直收。

　　叔孙通者，薛人也。秦时以文学征，待诏博士。数岁，陈胜起山东，使者以闻，二世召博士诸儒生问曰："楚戍卒攻蕲入陈，于公如何？"博士诸生三十余人前曰："人臣无将，将即反，罪死无赦。愿陛下急发兵击之。"二世怒，作色。叔孙通前曰："诸生言皆非也。夫天下合为一家，毁郡县城，铄其兵，示天下不复用。且明主在其上，法令具于下，使人人奉职，四方辐辏，安敢有反者！此特群盗鼠窃狗盗耳，何足置之齿牙间。郡守尉今捕论，何足忧。"二世喜曰：二世喜，高帝喜，诸生喜，许多喜处极写叔孙希世。"善。"尽问诸生，诸生或言反，或言盗。于是二世令御史案诸生言反者下吏，非所宜言。诸言盗者皆罢之。乃赐叔孙通帛二十匹，衣一袭，拜为博士。叔孙通已出宫，反舍，诸生曰："先生何言之谀也？"通曰："公不知也，我几不脱于虎口！"乃亡去，之薛，薛已降楚矣。

　　及项梁之薛，叔孙通从之。败于定陶，从怀王。怀王为义帝，徙长沙，叔孙通留事项王。汉二年，汉王从五诸侯入彭城，叔孙通降汉王。汉王败而西，因竟从汉。叔孙通儒服，汉王憎之；乃变其服，服短衣，楚制，汉王喜。

　　叔孙通之降汉，从儒生弟子百余人，然通无所言进，专言诸故群盗壮士进之。弟子皆窃骂曰：先骂，反激后喜。"事先生数岁，幸得从降汉，今不能进臣等，专言大猾，何也？"叔孙通闻之，乃谓曰："汉王方蒙矢石争天下，诸生宁能斗乎？故先言斩将搴旗之士。诸

<u>生且待我，我不忘矣。</u>"

汉王拜叔孙通为博士，号稷嗣君。

汉五年，已并天下，诸侯共尊汉王为皇帝于定陶，叔孙通就其仪号。高帝悉去秦苛仪法，为简易。群臣饮酒争功，醉或妄呼，拔剑击柱，高帝患之。<u>叔孙通知上益厌之也</u>，说上曰："夫儒者难与进取，可与守成。臣愿征鲁诸生，与臣弟子共起朝仪。"高帝曰："得无难乎？"叔孙通曰："五帝异乐，三王不同礼。礼者，<u>因时世人情为之节文者也</u>。故夏、殷、周之礼所因损益可知者，谓不相复也。臣愿颇采古礼与秦仪杂就之。"上曰："可试为之，令易知，度吾所能行为之。"于是叔孙通使征鲁诸生三十余人。鲁有两生不肯行，曰："公所事者且十主，<u>皆面谀以得亲贵</u>。两"谀"字相应，固叔孙定论也。今天下初定，死者未葬，伤者未起，又欲起礼乐。礼乐所由起，积德百年而后可兴也。<u>吾不忍为公所为。公所为不合古，吾不行。公往矣，无污我！</u>"叔孙通笑曰："<u>若真鄙儒也，不知时变</u>。"遂与所征三十人西，及上左右为学者与其弟子百余人为绵蕝野外。习之月余，叔孙通曰："上可试观。"上既观，使行礼，曰："<u>吾能为此</u>。"亦极喜意。乃令群臣习隶，会十月。汉七年，长乐宫成，诸侯群臣皆朝十月。仪：先平明，谒者治礼，引以次入殿门，廷中陈车骑步卒卫宫，设兵张旗志。传言"趋"。殿下郎中侠陛，陛数百人。功臣列侯诸将军军吏以次陈西方，东乡；文官丞相以下陈东方，西乡。大行设九宾，胪句传。于是皇帝辇出房，百官执职传警，引诸侯王以下至吏六百石以次奉贺。自诸侯王以下莫不振恐肃敬。至礼毕，复置法酒。诸侍坐殿上皆伏抑首，以尊卑次起上寿。觞九行，谒者言"罢酒"。御史执法举不如仪者辄引去。竟朝置酒，<u>无敢谨哗失礼者</u>。总结一笔。<u>于是高帝曰</u>：甚喜之奸。"<u>吾乃今日知为皇帝之贵也</u>。"乃拜叔孙通为太常，赐金五百斤。叔孙通因进曰："诸弟子儒生随臣久矣，与臣共为仪，愿陛下官之。"高帝悉以为郎。叔孙通出，皆以五百斤金赐诸生。诸生乃皆喜曰："叔孙生诚圣人也，知当世之要务。"

汉九年，高帝徙叔孙通为太子太傅。汉十二年，高祖欲以赵王如意易太子，叔孙通谏上曰："昔者晋献公以骊姬之故废太子，立奚齐，晋国乱者数十年，为天下笑。秦以不早定扶苏，令赵高得以诈立胡亥，自使灭祀，此陛下所亲见。今太子仁孝，天下皆闻之；吕后与陛下攻苦食啖，其可背哉！陛下必欲废适而立少，臣愿先伏诛，以颈血污地。"高帝曰："公罢矣，吾直戏耳。"叔孙通曰："太子天下本，"本"字用意。本一摇天下振动，奈何以天下为戏！"高帝曰："吾听公言。"及上置酒，见留侯所招客从太子入见，上乃遂无易太子志矣。

高帝崩，孝惠即位，乃谓叔孙生曰："先帝园陵寝庙，群臣莫能习。"徙为太常，定宗庙仪法。及稍定汉诸仪法，皆叔孙生为太常所论著也。

孝惠帝为东朝长乐宫，及间往来，数跸烦人，乃作复道，方筑武库南。叔孙生奏事，因请问曰："陛下何自筑复道，高寝衣冠，月出游高庙？高庙，汉太祖，奈何令后世子孙乘宗庙道上行哉？"孝惠帝大惧，曰："急坏之。"叔孙生曰："人主无过举。今已作，百姓皆知之，今坏此，则示有过举。愿陛下为原庙渭北，衣冠月出游之，益广多宗庙，大孝之本也。"上乃诏有司立原庙。原庙起，以复道故。

孝惠帝曾春出游离宫，叔孙生曰："古者有春尝果，方今樱桃熟，可献，愿陛下出，因取樱桃献宗庙。"上乃许之。诸果献由此兴。亦直收。

太史公曰：语曰"千金之裘，非一狐之腋也；台榭之榱，非一木之枝也；三代之际，非一士之智也"。信哉！夫高祖起微细，定海内，谋计用兵，可谓尽之矣。然而刘敬脱挽辂一说，建万世之安，

<u>智岂可专邪</u>！<u>叔孙通希世度务制礼</u>，进退与时变化，卒为汉家儒宗。"<u>大直若诎，道固委蛇</u>"，<u>盖谓是乎</u>？

  此为《史记》合传中极辣荠浑朴之文。不另立起束，不苦作钩环，直叙直收，自行自止，只是以一定都、一制礼，两关国家大政而联合之也。然既称合传，关会终有不可废者。而文之关会，则在通传谏易太子节及上置酒见留侯云云，与敬传谏都关中节及留侯云云紧对。盖敬一味爽豁，通一味委蛇，性情颇反；而通谏易太子事，独与其平时意象迥别。又定储、定都两关国本，故特取此事作关会，亦因见通制礼之功，犹未足配敬定都之策耳。此外则敬不易衣，通更短衣，略相映射，以见其相反，盖合传之又一奇矣。

季布栾布列传

季布者，楚人也。一篇纲领。为气任侠，有名于楚。项籍使将兵，数窘汉王。及项羽灭，高祖购求布千金，敢有舍匿，罪及三族。季布匿濮阳周氏。周氏曰："汉购将军急，迹且至臣家，将军能听臣，臣敢献计；即不能，愿先自到。"季布许之。<u>乃髡钳季布</u>，<u>衣褐衣</u>，<u>置广柳车中</u>，<u>并与其家僮数十人</u>，<u>之鲁朱家所卖之</u>。朱家心知是季布，<u>乃买而置之田</u>。诫其子曰："田事听此奴，必与同食。"朱家乃乘轺车之洛阳，见汝阴侯滕公。滕公留朱家饮数日。因谓滕公曰："<u>季布何大罪</u>，<u>而上求之急也</u>？"滕公曰："布数为项羽窘上，上怨之，故必欲得之。"朱家曰："<u>君视季布何如人也</u>？"曰："贤者也。"朱家曰："<u>臣各为其主用</u>，<u>季布为项籍用</u>，职耳。项氏臣可尽诛邪？今上始得天下，独以己之私怨求一人，<u>何示天下之不广也</u>！<u>且以季布之贤而汉求之急如此</u>，<u>此不北走胡即南走越耳</u>。<u>夫忌壮士以资敌国</u>，<u>此伍子胥所以鞭荆平王之墓也</u>。君何不从容为上言邪？"<u>汝阴侯滕公心知朱家大侠</u>，<u>意季布匿其所</u>，<u>乃许曰</u>："诺。"待间，果言如朱家指。上乃赦季布。此等提挈，太史公识高气高。<u>当是时</u>，<u>诸公皆多季布能摧刚为柔</u>，朱家亦以此名闻当世。季布召见，谢，上拜为郎中。

孝惠时，为中郎将。单于尝为书嫚吕后，不逊，吕后大怒，召诸将议之。上将军樊哙曰："臣愿得十万众，横行匈奴中。"诸将皆阿吕后意，曰"然"。季布曰："<u>樊哙可斩也</u>！凛然。夫高帝将兵四十余万众，困于平城，今哙奈何以十万众横行匈奴中，面欺！且秦以事于胡，陈胜等起。于今创痍未瘳，<u>哙又面谀</u>，<u>欲摇动天下</u>。"<u>是时殿上皆恐</u>，<u>太后罢朝</u>，<u>遂不复议击匈奴事</u>。

季布为河东守，孝文时，人有言其贤者，孝文召，欲以为御史大夫。复有言其勇，使酒难近。至，留邸一月，见罢。季布因进曰："臣无功窃宠，待罪河东。陛下无故召臣，<u>此人必有以臣欺陛下者</u>；

今臣至，无所受事，罢去，<u>此人必有以毁臣者。夫陛下以一人之誉而召臣</u>，<u>一人之毁而去臣</u>，<u>臣恐天下有识闻之有以窥陛下也</u>。"上<u>默然惭</u>，<u>良久曰</u>："河东吾股肱郡，<u>故特召君耳</u>。"布辞之官。

　　楚人曹丘生，_{叙曹丘事，与前朱家事相称。}辩士，数招权顾金钱。事贵人赵同等，与窦长君善。季布闻之，寄书谏窦长君曰："吾闻曹丘生非长者，勿与通。"及曹丘生归，欲得书请季布。窦长君曰："季将军不说足下，足下无往。"固请书，遂行。使人先发书，季布果大怒，待曹丘。曹丘至，即揖季布曰："楚人谚曰'得黄金百斤，<u>不如得季布一诺</u>'，足下何以得此声于梁楚间哉？且仆楚人，足下亦楚人也。<u>仆游扬足下之名于天下</u>，<u>顾不重邪</u>？何足下距仆之深也！"季布乃大说，引入，留数月，为上客，厚送之。<u>季布名所以益闻者</u>，<u>曹丘扬之也</u>。

　　<u>季布弟季心</u>，弟季心，母弟丁公，一类一反，相配作衬。气盖关中，遇人恭谨，为任侠，方数千里，士皆争为之死。尝杀人，亡之吴，从袁丝匿。长事袁丝，弟畜灌夫、籍福之属。尝为中司马，中尉郅都不敢不加礼。少年多时时窃籍其名以行。<u>当是时</u>，<u>季心以勇</u>，<u>布以诺</u>，<u>著闻关中</u>。

　　<u>季布母弟丁公</u>，为楚将。丁公为项羽逐窘高祖彭城西，短兵接，高祖急，顾丁公曰："两贤岂相厄哉！"于是丁公引兵而还，汉王遂解去。及项王灭，丁公谒见高祖。高祖以丁公徇军中，曰："丁公为项王臣不忠，使项王失天下者，乃丁公也。"遂斩丁公，曰："<u>使后世为人臣者无效丁公</u>！"

　　栾布者，梁人也。始梁王彭越为家人时，尝与布游。穷困，赁庸（按：中华书局本作"佣"。）于齐，为酒人保。数岁，彭越去之巨野中为盗，<u>而布为人所略卖</u>，<u>为奴于燕</u>。<u>为其家主报仇</u>，与辱布为奴事掩映。燕将臧荼举以为都尉。臧荼后为燕王，以布为将。及臧荼反，汉击燕，虏布。梁王彭越闻之，乃言上，请赎布以为梁大夫。使于

齐，未还，汉召彭越，责以谋反，夷三族。已而枭彭越头於雒阳下，诏曰："有敢收视者，辄捕之。"布从齐还，<u>奏事彭越头下，祠而哭之</u>。亦各为其主意思也。吏捕布以闻。上召布，骂曰："若与彭越反邪？吾禁人勿收，若独祠而哭之，与越反明矣。趣亨之。"方提趣汤，布顾曰："愿一言而死。"上曰："何言？"布曰："方上之困于彭城，败荥阳、成皋间，项王所以遂不能西，<u>徒以彭王居梁地，与汉合从苦楚也</u>。当是之时，彭王一顾，与楚则汉破，与汉而楚破。且垓下之会，<u>微彭王，项氏不亡</u>。天下已定，彭王剖符受封，亦欲传之万世。今陛下一征兵于梁，彭王病不行，而陛下疑以为反，<u>反形未见，以苛小案诛灭之，臣恐功臣人人自危也</u>。今彭王已死，<u>臣生不如死，请就亨</u>。"于是上乃释布罪，拜为都尉。

孝文时，为燕相，至将军。与为奴于燕掩映。布乃称曰："<u>穷困不能辱身下志，非人也</u>；富贵不能快意，非贤也。"于是尝有德者厚报之，有怨者必以法灭之。吴军反时，以军功封俞侯，复为燕相。<u>燕齐之间皆为栾布立社</u>，不明言声闻，而声闻可思。<u>号曰栾公社</u>。

景帝中五年薨。子贲嗣，为太常，牺牲不如令，国除。

太史公曰：以项羽之气，而季布以勇显於楚，身屦军搴旗者数矣，<u>可谓壮士</u>。然被刑戮，为人奴而不死，<u>何其下也</u>！彼必自负其材，故受辱而不羞，<u>欲有所用其未足也</u>，故终为汉名将。<u>贤者诚重其死</u>。夫婢妾贱人感慨而自杀者，<u>非能勇也</u>，其计画无复之耳。栾布哭彭越，趣汤如归者，<u>彼诚知所处</u>，<u>不自重其死</u>。<u>虽往古烈士，何以加哉</u>！

二布合传，金圣叹取赞中"贤者诚重其死"及"不自重其死"二句为说，是诚有之。而谓"求之传中，更不可得其故"，则亦未然。看来有踪迹相邻处，有意致相似处，有作用相反处，有声闻后先相望处，皆是也。文特精悍峭厉，侠烈意象宛然在目。

张释之冯唐列传

张廷尉褚欣曰：二字史笔，能其官也。释之者，堵阳人也，字季。有兄仲同居。以赀为骑郎，事孝文帝，十岁不得调，无所知名。释之曰："久宦减仲之产，不遂。"欲自免归。中郎将袁盎知其贤，惜其去，乃请徙释之补谒者。释之既朝毕，因前言便宜事。文帝曰："卑之，毋甚高论，令今可施行也。"于是释之言秦汉之间事，秦所以失而汉所以兴者久之。文帝称善，乃拜释之为谒者仆射。

释之从行，登虎圈。上问上林尉诸禽兽簿，十余问，尉左右视，尽不能对。虎圈啬夫从旁代尉对上所问禽兽簿甚悉，欲以观其能口对响应无穷者。文帝曰："吏不当若是邪？尉无赖！"乃诏释之拜啬夫为上林令。释之久之前曰："陛下以绛侯周勃何如人也？"上曰："长者也。"又复问："东阳侯张相如何如人也？"上复曰："长者。"释之曰："夫绛侯、东阳侯称为长者，此两人言事曾不能出口，岂敩此啬夫谍谍利口捷给哉！且秦以任刀笔之吏，吏争以亟疾苛察相高，然其敝徒文具耳，无恻隐之实。以故不闻其过，陵迟而至于二世，天下土崩。今陛下以啬夫口辩而超迁之，臣恐天下随风靡靡，争为口辩而无其实。且下之化上疾于景响，举错不可不审也。"文帝曰："善。"乃止不拜啬夫。

上就车，召释之参乘，徐行，问释之秦之敝。具以质言。至宫，上拜释之为公车令。顷之，太子与梁王共车入朝，不下司马门，于是释之追止太子、梁王无得入殿门。遂劾不下公门不敬，奏之。此见太后俱重释之，非独文帝也。薄太后闻之，文帝免冠谢曰："教儿子不谨。"薄太后乃使使承诏赦太子、梁王，然后得入。文帝由是奇释之，拜为中大夫。

顷之，至中郎将。从行至霸陵，居北临厕。是时慎夫人从，上指示慎夫人新丰道，曰："此走邯郸道也。"使慎夫人鼓瑟，上自倚瑟而歌，意惨凄悲怀，顾谓群臣曰："嗟乎！以北山石为椁，用纻絮斯陈，蕠漆其间，岂可动哉！"左右皆曰："善。"释之前进曰："使其中有可欲者，虽锢南山犹有郄；使其中无可欲者，虽无石椁，又何戚焉！"文帝称善。其后拜释之为廷尉。

顷之，上行出中渭桥，有一人从桥下走出，乘舆马惊。于是使骑捕，属之廷尉。释之治问。曰："县人来，闻跸，匿桥下。久之，以为行已过，即出，见乘舆车骑，即走耳。"廷尉奏当，一人犯跸，当罚金。文帝怒曰："此人亲惊吾马，吾马赖柔和，令他马，固不败伤我乎？而廷尉乃当之罚金！"释之曰："法者，天子所与天下公共也。今法如此而更重之，是法不信于民也。且方其时，上使立诛之则已。今既下廷尉，廷尉，天下之平也，一倾而天下用法皆为轻重，民安所错其手足？唯陛下察之。"良久，上曰："廷尉当是也。"

其后有人盗高庙坐前玉环，捕得，文帝怒，下廷尉，廷尉治。释之案律：盗宗庙服御物者为奏，奏当弃市。上大怒曰："人之无道，乃盗先帝庙器，吾属廷尉者，欲致族之，而君以法奏之，非吾所以共承宗庙意也。"释之免冠顿首谢曰："法如是足也。且罪等，然以逆顺为差。今盗宗庙器而族之，有如万分之一，假令愚民取长陵一抔土，陛下何以加其法乎？"久之，文帝与太后言之，乃许廷尉当。又见太后重释之，与前应。前历叙人主敬，以此补出大臣爱慕，致天下皆称意作束。次第完密，慨慕无穷。

是时，中尉条侯周亚夫与梁相山都侯王恬开见释之持议平，乃结为亲友。张廷尉由此天下称之。张廷尉，一唤。

后文帝崩，景帝立，释之恐，称病。欲免去，惧大诛至；欲见谢，则未知何如。用王生计，卒见谢，景帝不过也。叙王生一段全为唱叹。张公非余波也，"张廷尉"字凡七八唤，而中藏"天下名臣"四字为论赞，盖史公之慨慕深矣。王生者，善为黄老言，处士也。尝召居廷中，三公九卿尽会立，王生老人，曰"吾袜解"，顾谓张廷尉：再唤。"为我结袜!"释之跪而结之。既已,人或谓王生曰:"独奈何廷辱张廷尉,三唤。使跪结袜?"王生曰:"吾老且贱,自度终无益于张廷尉。四唤。张廷尉五唤。方今天下名臣,吾故聊辱廷尉,六唤。使跪结袜,欲以重之。"诸公闻之,贤王生而重张廷尉。七唤。张廷尉八唤。事景帝岁余,为淮南王相,此叹景帝不及孝文远矣。犹尚以前过也。久之,释之卒。其子曰张挚,字长公,官至大夫,免。以不能取容当世,故终身不仕。已叹孝文不可复作也。

　　冯唐者,其大父赵人。伏笔。父徙代。汉兴徙安陵。唐以孝著,为中郎署长,事文帝。文帝辇过,问唐曰:"父老何自为郎?家安在?"唐具以实对。文帝曰:"吾居代时,吾尚食监高祛数为我言赵将李齐之贤,战于钜鹿下。今吾每饭,意未尝不在钜鹿也。父知之乎?"唐对曰:"尚不如廉颇、李牧之为将也。"上曰:"何以?"唐曰:"臣大父在赵时,为官卒(按:中华书局本作"率"。)将,善李牧。臣父故为代相,善赵将李齐,知其为人也。"上既闻廉颇、李牧为人,良说,而搏髀曰:"嗟乎!吾独不得廉颇、李牧时为吾将,吾岂忧匈奴哉!"唐曰:"主臣!陛下虽得廉颇、李牧,弗能用也。"上怒,起入禁中。良久,召唐让曰:"公奈何众辱我,独无闲处乎?"唐谢曰:"鄙人不知忌讳。"当是之时,匈奴新大入朝那,杀北地都尉卬。上以胡寇为意,乃卒复问唐曰:"公何以知吾不能用廉颇、李牧也?"唐对曰:"臣闻上古王者之遣将也,跪而推毂,曰阃以内者,寡人制之;阃以外者,将军制之。军功爵赏皆决于外,归而奏之。此非虚言也。臣大父言,李牧为赵将居边,军市之租皆自用飨士,赏赐决于外,不从中扰也。委任而责成功,故李牧乃得尽其智能,遣选车千三百乘,彀骑万三千,百金之士十万,是以北逐单于,破东胡,灭澹林,西抑强秦,南支韩、魏。当是之时,赵几霸。其后会赵王迁立,其母倡也。王迁立,乃用郭开谗,卒诛李牧,令颜聚代之。是以兵破士比,为秦所禽灭。今臣窃闻魏尚为云中守,其军市租尽以飨士卒，私养钱，五日一椎牛，飨宾客军吏舍人，是以匈奴远避，不近云中之塞。虏曾一入，尚率车骑击之，所杀甚众。夫士卒尽家人子，起田中从军，安知尺籍伍符。终日力战，斩首捕虏，上功莫府，<u>一言不相应，文吏以法绳之。其赏不行而吏奉法必用。臣愚，以为陛下法太明，赏太轻，罚太重。且云中守魏尚坐上功首虏差六级，陛下下之吏，削其爵，罚作之。由此言之，陛下虽得廉颇、李牧，弗能用也。</u>臣诚愚，触忌讳，死罪死罪！"文帝说。<u>是日令冯唐持节赦魏尚，复以为云中守</u>，而拜唐为车骑都尉，主中尉及郡国车士。

七年，景帝立，以唐为楚相，免。武帝立，求贤良，举冯唐。唐时年九十余，不能复为官，乃以唐子冯遂为郎。遂字王孙，<u>亦奇士，与余善</u>。

太史公曰：张季之言长者，守法不阿意；冯公之论将率，有味哉！有味哉！语曰"不知其人，视其友"。二君之所称诵，可著廊庙。《书》曰"不偏不党，王道荡荡；不党不偏，王道便便"。张季、冯公近之矣。

一边写二君质直不阿，一边写孝文从谏若流，君明臣良，意象洋溢楮上。盖《张冯传》之兼写孝文，犹《酷吏诸传》之兼写孝武也。叙张语凡数节，皆简质；冯语止一节，颇详。然皆<u>苍劲不作态</u>，所谓言各如人。且二君独有古名臣风度，故史公文格亦进周秦而上之耳。虽对面旁面问出风神，以动荡其文境，然终以<u>质劲</u>胜矣。

史公文到紧要关节处，<u>往往于一两句中藏无穷奥美</u>。如此传结尾"遂亦奇士"句，与"张长公不能取容当世"句应，固也。看来，<u>"与余善"</u>三字更非漫设，<u>乃与周、王二公交善张君</u>，<u>及王生老人廷重张君</u>，<u>参差映射</u>。盖两传前长后短，故结处亦以短对长，而史公一生自负不浅，只一"<u>余</u>"字便抵对前三人，奇士上"<u>亦</u>"字，便是父子两关，与前文"<u>天下名臣</u>"及"<u>不能取容</u>"两层兼照也。文心深微幻化，妙绝千古，一经道破，确然不易。吾岂敢以穿凿证古人者哉！

万石张叔列传

　　万石君名奋，其父赵人也，姓石氏。赵亡，徙居温。高祖东击项籍，过河内，时奋年十五，为小吏，侍高祖。高祖与语，爱其恭敬，问曰："若何有？"对曰："奋独有母，不幸失明。家贫。有姊，能鼓琴。"高祖曰："若能从我乎？"曰："愿尽力。"于是高祖召其姊为美人，以奋为中涓，受书谒，徙其家长安中戚里，以姊为美人故也。其官至孝文时，积功劳至大中大夫。无文学，恭谨无与比。文帝时，东阳侯张相如为太子太傅，免。选可为傅者，皆推奋，奋为太子太傅。及孝景即位，以为九卿；迫近，惮之，徙奋为诸侯相。奋长子建，次子甲，次子乙，次子庆，皆以驯行孝谨，官皆至二千石。于是景帝曰："石君及四子皆二千石，人臣尊宠乃集其门。"号奋为万石君。孝景帝季年，万石君以上大夫禄归老于家，以岁时为朝臣。过宫门阙，万石君必下车趋，见路马必式焉。子孙为小吏，来归谒，万石君必朝服见之，不名。子孙有过失，不谯让，为便坐，对案不食。然后诸子相责，因长老肉袒固谢罪，改之，乃许。子孙胜冠者在侧，虽燕居必冠，申申如也。僮仆䜣䜣如也，唯谨。上时赐食于家，必稽首俯伏而食之，如在上前。其执丧，哀戚甚悼。子孙遵教，亦如之。万石君家以孝谨闻乎郡国，虽齐鲁诸儒质行，皆自以为不及也。建元二年，郎中令王臧以文学获罪。皇太后以为儒者文多质少，今万石君家不言而躬行，乃以长子建为郎中令，少子庆为内史。建老白首，万石君尚无恙。建为郎中令，每五日洗沐归谒亲，入子舍，窃问侍者，取亲中裙厕牏，身自浣涤，复与侍者，不敢令万石君知，以为常。建为郎中令，事有可言，屏人恣言，极切；至廷见，如不能言者。是以上乃亲尊礼之。

　　万石君徙居陵里。内史庆醉归，入外门不下车。万石君闻之，不食。庆恐，肉袒请罪，不许。举宗及兄建肉袒，万石君让曰："内史贵人，入闾里，里中长老皆走匿，而内史坐车中自如，固当！"乃谢罢庆。庆及诸子弟入里门，趋至家。万石君以元朔五年中卒。长子郎中令建，哭泣哀思，扶杖乃能行。岁余，建亦死。诸子孙咸孝，然建最甚，甚于万石君。

建为郎中令，书奏事，事下，建读之，曰："误书！'马'字与尾当五，今乃四，不足一。上谴死矣！"甚惶恐。其为谨慎，虽他皆如是。万石君少子庆为太仆，御出，上问车中几马，庆以策数马毕，举手曰："六马。"庆于诸子中最为简易矣，然犹如此。为齐相，举齐国皆慕其家行，不言而齐国大治，为立石相祠。元狩元年，上立太子，选群臣可为傅者，庆自沛守为太子太傅，七岁迁为御史大夫。元鼎五年秋，丞相有罪，罢。制诏御史："万石君先帝尊之，子孙孝，其以御史大夫庆为丞相，封为牧丘侯。"是时汉方南诛两越，东击朝鲜，北逐匈奴，西伐大宛，中国多事。天子巡狩海内，修上古神祠，封禅，兴礼乐。公家用少，桑弘羊等致利，王温舒之属峻法，儿宽等推文学至九卿，更进用事，事不关决于丞相，丞相醇谨而已。在位九岁，无能有所匡言。尝欲请治上近臣所忠、九卿咸宣罪，不能服，反受其过，赎罪。元封四年中，关东流民二百万口，无名数者四十万，公卿议欲请徙流民于边以适之。上以为丞相老谨，不能与其议，乃赐丞相告归，而案御史大夫以下议为请者。丞相惭不任职，乃上书曰："庆幸得待罪丞相，罢驽无以辅治，城郭仓库空虚，民多流亡，罪当伏斧质，上不忍致法。愿归丞相侯印，乞骸骨归，避贤者路。"天子曰："仓廪既空，民贫流亡，而君欲请徙之，摇荡不安，动危之，而辞位，君欲安归难乎？"以书让庆，庆甚惭，遂复视事。庆文深审谨，然无他大略，为百姓言。后三岁余，太初二年中，丞相庆卒，谥为恬侯。庆中子德，庆爱用之，上以德为嗣，代侯。后为太常，坐法当死，赎免为庶人。庆方为丞相，诸子孙为吏更至二千石者十三人。及庆死后，稍以罪去，孝谨益衰矣。

建陵侯卫绾者，代大陵人也。绾以戏车为郎，事文帝，功次迁为中郎将，醇谨无他。孝景为太子时，召上左右饮，而绾称病不行。文帝且崩时，属孝景曰："绾长者，善遇之。"及文帝崩，景帝立，岁余不谯呵绾，绾日以谨力。

景帝幸上林，诏中郎将参乘，还而问曰："君知所以得参乘乎？"绾曰："臣从车士幸得以功次迁为中郎将，不自知也。"上问曰："吾为太子时召君，君不肯来，何也？"对曰："死罪，实病！"上赐之剑。绾曰："先帝赐臣剑凡六，剑不敢奉诏。"上曰："剑，人之所施易，独至今乎？"绾曰："具在。"上使取六剑，剑尚盛，未尝服也。郎官有谴，常蒙其罪，不与他将争；有功，常让他将。上以为廉，忠实无他肠，乃拜绾为河间王太傅。吴楚反，诏绾为将，将河间兵击吴楚有功，拜为中尉。三岁，以军功，孝景前六年中封绾为建陵侯。其明年，上废太子，诛栗卿之属。上以为绾长者，不忍，乃赐绾告归，而使郅都治捕栗氏。既已，上立胶东王为太子，召绾，拜为太子太傅。久之，迁为御史大夫。五岁，代桃侯舍为丞相，朝奏事如职所奏。然自初官以至丞相，终无可言。天子以为敦厚，可相少主，尊宠之，赏赐甚多。为丞相三岁，景帝崩，武帝立。建元年中，丞相以景帝疾时诸官囚多坐不辜者，而君不任职，免之。其后绾卒，子信代。坐酎金失侯。

塞侯直不疑者，南阳人也。为郎，事文帝。其同舍有告归，误持同舍郎金去，已而金主觉，亡（按：中华书局本作"妄"。）意不疑，不疑谢有之，买金偿。而告归者来而归金，而前郎亡金者大惭，以此称为长者。文帝称举，稍迁至太中大夫。朝廷见，人或毁曰："不疑状貌甚美，然独无奈其善盗嫂何也！"不疑闻，曰："我乃无兄。"然终不自明也。吴楚反时，不疑以二千石将兵击之。景帝后元年，拜为御史大夫。天子修吴楚时功，乃封不疑为塞侯。武帝建元年中，与丞相绾俱以过免。

　　不疑学《老子》言。其所临，为官如故，<u>唯恐人知其为吏迹也。不好立名称，称为长者</u>。不疑卒，子相如代。孙望，坐酎金失侯。

　　郎中令周文者，名仁，其先故任城人也。以医见。景帝为太子时，拜为舍人，积功稍迁，孝文帝时至太中大夫。景帝初即位，拜仁为郎中令。仁为人<u>阴重不泄</u>，常衣敝补衣溺袴，<u>期为不絜清</u>，以是得幸。景帝入卧内，于后宫秘戏，仁常在旁。至景帝崩，仁尚为郎中令，<u>终无所言</u>。上时问人，仁曰："上自察之。"<u>然亦无所毁</u>。以此景帝再自幸其家。家徙阳陵。上所赐甚多，<u>然常让，不敢受也</u>。诸侯群臣赂遗，<u>终无所受</u>。武帝立，以为先帝臣，<u>重之</u>。仁乃病免，以二千石禄归老，子孙咸至大官矣。

　　御史大夫张叔者，名欧，安丘侯说之庶子也。孝文时以治刑名言事太子。<u>然欧虽治刑名家，其人长者</u>。景帝时尊重，常为九卿。至武帝元朔四年，韩安国免，诏拜欧为御史大夫。自欧为吏，<u>未尝言案人，专以诚长者处官</u>。官属以为长者，<u>亦不敢大欺</u>。上具狱事，有可却，却之；不可者，不得已，<u>为涕泣面对而封之</u>。<u>其爱人如此</u>。老病笃，请免。于是天子亦策罢，以上大夫禄归老于家。家于阳陵。子孙咸至大官矣。

　　太史公曰：仲尼有言"君子欲讷于言而敏于行"，其万石、建陵、张叔之谓邪？是以其教不肃而成，不严而治。塞侯微巧，而周文处谄，君子讥之，为其近于佞也。然斯可谓笃行君子矣！

　　　五人以恭谨合传，乃其中间章法却另出一奇，则皆以历任文、景、武三朝为纲，官职升迁，罢免子孙，继续盛衰为目。往往枝枝相对，叶叶相当也。整齐处十之六七，亦有故作参差处，更有变化幻不测处。虽系天然事料，实皆作者用意点别，配合成章。学者于今所联点句字详察之，而得其伸缩轻抚之所以然。自信余言之非妄，盖合传之奇至此而已极矣。

五人中，恭谨事实，万石为盛，故传中摹画尤详。而后四传中，事主历官继续盛衰大节目，石传中亦已无所不有，卫传、直传之以子孙代侯、失侯作结，周传、张传之以子孙咸至大官作结。有似石传为主，而后四传分班排对者然。然周传"其先故任城"句，与石传"其父赵人"句紧对；"家徙阳陵"句与"徙家戚里"句紧对；张传"安丘侯说庶子"句与周传"其先"句微对，因与石传"其父"句遥对；"家于阳陵"句留至传尾，点出与"家徙阳陵"句特对，因与"徙家戚里"句微对。而"老"字，对石传"病"字，对周传"免"字，对各传"请"字，暗对石传"策罢"字，暗对卫传、直传"归老"句。遥对《石传》，近对《周传》，点点滴滴，收拾完整，以作一篇起讫。又如环之无端，方中矩而圆中规，妙处真不可思议也。呜呼！自有此文人，但知其摹神写态之妙，足称万世之宝，而岂知其平衍琐叙之中更藏复道离宫、千门万户之胜哉！

田叔列传

　　田叔者，赵陉城人也。其先，齐田氏苗裔也。叔喜剑，学黄老术于乐臣（按：中华书局本为"巨"字）公所。叔为人<u>刻廉自喜</u>，喜游诸公。赵人举之赵相赵午，午言之赵王张敖所，赵王以为郎中。数岁，<u>切直廉平</u>，赵王贤之，未及迁。

　　会陈豨反代，汉七年，高祖往诛之，过赵，赵王张敖自持案进食，礼恭甚，高祖箕踞骂之。是时赵相赵午等数十人皆怒，谓张王曰："王事上礼备矣，今遇王如是，臣等请为乱。"赵王啮指出血，曰："先人失国，微陛下，臣等当虫出。公等奈何言若是！毋复出口矣！"于是贯高等曰："王长者，不倍德。"卒私相与谋弑上。会事发觉，汉下诏捕赵王及群臣反者。于是赵午等皆自杀，唯贯高就系。是时汉下诏书："赵有敢随王者罪三族。"唯孟舒、田叔等十余人赭衣自髡钳，称王家奴，随赵王敖至长安。贯高事明白，赵王敖得出，废为宣平侯，乃进言田叔等十余人。上尽召见，与语，<u>汉廷臣毋能出其右者，上说</u>，尽拜为郡守、诸侯相。叔为汉中守十余年，会高后崩，诸吕作乱，大臣诛之，立孝文帝。

　　孝文帝既立，召田叔问之曰："公知天下长者乎？"此节七"长者"字，美笔作态。对曰："臣何足以知之！"上曰："公，长者也，宜知之。"叔顿首曰："故云中守孟舒，长者也。"是时孟舒坐虏大入塞盗劫，云中尤甚，免。上曰："先帝置孟舒云中十余年矣，虏曾一入，孟舒不能坚守，毋故士卒战死者数百人。长者固杀人乎？公何以言孟舒为长者也？"叔叩头对曰："是乃<u>孟舒所以为长者也</u>。夫贯高等谋反，上下明诏，赵有敢随张王，罪三族。然孟舒自髡钳，随张王敖之所在，欲以身死之，<u>岂自知为云中守哉</u>！汉与楚相距，士卒罢敝。匈奴冒顿新服北夷，来为边害，孟舒知士卒罢敝，不忍出言，士争临城死敌，如子为父，弟为兄，以故死者数百人。<u>孟舒</u>

岂故驱战之哉！是乃孟舒所以为长者也。"于是上曰："贤哉孟舒！"复召孟舒以为云中守。

后数岁，叔坐法失官。梁孝王使人杀故吴相袁盎，景帝召田叔案梁，具得其事，还报。景帝曰："梁有之乎？"叔对曰："死罪！有之。"上曰："其事安在？"田叔曰："上毋以梁事为也。"上曰："何也？"曰："今梁王不伏诛，是汉法不行也；如其伏法，而太后食不甘味，卧不安席，此忧在陛下也。"景帝大贤之，以为鲁相。鲁相初到，民自言相，讼王取其财物百余人。田叔取其渠率二十人，各笞五十，余各搏二十，怒之曰："王非若主耶？何自敢言若主！"鲁王闻之大惭，发中府钱，使相偿之。相曰："王自夺之，使相偿之，是王为恶而相为善也。"相毋与偿之。于是王乃尽偿之。此节四"偿之"字，弄笔作态。

鲁王好猎，相常从入苑中，王辄休相就馆舍，相出，常暴坐待王苑外。王数使人请相休，终不休，曰："我王暴露苑中，我独何为就舍！"鲁王以故不大出游。

数年，叔以官卒，鲁以百金祠，少子仁不受也，曰："不以百金伤先人名。"终前文两"廉"字。仁以壮健为卫将军舍人，数从击匈奴。卫将军进言仁，仁为郎中。数岁，为二千石丞相长史，失官。其后使刺举三河。上东巡，仁奏事有辞，上说，拜为京辅都尉。月余，上迁拜为司直。数岁，坐太子事。时左相自将兵，令司直田仁主闭守城门，坐纵太子，下吏诛死。仁发兵，长陵令车千秋上变仁，仁族死。陉城今在中山国。

太史公曰：孔子称曰"居是国必闻其政"，田叔之谓乎！义不忘贤明主之美以救过。仁与余善，余故并论之。

写田叔，节节以爽豁峭劲胜，只为要写得"刻廉自喜"四字，神理活现也。或见其简洁而疑其未尝着意写，失之远矣。写田仁不受百金事，用笔亦然。

扁鹊仓公列传

扁鹊者，勃海郡郑人也，姓秦氏，名越人。少时为人舍长。舍客长桑君过，扁鹊独奇之，常谨遇之。长桑君亦知扁鹊非常人也。弥人之美必本其师，厚道也，亦史裁也。然扁鹊、仓公怪有识有礼，专心致志，所以能自得师而技术神。前后推序处，为一篇之纲要。凡求师者当如是矣，岂独技术哉？出入十余年，乃呼扁鹊私坐，间与语曰："我有禁方，年老，欲传与公，公毋泄。"扁鹊曰："敬诺。"乃出其怀中药予扁鹊："饮是以上池之水，三十日当知物矣。"乃悉取其禁方书尽与扁鹊。忽然不见，殆非人也。扁鹊以其言饮药三十日，视见垣一方人。以此视病，尽见五藏症结，特以诊脉为名耳。为医或在齐，或在赵。在赵者名扁鹊。

当晋昭公时，诸大夫强而公族弱，赵简子为大夫，专国事。简子疾，五日不知人，大夫皆惧，于是召扁鹊。扁鹊入视病，出，董安于问扁鹊，扁鹊曰："血脉治也，而何怪！昔秦穆公尝如此，七日而寤。寤之日，告公孙支与子舆曰：'我之帝所甚乐。吾所以久者，适有所学也。帝告我：'晋国且大乱，五世不安。其后将霸，未老而死。霸者之子且令而国男女无别。''公孙支书而藏之，秦策于是出。夫献公之乱，文公之霸，而襄公败秦师于殽而归纵淫，此子之所闻。今主君之病与之同，不出三日必间，间必有言也。"居二日半，简子寤，语诸大夫曰："我之帝所甚乐，与百神游于钧天，广乐九奏万舞，不类三代之乐，其声动心。有一熊欲援我，帝命我射之，中熊，熊死。有罴来，我又射之，中罴，罴死。帝甚喜，赐我二笥，皆有副。吾见儿在帝侧，帝属我一翟犬，曰：'及而子之壮也以赐之。'帝告我：'晋国且世衰，七世而亡。嬴姓将大败周人于范魁之西，而亦不能有也。'"董安于受言，书而藏之。以扁鹊言告简子，简子赐扁鹊田四万亩。

其后扁鹊过虢。虢太子死，扁鹊至虢宫门下，问中庶子喜方者曰："太子何病，国中治穰过于众事？"中庶子曰："太子病血气不时，交错而不得泄，暴发于外，则为中害。精神不能止邪气，邪气畜积而不得泄，是以阳缓而阴急，故暴蹶而死。"扁鹊曰："其死何如时？"曰："鸡鸣至今。"曰："收乎？"曰："未也，其死未能半日也。""言臣齐勃海秦越人也，家在于郑，未尝得望清光侍谒于前也。闻太子不幸而死，臣能生之。"中庶子曰："先生得无诞之乎？何以言太子可生也！臣闻上古之时，医有俞跗，治病不以汤液醴洒，镵石挢引，案扤毒熨，一拨见病之应，因五藏之输，乃割皮解肌，诀脉结筋，搦髓脑，揲荒爪幕，湔浣肠胃，漱涤五藏，练精易形。先生之方能若是，则太子可生也；不能若是而欲生之，曾不可以告咳婴之儿。"终日，扁鹊仰天叹曰："夫子之为方也，若以管窥天，以郄视文。越人之为方也，不待切脉望色听声写形，言病之所在。闻病之阳，论得其阴；闻病之阴，论得其阳。病应见于大表，不出千里，决者至众，不可曲止也。子以吾言为不诚，试入诊太子，当闻其耳鸣而鼻张，循其两股以至于阴，当尚温也。"中庶子闻扁鹊言，目眩然而不瞚，舌挢然而不下，乃以扁鹊言入报虢君。虢君闻之大惊，出见扁鹊于中阙，曰："窃闻高义之日久矣，然未尝得拜谒于前也。先生过小国，幸而举之，偏国寡臣幸甚。有先生则活，无先生则弃捐填沟壑，长终而不得反。"言未卒，因嘘唏服臆，魂精泄横，流涕长潸，忽忽承睫，悲不能自止，容貌变更。扁鹊曰："若太子病，所谓'尸蹶'者也。夫以阳入阴中，动胃缠缘，中经维络，别下于三焦、膀胱，是以阳脉下遂，阴脉上争，会气闭而不通，阴上而阳内行，下内鼓而不起，上外绝而不为使，上有绝阳之络，下有破阴之纽，破阴绝阳，色废脉乱，故形静如死状。太子未死也。夫以阳入阴支兰藏者生，以阴入阳支兰藏者死。凡此数事，皆五藏蹙中之时暴作也。良工取之，拙者疑殆。"扁鹊乃使弟子子阳厉针砥石，以取外三阳五会。有间，太子苏。乃使子豹为五分之熨，以八减之齐和煮之，以更熨两胁下。太子起坐。更适阴阳，但服汤二旬而复故。故天下尽以扁鹊为能生死人。扁鹊曰："<u>越人非能生死人也</u>，<u>此自当生者</u>，精言。<u>越人能使之起耳</u>。"扁鹊过齐，

　　齐桓侯客之。入朝见，曰："君有疾在腠理，不治将深。"桓侯曰："寡人无疾。"扁鹊出，桓侯谓左右曰："医之好利也，欲以不疾者为功。"后五日，扁鹊复见，曰："君有疾在血脉，不治恐深。"桓侯曰："寡人无疾。"扁鹊出，桓侯不悦。后五日，扁鹊复见，曰："君有疾在肠胃间，不治将深。"桓侯不应。扁鹊出，桓侯不悦。后五日，扁鹊复见，望见桓侯而退走。桓侯使人问其故。扁鹊曰："疾之居腠理也，汤熨之所及也；在血脉，针石之所及也；其在肠胃，酒醪之所及也；<u>其在骨髓</u>，<u>虽司命无奈之何</u>。今在骨髓，臣是以无请也。"后五日，桓侯体病，使人召扁鹊，扁鹊已逃去。桓侯遂死。<u>使圣人预知微</u>，精言。<u>能使良医得蚤从事</u>，<u>则疾可已</u>，<u>身可活也</u>。<u>人之所病</u>，<u>病疾多</u>；<u>而医之所病</u>，<u>病道少</u>。精言。故病有六不治：骄恣不论于理，一不治也；轻身重财，二不治也；衣食不能适，三不治也；阴阳并，藏气不定，四不治也；形羸不能服药，五不治也；信巫不信医，六不治也。有此一者，则重难治也。

　　<u>扁鹊名闻天下</u>。过邯郸，闻贵妇人，即为带下医；过雒阳，闻周人爱老人，即为耳目痹医；来入咸阳，闻秦人爱小儿，即为小儿医：<u>随俗为变</u>。秦太医令李醯<u>自知伎不如扁鹊也</u>，<u>使人刺杀之</u>。<u>至今天下言脉者</u>，<u>由扁鹊也</u>。渡笔。

　　太仓公者，齐太仓长，临菑人也，姓淳于氏，名意。少而喜医方术。高后八年，更受师同郡元里公乘阳庆。庆年七十余，看后文，庆有于设则此无子者，谓无可传之子耳。无子，使意尽去其故方，更悉以禁方予之，<u>传黄帝</u>、<u>扁鹊之脉书</u>，提纲。五色诊病，知人死生，决嫌

疑，定可治，及药论，甚精。受之三年，为人治病，决死生多验。然左右行游诸侯，不以家为家，或不为人治病，病家多怨之者。文帝四年中，人上书言意，以刑罪当传西之长安。扁鹊以术神被杀，淳于以技精遭刑，感叹遥深，烟波无限。意有五女，随而泣。意怒，骂曰："生子不生男，缓急无可使者！"于是少女缇萦伤父之言，乃随父西。上书曰："妾父为吏，齐中称其廉平，今坐法当刑。妾切痛死者不可复生而刑者不可复续，虽欲改过自新，其道莫由，终不可得。妾愿入身为官婢，以赎父刑罪，使得改行自新也。"书闻，上悲其意，此岁中亦除肉刑法。意家居，诏召问所为治病死生验者几何人也，主名为谁。诏问故太仓长臣意："方伎所长，及所能治病者？有其书无有？皆安受学？受学几何岁？尝有所验，何县里人也？何病？医药已，其病之状皆何如？具悉而对。"臣意对曰：

自意少时，喜医药，医药方试之多不验者。至高后八年，得见师临菑元里公乘阳庆。庆年七十余，意得见事之。谓意曰："尽去而方书，非是也。庆有古先道遗传黄帝、扁鹊之脉书，五色诊病，知人生死，决嫌疑，定可治，及药论书，甚精。我家给富，心爱公，欲尽以我禁方书悉教公。"臣意即曰："幸甚，非意之所敢望也。"臣意即避席再拜谒，受其脉书上下经、五色诊、奇咳术、揆度阴阳外变、药论、石神、接阴阳禁书，受读解验之，可一年所。明岁即验之，有验，然尚未精也。臣事之三年所，即尝已为人治，诊病决死生，有验，精良。今庆已死十年所，臣意年尽三年，年三十九岁也。

齐侍御史成自言病头痛，臣意诊其脉，诊病一。告曰："君之病恶，不可言也。"即出，独告成弟昌曰："此病疽也，内发于肠胃之间，后五日当臃肿，后八日呕脓死。"成之病得之饮酒且内。成即如期死。所以知成之病者，臣意切其脉，得肝气。肝气浊而静，此内关之病也。脉法曰"脉长而弦，不得代四时者，其病主在于肝。和即经主病也，代则络脉有过"。经主病和者，其病得之筋髓里。

其代绝而脉贲者，病得之酒且内。所以知其后五日而臃肿，八日呕脓死者，切其脉时，少阳初代。代者经病，病去过人，人则去。络脉主病，当其时，少阳初关一分，故中热而脓未发也，及五分，则至少阳之界，及八日，则呕脓死，故上二分而脓发，至界而臃肿，尽泄而死。热上则熏阳明，烂流络，流络动则脉结发，脉结发则烂解，故络交。热气已上行，至头而动，故头痛。

齐王中子诸婴儿小子病，召臣意诊切其脉，诊病二。告曰："气而病。病使人烦懑，食不下，时呕沫。病得之少忧，数忔食饮。"臣意即为之作下气汤以饮之，一日气下，二日能食，三日即病愈。所以知小子之病者，诊其脉，心气也，浊躁而经也，此络阳病也。脉法曰"脉来数病去难而不一者，病主在心"。周身热，脉盛者，为重阳。重阳者，逿心主。故烦懑食不下，则络脉有过，络脉有过则血上出，血上出者死。此悲心所生也，病得之忧也。

齐郎中令循病，众医皆以为蹶，入中，而刺之。臣意诊之，诊病三。曰："涌疝也，令人不得前后溲。"循曰："不得前后溲三日矣。"臣意饮以火齐汤，一饮得前后溲，再饮大溲，三饮而疾愈。病得之内。所以知循病者，切其脉时，右口气急，脉无五藏气，右口脉大而数。数者中下热而涌，左为下，右为上，皆无五藏应，故曰涌疝。中热，故溺赤也。

齐中御府长信病，臣意入诊其脉，诊病四。告曰："热病气也。然暑汗，脉少衰，不死。"曰："此病得之当浴流水而寒甚，已则热。"信曰："唯，然！往冬时，为王使于楚，至莒县阳周水，而莒水桥梁颇坏，信则揽车辕，未欲渡也，马惊即堕，信身入水中，几死，吏即来救信，出之水中，衣尽濡，有间而身寒，已热如火，至今不可以见寒。"臣意即为之液汤火齐逐热，一饮汗尽，再饮热去，三饮病已。即使服药，出入二十日，身无病者。所以知信之病者，切其脉时，并阴。脉法曰"热病阴阳交者死"。切之不交，并阴。并阴者，脉顺清而愈，其热虽未尽，犹活也。肾气有时间浊，在太阴脉口而希，是水气也。肾固主水，故以此知之。失治一时，即转为寒热。

齐王太后病，召臣意入诊脉，诊病五。曰："风瘅客脬，难于大小溲，溺赤。"臣意饮以火齐汤，一饮即前后溲，再饮病已，溺如故。<u>病得之流汗</u>出㴷。㴷者，去衣而汗晞也。<u>所以知齐王太后病者</u>，臣意诊其脉，切其太阴之口，湿然风气也。脉法曰"沉之而大坚，浮之而大紧者，病主在肾"。肾切之而相反也，脉大而躁。大者，膀胱气也；躁者，中有热而溺赤。

齐章武里曹山跗病，臣意诊其脉，诊病六。曰："肺消瘅也，加以寒热。"即告其人曰："死不治。适其共养，此不当医治。"法曰"后三日而当狂，妄起行，欲走；后五日死"。即如期死。山跗<u>病得之盛怒而以接内</u>。<u>所以知</u>山跗之病者，臣意切其脉，肺气热也。脉法曰"不平不鼓，形弊"。此五藏高之远数以经病也，故切之时不平而代。不平者，血不居其处；代者，时参击并至，乍躁乍大也。此两络脉绝，故死不治。<u>所以加寒热者</u>，言其人尸夺。尸夺者，形弊；形弊者，不当关灸镵石及饮毒药也。臣意未往诊时，齐太医先诊山跗病，灸其足少阳脉口，而饮之半夏丸，病者即泄注，腹中虚；又灸其少阴脉，是坏肝刚绝深，如是重损病者气，以故加寒热。<u>所以后三日而当狂者</u>，肝一络连属结绝乳下阳明，故络绝，开阳明脉，阳明脉伤，即当狂走。后五日死者，肝与心相去五分，故曰五日尽，尽即死矣。

齐中尉潘满如病少腹痛，臣意诊其脉，诊病七。曰："遗积瘕也。"臣意即谓齐太仆臣饶、内史臣繇曰："中尉不复自止于内，则三十日死。"后二十余日，溲血死。<u>病得之酒且内</u>。<u>所以知潘满如病者</u>，臣意切其脉深小弱，其卒然合合也，是脾气也。右脉口气至紧小，见瘕气也。以次相乘，故三十日死。三阴俱抟者，如法（按：中华书局本作"痘"）；不俱抟者，决在急期；一抟一代者，近也。故其三阴抟，溲血如前止。

阳虚侯相赵章病，召臣意。众医皆以为寒中，臣意诊其脉诊病八。曰："迥风。"迥风者，饮食下嗌而辄出不留。法曰"五日死"，而后十日乃死。病得之酒。所以知赵章之病者，臣意切其脉，脉来滑，是内风气也。饮食下嗌而辄出不留者，法五日死，皆为前分界法。后十日乃死，所以过期者，其人嗜粥，故中藏实，中藏实故过期。师言曰"安穀者过期，不安穀者不及期"。"不及期"兼为潘满如节注即决，稍变。

济北王病，召臣意诊其脉，曰："风蹶胸满。"即为药酒，尽二石，病已。得之汗出伏地。所以知济北王病者，臣意切其脉时，风气也，心脉浊。病法"过入其阳，阳气尽而阴气入"。阴气入张，则寒气上而热气下，故胸满。汗出伏地者，切其脉，气阴。阴气者，病必入中，出及瀺水也。

齐北宫司空命妇出于病，诊病九。众医皆以为风入中，病主在肺，刺其足少阳脉。臣意诊其脉，曰："病气疝，客于膀胱，难于前后溲而溺赤。病见寒气，则遗溺，使人腹肿。"出于病得之欲溺不得，因以接内。所以知出于病者，切其脉，大而实，其来难，是蹶阴之动也。脉来难者，疝气之客于膀胱也。腹之所以肿者，言蹶阴之络结小腹也。蹶阴有过则脉结动，动则腹肿。臣意即灸其足蹶阴之脉左右各一所，即不遗溺而溲清，小腹痛止。即更为火齐汤以饮之，三日而疝气散，即愈。

故济北王阿母自言足热而懑，臣意告此节不诊而知其病，十法稍变。曰："热蹶也。"则刺其足心各三所，案之无出血，病旋已。病得之饮酒大醉。

济北王召臣意诊脉诸女子侍者，至女子竖，竖无病。此节未病而诊之，决其必死。十一法稍变。臣意告永巷长曰："竖伤脾，不可劳，法当春呕血死。"臣意言王曰："才人女子竖何能？"王曰："是好为方，多伎能，为所是案法新，往年市之民所，四百七十万，曹偶四人。"王曰："得毋有病乎？"臣意对曰："竖病重，在死法中。"王召视之，其颜色不变，以为不然，不卖诸侯所。至春，竖奉剑从王之厕，王去，竖后，王令人召之，即仆于厕，呕血死。病得之流汗。流汗者同法，法病内重，毛发而色泽，脉不衰，此亦关内之病也。

齐中大夫病龋齿，诊病十二，以下数节法皆稍变。臣意灸其左大阳明脉，即为苦参汤，日嗽三升，出入五六日，病已。得之风，及卧开口，食而不嗽。

菑川王美人怀子而不乳，来召臣意。臣意往，诊病十三。饮以莨䓖药一撮，以酒饮之，旋乳。臣意复诊其脉，而脉躁。躁者，有余病，即饮以消石一齐，出血，血如豆，比五六枚。

齐丞相舍人奴从朝入宫，臣意见之食闰门外，望其色有病气。此节不待诊脉，望其色而预知其死，十四。臣意即告宦者平。平好为脉，学臣意所，臣意即示之舍人奴病，告之曰："此伤脾气也，当至春鬲塞不通，不能食饮，法至夏泄血死。"宦者平即往告相曰："君之舍人奴有病，病重，死期有日。"相君曰："卿何以知之？"曰："君朝时入宫，君之舍人奴尽食闰门外，平与仓公立，即示平曰，病如是者死。"相即召舍人而谓之曰："公奴有病不？"舍人曰："奴无病，身无痛者。"至春果病，至四月，泄血死。所以知奴病者，脾气周乘五藏，伤部而交，故伤脾之色也，望之杀然黄，察之如死青之兹。众医不知，以为大蟲，不知伤脾。所以至春死病者，胃气黄，黄者土气也，土不胜木，故至春死。所以至夏死者，脉法曰"病重而脉顺清者曰内关"，内关之病，人不知其所痛，心急然无苦。若加以一病，死中春；一愈顺及一时。其所以四月死者，诊其人时愈顺。愈顺者，人尚肥也。奴之病得之流汗数出，灸于火而以出见大风也。

菑川王病，召臣意诊脉，诊病十五。曰："蹶上为重，头痛身热，使人烦懑。"臣意即以寒水拊其头，刺足阳明脉左右各三所，病旋已。病得之沐发未干而卧。诊如前，所以蹶，头热至肩。

齐王黄姬兄黄长卿家有酒召客，召臣意。诸客坐，未上食。臣意望见王后弟宋建，告此节望而知其病，不待诊，十六法亦变。曰："君有病，往四五日，君要胁痛不可俯仰，又不得小溲。不亟治，病即入濡肾。及其未舍五藏，急治之。病方今客肾濡，此所谓'肾痹'也。"宋建曰："然，建故有要脊痛。往四五日天雨，黄氏诸倩，见建家京下方石，即弄之，建亦欲效之，效之不能起，即复置之。暮要脊痛，不得溺，至今不愈。"建病得之好持重。所以知建病者，臣意见其色，太阳色干，肾部上及界要以下者，枯四分所，故以往四五日知其发也。臣意即为柔汤使服之，十八日所而病愈。

济北王侍者韩女病，要背痛，寒热，众医皆以为寒热也。臣意诊脉，诊病十七。曰："内寒，月事不下也。"即窜以药，旋下，病已。病得之欲男子而不可得也。所以知韩女之病者，诊其脉时，切之，肾脉也，啬而不属。啬而不属者，其来难，坚，故曰月不下。肝脉弦出左口，故曰欲男子不可得也。

临菑氾里女子薄吾病甚，众医皆以为寒热笃，当死，不治。臣意诊其脉，诊病十八。曰："蛲瘕。"蛲瘕为病，腹大，上肤黄粗，循之戚戚然。臣意饮以芫华一撮，即出蛲可数升，病已，三十日如故。病蛲得之于寒湿，寒湿气宛笃不发，化为虫。臣意所以知寒薄吾病者，切其脉，循其尺，其尺索刺粗，而毛美奉发，是虫气也。其色泽者，中藏无邪气及重病。

齐淳于司马病，臣意切其脉，诊病十九。告曰："当病迵风。迵风之状，饮食下嗌辄后之。病得之饱食而疾走。"淳于司马曰："我之王家食马肝，食饱甚，见酒来，即走去，驱疾至舍，即泄数十出。"

臣意告曰："为火齐米汁饮之七八日而当愈。"时医秦信在旁，臣意去，信谓左右阁都尉曰："意以淳于司马病为何？"曰："以为迥风可治。"信即笑曰："是不知也。淳于司马病，法当后九日死。"即后九日不死，其家复召臣意。臣意往问之，尽如意诊。臣即为一火齐米汁，使服之，七八日病已。所以知之者，诊其脉时，切之，尽如法。其病顺，故不死。

齐中郎破石病，臣意诊其脉诊病二十。告曰："肺伤不治，当后十日丁亥溲血死。"即后十一日，溲血而死。破石之病，得之堕马僵石上。所以知破石之病者，切其脉得肺阴气，其来散数道至而不一也。色又乘之。所以知其堕马者，切之得番阴脉。番阴脉入虚里，乘肺脉。肺脉散者，固色变也乘之。所以不中期死者，师言曰："病者安穀即过期，不安穀则不及期"。其人嗜黍，黍主肺，故过期。所以溲血者，诊脉法曰"病养喜阴处者顺死，喜养阳处者逆死"。其人喜自静，不躁，又久安坐，伏几而寐，故血下泄。

齐王侍医遂病，自练五石服之。臣意往过之，诊病二十一，淳于本领能善，会扁鹊脉书，却于此节发明，盖传将然矣。遂谓意曰："不肖有病，幸诊遂也。"臣意即诊之，告曰："公病中热。论曰'中热不溲者，不可服五石'。石之为药精悍，公服之，不得数溲，亟勿服。色将发臃。"遂曰："扁鹊曰'阴石以治阴病，阳石以治阳病'。夫药石者有阴阳水火之齐，故中热，即为阴石柔齐治之；中寒，即为阳石刚齐治之。"臣意曰："公所论远矣。扁鹊虽言若是，然必审诊，起度量，精言。立规矩，称权衡，合色脉表里有余不足顺逆之法，参其人动静与息相应，精言。乃可以论。论曰'阳疾处内，阴形应外者，不加悍药及镵石'。夫悍药入中，则邪气辟矣，精言。而宛气愈深。诊法曰'二阴应外，一阳接内者，不可以刚药'。刚药入则动阳，阴病益衰，阳病益著，邪气流行，为重困于俞，忿发为疽。"意告之后百余日，果为疽发乳上，入缺盆死。此谓论之大体也，必有经纪。拙工有一不习，文理阴阳失矣。

齐王故为阳虚侯时，病甚，众医皆以为蹶。臣意诊脉，诊病二十二。以为痹，根在右胁下，大如覆杯，令人喘，逆气，不能食。臣意即以火齐粥且饮，六日，气下；即令更服丸药，出入六日，病已。病得之内。诊之时，不能识其经解，大识其病所在。

臣意常（按：中华书局本作"尝"。）诊安阳武都里成开方，诊病二十三。开方自言以为不病，臣意谓之病苦沓风，三岁四支不能自用，使人瘖，瘖即死。今闻其四支不能用，瘖而未死也。病得之数饮酒以见大风气。所以知成开方病者诊之，其脉法奇咳言曰"藏气相反者死"。切之，得肾反肺，法曰"三岁死"也。

安陵阪里公乘项处病，臣意诊脉，诊病二十四。曰："牡疝。"牡疝在鬲下，上连肺。病得之内。臣意谓之："慎毋为劳力事，为劳力事，则必呕血死。"处后蹴踘，要蹶寒，汗出多，即呕血。臣意复诊之曰："当旦日日夕死。"即死。病得之内。所以知项处病者，切其脉得番阳。番阳入虚里处旦日死。一番一络者，牡疝也。

臣意曰：他所诊期决死生及所治已病众多，久颇忘之，不能尽识，不敢以对。问臣意："所诊治病，病名多同而诊异，或死或不死，何也？"对曰："病名多相类，不可知，故古圣人为之脉法，以起度量，立规矩，县权衡，案绳墨，调阴阳，别人之脉各名之，精言。与天地相应，参合于人，故乃别百病以异之，有数者皆异之，无数者同之。然脉法不可胜验，诊疾人以度异之，乃可别同名，命病主在所居。今臣意所诊者，皆有诊籍。所以别之者，臣意所受师方适成，师死，以故表籍所诊期决死生，观所失所得者，合脉法，以故至今知之。"

问臣意曰："所期病决死生，或不应期，何故？"对曰："此皆饮食喜怒不节，或不当饮药，或不当针灸，以故不中期死也。"

问臣意："意方能知病死生，论药用所宜，诸侯王大臣有尝问意者不？及文王病时，不求意诊治，何故？"对曰："赵王、胶西王、济南王、吴王，皆使人来召臣意，臣意不敢往。文王病时，臣意家贫，欲为人治病，诚恐吏以除拘臣意也，故移名数，左右，不修家生，出行游国中，问善为方数者事之久矣，见事数师，悉受其要事，尽其方书意，及解论之。身居阳虚侯国，因事侯。侯入朝，臣意从之长安，以故得诊安陵项处等病也。"

问臣意："知文王所以得病不起之状？"臣意对曰："不见文王病，然窃闻文王病喘，头痛，目不明。臣意心论之，以为非病也。以为肥而蓄精，身体不得摇，骨肉不根任，故喘，不当医治。脉法曰'年二十脉气当趋，年三十当疾步，年四十当安坐，年五十当安卧，年六十已上，气当大董'。文王年未满二十，方脉气之趋也而徐之，不应天道四时。后闻医灸之即笃，此论病之过也。臣意论之，以为神气争而邪气入，非年少所能复之也，以故死。所谓气者，当调饮食，择晏日，车步广志，以适筋骨肉血脉，以泻气。故年二十，是谓'易质'。法不当砭灸，砭灸至气逐。"

问臣意："师庆安受之？闻于齐诸侯不？"对曰："不知庆所师受。庆家富，善为医，不肯为人治病，当以此故不闻。庆又告臣意曰：'慎毋令我子孙知若学我方也。'"

问臣意："师庆何见于意而爱意，欲悉教意方？"对曰："臣意不闻师庆为方善也。意所以知庆者，意少时好诸方事，臣意试其方，皆多验，精良。臣意闻菑川唐里公孙光善为古传方，臣意即往谒之。得见事之，受方化阴阳及传语法，臣意悉受书之。臣意欲尽受他精方，公孙光曰：'吾方尽矣，不为爱公所。吾身已衰，无所复事之。是吾年少所受妙方也，悉与公，毋以教人。'臣意曰：'得见事侍公前，悉得禁方，幸甚。意死不敢妄传人。'居有间，公孙光间处，臣意深论方，见言百世为之精也。师光喜曰：'公必为国工。吾有所善者皆疏，同产处临菑，此奇字，亦轻映扁鹊传首。善为方，吾不若，其方甚奇，非世之所闻也。吾年中时，尝欲受其方，杨中倩不肯，曰"若非其人也"。胥与公往见之，当知公喜方也。其人亦老矣，其家给富。'时者未往，会庆子男殷来献马，因师光奏马王所，意<u>以故</u>得与殷善。光又属意于殷曰：'意好数，公必谨遇之，其人圣儒。'叙淳于受书师庆，一篇中三致意。而"谨"字却留在此处，与扁鹊谨遇长桑君回映。被杀遭刑，以传首映传尾；此以传尾映传首。变化不测，乃为完密矣。即为书以意属阳庆，以故知庆。臣意事庆谨，以故爱意也。"

问臣意曰："吏民尝有事学意方，及毕尽得意方不？何县里人？"对曰："临菑人宋邑。来学，<u>臣意教以五诊</u>，岁余。济北王遣太医高期、王禹学，<u>臣意教以经脉高下</u>，及奇络结，当论俞所居，及气当上下出入邪逆顺，以宜镵石，定砭灸处，岁余。菑川王时遣太仓马长冯信正方，<u>臣意教以案法逆顺</u>，论药法，定五味及和齐汤法。高永侯家丞杜信喜脉，来学，<u>臣意教以上下经脉五诊</u>，二岁余。临菑召里唐安来学，<u>臣意教以</u>五诊上下经脉，奇咳，四时应阴阳重，未成，除为齐王侍医。"

<u>问臣意</u>："诊病决死生，能全无失乎？"臣意对曰："意治病人，必先切其脉，乃治之。败逆者不可治，其顺者乃治之。心不精脉，所期死生视可治，时时失之，<u>臣意不能全也</u>。"

太史公曰：女无美恶，居宫见妒；士无贤不肖，入朝见疑。故扁鹊以其伎见殃，仓公乃匿迹自隐而当刑。缇萦通尺牍，父得以后宁。故老子曰"美好者不祥之器"，岂谓扁鹊等邪？若仓公者，可谓近之矣。

章法茂美，所不必言，而药论、丹经、方言、俗语，入手皆成雅驯，观者第觉古奥，则神骨有仙凡之别，是以铅汞砂石尽化黄金也。然其句法、字法，剪裁锻炼变换错综处，便是金针暗度，读者勿徒作绝技观。

人之疾病亦多症矣。《仓公传》医案二十四条，而其成于酒色者，凡十焉；死于酒色不治者，十之五焉。庄生有言：畏途者，十人而杀一人，则父子兄弟相戒也。人之所取畏者，衽席之上，饮食之间；而不知为之戒者，过也！史公叙传至此，其亦欲人知所戒也夫。

吴王濞列传

吴王濞者，高帝兄刘仲之子也。高帝已定天下七年，立刘仲为代王。而匈奴攻代，刘仲不能坚守，弃国亡，间行走雒阳，自归天子。天子为骨肉故，不忍致法，废以为郃阳侯。

高帝十一年秋，淮南王英布反，东并荆地，劫其国兵，西度淮，击楚，高帝自将往诛之。刘仲子沛侯濞，年二十，有气力，以骑将从破布军蕲西，会甀，布走。荆王刘贾为布所杀，无后。上患吴、会稽轻悍，无壮王以填之，诸子少，乃立濞于沛为吴王，王三郡五十三城。已拜受印，高帝召濞相之，谓曰："<u>若状有反相</u>。"心独悔，业已拜，<u>因拊其背</u>，告曰："汉后五十年东南有乱者，岂若邪？然天下同姓为一家也，<u>慎无反</u>！"濞顿首曰：第一截，束笔一。"<u>不敢</u>。"

会孝惠、高后时，天下初定，郡国诸侯各务自抚循其民。吴有豫章郡铜山，濞则招致天下亡命者益铸钱，煮海水为盐，<u>以故无赋，国用富饶</u>。第二截，束笔二。

孝文时，吴太子入见，得侍皇太子饮博。吴太子师傅皆楚人，轻悍，又素骄，博，争道，不恭，皇太子引博局提吴太子杀之。于是遣其丧归葬。至吴，吴王愠曰："天下同宗，死长安即葬长安，何必来葬为！"复遣丧之长安葬。<u>吴王由此稍失籓臣之礼</u>，第三截，束笔三。称病不朝。京师知其以子故称病不朝，验问，实不病，诸吴使来，辄系责治之。<u>吴王恐，为谋滋甚</u>。第四截，束笔四。

及后使人为秋请，上复责问吴使者，使者对曰："王实不病，汉系治使者数辈，以故遂称病。且夫'察见渊中鱼，不祥'。今王始诈病，及觉，见<u>责急</u>，愈益闭，恐上诛之，计乃无聊。唯上弃之而与更始。"于是天子乃赦吴使者归之，而赐吴王几杖，老，不朝。第五截，束笔五。<u>吴得释其罪</u>，<u>谋亦益解</u>。

然其居国以铜盐故，百姓无赋。卒践更，辄与平贾。岁时存问茂材，赏赐闾里。佗郡国吏欲来捕亡人者，讼共禁弗予。<u>如此者四十余年</u>，<u>以故能使其众</u>。第六截，束笔六。

晁错为太子家令，得幸太子，数从容言吴过可削。数上书说孝文帝，文帝宽，不忍罚，<u>以此吴日益横</u>。第七截，束笔七。

及孝景帝即位，错为御史大夫，自此至"削其六县"为第八截，乃一篇之枢纽。此前七截皆用劲笔作束，此后十余截皆用劲笔作提。而此一截前后皆平叙，独将吃紧语句藏在中间作骨者，以其为一篇枢纽，前束后提之互换交界也。呜呼，微矣！说上曰："昔高帝初定天下，<u>昆弟少</u>，<u>诸子弱</u>，大封同姓，<u>故王孽子悼惠王王齐七十余城</u>，庶弟元王王楚四十余城，兄子濞王吴五十余城：封三庶孽，分天下半。今吴王前有太子之郤，诈称病不朝，于古法当诛，文帝弗忍，因赐几杖。德至厚，当改过自新。乃益骄溢，即山铸钱，煮海水为盐，诱天下亡人，谋作乱。<u>今削之亦反</u>，<u>不削之亦反</u>。<u>削之</u>，<u>其反亟</u>，<u>祸小</u>；<u>不削</u>，<u>反迟</u>，<u>祸大</u>。"

三年冬，楚王朝，晁错因言楚王戊往年为薄太后服，私奸服舍，请诛之。诏赦，罚削东海郡。因削吴之豫章郡、会稽郡。及前二年，赵王有罪，削其河间郡。胶西王卬以卖爵有奸，削其六县。

<u>汉廷臣方议削吴</u>。第九截，提笔一。<u>吴王濞恐削地无已</u>，因以此发谋，欲举事。念诸侯无足与计谋者，闻胶西王勇，好气，喜兵，诸齐皆惮畏，于是乃使中大夫应高誂胶西王。无文书，口报曰："吴王不肖，有宿夕之忧，不敢自外，使喻其欢心。"王曰："何以教之？"高曰："今者主上兴于奸，饰于邪臣，好小善，听谗贼，擅变更律令，侵夺诸侯之地，征求滋多，诛罚良善，日以益甚。里语有之，'舐糠及米'。吴与胶西，知名诸侯也，一时见察，恐不得安肆矣。吴王身有内病，不能朝请二十余年，尝患见疑，无以自白，今胁肩累足，犹惧不见释。窃闻大王以爵事有适，所闻诸侯削地，罪不至此，此恐不得削地而已。"王曰："然，有之。子将奈何？"高曰："同恶相助，同好相留，同情相成，同欲相趋，同利相死。

今吴王自以为与大王同忧，愿因时循理，弃躯以除患害于天下，亿亦可乎？"王瞿然骇曰："寡人何敢如是？今主上虽急，固有死耳，安得不戴？"高曰："御史大夫晁错，荧惑天子，侵夺诸侯，蔽忠塞贤，朝廷疾怨，诸侯皆有倍畔之意，人事极矣。彗星出，蝗虫数起，此万世一时，而愁劳圣人之所以起也。故吴王欲内以晁错为讨，外随大王后车，彷徉天下，所乡者降，所指者下，天下莫敢不服。大王诚幸而许之一言，则吴王率楚王<u>略函谷关</u>，<u>守荥阳敖仓之粟</u>，<u>距汉兵</u>，<u>治次舍</u>，<u>须大王</u>。大王有幸而临之，则天下可并，两主分割，不亦可乎？"王曰："善。"高归报吴王，吴王犹恐其不与，乃身自为使，使于胶西，面结之。胶西群臣或闻王谋，谏曰："承一帝，至乐也。今大王与吴西乡，弟令事成，两主分争，患乃始结。诸侯之地不足为汉郡什二，而为畔逆以忧太后，非长策也。"王弗听。遂发使约齐、菑川、胶东、济南、济北，皆许诺，而曰"城阳景王有义，攻诸吕，勿与，事定分之耳"。

<u>诸侯既新削罚</u>，<u>振恐</u>，<u>多怨晁错</u>。第十截，提笔二。及削吴会稽、豫章郡书至，则吴王先起兵，胶西正月丙午诛汉吏二千石以下，胶东、菑川、济南、楚、赵亦然，遂发兵西。齐王后悔，饮药自杀，畔约。济北王城坏未完，其郎中令劫守其王，不得发兵。胶西为渠率，胶东、菑川、济南共攻围临菑。赵王遂亦反，阴使匈奴与连兵。

<u>七国之发也</u>，第十一截，提笔三。<u>吴王悉其士卒</u>，<u>下令国中曰</u>："寡人年六十二，身自将。少子年十四，亦为士卒先。诸年上与寡人比，下与少子等者，皆发。"发二十余万人。南使闽越、东越，东越亦发兵从。孝景帝三年正月甲子，初起兵于广陵。西涉淮，因并楚兵。<u>发使遗诸侯书曰</u>："吴王刘濞敬问胶西王、胶东王、菑川王、济南王、赵王、楚王、淮南王、衡山王、庐江王、故长沙王子：幸教寡人！以汉有贼臣，无功天下，侵夺诸侯地，使吏劾系讯治，以僇辱之为故，不以诸侯人君礼遇刘氏骨肉，绝先帝功臣，进任奸宄，诖

乱天下，欲危社稷。陛下多病志失，不能省察。欲举兵诛之，谨闻教。敝国虽狭，地方三千里；人虽少，精兵可具五十万。寡人素事南越三十余年，其王君皆不辞分其卒以随寡人，又可得三十余万。寡人虽不肖，愿以身从诸王。越直长沙者，因王子定长沙以北，西走蜀、汉中。告越、楚王、淮南三王，与寡人西面；齐诸王与赵王定河间、河内，或入临晋关，或与寡人会雒阳；燕王、赵王固与胡王有约，燕王北定代、云中，抟胡众入萧关，走长安，匡正天子，以安高庙。愿王勉之。楚元王子、淮南三王或不沐洗十余年，怨入骨髓，欲一有所出之久矣，寡人未得诸王之意，未敢听。今诸王苟能存亡继绝，振弱伐暴，以安刘氏，社稷之所愿也。敝国虽贫，寡人节衣食之用，积金钱，修兵革，聚谷食，夜以继日，三十余年矣。

许孚远曰：吴王自言储积之多以倾动天下，所反谋案具已见于斯矣。凡为此，愿诸王勉用之。能斩捕大将者，赐金五千金，封万户；列将，三千斤，封五千户；裨将，二千斤，封二千户；二千石，千金，封千户；千石，五百斤，封五百户：皆为列侯。其以军若城邑降者，卒万人，邑万户，如得大将；人户五千，如得列将；人户三千，如得裨将；人户千，如得二千石；其小吏皆以差次受爵金。佗封赐皆倍军法。其有故爵邑者，更益勿因。愿诸王明以令士大夫，弗敢欺也。寡人金钱在天下者往往而有，非必取于吴，诸王日夜用之弗能尽。有当赐者告寡人，寡人且往遗之。敬以闻。"

<u>七国反书闻天子</u>，第十二截，提笔四。天子乃遣太尉条侯周亚夫将三十六将军，往击吴楚；遣曲周侯郦寄击赵；将军栾布击齐；大将军窦婴屯荥阳，监齐赵兵。

<u>吴楚反书闻</u>，第十三截，提笔五。兵未发，窦婴未行，言故吴相袁盎。盎时家居，诏召入见。上方与晁错调兵笇军食，上问袁盎曰："君尝为吴相，知吴臣田禄伯为人乎？今吴楚反，于公何如？"曰："不足忧也，今破矣。"上曰："吴王即山铸钱，煮海水为盐，诱

天下豪杰，白头举事。若此，其计不百全，岂发乎？何以言其无能为也？"袁盎对曰："吴有铜盐利则有之，安得豪杰而诱之！诚令吴得豪杰，亦且辅王为义，不反矣。吴所诱皆无赖子弟亡命铸钱奸人，故相率以反。"晁错曰："袁盎策之善。"上问曰："计安出？"盎对曰："愿屏左右。"上屏人，独错在。盎曰："臣所言，人臣不得知也。"乃屏错。错趋避东厢，恨甚。上卒问盎，盎对曰："吴楚相遗书，曰'高帝王子弟各有分地，今贼臣晁错擅适过诸侯，削夺之地'。故以反为名，西共诛晁错，复故地而罢。方今计独斩晁错，发使赦吴楚七国，复其故削地，则兵可无血刃而俱罢。"于是上嘿然良久，曰："顾诚何如，吾不爱一人以谢天下。"盎曰："臣愚计无出此，愿上孰计之。"乃拜盎为太常，吴王弟子德侯为宗正。盎装治行。后十余日，上使中尉召错，绐载行东市。错衣朝衣斩东市。则遣袁盎奉宗庙，宗正辅亲戚，使告吴如盎策。至吴，吴楚兵已攻梁壁矣。宗正以亲故，先入见，谕吴王使拜受诏。吴王闻袁盎来，亦知其欲说己，笑而应曰："我已为东帝，尚何谁拜？"不肯见盎而留之军中，欲劫使将。盎不肯，使人围守，且杀之，盎得夜出，步亡去，走梁军，遂归报。

<u>条侯将乘六乘传</u>，第十四截，提笔六。<u>会兵荥阳</u>。至雒阳，见剧孟，喜曰："七国反，吾乘传至此，不自意全。又以为诸侯已得剧孟，剧孟今无动。吾据荥阳以东，无足忧者。"

至淮阳，问父绛侯故客邓都尉曰："策安出？"客曰："吴兵锐甚，难与争锋。楚兵轻，不能久。方今为将军计，<u>莫若引兵东北壁昌邑，以梁委吴，吴必尽锐攻之</u>。<u>将军深沟高垒，使轻兵绝淮泗口，塞吴饷道</u>。彼吴梁相敝而粮食竭，乃以全强制其罢极，破吴必矣。"条侯曰："善。"从其策，遂坚壁昌邑南，轻兵绝吴粮道。

吴王之初发也，第十五截，提笔七。吴臣田禄伯为大将军。田禄伯曰："兵屯聚而西，无佗奇道，难以就功。臣愿得五万人，<u>别循江</u>

淮而上，收淮南、长沙，入武关，与大王会，此亦一奇也。"吴王太子谏曰："王以反为名，此兵难以藉人，藉人亦且反王，奈何？且擅兵而别，多佗利害，未可知也，徒自损耳。"第一截中藏三束。吴王即不许田禄伯。一束。吴少将桓将军说王曰："吴多步兵，步兵利险；汉多车骑，车骑利平地。愿大王所过城邑不下，直弃去，疾西据雒阳武库，食敖仓粟，阻山河之险以令诸侯，虽毋入关，天下固已定矣。即大王徐行，留下城邑，汉军车骑至，驰入梁楚之郊，事败矣。"吴王问诸老将，老将曰："此少年推锋之计可耳，安知大虑乎！"于是王不用桓将军计。二束。

吴王专并将其兵，未度淮，诸宾客皆得为将、校尉、候、司马，独周丘不得用。周丘者，下邳人，亡命吴，酤酒无行，吴王濞薄之，弗任。周丘上谒，说王曰："臣以无能，不得待罪行间。臣非敢求有所将，愿得王一汉节，必有以报王。"王乃予之。周丘得节，夜驰入下邳。下邳时闻吴反，皆城守。至传舍，召令。令入户，使从者以罪斩令。遂召昆弟所善豪吏告曰："吴反，兵且至，至，屠下邳不过食顷。今先下，家室必完，能者封侯矣。"出乃相告，下邳皆下。周丘一夜得三万人，使人报吴王，遂将其兵北略城邑。比至城阳，兵十余万，破城阳中尉军。闻吴王败走，自度无与共成功，即引兵归下邳。未至，疽发背死。三束。

二月中，吴王兵既破，败走，第十六截，提笔八。于是天子制诏将军曰："盖闻为善者，天报之以福；为非者，天报之以殃。高皇帝亲表功德，建立诸侯，幽王、悼惠王绝无后，孝文皇帝哀怜加惠，王幽王子遂、悼惠王子卬等，令奉其先王宗庙，为汉藩国，德配天地，明并日月。吴王濞倍德反义，诱受天下亡命罪人，乱天下币，称病不朝二十余年，有司数请濞罪，孝文皇帝宽之，欲其改行为善。今乃与楚王戊、赵王遂、胶西王卬、济南王辟光、菑川王贤、胶东王雄渠约从反，为逆无道，起兵以危宗庙，贼杀大臣及汉使者，迫劫万民，夭杀无罪，烧残民家，掘其丘冢，甚为暴虐。今卬等又重逆无道，烧宗庙，卤御物，朕甚痛之。朕素服避正殿，将军其劝士大夫击反虏。击反虏者，深入多杀为功，斩首捕虏比三百石以上者皆杀之，无有所置。敢有议诏及不如诏者，皆要斩。"

初，<u>吴王之度淮</u>，第十七截，提笔九。与楚王遂西败棘壁，乘胜前，锐甚。梁孝王恐，遣六将军击吴，又败梁两将，士卒皆还走梁。梁数使使报条侯求救，条侯不许。又使使恶条侯于上，上使人告条侯救梁，复守便宜不行。梁使韩安国及楚死事相弟张羽为将军，乃得颇败吴兵。吴兵欲西，梁城守坚，不敢西，即走条侯军，会下邑。欲战，条侯壁，不肯战。吴粮绝，卒饥，数挑战，遂夜奔条侯壁，惊东南。<u>条侯使备西北</u>，果从西北入。吴大败，士卒多饥死，乃畔散。于是吴王乃与其麾下壮士数千人夜亡去，度江走丹徒，保东越。东越兵可万余人，乃使人收聚亡卒。汉使人以利啗东越，东越即绐吴王，吴王出劳军，即使人鈠杀吴王，盛其头，驰传以闻。吴王子子华、子驹亡走闽越。

<u>吴王之弃其军亡也</u>，第十八截，提笔十。军遂溃，往往稍降太尉、梁军。楚王戊军败，自杀。<u>三王之围齐临菑也</u>，三月不能下。第十九截，提笔十一。汉兵至，胶西、胶东、菑川王各引兵归。<u>胶西王乃袒</u>跣，席藁，饮水，谢太后。王太子德曰："汉兵远，臣观之，已罢，可袭，原收大王余兵击之，击之不胜，乃逃入海，未晚也。"王曰："吾士卒皆已坏，不可发用。"弗听。汉将弓高侯颓当遗王书曰："奉诏诛不义，降者赦其罪，复故；不降者灭之。王何处，须以从事。"王肉袒叩头汉军壁，谒曰："臣卬奉法不谨，惊骇百姓，乃苦将军远道至于穷国，敢请菹醢之罪。"弓高侯执金鼓见之，曰："王苦军事，愿闻王发兵状。"王顿首膝行对曰："今者，晁错天子用事臣，变更高皇帝法令，侵夺诸侯地。卬等以为不义，恐其败乱天下，七国发兵，且以诛错。今闻错已诛，卬等谨以罢兵归。"

将军曰："<u>王苟以错不善，何不以闻</u>？<u>未有诏虎符，擅发兵击义国</u>。<u>以此观之</u>，<u>意非欲诛错也</u>。"乃出诏书为王读之。读之讫，曰："王其自图。"王曰："如印等死有余罪。"遂自杀。太后、太子皆死。

胶东、菑川、济南王皆死，国除，纳于汉。郦将军围赵三月而下之，<u>赵王</u>自杀。济北王以劫故，得不诛，徙王菑川。<u>初</u>，<u>吴王首反</u>，<u>并将楚兵</u>，<u>连齐赵</u>。<u>正月起兵</u>，<u>三月皆破</u>，<u>独赵后下</u>。第二十截，且总诸国且束赵。复置元王少子平陆侯礼为楚王，续元王后。徙汝南王非王吴故地，为江都王。

太史公曰：吴王之王，由父省也。能薄赋敛，使其众，以擅山海利。逆乱之萌，自其子兴。争技发难，卒亡其本；亲越谋宗，竟以夷陨。晁错为国远虑，祸反近身。袁盎权说，初宠后辱。故古者诸侯地不过百里，山海不以封。"毋亲夷狄，以疏其属"，<u>盖谓吴邪</u>？"<u>毋为权首</u>，<u>反受其咎</u>"，岂盎、错邪？

此文章法只是画段分写。一篇皆用劲健之笔，而束句、提句尤卓然。相望叠嶂层峦，峰回路转，可想其断续即离伸缩变化之妙。常山率然与汉帝连营霄壤矣。

魏其武安侯列传

魏其侯窦婴者，孝文后从兄子也。父世观津人。<u>喜宾客</u>。孝文时，婴为吴相，病免。孝景初即位，为詹事。梁孝王者，孝景弟也，其母窦太后爱之。梁孝王朝，因昆弟燕饮。是时上未立太子，酒酣，从容言曰："千秋之后传梁王。"太后欢。<u>窦婴引卮酒进上，曰</u>：开于叙谏立梁王事，传末补蚡受淮南金事，见两人之贤不肖判若天渊，不可同年而语也。"<u>天下者，高祖天下，父子相传，此汉之约也，上何以得擅传梁王</u>！"<u>太后由此憎窦婴</u>。窦婴亦薄其官，因病免。太后除窦婴门籍，不得入朝请。

孝景三年，吴楚反，上察宗室<u>诸窦毋如窦婴贤</u>，乃召婴。婴入见，固辞谢病不足任。<u>太后亦惭</u>。<u>于是上曰</u>："<u>天下方有急</u>，极写窦婴。<u>王孙宁可以让邪</u>？"乃拜婴为大将军，赐金千斤。<u>窦婴乃言袁盎、栾布诸名将贤士在家者进之</u>。<u>所赐金</u>，<u>陈之廊庑下</u>，极写魏其。<u>军吏过</u>，<u>辄令财取为用</u>，<u>金无入家者</u>。再下此句，极写魏其。窦婴守荥阳，监齐赵兵。七国兵已尽破，封婴为魏其侯。<u>诸游士宾客争归魏其侯</u>。

孝景时每朝议大事，<u>条侯</u>、<u>魏其侯</u>，<u>诸列侯莫敢与亢礼</u>。极写魏其。

孝景四年，立栗太子，使魏其侯为太子傅。孝景七年，栗太子废，<u>魏其数争不能得</u>。魏其谢病，屏居蓝田南山之下数月，诸宾客辩士说之，莫能来。梁人高遂乃说魏其曰："能富贵将军者，上也；能亲将军者，太后也。今将军傅太子，太子废而不能争；争不能得，又弗能死。乃自引谢病，拥赵女，屏间处而不朝。相提而论，是自明扬主上之过。有如两宫螫将军，则妻子毋类矣。"魏其侯然之，乃遂起，朝请如故。<u>桃侯免相</u>，<u>窦太后数言魏其侯</u>。孝景帝曰："太后岂以为臣有爱，不相魏其？<u>魏其者</u>，<u>沾沾自喜耳</u>，<u>多易</u>。<u>难以为相</u>，<u>持重</u>。"<u>遂不用</u>，用建陵侯卫绾为丞相。以上专写魏其。

武安侯田蚡者，孝景后同母弟也，生长陵。魏其已为大将军后，方盛，蚡为诸郎，未贵，往来侍酒魏其，跪起如子侄。（按：中华书局本、笺证本皆为"子姓"）及孝景晚节，蚡益贵幸，为太中大夫。蚡辩有口，学《槃盂》诸书，王太后贤之。此"贤"字与婴传"贤"字，公私真伪亦判若天渊。孝景崩，即日太子立，称制，所镇抚多有田蚡宾客计策。蚡弟田胜，皆以太后弟，孝景后三年封蚡为武安侯，胜为周阳侯。武安侯新欲用事为相，卑下宾客，进名士家居者贵之，欲以倾魏其诸将相。以上专写武安，虽屡绾魏其，自是武安传也。然煞句则已领起全局矣。

建元元年，丞相绾病免，上议置丞相、太尉。籍福说武安侯曰："魏其贵久矣，天下士素归之。今将军初兴，未如魏其，即上以将军为丞相，必让魏其。魏其为丞相，将军必为太尉。太尉、丞相尊等耳，又有让贤名。"武安侯乃微言太后风上，于是乃以魏其侯为丞相，武安侯为太尉。籍福贺魏其侯，因吊曰："君侯资性喜善疾恶，方今善人誉君侯，故至丞相；然君侯且疾恶，恶人众，亦且毁君侯。君侯能兼容，则幸久；不能，今以毁去矣。"魏其不听。

魏其、武安俱好儒术，推毂赵绾为御史大夫，王臧为郎中令。迎鲁申公，欲设明堂，令列侯就国，除关，以礼为服制，以兴太平。举适诸窦宗室毋节行者，除其属籍。时诸外家为列侯，列侯多尚公主，皆不欲就国，以故毁日至窦太后。太后好黄老之言，而魏其、武安、赵绾、王臧等务隆推儒术，贬道家言，是以窦太后滋不说魏其等。及建元二年，御史大夫赵绾请无奏事东宫。窦太后大怒，乃罢逐赵绾、王臧等，而免丞相、太尉，以柏至侯许昌为丞相，武强侯庄青翟为御史大夫。魏其、武安由此以侯家居。以上合写魏其、武安。一。

武安侯虽不任职，以王太后故，亲幸，数言事多效，天下吏士趋势利者，皆去魏其归武安。武安日益横。建元六年，窦太后崩，丞相昌、御史大夫青翟坐丧事不办，免。以武安侯蚡为丞相，以大司农韩安国为御史大夫。天下士郡国诸侯愈益附武安。

<u>武安者</u>，<u>貌侵</u>，<u>生贵甚</u>。又以为诸侯王多长，上初即位，富于春秋，蚡以肺腑为京师相，非痛折节以礼诎之，天下不肃。以下写武安骄恣。当是时，<u>丞相入奏事</u>，<u>坐语移日，所言皆听</u>。荐人或起家至二千石，权移主上。<u>上乃曰</u>："君除吏已尽未？吾亦欲除吏。"尝请考工地益宅，<u>上怒曰</u>："君何不遂取武库！"是后乃退。

　　尝召客饮，<u>坐其兄盖侯南乡</u>，<u>自坐东乡</u>，以为汉相尊，不可以兄故私桡。<u>武安由此滋骄</u>，治宅甲诸第。田园<u>极膏腴</u>，而市买郡县器物<u>相属于道</u>。前堂罗钟鼓，立曲旃；<u>后房妇女以百数</u>。诸侯奉金玉狗马玩好，<u>不可胜数</u>。

　　<u>魏其失窦太后</u>，<u>益疏不用</u>，<u>无势</u>，以上分写武安、魏其，引入灌夫。<u>诸客稍稍自引而怠傲，唯灌将军独不失故</u>。<u>魏其日默默不得志，而独厚遇灌将军</u>。

　　灌将军夫者，颍阴人也。夫父张孟，尝为颍阴侯婴舍人，得幸，因进之至二千石，主（按：中华书局本作"故"。）蒙灌氏姓为灌孟。吴楚反时，颍阴侯灌何为将军，属太尉，请灌孟为校尉。夫以千人与父俱。灌孟年老，颍阴侯强请之，郁郁不得意，故战常陷坚，遂死吴军中。军法，父子俱从军，有死事，得与丧归。<u>灌夫不肯随丧归</u>，极写灌夫。奋曰："<u>愿取吴王若将军头，以报父之仇</u>。"于是灌夫被甲持戟，募军中壮士<u>所善愿从者数十人</u>。及出壁门，<u>莫敢前</u>。极写灌夫。<u>独二人</u>及从奴十数骑驰入吴军，至吴将麾下，所杀伤数十人。不得前，复驰还，走入汉壁，皆亡其奴，独与一骑归。夫身中大创十余，适有万金良药，故得无死。<u>夫创少瘳</u>，又复请将军曰："吾益知吴壁中曲折，请复往。"将军壮义之，恐亡夫，乃言太尉，太尉乃固止之。极写灌夫。吴已破，<u>灌夫以此名闻天下</u>。颍阴侯言之上，上以夫为中郎将。数月，坐法去。后家居长安，<u>长安中诸公莫弗称之</u>。孝景时，至代相。孝景崩，今上初即位，以为淮阳天下交，劲兵处，故徙夫为淮阳太守。建元元年，入为太仆。二年，与长乐卫

尉窦甫饮，轻重不得，夫醉，搏甫。甫，窦太后昆弟也。上恐太后
诛夫，徙为燕相。数岁，坐法去官，家居长安。灌夫为人刚直使酒，
不好面谀。贵戚诸有执（按：中华书局本作"势"。）在己之右，不欲加
礼，必陵之；诸士在己之左，愈贫贱，极写灌夫。尤益敬，与钧。稠
人广众，荐宠下辈。士亦以此多之。

夫不喜文学，好任侠，已然诺。诸所与交通，无非豪桀大猾。
家累数千万，食客日数十百人。陂池田园，宗族宾客为权利，横于
颍川。颍川儿乃歌之曰："颍水清，灌氏宁；颍水浊，灌氏族。"
灌氏家居虽富，然失执，卿相侍中宾客益衰。以上专写灌夫，并合魏其。
及魏其侯失执，亦欲倚灌夫引绳批根生平慕之后弃之者。灌夫亦倚
魏其而通列侯宗室为名高。两人相为引重，其游如父子然。极写魏其、
灌夫交深。相得欢甚，无厌，恨相知晚也。

灌夫有服，以下乃叙武安与魏其、灌夫相倾轧事。过丞相。丞相从容曰：
"吾欲与仲孺过魏其侯，会仲孺有服。"灌夫曰："将军乃肯幸临况
魏其侯，夫安敢以服为解！请语魏其侯帐具，将军旦日蚤临。"武安
许诺。灌夫具语魏其侯如所谓武安侯。魏其与其夫人益市牛酒，夜洒
扫，早帐具至旦。平明，令门下候伺。至日中，丞相不来。极写魏其失
势人恭敬丞相。魏其谓灌夫曰："丞相岂忘之哉？"灌夫不怿，曰："夫
以服请，宜往。"乃驾，自往迎丞相。丞相特前戏许灌夫，极写显要人
狎侮故交，使人更不可受。殊无意往。及夫至门，丞相尚卧。于是夫入见，
曰："将军昨日幸许过魏其，魏其夫妻治具，自旦至今，未敢尝食。"
武安鄂谢曰："吾昨日醉，忽忘与仲孺言。"极写显要人狎侮故交，使人
更不可受。乃驾往，又徐行，灌夫愈益怒。及饮酒酣，夫起舞属丞相，
丞相不起，夫从坐上语侵之。魏其乃扶灌夫去，谢丞相。丞相卒饮至
夜，极欢而去。此写魏其之恭、武安之诈，非诚心极惟也。

丞相尝使籍福请魏其城南田。魏其大望曰："老仆虽弃，将军
虽贵，宁可以执（按：中华书局本作"势"。）夺乎！"不许。灌夫闻，

怒，骂籍福。籍福恶两人有郄，乃谩自好谢丞相曰："魏其老且死，易忍，且待之。"已而武安闻魏其、灌夫实怒不予田，亦怒曰："魏其子尝杀人，蚡活之。蚡事魏其无所不可，何爱数顷田？且灌夫何与也？吾不敢复求田。"武安由此大怨灌夫、魏其。元光四年春，丞相言灌夫家在颍川，横甚，民苦之。请案。上曰："此丞相事，何请。"灌夫亦持丞相阴事，为奸利，受淮南王金与语言。宾客居间，遂止，俱解。

夏，丞相取燕王女为夫人，有太后诏，召列侯宗室皆往贺。魏其侯过灌夫，欲与俱。夫谢曰："夫数以酒失得过丞相，丞相今者又与夫有郄。"魏其曰："事已解。"强与俱。饮酒酣，武安起为寿，坐皆避席伏。已魏其侯为寿，独故人避席耳，余半膝席。灌夫不悦。起行酒，至武安，武安膝席曰："不能满觞。"夫怒，因嘻笑曰：极写灌夫使性。"将军贵人也，属之！"时武安不肯。行酒，次至临汝侯，临汝侯方与程不识耳语，又不避席。夫无所发怒，乃骂临汝侯曰：极写灌夫使性。"生平毁程不识不直一钱，今日长者为寿，乃效女儿呫嗫耳语！"武安谓灌夫曰："程李俱东西宫卫尉，今众辱程将军，仲孺独不为李将军地乎？"灌夫曰：极写灌夫使性。"今日斩头陷胸，何知程李乎！"坐乃起更衣，稍稍去。魏其侯去，麾灌夫出。武安遂怒曰："此吾骄灌夫罪。"乃令骑留灌夫。灌夫欲出不得。籍福起为谢，案灌夫项令谢。夫愈怒，不肯谢。武安乃麾骑缚夫置传舍，召长史曰："今日召宗室，有诏。"劾灌夫骂坐不敬，系居室。遂按其前事，遣吏分曹逐捕诸灌氏支属，皆得弃市罪。魏其侯大愧，为资使宾客请，莫能解。武安吏皆为耳目，诸灌氏皆亡匿，夫系，遂不得告言武安阴事。魏其锐身为救灌夫。夫人谏魏其曰："灌将军得罪丞相，与太后家忤，宁可救耶？"魏其侯曰："侯自我得之，自我捐之，无所恨。且终不令灌仲孺独死，婴独生。"乃匿其家，窃出上书。立召入，具言灌夫醉饱事，不足诛。

上然之，赐魏其食，曰："东朝廷辩之。"

魏其之东朝，盛推灌夫之善，言其醉饱得过，乃丞相以他事诬罪之。武安又盛毁灌夫所为横恣，罪逆不道。魏其度不可奈何，因言丞相短。武安曰：极写武安〇恶。"天下幸而安乐无事，蚡得为肺腑，所好音乐狗马田宅。蚡所爱倡优巧匠之属，不如魏其、灌夫日夜招聚天下豪杰壮士与论议，腹诽而心谤，不仰视天而俯画地，辟倪两宫间，幸天下有变，而欲有大功。臣乃不如魏其等所为。"于是上问朝臣："两人孰是？"御史大夫韩安国曰："魏其言灌夫父死事，身荷戟驰入不测之吴军，身被数十创，名冠三军，此天下壮士，非有大恶，争杯酒，不足引他过以诛也。魏其言是也。丞相亦言灌夫通奸猾，侵细民，家累巨万，横恣颍川，凌轹宗室，侵犯骨肉，此所谓'枝大于本，胫大于股，不折必披'，丞相言亦是。唯明主裁之。"主爵都尉汲黯是魏其。内史郑当时是魏其，后不敢坚对。当时此时是魏其利，平时与上言必长魏其短武安可知也。上既不直武安，正欲是魏其者之多，畅其说以有舛于太后。而当时又畏武安不敢坚对，上安得不怒？写上语，一腔郁勃，神理如生。余皆莫敢对。上怒内史曰："公平生数言魏其、武安长短，今日廷论，局趣效辕下驹，吾并斩若属矣。"即罢起入，上食太后。太后亦已使人候伺，具以告太后。太后怒，不食，曰："今我在也，而人皆藉吾弟，令我百岁后，皆鱼肉之矣。且帝宁能为石人耶！此特帝在，即录录，设百岁后，是属宁有可信者乎？"上谢曰："俱宗室外家，故廷辩之。不然，此一狱吏所决耳。"是时郎中令石建为上分别言两人事。武安已罢朝，出止车门，召韩御史大夫载，怒曰："与长孺共一老秃翁，何为首鼠两端？"韩御史良久谓丞相曰："君何不自喜？夫魏其毁君，君当免冠解印绶归，曰'臣以肺腑幸得待罪，固非其任，魏其言皆是'。如此，上必多君有让，不废君。魏其必内愧，杜门龁舌自杀。今人毁君，君亦毁之，譬如贾竖女子争言，何其无大体也！"武安谢罪曰："争时急，不知出此。"

于是上使御史簿责魏其，所言灌夫颇不仇，欺谩。劾系都司空。孝景时，魏其常受遗诏，曰"事有不便，以便宜论上"。及系，灌夫罪至族，事日急，诸公莫敢复明言于上。魏其乃使昆弟子上书言之，幸得复召见。书奏上，而案尚书大行无遗诏。诏书独藏魏其家，家丞封。乃劾魏其矫先帝诏，罪当弃市。五年十月，悉论灌夫及家属。魏其良久乃闻，闻即恚，病痱，不食欲死。或闻上无意杀魏其，魏其复食，治病，议定不死矣。乃有蜚语为恶言闻上，故以十二月晦论弃市渭城。

其春，武安侯病，<u>专呼服谢罪</u>。使巫视鬼者视之，<u>见魏其、灌夫共守</u>，<u>欲杀之</u>。<u>竟死</u>。子恬嗣。元朔三年，武安侯坐衣襜褕入宫，不敬。淮南王安谋反觉，治。王前朝，武安侯为太尉，时迎王至霸上，谓王曰："上未有太子，大王最贤，高祖孙，即宫车晏驾，非大王立当谁哉！"淮南王大喜，厚遗金财物。<u>上自魏其时不直武安，特为太后故耳。及闻淮南王金事</u>，上曰："<u>使武安侯在者，族矣</u>。"

太史公曰：魏其、武安皆以外戚重，灌夫用一时决策而名显。魏其之举以吴楚，武安之贵在日月之际。然魏其诚不知时变，灌夫<u>无术而不逊</u>，两人相翼，乃成祸乱。<u>武安负贵而好权</u>，<u>杯酒责望</u>，<u>陷彼两贤</u>。呜呼哀哉！迁怒及人，<u>命亦不延</u>。<u>众庶不载</u>，<u>竟被恶言</u>。呜呼哀哉！<u>祸所从来矣</u>！

魏其荣势以亲交，武安挟诈以肆横，灌夫负气以任性：传内三人都写得须眉欲动，妙矣！尤妙在传外诸人，如籍福之委曲调停，三边掩捺；安国之心袒丞相，故持两端；当时之是非不爽，畏势游移；天子之实恶武安，疑难自决；太后之一味私情，护持昆弟：无不面面如生。看来他传多作波宕，而此传全著精彩，为是花簇已极，更添入闲情不得耳。故即以精彩处为波宕处也。

韩长孺列传

　　御史大夫韩安国者，梁城安人也，后徙睢阳。尝受《韩子》、杂家说于驺田生所。事梁孝王为中大夫。吴楚反时，孝王使安国及张羽为将，扞吴兵于东界。张羽力战，安国持重，"持重"二字直贯篇终。以故吴不能过梁。吴楚已破，<u>安国、张羽名由此显</u>。

　　梁孝王，景帝母弟，窦太后爱之，令得自请置相、二千石，出入游戏，僭于天子。天子闻之，<u>心弗善也</u>。<u>太后知帝不善，乃怒梁使者，弗见</u>，案责王所为。韩安国为梁使，<u>见大长公主而泣曰</u>：许多"泣"处，振起风神。"<u>何梁王为人子之孝</u>，<u>为人臣之忠，而太后曾弗省也</u>？夫前日吴、楚、齐、赵七国反时，<u>自关以东皆合从西乡</u>，惟梁最亲为艰难。梁王念太后、帝在中，而诸侯扰乱，<u>一言泣数行下</u>，<u>跪送臣等六人，将兵击却吴楚</u>，<u>吴楚以故兵不敢西</u>，<u>而卒破亡</u>，<u>梁王之力也</u>。今太后以小节苛礼责望梁王。梁王父兄皆帝王，<u>所见者大</u>，故出称跸，入言警，车旗皆帝所赐也，即欲以侘鄙县，驱驰国中，以夸诸侯，<u>令天下尽知太后</u>、<u>帝爱之也</u>。今梁使来，辄案责之。<u>梁王恐</u>，<u>日夜涕泣思慕</u>，<u>不知所为</u>。<u>何梁王之为子孝</u>，<u>为臣忠</u>，<u>而太后弗恤也</u>？"大长公主具以告太后，<u>太后喜曰</u>："<u>为言之帝</u>。"言之，帝心乃解，而免冠谢太后曰："兄弟不能相教，<u>乃为太后遗忧</u>。"悉见梁使，厚赐之。其后梁王<u>益亲欢</u>。太后、长公主更赐安国可直千余金。<u>名由此显</u>，<u>结于汉</u>。

　　其后安国坐法抵罪，蒙狱吏田甲辱安国。安国曰："死灰独不复然乎？"田甲曰："<u>然即溺之</u>。"居无何，梁内史缺，汉使使者拜安国为梁内史，起徒中为二千石。田甲亡走。安国曰："甲不就官，我灭而宗。"甲因肉袒谢。<u>安国笑曰</u>："<u>可溺矣！公等足与治乎</u>？"卒<u>善遇之</u>。闲情特表安国的气量。

　　梁内史之缺也，孝王新得齐人公孙诡，说之，欲请以为内史。

窦太后闻，乃诏王以安国为内史。公孙诡、羊胜说孝王求为帝太子及益地事，恐汉大臣不听，乃阴使人刺汉用事谋臣。及杀故吴相袁盎，景帝遂闻诡、胜等计画，乃遣使捕诡、胜，必得。汉使十辈至梁，相以下举国大索，月余不得。内史安国闻诡、胜匿孝王所，<u>安国入见王而泣</u>曰："主辱臣死。大王无良臣，故事纷纷至此。今诡、胜不得，<u>请辞赐死</u>。"王曰："何至此？"<u>安国泣数行下</u>，曰："大王自度于皇帝，孰与太上皇之与高皇帝及皇帝之与临江王亲？"孝王曰："弗如也。"安国曰："夫太上、临江亲父子之间，然而高帝曰'提三尺剑取天下者朕也'，故太上皇终不得制事，居于栎阳。临江王，适长太子也，以一言过，废王临江；用宫垣事，卒自杀中尉府。何者？<u>治天下终不以私乱公</u>。语曰：'虽有亲父，安知其不为虎？虽有亲兄，安知其不为狼？'今大王列在诸侯，悦一邪臣浮说，犯上禁，桡明法。<u>天子以太后故</u>，<u>不忍致法于王</u>。中情中理。<u>太后日夜涕泣</u>，幸大王自改，而大王终不觉寤。<u>有如太后宫车即晏驾</u>，<u>大王尚谁攀乎</u>？"<u>语未卒</u>，<u>孝王泣数行下</u>，谢安国曰："吾今出诡、胜。"诡、胜自杀。汉使还报，梁事皆得释，<u>安国之力也</u>。<u>于是景帝</u>、<u>太后益重安国</u>。

　　孝王卒，共王即位，安国坐法失官，居家。建元中，武安侯田蚡为汉太尉，亲贵用事，安国以五百金物遗蚡。蚡言安国太后，<u>天子亦素闻其贤</u>，即召以为北地都尉，迁为大司农。闽越、东越相攻，安国及大行王恢将。兵未至越，越杀其王降，汉兵亦罢。建元六年，武安侯为丞相，安国为御史大夫。匈奴来请和亲，天子下议。大行王恢，燕人也，数为边吏，习知胡事。议曰："汉与匈奴和亲，率不过数岁，即复倍约。不如勿许，兴兵击之。"安国曰："千里而战，兵不获利。今匈奴负戎马之足，怀禽兽之心，迁徙鸟举，难得而制也。得其地不足以为广，有其众不足以为强，自上古不属为人。汉数千里争利，则人马罢，虏以全制其敝。且强弩之极，势不能穿鲁缟；

冲风之末，力不能飘鸿毛。非初不劲，末力衰也。击之不便，不如和亲。"群臣议者多附安国，于是上许和亲。

其明年，则元光元年，以下详叙马邑事，以见安国和亲之虑极为持重。而王恢皆议构衅，反使主和安国亦在无功之列，从此遂淹滞不复振，为可悲叹也。或谓插入王恢小传，误矣。雁门马邑豪聂翁壹因大行王恢言上曰："匈奴初和亲，亲信边，可诱以利。"阴使聂翁壹为间，亡入匈奴，谓单于曰："吾能斩马邑令丞吏，以城降，财物可尽得。"单于爱信之，以为然，许聂翁壹。聂翁壹乃还，诈斩死罪囚，县其头马邑城，示单于使者为信。曰："马邑长吏已死，可急来。"于是单于穿塞将十余万骑，入武州塞。当是时，汉伏兵车骑材官三十余万，匿马邑旁谷中。卫尉李广为骁骑将军，太仆公孙贺为轻车将军，大行王恢为将屯将军，太中大夫李息为材官将军。御史大夫韩安国为护军将军，诸将皆属护军。约单于入马邑而汉兵纵发。王恢、李息、李广别从代主击其辎重。于是单于入汉长城武州塞。未至马邑百余里，行掠卤，徒见畜牧于野，不见一人。单于怪之，攻烽燧，得武州尉史。欲刺，问尉史。尉史曰："汉兵数十万伏马邑下。"单于顾谓左右曰："几为汉所卖！"乃引兵还。出塞，曰："吾得尉史，乃天也。"命尉史为"天王"。塞下传言单于已引去。汉兵追至塞，度弗及，即罢。王恢等兵三万，闻单于不与汉合，度往击辎重，必与单于精兵战，汉兵势必败，则以便宜罢兵，皆无功。天子怒王恢不出击单于辎重，擅引兵罢也。恢曰："始约虏入马邑城，兵与单于接，而臣击其辎重，可得利。今单于闻不至而还，臣以三万人众不敌，只取辱耳。臣固知还而斩，然得完陛下士三万人。"于是下恢廷尉。廷尉当恢逗桡，当斩。恢私行千金丞相蚡。蚡不敢言上，而言于太后曰："王恢首造马邑事，今不成而诛恢，是为匈奴报仇也。"上朝太后，太后以丞相言告上。上曰："首为马邑事者，恢也，故发天下兵数十万，从其言，为此且纵单于不可得，恢所部击其辎重，犹颇可得，以慰士大夫心。今不诛恢，无以谢天下。"于是恢闻之，乃自杀。

安国为人多大略，智足以当世取合，而出于忠厚焉。贪嗜于财。所推举皆廉士，贤于己者也。于梁举壶遂、臧固、郅他，皆天下名士，士亦以此称慕之，唯天子以为国器。

安国为御史大夫，四岁余，丞相田蚡死，安国行丞相事，奉引堕车蹇。天子议置相，欲用安国，使使视之，蹇甚，乃更以平棘侯薛泽为丞相。安国病免数月，蹇愈，上复以安国为中尉。岁余，徙为卫尉。

车骑将军卫青击匈奴，出上谷，破胡茏城。将军李广为匈奴所得，复失之；公孙敖大亡卒：皆当斩，赎为庶人。明年，匈奴大入边，杀辽西太守，乃入雁门，所杀略数千人。车骑将军卫青击之，出雁门。卫尉安国为材官将军，屯于渔阳。安国捕生虏，言匈奴远去。即上书言方田作时，请且罢军屯。罢军屯月余，匈奴大入上谷、渔阳。安国壁乃有七百余人，出与战，不胜，复入壁。匈奴虏略千余人及畜产而去。天子闻之，怒，使使责让安国。徙安国益东，屯右北平。

是时匈奴虏言当入东方。安国始为御史大夫及护军，后稍斥疏，下迁；而新幸壮将军卫青等有功，益贵。安国既疏远，默默也；写安国不得志，只二字，无限感叹，无限风神。将屯又为匈奴所欺，失亡多，甚自愧。幸得罢归，乃益东徙屯，意忽忽不乐，数月，病欧血死。安国以元朔二年中卒。

太史公曰：余与壶遂定律历，观韩长孺之义，壶遂之深中隐厚。世之言梁多长者，不虚哉！借宾形主，与汲黯、郑当时赞语同。壶遂官至詹事，天子方倚以为汉相，会遂卒。不然，壶遂之内廉行修，斯鞠躬君子也。

前幅写安国数番言论，下全梁王忠孝，上全太后及帝慈爱。可歌可涕，绝世风神。后幅写安国抑郁不遂，只"默默也"三字，但觉得悲风四起，哀音绕梁。吕晚村先生尝言："风号雨溢，海啸山崩，皆助其轮囷郁勃之气，不作悲凉处，是十分悲凉。"子长千古擅场，只是会得此情致者，此之谓也。

史记半解 卷四

李将军列传

　　李将军广者，陇西成纪人也。其先曰李信，秦时为将，逐得燕太子丹者也。故槐里，徙成纪。<u>广家世世受射</u>。写射一，领起。

　　孝文帝十四年，匈奴大入萧关，而广以良家子从军击胡，<u>用善骑射</u>，<u>杀首虏多</u>，写射二。为汉中郎。广从弟李蔡亦为郎，皆为武骑常侍，秩八百石。尝从行，<u>有所冲陷折关及格猛兽</u>，<u>而文帝曰</u>：从文帝意中透出广才略，然已为"数奇"不封侯作案矣。"<u>惜乎</u>，<u>子不遇时</u>！<u>如令子当高帝时</u>，<u>万户侯岂足道哉</u>！"

　　及孝景初立，广为陇西都尉，徙为骑郎将。吴楚军时，广为骁骑都尉，从太尉亚夫击吴楚军，<u>取旗</u>，<u>显功名昌邑下</u>。广显功名，只此一段文，亦只此一句，而声光奕然。以梁王授广将军印，<u>还</u>，<u>赏不行</u>。徙为上谷太守，匈奴日以合战。<u>典属国公孙昆邪为上泣</u>从公孙口中透出广才气。曰："<u>李广才气</u>，<u>天下无双</u>，自负其能，数与虏敌战，恐亡之。"于是乃徙为上郡太守。后广转为边郡太守，徙上郡。尝为陇西、北地、雁门、代郡、云中太守，皆以力战为名。

　　匈奴大入上郡，天子使中贵人从广勒习兵击匈奴。中贵人将骑<u>数十纵</u>，见匈奴三人，与战。三人还射，伤中贵人，杀其骑且尽。中贵人走广。广曰："是必射雕者也。"广乃遂从百人往驰三人。三人亡马步行，行数十里。广令其骑张左右翼，而广身自射彼三人者，写射三。杀其二人，生得一人，<u>果匈奴射雕者也</u>。已缚之上马，望匈奴有数千骑，见广，以为诱骑，<u>皆惊</u>，上山陈。广之百骑皆<u>大恐</u>，欲驰还走。广曰："吾去大军数十里，今如此以百骑走，匈奴追射我，立尽。<u>今我留</u>，<u>匈奴必以我为大军诱之</u>，<u>必不敢击我</u>。"广令诸骑曰："<u>前</u>！"前未到匈奴陈二里所，止，<u>令曰</u>："<u>皆下马解鞍</u>！"其骑曰："虏多且近，即有急，奈何？"广曰："彼虏以我为走，<u>今皆解鞍以示不走</u>，<u>用坚其意</u>。"于是胡骑遂不敢击。有白马将出护其兵，<u>李广上马与十余骑奔射杀胡白马将</u>，写射四。而复还至其骑中，<u>解鞍</u>，<u>令士皆纵马卧</u>。是时会暮，胡兵终怪之，不敢击。<u>夜半时</u>，胡兵亦以为汉有伏军于旁，欲夜取之，胡皆引兵而去。<u>平旦</u>，李广乃归其大军。大军不知广所之，故弗从。

居久之，孝景崩，武帝立，左右以为广名将也，从左右意中透出广名将。于是广以上郡太守为未央卫尉，而程不识亦为长乐卫尉。程不识故与李广俱以边太守将军屯。及出击胡，而广行无部伍行阵，就善水草屯，舍止，人人自便，不击刀斗以自卫，莫府省约文书籍事，然亦远斥候，未尝遇害。程不识正部曲行伍营陈，击刀斗，士卒治军簿，至明，军不得休息，然亦未尝遇害。<u>不识曰</u>："李广军极简易，然虏卒犯之，从程不识口中透出广名将。无以禁也；而其士卒亦佚乐，咸乐为之死。我军虽烦扰，然虏亦不得犯我。"是时汉边郡李广、程不识皆为名将，<u>然匈奴畏李广之略</u>，从匈奴○○意中透出广才气远胜程不识，此又将"名将"二字加倍托起一层矣。<u>士卒亦多乐从李广而苦程不识</u>。

程不识孝景时以数直谏为太中大夫。为人廉，谨于文法。后汉以马邑城诱单于，使大军伏马邑旁谷，而广为骁骑将军，领属护军将军。是时单于觉之，<u>去</u>，<u>汉军皆无功</u>。

其后四岁，广以卫尉为将军，出雁门，击匈奴。匈奴兵多，破败广军，生得广。单于素闻广贤，令曰："得李广必生致之。"胡骑得广，<u>广时伤病</u>，置广两马间，络而盛卧广。行十余里，<u>广佯死</u>，睨其旁有两（按：中华书局本作"一"。）胡儿骑善马，<u>广暂腾而上胡儿马</u>，<u>因推堕儿</u>，<u>取其弓</u>，<u>鞭马南驰数十里</u>，复得其余军，因引而入塞。匈奴捕者骑数百追之，<u>广行取胡儿弓</u>，<u>射杀追骑</u>，写射五。<u>以故得脱</u>。于是至汉，汉下广吏。吏当广所失亡多，为虏所生得，当斩，<u>赎为庶人</u>。

顷之，家居数岁。广家与故颍阴侯孙屏野居蓝田南山中射猎。

尝夜从一骑出，从人田间饮。还至霸陵亭，霸陵尉醉，呵止广。广骑曰："故李将军。"尉曰："今将军尚不得夜行，何乃故也！"止广宿亭下。居无何，匈奴入杀辽西太守，败韩将军，韩将军后徙右北平。于是天子乃召拜广为右北平太守。广即请霸陵尉与俱，至军而斩之。广居右北平，<u>匈奴闻之</u>，<u>号曰</u>"<u>汉之飞将军</u>"，<u>避之数岁</u>，<u>不敢入右北平</u>。又从匈奴口中、意中透出广神勇。

广出猎，见草中石，<u>以为虎而射之</u>，写射六。<u>中石没镞</u>，<u>视之石也</u>。<u>因复更射之</u>，写射七。<u>终不能复入石矣</u>。广所居郡，闻有虎，<u>尝自杀之</u>。写射八。及居右北平，射虎，写射九。虎腾伤广，<u>广亦竟射杀之</u>。写射十。

广廉，写广待己廉，下写广待士厚，却两边夹写善射，以兜裹萦绕之。有连出断岭，烟雨迷离之妙。得赏赐辄分其麾下，饮食与士共之。终广之身，为二千石四十余年，家无余财，终不言家产事。广为人长，猿臂，<u>其善射亦天性也</u>，写射十一。虽其子孙他人学者，<u>莫能及广</u>。广讷口少言，与人居则画地为军陈，<u>射阔狭以饮</u>。写射十二。专<u>以射为戏</u>，写射十三。竟死。

广之将兵，乏绝之处，见水，士卒不尽饮，广不近水，士卒不尽食，广不尝食。宽缓不苛，<u>士以此爱乐为用</u>。<u>其射</u>，写射十四。见敌急，非在数十步之内，<u>度不中不发</u>，发即应弦而倒。用此其将兵数困辱，其射写射十五。猛兽亦为所伤云。

居顷之，石建卒，于是上召广代建为郎中令。元朔六年，广复为后将军，从大将军军出定襄，击匈奴。<u>诸将多中首虏率</u>，从诸将身上衬出广"数奇"。<u>以功为侯者</u>，<u>而广军无功</u>。

后二岁，广以郎中令将四千骑出右北平，博望侯张骞将万骑与广俱，异道。行可数百里，匈奴左贤王将四万骑围广，广军士皆恐，广乃使其子敢往驰之。<u>敢独与数十骑驰</u>，<u>直贯胡骑</u>，<u>出其左右而还</u>，<u>告广曰</u>："<u>胡虏易与耳</u>。"又带写广子之勇，衬出广之神勇。军士乃安。

广为圜陈外乡，胡急击之，矢下如雨。汉兵死者过半，汉矢且尽。<u>广乃令士持满毋发，而广身自以大黄射其裨将</u>，写射十六。<u>杀数人</u>，胡虏益解。<u>会日暮，吏士皆无人色，而广意气自如，益治军。军中自是服其勇也。</u>明日，复力战，而博望侯军亦至，匈奴军乃解去。汉军罢，弗能追。是时广军几没，罢归。汉法，博望侯留迟后期，当死，赎为庶人。<u>广军功自如，无赏。</u>

初，广之从弟李蔡与广俱事孝文帝。景帝时，蔡积功劳至二千石。孝武帝时至代相。以元朔五年为轻车将军，从大将军击右贤王，有功，中率，封为乐安侯。元狩二年中，代公孙弘为丞相。<u>蔡为人在下中</u>，<u>名声出广下甚远</u>，从李蔡身上影出广"数奇"。<u>然广不得爵邑，官不过九卿</u>，<u>而蔡为列侯，位至三公。</u>诸广之军吏及士卒或取封侯。从诸军吏士卒影出广"数奇"。广尝与望气王朔燕语曰："自汉击匈奴，<u>而广未尝不在其中，而诸部校尉以下，才能不及中人，然以击胡军功取侯者数十人，<u>而广</u>不为后人，<u>然</u>无尺寸之功以得封邑者，何也？岂吾相不当侯邪？且<u>固命也</u>？"朔曰："将军自念，岂尝有所恨乎？"广曰："吾尝为陇西守，羌尝反，吾诱而降，降者八百余人，吾诈而同日杀之。杀已降，诚当追悔。然本传写广不封侯，只是"数奇"，此与王朔问答句，乃当局旁关大家，空中埋怨解释无聊之词。正见其极应封侯，非真以此为不封侯定案也。至今大恨独此耳。"朔曰："祸莫大于杀已降，此乃将军所以不得侯者也。"

后二岁，大将军、骠骑将军大出击匈奴，广数自请行。天子以为老，弗许；良久乃许之，以为前将军。是岁，元狩四年也。广既从大将军青击匈奴，既出塞，青捕虏知单于所居，乃自以精兵走之，而令广并于右将军军，出东道。东道少回远，而大军行水草少，其势不屯行。广自请曰："臣部为前将军，今大将军乃徙令臣出东道，且臣结发而与匈奴战，今乃一得当单于，臣愿居前，先死单于。"大将军青亦阴受上诫，以为李广老，<u>数奇</u>，毋令当单于，恐不得所欲。而是时公孙敖新失侯，为中将军从大将军，大将军亦欲使敖与俱当单于，故徙前将军广。广时知之，固自辞于大将军。大将军不听，令长史封书与广之莫府，曰："急诣部，如书。"广不谢大将军而起行，意甚愠怒而就部，引兵与右将军食其合军出东道。军亡导，或失道，后大将军。大将军与单于接战，单于遁走，弗能得而还。南绝幕，遇前将军、右将军。广已见大将军，还入军。大将军使长史持糒醪遗广，因问广、食其失道状，青欲上书报天子军曲折。广未对，大将军使长史急责广之幕府对簿。广曰："诸校尉无罪，乃我自失道。吾今自上簿。"至莫府，广谓其麾下曰："广结发与匈奴大小七十余战，今幸从大将军出接单于兵，而大将军又徙广部，行回远而又迷失道，岂非天哉！且广年六十余矣，终不能复对刀笔之吏。"遂引刀自刭。广军士大夫一军皆哭。百姓闻之，知与不知，无老壮皆为垂涕。而右将军独下吏，当死，赎为庶人。

广子三人，曰当户、椒、敢，为郎。天子与韩嫣戏，嫣少不逊，当户击嫣，嫣走。于是天子以为勇。当户早死，拜椒为代郡太守，皆先广死。当户有遗腹子名陵。广死军时，敢从骠骑将军。广死，明年，李蔡以丞相坐侵孝景园壖地，当下吏治，蔡亦自杀，不对狱，国除。李敢以校尉从骠骑将军击胡左贤王，力战，皆与广事掩映。夺左贤王鼓旗斩首多，赐爵关内侯，与广不封侯掩映，生情悽然可感。食邑二百户，代广为郎中令。

顷之，怨大将军青之恨其父，乃击伤大将军，大将军匿讳之。居无何，敢从上雍，至甘泉宫猎。骠骑将军去病与青有亲，射杀敢。去病时方贵幸，上讳云鹿触杀之。居岁余去病死。而敢有女为太子中人，爱幸，敢男禹有宠于太子，然好利，李氏陵迟衰微矣。

李陵既壮，选为建章监，监诸骑。善射，爱士卒。皆与广事掩映。天子以为李氏世将，而使将八百骑。尝深入匈奴二千余里，过居延，视地形无所见虏而还。拜为骑都尉，将丹阳楚人五千人，教射酒泉、张掖以屯卫胡。数岁，天汉二年秋，贰师将军李广利将三万骑击匈奴右贤王于祁连天山，而使陵将其射士步兵五千人出居延北可千余里，此句隐为陵解脱。欲以分匈奴兵，毋令专走贰师也。陵既至期还，而单于以兵八万围击陵军。陵军五千人，兵矢既尽，士死者过半，而所杀伤匈奴亦万余人。且引且战，连斗八日，还，未到居延百余里，匈奴遮狭绝道，陵食乏而救兵不到，虏急击招降陵。陵曰："无面目报陛下。"遂降匈奴。其兵尽没，余亡散得归汉者四百余人。单于既得陵，素闻其家声，及战，又壮，乃以其女妻陵而贵之。汉闻，族陵母妻子。自是之后，李氏名败，而陇西之士居门下者皆用为耻焉。无限感伤。

太史公曰：《传》曰"其身正，不令而行；其身不正，虽令不从"。其李将军之谓也？余睹李将军，悛悛如鄙人，口不能道辞。及死之日，天下知与不知，皆为尽哀。实录。彼其忠实心诚信于士大夫也？谚曰"桃李不言，下自成蹊"。此言虽小，可以喻大也。

当看照应穿插，是首尾文字。　　唐顺之

李将军于汉为最名将，而卒无功。故太史公极力摹写淋漓，悲咽可涕。　茅坤

凡看《卫霍传》须合李广。看卫霍深入二千里，声振华夷，今看其传不值一钱。李广每战辄北，困踬终身，今看其传，英风如在。史氏抑扬予夺之妙，岂常手可望哉！　黄震

广才略绝人而功业未就。只中贵勒兵、匈奴生得、博望后期三节见其神勇，然亦非得意事也。故往往从诸人语意中及善射处咏之，凭空咏叹，文情虽得缥缈，文气亦易松薄。气稍松则味不永，味不永则神不透。此文妙处全在以沉着

之笔为咏叹之文。惟沉着,故刻露,而意味乃倍觉深厚,神理乃真觉飞动矣。此等妙用,知者尚难,况作者乎?

卫将军骠骑列传

　　大将军卫青者，平阳人也。其父郑季为吏，给事平阳侯家，与侯妾卫媪通，生青。青同母兄卫长子，而姊卫子夫自平阳公主家得幸天子，故冒姓为卫氏。字仲卿。长子更字长君。长君母号为卫媪。媪长女卫孺，次女少儿，次女即子夫。后子夫男弟步、广皆冒卫氏。青为侯家人，少时归其父，其父使牧羊。先母之子皆奴畜之，不以为兄弟数。青尝从入至甘泉，居室，有一钳徒相青曰："贵人也，宜至封侯。"青笑曰："人奴之，生得毋笞骂即足矣，安得封侯事乎！"青壮，为侯家骑，从平阳主。建元二年春，青姊子夫得入宫幸上。皇后，堂邑大长公主女也，无子，妒。大长公主闻卫子夫幸，有身，妒之，乃使人捕青。青时给事建章，未知名。大长公主执囚青，欲杀之。其友骑郎公孙敖与壮士篡取之，以故得不死。上闻，乃召青为建章监，侍中，及同母昆弟贵，赏赐数日间累千金。孺为太仆公孙贺妻。少儿故与陈掌通，上召贵掌。公孙敖由此益贵。子夫为夫人。青为太中大夫。

　　元光五年，青为车骑将军，击匈奴，出上谷；太仆公孙贺为轻车将军，出云中；太中大夫公孙敖为骑将军，出代郡；卫尉李广为骁骑将军，出雁门：军各万骑。青至龙城，斩首虏数百骑。将军敖亡七千骑；卫尉李广为虏所得，得脱归：皆当斩，赎为庶人。贺亦无功。元朔元年春，卫夫人有男，立为皇后。其秋，青为车骑将军出雁门，三万骑击匈奴，斩首虏数千骑。明年，匈奴入杀辽西太守，虏略渔阳二千余人，败韩将军军。汉令将军李息击之，出代；令车骑将军青出云中以西，至高阙。遂略河南地，至于陇西，捕首虏数千，畜数十万，走白羊、楼烦王。遂以河南地为朔方郡。以三千八百户封青为长平侯。青校尉苏建有功，以千一百户封建为平陵侯。使建筑朔方城。青校尉张次公有功，封为岸头侯。天子曰："匈奴逆天理，乱人伦，暴长虐老，以盗窃为务，行诈诸蛮夷，造谋藉兵，数为边害，故兴师遣将以征厥罪。《诗》不云乎，'薄伐狎狁，至于太原'，'出车彭彭，城彼朔方'。今车骑将军青度西河至高阙，获首虏二千三百级，车辎畜产毕收为卤，已封为列侯，遂西定河南地，按榆豀旧塞，绝梓领，梁北河，讨蒲泥，破符离，斩轻锐之卒，捕伏听者三千七十一级，执讯获丑，驱马牛羊百有余万，全甲兵而还，益封青三千户。"其明年，匈奴入杀代郡太守友，入略雁门千余人。其明年，匈奴大入代、定襄、上郡，杀略汉数千人。

其明年，元朔之五年春，汉令车骑将军青将三万骑，出高阙；卫尉苏建为游击将军，左内史李沮为强弩将军，太仆公孙贺为骑将军，代相李蔡为轻车将军，皆领属车骑将军，俱出朔方；大行李息、岸头侯张次公为将军出右北平：咸击匈奴。匈奴右贤王当卫青等兵，以为汉兵不能至此，饮醉。汉兵夜至，围右贤王，右贤王惊，夜逃，独与其爱妾一人壮骑数百驰溃围北去。汉轻骑校尉郭成等逐数百里，不及，得右贤裨王十余人，众男女万五千余人，畜数千百万，于是引兵而还。至塞，<u>天子使使者持大将军印，即军中拜车骑将军青为大将军，诸将皆以兵属大将军，大将军立号而归。</u>天子曰："大将军青，躬率戎士，师大捷，获匈奴王十有余人，益封青六千户。"而封青子伉为宜春侯，青子不疑为阴安侯，青子登为发干侯。青固谢曰："臣幸得待罪行间，赖陛下神灵，军大捷，<u>皆诸校尉力战之功也。</u>陛下幸以益封臣青。臣青子在襁褓中，未有勤劳，上幸列地封为三侯，<u>非臣待罪行间所以劝士力战之意也。</u>伉等三人，何敢受封！"天子曰："我非忘诸校尉功也，<u>今固且图之。</u>"乃诏御史曰："护军都尉公孙敖<u>三从大将军</u>击匈奴，常护军傅校获王，以千五百户封敖为合骑侯。都尉韩说<u>从大将军</u>出窳浑至匈奴右贤王庭，为麾下搏战获王，以千三百户封说为龙頟侯。骑将军公孙贺<u>从大将军获王</u>，以千三百户封贺为南窌侯。轻车将军李蔡<u>再从大将军获王</u>，以千六百户封蔡为乐安侯。校尉李朔，校尉赵不虞，校尉公孙戎奴，各三从大将军获王，以千三百户封朔为涉轵侯，以千三百户封不虞为随成侯，以千三百户封戎奴为从平侯。将军李沮、李息及校尉豆如意有功，赐爵关内侯，食邑各三百户。"其秋，匈奴入代，杀都尉朱英。

其明年春，大将军青出定襄，合骑侯敖为中将军，太仆贺为左将军，翕侯赵信为前将军，卫尉苏建为右将军，郎中令李广为后将军，左内史李沮为强弩将军，咸属大将军，斩首数千级而还。月余，悉复出定襄，击匈奴，斩首虏万余人。右将军建、前将军信并军三千余骑，独逢单于兵，与战一日余，汉兵且尽。前将军故胡人，降为翕侯，见急，匈奴诱之，遂将其余骑可八百奔降单于。右将军苏建尽亡其军，独以身得亡去，自归大将军。大将军问其罪正闳、长史安、议郎周霸等："建当云何？"霸曰："自大将军出，未尝斩裨将。今建弃军，可斩以明将军之威。"闳、安曰："不然。兵法'小敌之坚，大敌之禽也'。今建以数千当单于数万，力战一日余，士尽，不敢有二心，自归。自归而斩之，是示后无反意也。不当斩。"大将军曰："青幸得以肺腑待罪行间，不患无威，而霸说我以明威，甚失臣意。且使臣职虽当斩将，<u>以臣之专宠而不敢自擅专诛于境外，而具归天子，天子自裁之，于是以见为人臣不敢专权，不亦可乎？</u>"军吏皆曰："善"。遂囚建诣行在所。入塞罢兵。

<u>是岁也，大将军姊子霍去病年十八，幸，为天子侍中。善骑射，再从大将军</u>，大将军受诏与壮士为剽姚校尉，与轻勇骑八百，直弃大军数百里赴利，<u>斩捕首虏过当。于是天子曰</u>："剽姚校尉去病，斩首虏二千二十八级，及相国、当户，斩单于大父行籍若侯产，生捕季父罗姑比，再冠军，以千六百户封去病为冠军侯。上谷太守郝贤，<u>四从大将军</u>，捕斩首虏二千余人，以千一百户封贤为众利侯。"是岁失两将军军，亡翕侯军，功不多，<u>故大将军不益封</u>。右将军建至，天子不诛，赦其罪，赎为庶人。大将军既还，赐千金。是时王夫人

方幸于上，宁乘说大将军曰："将军所以功未甚多，身食万户，三子皆为侯者，徒以皇后故也。点睛。今王夫人幸，而宗族未富贵，愿将军奉所赐千金为王夫人亲寿。"大将军乃以五百金为寿。天子闻之，问大将军，大将军以实言，上乃拜宁乘为东海都尉。张骞从大将军，以尝使大夏，留匈奴中久，导军，知善水草处，军得以无饥渴，因前使绝国功，封骞博望侯。冠军侯去病既侯三岁，元狩二年春，以冠军侯去病为骠骑将军，将万骑出陇西，有功。天子曰："骠骑将军率戎士，逾乌盭，讨遬濮，涉狐奴，历五王国，辎重人众慑慴者弗取，冀获单于子。转战六日，过焉支山千有余里，合短兵，杀折兰王，斩卢胡王，诛全甲，执浑邪王子，及相国、都尉，首虏八千余级，收休屠祭天金人，益封去病二千户。"其夏，骠骑将军与合骑侯敖俱出北地，异道；博望侯张骞、郎中令李广俱出右北平，异道：皆击匈奴。郎中令将四千骑先至，博望侯将万骑在后至。匈奴左贤王将数万骑围郎中令，郎中令与战二日，死者过半，所杀亦过当。博望侯至，匈奴兵引去。博望侯坐行留，当斩，赎为庶人。而骠骑将军出北地，已遂深入，与合骑侯失道不相得，骠骑将军逾居延至祁连山，捕首虏甚多。天子曰："骠骑将军，逾居延，遂过小月氏，攻祁连山，得酋涂王以众降者二千五百人，斩首虏三万二百级，获五王，五王母，单于阏氏、王子五十九人，相国、将军、当户、都尉六十三人，师大率减什三，益封去病五千户。赐校尉从至小月氏爵左庶长。鹰击司马破奴再从骠骑将军斩遬濮王捕稽且（按：中华书局本作"沮"。）王千骑将，得王、王母各一人，王子以下四十一人，捕虏三千三百三十人，前行捕虏千四百人，以千五百户封破奴为从骠侯。校尉句王高不识，从骠骑将军捕呼于屠王王子以下十一人，捕虏千七百六十八人，以千一百户封不识为宜冠侯。校尉仆多有功，封为煇渠侯。"合骑侯敖坐行留不与骠骑会，当斩，赎为庶人。诸宿将所将士马兵亦不如骠骑，骠骑所将常选，然亦敢深入，常与壮骑先其大将军，军亦有天幸，点睛。未尝困绝也。然而诸宿将常坐留落不遇。由此骠骑日以亲贵，比大将军。其秋，单于怒浑邪王居西方数为汉所破，亡数万人，以骠骑之兵也。单于怒，欲召诛浑邪王。浑邪王与休屠王等谋欲降汉，使人先遣使向边境要遮汉人，令报天子要边。是时大行李息将城河上，得浑邪王使，即驰传以闻。天子闻之，于是恐其以诈降而袭边，乃令骠骑将军将兵往迎之。骠骑既渡河，与浑邪王众相望。浑邪王裨将见汉军而多欲不降者，颇遁去。骠骑乃驰入与浑邪王相见，斩其欲亡者八千人，遂独遣浑邪王乘传先诣行在所，尽将其众渡河，降者数万，号称十万。既至长安，天子所以赏赐者数十巨万。封浑邪王万户 为漯阴侯。封其裨王呼毒尼为下摩侯，鹰庇为煇渠侯，禽犁为河綦侯，大当户铜离为常乐侯。于是天子嘉骠骑之功曰："骠骑将军去病，率师攻匈奴，西域王浑邪王及厥众萌，咸相奔率以军粮接食，并将控弦万有余人，诛猰䝟，获首虏八千余级，降异国之王三十二人，战士不离伤，十万之众咸怀集服，仍与之劳，爰及河塞，庶我（按：中华书局本作"几"。）无患，幸既永绥矣。以千七百户益封骠骑将军。"减陇西、北地、上郡戍卒之半，以宽天下之繇。居顷之，乃分徙降者边五郡故塞外，而皆在河南，因其故俗为属国。其明年，匈奴入右北平、定襄，杀略汉千余人。其明年，天子与诸将议曰："翕侯赵信为单于画计，常以为汉兵不能度幕轻留，今大发士卒，其势必得所欲。"是岁元狩四年也。

　　元狩四年春，上令大将军青、骠骑将军去病将各五万骑，步兵转者踵军数十万，而敢力战深入之士皆属骠骑。骠骑始为出定襄，当单于。捕虏言单于东，乃更令骠骑出代郡，令大将军出定襄。郎中令为前将军，太仆为左将军，主爵赵食其为右将军，平阳侯襄为后将军，皆属大将军。兵即度幕，人马凡五万骑，与骠骑等咸击匈奴单于。赵信为单于谋曰："汉兵既入幕，人马罢，匈奴可坐收虏耳。"

乃悉远北其辎重，皆以精兵待幕北。而适值大将军军出塞千余里，见单于兵陈而待，于是大将军令武刚车自环为营，而纵五千骑往当匈奴。匈奴亦纵可万骑。会日且入，大风起，沙砾击面，两军不相见，汉益纵左右翼绕单于。单于视汉兵多，而士马尚强，战而匈奴不利，薄暮，单于遂乘六骡，壮骑可数百，直冒汉围西北驰去。时已昏，汉匈奴相纷挐，杀伤大当。汉军左校捕虏言单于未昏而去，汉军因发轻骑夜追之，大将军军因随其后。匈奴兵亦散走。迟明，行二百余里，不得单于，颇捕斩首虏万余级，遂至窴颜山赵信城，得匈奴积粟食军。军留一日而还，悉烧其城余粟以归。大将军之与单于会也，而前将军广、右将军食其军别从东道，或失道，后击单于。大将军引还过幕南，乃得前将军、右将军。大将军欲使使归报，令长史簿责前将军广，广自杀。右将军至，下吏，赎为庶人。大将军军入塞，凡斩捕首虏万九千级。是时匈奴众失单于十余日，右谷蠡王闻之，自立为单于。单于后得其众，右王乃去单于之号。骠骑将军亦将五万骑，<u>车重与大将军军等</u>，而无裨将。悉以李敢等为大校，当裨将，出代、右北平千余里，直左方，兵所斩捕，<u>功已多大将军</u>。军既还，<u>天子曰</u>："骠骑将军去病，率师躬将，所获荤粥之士，约轻赍，绝大幕，涉获章渠以诛比车耆，转击左大将，所（按：中华书局本作"斩"。）获旗鼓，历涉离侯。济弓闾，获屯头王、韩王等三人，将军、相国、当户、都尉八十三人，封狼居胥山，禅于姑衍，登临翰海。执卤获丑七万有四百四十三级，师率减什三，取食于敌，逴行殊远而粮不绝，以五千八百户益封骠骑将军。"右北平太守路博德属<u>骠骑将军</u>，会与城不失期，从至梼余山，斩首捕虏二千七百级，以千六百户封博德为符离侯。北地都尉邢山从<u>骠骑将军</u>获王，以千二百户封山为义阳侯。故归义因淳王复陆支、楼专王伊即靬皆<u>从骠骑将军</u>有功，以千三百户封复陆支为壮侯，以千八百户封伊即靬为众利侯。从骠侯破奴、昌武侯安稽<u>从骠骑</u>有功，益封各三百户。校尉敢得旗鼓，为关内侯，食邑二百户。校尉自为爵大庶长。军吏卒为官，赏赐甚多。<u>而大将军不得益封，军吏卒皆无封侯者</u>。

<u>两军之出塞，塞阅官及私马凡十四万匹，而复入塞者不满三万匹</u>。冷刺。乃益置大司马位，大将军、骠骑将军<u>皆为大司马</u>。定令，令骠骑将军秩禄<u>与大将军等</u>。<u>自是之后</u>，<u>大将军青日退，而骠骑日益贵</u>。<u>举大将军故人门下多去事骠骑</u>，<u>辄得官爵，唯任安不肯</u>。骠骑将军为人少言不泄，有气敢任。天子尝欲教之孙吴兵法，<u>对曰：“顾方略何如耳，不至学古兵法</u>。”天子为治第，令骠骑视之，对曰：“<u>匈奴未灭，无以家为也</u>。”<u>由此上益重爱之</u>。然少而侍中，贵，不省士。其从军，天子为遣太官赍数十乘，既还，重车余弃粱肉，而士有饥者。其在塞外，卒乏粮，或不能自振，而骠骑尚穿域蹋鞠。<u>事多此类</u>。大将军<u>为人仁善退让，以和柔自媚于上</u>，<u>然天下未有称也</u>。

骠骑将军自四年军后三年，元狩六年而卒。天子悼之，发属国玄甲军陈自长安至茂陵为冢，像祁连，山谥之并武与广地，曰景桓侯。子嬗代侯。嬗少，字子侯，上爱之，幸其壮而将之。居六岁，元封元年，嬗卒，谥哀侯。无子绝，国除。自骠骑将军死后，大将军长子宜春侯伉坐法失侯。后五岁，伉弟二人阴安侯不疑及发干侯登皆坐酎金失侯。失侯后二岁，冠军侯国除。其后四年，大将军青卒，谥为烈侯。子伉代为常（按：中华书局本作"长"。）平侯。自大将军围单于之后，十四年而卒。<u>竟不复击匈奴者以汉马少</u>，而方南诛两越，东伐朝鲜，击羌、西南夷，<u>以故久不伐胡</u>。<u>大将军以其得尚平阳公主故</u>，点睛。长平侯伉代侯。六岁，坐法失侯。

左右（按：中华书局本作"方"。）两大将军及诸裨将名：

最大将军青，凡七出击匈奴，斩捕首虏五万余级。一与单于战，收河南地，遂置朔方郡，再益封凡万一千八百户。封三子为侯，侯千三百户。并之万五千七百户。其校尉裨将以从大将军侯者九人。

其裨将及校尉已为将者十四人。为裨将者曰李广，自有传。无传者曰：将军公孙贺。贺义渠人，其先胡种。贺父浑邪，景帝时为平曲侯，坐法失侯。贺，武帝为太子时舍人。武帝立八岁，以太仆为轻车将军，军马邑。后四岁，以轻车将军出云中。后五岁，以骑将军从大将军有功，封为南窌侯。后一岁，以左将军再从大将军出定襄，无功。后四岁，以坐酎金失侯。后八岁，以浮沮将军出五原二千余里，无功。后八岁，以太仆为丞相，封葛绎侯。贺七为将军，出击匈奴无大功，而再侯，为丞相。坐子敬声与阳石公主奸，为巫蛊，族灭，无后。将军李息，郁郅人。事景帝。至武帝立八岁，为材官将军，军马邑；后六岁，为将军，出代；后三岁，为将军，从大将军出朔方：皆无功。凡三为将军，其后常为大行。将军公孙敖，义渠人。以郎事武帝。武帝立十二岁，为骠骑将军，出代，亡卒七千人，当斩，赎为庶人。后五岁，以校尉从大将军有功，封为合骑侯。后一岁，以中将军从大将军，再出定襄，无功。后二岁，以将军出北地后骠骑期，当斩，赎为庶人。后二岁，以校尉从大将军，无功。后十四岁，以因杆将军筑受降城。七岁，复以因杆将军再出击匈奴，至余吾，亡士卒多，下吏，当斩，诈死，亡居民间，五六岁。后发觉，复系。坐妻为巫蛊，族。凡四为将军，出击匈奴，一侯。将军李沮，云中人。事景帝。武帝立十七岁，以左内史为强弩将军。后一岁，复为强弩将军。将军李蔡，成纪人也。事孝文帝、景帝、武帝。以轻车将军从大将军有功，封为乐安侯。已为丞相，坐法死。将军张次公，河东（按：中华书局本作"车"。）人。以校尉从卫将军青有功，封为岸头侯。其后太后崩，为将军，军北军。后一岁，为将军从大将军，再为将军，坐法失侯。次公父隆，轻车武射也。以善射，景帝幸近之也。将军苏建，杜陵人。以校尉从卫将军青有功，为平陵侯，以将军筑朔方。后四岁，为游击将军，从大将军出朔方。后一岁，以右将军再从大将军出定襄，亡翕侯，失军，当斩，赎为庶人。其后为代郡太守，卒，冢在大犹乡。将军赵信，以匈奴相国降为翕侯。武帝立十七岁，为前将军，与单于战败，降匈奴。将军张骞，以使通大夏，还为校尉。<u>从大将军有功</u>，封为博望侯。后三岁，为将军，出右北平，失期，当斩，赎为庶人。其后使通乌孙，为大行而卒，家（按：中华书局本作"冢"。）在汉中。将军赵食其，祋祤人也。武帝立二十二岁，以主爵为右将军，<u>从大将军出定襄</u>，迷失道，当斩，赎为庶人。将军曹襄，以平阳侯为后将军，<u>从大将军</u>出定襄。襄，曹参孙也。将军韩说，弓高侯庶孙也。以校尉<u>从大将军</u>有功，为龙䫉侯，坐酎金失侯。元鼎六年，以待诏为横海将军，击东越有功，为按道侯。以太初三年为游击将军，屯于五原外列城。为光禄勋，掘蛊太子宫，卫太子杀之。将军郭昌，云中人也。以校尉<u>从大将军</u>。元封四年，以太中大夫为拔胡将军，屯朔方。还击昆明，无功，夺印。将军荀彘，太原广武人。以御见侍中为校尉，<u>数从大将军</u>。以元封三年，为左将军，击朝鲜，无功。以捕楼船将军坐法死。

最骠骑将军去病，凡六出击匈奴，其四出以将军，斩捕首虏十一万余级。及浑邪王以众降数万，遂开河西酒泉之地，西方益少胡寇。四益封，凡万五千一百户。其校吏有功为侯者凡六人，而后为将军二人。将军路博德，平州人。以右北平太守<u>从骠骑将军</u>有功，为符离侯。骠骑死后，博德以卫尉为伏波将军，伐破南越，益封。其后坐法失侯。为强弩都尉，屯居延，卒。将军赵破奴，故九原人。尝亡入匈奴，已而归汉，<u>为骠骑将军司马</u>。出北地时有功，封为从骠侯。坐酎金失侯。后一岁，为匈河将军，攻胡，至匈河水，无功。后二岁，击虏楼兰王，复封为浞野侯。后六岁，为浚稽将军，将二万骑击匈奴左贤王，左贤王与战，兵八万骑围破奴，破奴生为虏所得，遂没其军。居匈奴中十岁，复与其太子安国亡入汉。后坐巫蛊，族。

<u>自卫氏兴</u>，<u>大将军青首封</u>，<u>其后枝属为五侯</u>。<u>凡二十四岁而五侯</u>

<u>尽夺</u>，<u>卫氏无为侯者</u>。

太史公曰：苏建语余曰："吾尝责大将军至尊重，而天下之贤大夫毋称焉，<u>愿将军观古名将所招选择贤者</u>，<u>勉之哉</u>。大将军谢曰：'自魏其、武安之厚宾客，天子常切齿。彼亲附士大夫，招贤绌不肖者，人主之柄也。人臣奉法遵职而已，何与招士！'"骠骑亦放此意，<u>其为将如此</u>。冷刺。

通身所叙者，命将出师，论功行赏。节目其语句，纯用凝重、排比、反复，波澜动荡处无几也，而笔势飘举，读之，但觉一片浑浩流转之气在人喉舌间。艨艟巨舰，轻若鸿毛，可以观江河之能事矣。

两人并以子夫贵幸，其功名由时会而成。故传中不言其制胜方略，而抵叙战功。即战功，亦天子口中铺张为多。前后之递兴递衰，中间之一轩一轻，写来无限悲凉，亦只是从时会生感叹耳。

平津侯主父列传

　　丞相公孙弘者，齐菑川国薛县人也，字季。少时为薛狱吏，有罪，免。家贫，牧豕海上。年四十余，乃学《春秋》杂说。养后母孝谨。

　　建元元年，天子初即位，招贤良文学之士。是时弘年六十，征，以贤良为博士。使匈奴，还报，不合上意，上怒，以为不能，弘乃病免归。

　　元光五年，有诏征文学，菑川国复推上公孙弘。弘让谢国人曰："臣已尝西应命，以不能罢归，愿更推选。"国人固推弘，弘至太常。太常令所征儒士各对策百余人，弘第居下。<u>策奏，天子擢弘对为第一</u>。写得不明，与偃传对。召入见，状貌甚丽，拜为博士。是时通西南夷道，置郡，巴蜀民苦之，诏使弘视之。还奏事，盛毁西南夷无所用，上不听。弘为人恢奇多闻，常称以为人主病不广大，人臣病不俭节。弘为布被，食不重肉。后母死，服丧三年。每朝会议，开陈其端，<u>令人主自择</u>，<u>不肯面折庭争</u>。一路写弘阿顺结主，"于是"二字紧甚。<u>于是天子察其行敦厚</u>，<u>辩论有余</u>，<u>习文法吏事</u>，<u>而又缘饰以儒术</u>，<u>上大说之</u>。

　　二岁中，至左内史。弘奏事，有不可，<u>不庭辩之</u>。尝与主爵都尉汲黯请间，<u>汲黯先发之</u>，<u>弘推其后</u>，<u>天子常说</u>，<u>所言皆听</u>，<u>以此日益亲贵</u>。尝与公卿约议，至上前，<u>皆倍其约</u>，<u>以顺上旨</u>。汲黯庭诘弘曰："齐人多诈而无情实，始与臣等建此议，今皆倍之，不忠。"上问弘。<u>弘谢曰："夫知臣者以臣为忠，不知臣者以臣为不忠。"</u>囫囵语，狡甚。<u>上然弘言</u>。左右幸臣每毁弘，上益厚遇之。

　　元朔三年，张欧免，以弘为御史大夫。是时通西南夷，东置沧海，北筑朔方之郡。弘数谏，以为罢敝中国以奉无用之地，愿罢之。于是天子乃使朱买臣等难弘置朔方之便。发十策，<u>弘不得一</u>。<u>弘乃</u>

谢曰："<u>山东鄙人，不知其便若是，愿罢西南夷、沧海而专奉朔方</u>。"<u>上乃许之</u>。

<u>汲黯</u>曰："弘位在三公，奉禄甚多，然为布被，此诈也。"上问弘。弘谢曰："<u>有之</u>。<u>夫九卿与臣善者无过黯</u>，然今日庭诘弘，恶。<u>诚中弘之病</u>。夫以三公为布被，<u>诚饰诈欲以钓名</u>。恶。且臣闻管仲相齐，有三归，侈拟于君，桓公以霸，亦<u>上僭于君</u>。恶甚。晏婴相景公，食不重肉，妾不衣丝，齐国亦治，<u>此下比于民</u>。今臣弘位为御史大夫，而为布被，自九卿以下至于小吏无差，<u>诚如汲黯言</u>。恶。<u>且无汲黯忠</u>，恶甚。<u>陛下安得闻此言</u>。"<u>天子以为谦让</u>，<u>愈益厚之</u>。卒以弘为丞相，封平津侯。

弘为人意忌，<u>外宽内深</u>。四字是弘全相。诸尝与弘有郤者，<u>虽阳与善</u>，<u>阴报其祸</u>。<u>杀主父偃</u>，<u>徙董仲舒于胶西</u>，<u>皆弘之力也</u>。食一肉脱粟之饭。故人所善宾客仰衣食，弘奉禄皆以给之，家无所余。<u>士亦以此贤之</u>。

淮南、衡山谋反，<u>治党与方急</u>。<u>弘病甚</u>，两句紧接，恐透说丞相弘，如发蒙振落之意矣。<u>自以为无功而封</u>，位至丞相，宜佐明主填抚国家，使人由臣子之道。今诸侯有畔逆之计，<u>此皆宰相奉职不称</u>，<u>恐窃病死</u>，<u>无以塞责</u>。乃上书曰："臣闻天下之通道五，所以行之者三。曰君臣，父子，兄弟，夫妇，长幼之序，此五者天下之通道也。智，仁，勇，此三者天下之通德，所以行之者也。故曰'力行近乎仁，好问近乎智，知耻近乎勇'。知此三者，则知所以自治；知所以自治，然后知所以治人。天下未有不能自治而能治人者也，此百世不易之道也。今陛下躬行大孝，鉴三王，建周道，兼文武，厉贤予禄，量能授官。今臣弘罢驽之质，无汗马之劳，陛下过意，擢臣弘卒伍之中，封为列侯，致位三公。臣弘行能不足以称，素有负薪之病，恐先狗马填沟壑，终无以报德塞责。愿归侯印，乞骸骨，避贤者路。"天子报曰："古者赏有功，褒有德，守成尚文，遭遇右武，未有易此者也。朕宿昔庶几获承尊位，惧不能宁，惟所与共为治者，君宜知之。盖君子善善恶恶，君宜知之。君若谨行，常在朕躬。君不幸罹霜露之病，何恙不已，乃上书归侯，乞骸骨，是章朕之不德也。今事少间，君其<u>省思虑</u>，<u>一精神</u>，辅以医药。"因赐告牛酒杂帛。居数月，病有瘳，视事。元狩二年，<u>弘病</u>，<u>竟以丞相终</u>。

子度嗣为平津侯。度为山阳太守，十余岁，坐法失侯。

主父偃者，齐临菑人也。<u>学长短纵横之术</u>，晚乃学《易》、《春秋》、百家言。游齐诸生间，<u>莫能厚遇也</u>。极写困厄之甚，激起知遇之奇。<u>齐诸儒生相与排摈</u>，<u>不容于齐</u>。家贫，<u>假贷无所得</u>，极写困厄之久，激起知遇之忽。<u>乃北游燕</u>、<u>赵</u>、<u>中山</u>，<u>皆莫能厚遇</u>，<u>为客甚困</u>。

孝武元光元年中，以为诸侯莫足游者，<u>乃西入关见卫将军</u>。卫将军数言上，<u>上不召</u>。资用乏，留久，诸公宾客多厌之，乃上书阙下。<u>朝奏</u>，<u>暮召入见</u>。不测语，写得妙绝！所言九事，其八事为律令，<u>一事谏伐匈奴</u>。其辞曰：

臣闻明主不恶切谏以博观，忠臣不敢避重诛以直谏，是故事无遗策而功流万世。今臣不敢隐忠避死以效愚计，愿陛下幸赦而少察之。

司马法曰："国虽大，好战必亡；天下虽平，忘战必危。"天下既平，天子大凯，春蒐秋狝，诸侯春振旅，秋治兵，所以不忘战也。且夫<u>怒者逆德也</u>，<u>兵者凶器也</u>，<u>争者末节也</u>。古之人君，一怒必伏尸流血，故圣王重行之。夫务战胜，穷武事者，<u>未有不悔者也</u>。昔秦皇帝任战胜之威，蚕食天下，并吞战国，海内为一，功齐三代。务胜不休，欲攻匈奴，李斯谏曰："不可。夫匈奴无城郭之居，委积之守，迁徙鸟举，难得而制也。轻兵深入，粮食必绝；踵粮以行，重不及事。得其地，不足以为利也，遇其民，不可役而守也。胜必杀之，非民父母也。靡敝中国，快心匈奴，非长策也。"秦皇帝不听，遂使蒙恬将兵攻胡，辟地千里，以河为境。地固泽咸卤，不生五谷。然后发天下丁男以守北河。暴兵露师十有余年，死者不可胜数，终不能逾河而北。是岂人众不足，兵革不备哉？其势不可也。又使天下蜚刍挽粟，起于东（按：中华书局本作"黄"。）、腄、琅邪负海之郡，转输北河，率三十钟而致一石。男子疾耕不足于粮饷，女子纺绩不足于帷幕。百姓靡敝，孤寡老弱不能相养，道路死者相望，盖天下始畔秦也。

及至高皇帝定天下，略地于边，闻匈奴聚于代谷之外而欲击之。御史成进谏曰："不可。夫匈奴之性，兽聚而鸟散，从之如搏影。今以陛下盛德攻匈奴，臣窃危之。"高帝不听，遂北至于代谷，果有平城之围。高皇帝盖悔之甚，乃使刘敬往结和亲之约，然后天下忘干戈之事。故兵法曰"兴师十万，日费千金"。夫秦常积众暴兵数十万人，虽有覆军杀将系虏单于之功，亦适足以结怨深仇，不足以偿天下之费。夫上虚府库，下敝百姓，甘心于外国，非完事也。夫匈奴难得而制，非一世也。行盗侵驱，所以为业也，天性固然。上及虞夏殷周，固弗程督，禽兽畜之，不属为人。夫上不观虞夏殷周之统，而下修近世之失，此臣之所大忧，百姓之所疾苦也。且夫兵久则变生，事苦则虑易。乃使边境之民，靡弊愁苦而有离心，将吏相疑而外市，故尉佗、章邯得以成其私也。夫秦政之所以不行者，权分乎二子，此得失之效也。故周书曰"安危在出令，存亡在所用"。愿陛下详察之，少加意而熟虑焉。

是时赵人徐乐、齐人严安，带传二子，天马行空。俱上书言世务，各一事。

徐乐曰：

臣闻天下之患在于土崩，不在于瓦解，古今一也。

何谓土崩？秦之末世是也。陈涉无千乘之尊，尺土之地，身非王公大人名族之后，无乡曲之誉，非有孔、墨、曾子之贤，陶朱、猗顿之富也，然起穷巷，奋棘矜，偏袒大呼而天下从风，此其故何也？由民困而主不恤，下怨而上不知也，俗已乱而政不修，此三者陈涉之所以为资也。是之谓土崩。故曰天下之患在于土崩。何谓瓦解？吴、楚、齐、赵之兵是也。七国谋为大逆，号皆称万乘之君，带甲数十万，威足以严其境内，财足以劝其士民，然不能西攘尺寸之地，而身为禽于中原者，此其故何也？非权轻于匹夫而兵弱于陈涉也，当是之时，先帝之德泽未衰而安土乐俗之民众，故诸侯无境外之助。此之谓瓦解，故曰，天下之患，不在瓦解。由是观之，天下诚有土崩之势，虽布衣穷处之士，或首恶而危海内，陈涉是也。况三晋之君或存乎！天下虽未有大治也，诚能无土崩之势，虽有强国劲兵，不得旋踵而身为禽矣，吴、楚、齐、赵是也。况群臣百姓能为乱乎哉！此二体者，安危之明要也，贤主所留意而深察也。

间者关东五谷不登，年岁未复，民多穷困，重之以边境之事，推数循理而观之，则民且有不安其处者矣。不安，故易动。易动者，土崩之势也。故贤主独观万化之原，明于安危之机，修之庙堂之上，而销未形之患。其要，期使天下无土崩之势而已矣。故虽有强国劲兵，陛下逐走兽，射蜚鸟，弘游燕之囿，淫纵恣之观，极驰骋之乐，自若也。金石丝竹之声不绝于耳，帷帐之私、俳优侏儒之笑不乏于前，而天下无宿忧。名何必汤武，俗何必成康！虽然，臣窃以为陛下天然之圣，宽仁之资，而诚以天下为务，则汤武之名不难侔，而成康之俗可复兴也。此二体者立，然后处尊安之实，扬名广誉于当世，亲天下而服四夷，余恩遗德为数世隆，南面负扆摄袂而揖王公，此陛下之所服也。臣闻图王不成，其敝足以安。安则陛下何求而不得，何为而不成，何征而不服乎哉！

严安上书曰：

臣闻周有天下，其治三百余岁，成康其隆也，刑错四十余年而不用。及其衰也，亦三百余岁，故五伯更起。五伯者，常佐天子兴利除害，诛暴禁邪，匡正海内，以尊天子。五伯既没，贤圣莫续，天子孤弱，号令不行。诸侯恣行，强陵弱，众暴寡，田常篡齐，六卿分晋，并为战国，此民之始苦也。束一笔。于是强国务攻，弱国备守，合纵连横，驰车击毂，介胄生虮虱，民无所告愬。

及至秦王，蚕食天下，并吞战国，称号曰皇帝，一（按：中华书局本作"主"。）海内之政，坏诸侯之城，销其兵，铸以为钟虡，示不复用。元元黎民得免于战国，逢明天子，人人自以为更生。乡使秦缓其刑罚，薄赋敛，省繇役，贵仁义，贱权利，上笃厚，下智巧，变风易俗，化于海内，则世世必安矣。秦不行是风而修其故俗，为智巧权利者进，笃厚忠信者退；法严政峻，谄谀者众，日闻其美，意广心轶。欲肆威海外，乃使蒙恬将兵以北攻胡，辟地进境，戍于北河，蜚刍挽粟以随其后。又使尉佗屠睢将楼船之士南攻百越，使监禄凿渠运粮，深入越，越人遁逃。旷日持久，粮食绝乏，越人击之，秦兵大败。秦乃使尉佗将卒以戍越。当是时，秦祸北构于胡，南挂于越，宿兵无用之地，进而不得退。行十余年，丁男被甲，丁女转输，苦不聊生，自经于道树，死者相望。及秦皇帝崩，天下大叛。陈胜、吴广举陈，武臣、张耳举赵，项梁举吴，田儋举齐，景驹举郢，周市举魏，韩广举燕，穷山通谷豪士并起，不可胜载也。然皆非公侯之后，非长官之吏也。无尺寸之势，起闾巷，杖棘矜，应时而皆动，不谋而俱起，不约而同会，壤长地进，至于霸王，时教使然也。秦贵为天子，富有天下，灭世绝祀者，穷兵之祸也。故周失之弱，秦失之强，不变之患也。又束一笔，是篇中主意。

今欲招南夷，朝夜郎，降羌僰，略濊州，建城邑，深入匈奴，燔其茏城，议者美之。此人臣之利也，非天下之长策也。今中国无狗吠之惊，而外累于远方之备，靡敝国家，非所以子民也。行无穷之欲，甘心快意，结怨于匈奴，非所以安边也。祸结而不解，兵休而复起，近者愁苦，远者惊骇，非所以持久也。今天下锻甲砥剑，桥箭累弦，转输运粮，未见休时，此天下之所共忧也。夫兵久而变起，事烦而虑生。明言。今外郡之地或几千里，列城数十，形束壤制，旁胁诸侯，非公室之利也。上观齐晋之所以亡者，公室卑削，六卿大盛也；下观秦之所以灭者，严法刻深，欲大无穷也。今郡守之权，非特六卿之重也；地几千里，非特闾巷之资也；甲兵器械，非特棘矜之用也；以遭万世之变，则不可称讳也。

书奏天子，天子召见三人，谓曰："公等皆安在？何相见之晚也！"快绝语，写的妙绝！于是上乃拜主父偃、徐乐、严安为郎中。数见，上疏言事，诏拜偃为谒者，迁乐为中大夫。一岁中四迁偃。与"朝奏暮召"句同妙。

偃说上曰："古者诸侯不过百里，强弱之形易制。今诸侯或连城数十，地方千里，缓则骄奢易为淫乱，急则阻其强而合从以逆京师。今以法割削之，则逆节萌起，前日晁错是也。今诸侯子弟或十数，而适嗣代立，余虽骨肉，无尺寸地封，则仁孝之道不宣。愿陛下令诸侯得推恩分子弟，以地侯之。彼人人喜得所愿，上以德施，实分其国，不削而稍弱矣。"于是上从其计。又说上曰："茂陵初立，天下豪杰并兼之家，乱众之民，皆可徙茂陵，内实京师，外销奸猾，此所谓不诛而害除。"上又从其计。

尊立卫皇后，应前。及发伏后。燕王定国阴事，偃有功焉。大臣皆畏其口，赂遗累千金。人或说偃曰："太横矣。""横"字唯评。主父曰："臣结发游学四十余年，身不得遂，亲不以为子，昆弟不收，宾客弃我，我厄日久矣。且丈夫生不五鼎食，死即五鼎烹耳。吾日暮途远，故倒行暴施之。"

偃盛言朔方地肥饶，外阻河，蒙恬城之以逐匈奴，内省转输戍漕，广中国，灭胡之本也。上览其说，下公卿议，皆言不便。公孙弘曰：入弘"秦时常发三十万众筑北河，终不可就，已而弃之。"主父偃盛言其便，上竟用主父计，立朔方郡。

元朔二年，主父言齐王内淫佚行僻，上拜主父为齐相。至齐，遍召昆弟宾客，散五百金予之，数之曰："始吾贫时，昆弟不我衣食，宾客不我内门；今吾相齐，诸君迎我或千里。吾与诸君绝矣，毋复入偃之门！"乃使人以王与姊奸事动王，王以为终不得脱罪，恐效燕王论死，乃自杀。有司以闻。主父始为布衣时，尝游燕赵，及其贵，发燕事。赵王恐其为国患，欲上书言其阴事，为偃居中，不敢发。及为齐相，出关，即使人上书，告言主父偃受诸侯金，以故诸侯子弟多以得封者。及齐王自杀，上闻大怒，以为主父劫其王令自杀，乃征下吏治。主父服受诸侯金，实不劫王令自杀。<u>上欲勿诛，是时公孙弘为御史大夫</u>，再入弘，终偃传。<u>乃言曰</u>："齐王自杀无后，国除为郡，入汉，主父偃本首恶，陛下不诛主父偃，无以谢天下。"乃遂族主父偃。

　　主父偃方贵幸时，<u>宾客以千数</u>，<u>及其族死</u>，<u>无一人收者</u>，<u>唯独洨孔车收葬之</u>。<u>天子后闻之</u>，<u>以为孔车长者也</u>。天子重孔李怜偃也，史公写至此处，不胜哀叹之感，且有众人皆欲杀，吾意独怜人之死也。

　　太史公曰：公孙弘行义虽修，然亦遇时。汉兴八十余年矣，上方乡文学，招俊义，以广儒墨，弘为举首。主父偃当路，诸公皆誉之，<u>及名败身诛</u>，<u>士争言其恶</u>。<u>悲夫</u>！

　　　弘传入偃，偃传入弘，乃合传中因事立法之一端。平原君虞卿传亦如是也。写两人性情作用，汉武君臣相得意象，皆一句作无量句用，真能镂画虚空。

司马相如列传

　　司马相如者，蜀郡成都人也，字长卿。少时<u>好读书</u>，学击剑，故其亲名之曰犬子。相如既学，慕蔺相如之为人，更名相如。以赀为郎，事孝景帝，为武骑常侍，非其好也。会景帝不好辞赋，是时梁孝王来朝，从游说之士齐人邹阳、淮阴枚乘、吴庄忌夫子之徒，相如见而说之，因病免，客游梁。梁孝王令与诸生同舍，相如得与诸生游士居数岁，<u>乃著《子虚之赋》</u>。

　　会梁孝王卒，相如归，而家贫，无以自业。素与临邛令王吉相善，吉曰："<u>长卿久宦游不遂</u>，<u>而来过我</u>。"于是相如往，舍都亭。<u>临邛令缪为恭敬</u>，"缪"字妙！<u>日往朝相如</u>。相如初尚见之，<u>后称病</u>，使从者谢吉，<u>吉愈益谨肃</u>。临邛中<u>多富人</u>，而卓王孙家童八百人，程郑亦数百人，<u>二人乃相谓曰</u>："<u>令有贵客</u>，为具召之。"并召令。令既至，卓氏客以百数。至日中，谒司马长卿，<u>长卿谢病不能往</u>，<u>临邛令不敢尝食</u>，<u>自往迎相如</u>。<u>相如不得已</u>，<u>强往</u>，<u>一坐尽倾</u>。酒酣，临邛令前奏琴曰："窃闻长卿好之，<u>愿以自娱</u>。"<u>相如辞谢</u>，<u>为鼓一再行</u>。是时卓王孙有女文君新寡，好音，<u>故相如缪与令相重</u>，"缪"字妙！<u>而以琴心挑之</u>。相如之临邛，从车骑，雍容闲雅甚都；及饮卓氏，弄琴，<u>文君窃从户窥之</u>，<u>心悦而好之</u>，<u>恐不得当也</u>。既罢，相如乃使人重赐文君侍者通殷勤。文君夜亡奔相如，相如乃与驰归。<u>家居徒四壁立</u>。卓王孙大怒曰："女至不材，我不忍杀，<u>不分一钱也</u>。"人或谓王孙，<u>王孙终不听</u>。文君久之不乐，曰："长卿第俱如临邛，从昆弟假贷犹足为生，何至自苦如此！"相如与俱之临邛，尽卖其车骑，买一酒舍酤酒，<u>而令文君当垆</u>。<u>相如身自著犊鼻裈</u>，<u>与保庸杂作</u>，涤器于市中。<u>卓王孙闻而耻之</u>，<u>为杜门不出</u>。昆弟诸公更谓王孙曰："有一男两女，<u>所不足者非财也</u>。今文君已失身于司马长卿，长卿故倦游，<u>虽贫</u>，<u>其人材足依也</u>，<u>且又令客</u>，独奈何相辱如此！"卓王孙不得已，分予文君童百人，钱百万，及其嫁时衣被财物。文君乃与相如归成都，买田宅，为富人。

居久之，蜀人杨得意为狗监，侍上。上读《子虚赋》而善之，遥接。曰："朕独不得与此人同时哉！"得意曰："臣邑人司马相如自言为此赋。"上惊，乃召问相如。相如曰："有是。然此乃诸侯之事，未足观也。请为天子游猎赋，赋成奏之。"上许，令尚书给笔札。

相如以"子虚"，虚言也，为楚称；"乌有先生"者，乌有此事也，为齐难；"无是公"者，无是人也，明天子之义。故空藉此三人为辞，以推天子诸侯之苑囿。其卒章归之于节俭，因以风谏。奏之天子，天子大说。

其辞曰：

楚使子虚使于齐，齐王悉发境内之士，备车骑之众，与使者出田。田罢，子虚过诧（按：中华书局本作"詑"）乌有先生，而无是公在焉。坐定，乌有先生问曰："今日田乐乎？"子虚曰："乐。""获多乎？"曰："少。""然则何乐？"曰："仆乐齐王之欲夸仆以车骑之众，而仆对以云梦之事也。"曰："可得闻乎？"子虚曰："可。王驾车千乘，选徒万骑，田于海滨。列卒满泽，罘罔弥山，掩兔辚鹿，射麋脚麟。骛于盐浦，割鲜染轮。射中获多，矜而自功。顾谓仆曰：'楚亦有平原广泽游猎之地，饶乐若此者乎？楚王之猎何与寡人？'仆下车对曰：'臣楚国之鄙人也，幸得宿卫十有余年，时从出游，游于后园，览于有无，然犹未能遍睹也，又恶足以言其外泽者乎！'齐王曰：'虽然，略以子之所闻见而言之。'

"仆对曰：'唯唯。臣闻楚有七泽，尝见其一，未睹其余也。臣之所见，盖特其小小者耳，名曰云梦。云梦者，方九百里，其中有山焉。其山则盘纡弗郁，隆崇嵂崒；岑岩参差，日月蔽亏；交错纠纷，上干青云；罢池陂陁，下属江河。其土则丹青赭垩，雌黄白坿，锡碧金银，众色炫燿，照烂龙鳞。其石则赤玉玫瑰，琳珉琨珸，瑊玏玄厉，瑌石武夫。其东则有蕙圃衡兰，芷若射干，穹穷昌蒲，江离麋芜，诸柘猼且。其南则有平原广泽，登降陁靡，案衍坛曼，缘以大江，限以巫山。其高燥则生葴薪苞荔，薛沙（按：中华书局本作"莎"。）青薠。其卑湿则生藏莨蒹葭，东蔷雕胡，莲藕觚芦，菴闾轩芋，众物居之，不可胜图。其西则有涌泉清池，激水推移；外发芙蓉菱华，内隐钜石白沙。其中则有神龟蛟鼉，玳瑁鳖鼋。其北则有阴林巨树，楩楠豫章，桂椒木兰，蘗离朱杨，樝梸梬栗，橘柚芬芳。其上则有赤猿蠷蝚，鹓雏孔鸾，腾远射干。其下则有白虎玄豹，蟃蜒䝙犴，兕象野犀，穷奇獌狿。

"'于是乃使专诸之伦，手格此兽。楚王乃驾驯驳之驷，乘雕玉之舆，靡鱼须之桡旃，曳明月之珠旗，建干将之雄戟，左乌嗥之雕弓，右夏服之劲箭；阳子骖乘，纤阿为御；案节未舒，即陵狡兽，辚邛邛，蹵距虚，轶野马而㲋騊駼，乘遗风而射游骐；倏眒凄浰，雷动熛至，星流霆击，弓不虚发，中必决眦，洞胸达腋，绝乎心系，获若雨兽，掩草蔽地。于是楚王乃弭节裴回，翱翔容与，览乎阴林，观壮士之暴怒，与猛兽之恐惧，徼䪠受诎，殚睹众物之变态。

"'于是郑女曼姬，被阿锡，揄纻缟，杂纤罗，垂雾縠；襞积褰绉，纡徐委曲，郁桡谿谷；衯衯裶裶，扬袘恤削，蜚纤垂髾；扶与猗靡，吸呷萃蔡，下摩兰蕙，上拂羽盖，错翡翠之威蕤，缪绕玉绥；缥乎忽忽，若神仙之仿佛。

"'于是乃相与獠于蕙圃，媻珊勃窣，上金堤，掩翡翠，射鵕鸃，微矰出，纤缴施，弋白鹄，连驾鹅，双鸧下，玄鹤加。怠而后发，游于清池；浮文鹢，扬桂枻，张翠帷，建羽盖，罔玳瑁，钓紫贝；摐金鼓，吹鸣籁，榜人歌，声流喝，水虫骇，波鸿沸，涌泉起，奔扬会，礧石相击，硠硠礚礚，若雷霆之声，闻乎数百里之外。

"'将息獠者，击灵鼓，起烽燧，车案行，骑就队，纚乎淫淫，班乎裔裔。于是楚王乃登阳云之台，泊乎无为，澹乎自持，勺药之和具，而后御之。不若大王终日驰骋，而不下舆，脟割轮淬，自以为娱。臣窃观之，齐殆不如。'于是王默然无以应仆也。"

乌有先生曰："是何言之过也！足下不远千里，来况齐国，王悉发境内之士，而备车骑之众，以出田，乃欲戮力致获，以娱左右也，何名为夸哉！问楚地之有无者，愿闻大国之风烈，先生之余论也。今足下不称楚王之德厚，而盛推云梦以为高，奢言淫乐而显侈靡，窃为足下不取也。必若所言，固非楚国之美也。有而言之，是章君之恶；无而言之，是害足下之信。章君之恶而伤私义，二者无一可，而先生行之，必且轻于齐而累于楚矣。且齐东有巨海，南有琅邪，观乎成山，射乎之罘，浮勃澥，游孟诸，邪与肃慎为邻，右以汤谷为界，秋田乎青丘，傍徨乎海外，吞若云梦者八九，其于胸中曾不蒂芥。若乃俶傥瑰伟，异方殊类，珍怪鸟兽，万端鳞萃，充仞其中者，不可胜记，禹不能名，契不能计。然在诸侯之位，不敢言游戏之乐，苑囿之大；先生又见客，是以王辞而不能复，何为无用应哉！"

无是公听然而笑曰："楚则失矣，齐亦未为得也。夫使诸侯纳贡者，非为财币，所以述职也；封疆画界者，非为守御，所以禁淫也。今齐列为东藩，而外私肃慎，捐国逾限，越海而田，其于义故未可也。且二君之论，不务明君臣之义而正诸侯之礼，徒事争游猎之乐，苑囿之大，欲以奢侈相胜，荒淫相越，此不可以扬名发誉，而适足以贬君自损也。且夫齐楚之事又焉足道邪！君未睹夫巨丽也，独不闻天子之上林乎？

"左苍梧，右西极，丹水更其南，紫渊径其北；终始霸浐，出入泾渭；酆鄗潦潏，纡余委蛇，经营乎其内。荡荡兮八川分流，相背而异态。东西南北，驰骛往来，出乎椒丘之阙，行乎洲淤之浦，径乎桂林之中，过乎泱莽之野。汩乎浑流，顺阿而下，赴隘陕之口。

触穹石，激堆埼，沸乎暴怒，汹涌滂湃，滭浡滵汩，湢测泌瀄，横流逆折，转腾㵻洌，澎濞沆瀣，穹隆云挠，蜿潬胶戾，逾波趋浥，莅莅下濑，批岩冲壅，奔扬滞沛，临坻注壑，瀺灂霣坠，湛湛隐隐，砰磅訇礚，滴滴溠溠，潏潗鼎沸，驰波跳沫，汩漯漂疾，悠远长怀，寂漻无声，肆乎永归。然后灏溔潢漾，安翔徐徊，翯乎滈滈，东注大湖，衍溢陂池。于是乎蛟龙赤螭，𩺆鯖䱭离，鰅䲉鰬魠，禺禺魼鳎，鳍擢尾，振鳞奋翼，潜处于深岩；鱼鳖讙声，万物众伙，明月珠子，玓瓅江靡，蜀石黄碝，水玉磊砢，磷磷烂烂，采色澔旰，丛积乎其中。鸿鹄鹔鸨，䴔䴖鸀䴊，鵁鯖鸅鸆，烦鹜䴔鸘，鷛𪇆䴘鸠，群浮乎其上。泛淫泛滥，随风澹淡，与波摇荡，掩薄草渚，唼喋菁藻，咀嚼菱藕。

"于是乎崇山矗崒，崔巍嵯峨，深林钜木，崭岩参嵯，九嵏巀嶭，南山峨峨，岩陀甗锜，摧萎崛崎，振谿通谷，蹇产沟渎，谽呀豁閜，阜陵别岛，崴魄嵔瘣，丘虚崛巙，隐辚郁㠝，登降施靡，陂池貏豸，沇溶淫鬻，散涣夷陆，亭皋千里，靡不被筑。掩以绿蕙，被以江离，糅以蘪芜，杂以流夷。专结缕，攒戾莎，揭车衡兰，藁本射干，茈姜蘘荷，蒇橙若荪，鲜枝黄砾，蒋芧青薠，布濩闵泽，延曼太原，丽靡广衍，应风披靡，吐芳扬烈，郁郁斐斐，众香发越，肸蚃布写，晻暧苾勃。

"于是乎周览泛观，瞋盼轧沕，芒芒恍忽，视之无端，察之无崖。日出东沼，入于西陂。其南则隆冬生长，踊水跃波；兽则㺎旄貘犛，沈牛麈麋，赤首圜题，穷奇象犀。其北则盛夏含冻裂地，涉水（按：中华书局本作"冰"。）揭河；兽则麒麟角䚢，騊駼橐驼，蛩蛩驒騱，駃騠驴骡。

"于是乎离宫别馆，弥山跨谷，高廊四注，重坐曲阁，华榱璧珰，辇道纚属，步栏周流，长途中宿。夷嵏筑堂，累台增成，岩突洞房，俯杳眇而无见，仰攀橑而扪天，奔星更于闺闼，宛虹拖于楯轩。青虯蚴蟉于东箱，象舆婉蝉于西清，灵圉燕于间观，偓佺之伦暴于南荣，醴泉涌于清室，通川过乎中庭。槃石裖崖，嶔岩倚倾，嵯峨磼礏，刻削峥嵘，玫瑰碧琳，珊瑚丛生，瑉玉旁唐，瑸斒文鳞，赤瑕驳荦，杂臿其间，垂绥琬琰，和氏出焉。

"于是乎卢橘夏孰，黄甘橙楱，枇杷橪柿，樗楟厚朴，梬枣杨梅，樱桃蒲陶，隐夫郁棣，榙檖荔枝，罗乎后宫，列乎北园。貤丘陵，下平原，扬翠叶，杌紫茎，发红华，秀朱荣，煌煌扈扈，照曜钜野。沙棠栎槠，华汜檗栌，留落胥余，仁频并闾，欃檀木兰，豫章女贞，长千仞，大连抱，夸条直畅，实叶葰茂，攒立丛倚，连卷累佹，崔错癹骫，阬衡间砢，垂条扶于，落英幡纚，纷容萧蔘，旖旎从风，浏莅卉吸，盖象金石之声，管龠之音。柴池茈虒，旋环后宫，杂遝累辑，被山缘谷，循阪下隰，视之无端，究之无穷。

"于是玄猨素雌，蜼玃飞鸓，蛭蜩蠷蝚，螹胡豰蛫，栖息乎其间；长啸哀鸣，翩幡互经，夭蟜枝格，偃蹇杪颠。于是乎隃绝梁，腾殊榛，捷垂条，踔稀间，牢落陆离，烂曼远迁。

"若此辈者，数千百处。嬉游往来，宫宿馆客（按：中华书局本作"舍"），庖厨不徙，后宫不移，百官备具。

"于是乎背秋涉冬，天子校猎。乘镂象，六玉虯（按：中华书局本为"虬"），拖蜺旌，靡云旗，前皮轩，后道游；孙叔奉辔，卫公骖乘，扈从横行，出乎四校之中。鼓严簿，纵獠者，江河为阹，泰山为橹，车骑雷起，隐天动地，先后陆离，离散别追，淫淫裔裔，缘陵流泽，云布雨施。"

"生貔豹，搏豺狼，手熊罴，足野羊，蒙鹖（按：中华书局本为"鹖"）苏，绔白虎，被豳文，跨野马。陵三嵏之危，下积历之坻；径陵赴险，越壑厉水。推蜚廉，弄解豸，格瑕蛤，铤猛氏，罥要褭，射封豕。箭不苟害，解脰陷脑；弓不虚发，应声而倒。于是乎乘舆弭节裴回，翱翔往来，睨部曲之进退，览将率之变态。然后浸潭促节，儵夐远去，流离轻禽，蹴履狡兽，轊白鹿，捷狡兔，轶赤电，遗光耀，追怪物，出宇宙，弯繁弱，满白羽，射游枭，栎蜚遽，择肉后发，先中命处，弦矢分，艺殪仆。

"然后扬节而上浮，陵惊风，历骇飙，乘虚无，与神俱，辚玄鹤，乱昆鸡。遒孔鸾，促鵔𩿨，拂鹥鸟，捎凤皇，捷鸳雏，掩焦明。

"道尽涂殚，回车而还。招摇乎襄羊，降集乎北纮，率乎直指，暗乎反乡。蹶石阙，历封峦，过鳷鹊，望露寒，下棠梨，息宜春，西驰宣曲，濯鹢牛首，登龙台，掩细柳，观士大夫之勤略，钧獠者之所得获。观徒车之所辚轹，乘骑之所蹂若，人民之所蹈躏，与其穷极倦䛐，惊惮慴伏，不被创刃而死者，佗佗籍籍，填坑满谷，掩平弥泽。

"于是乎游戏懈怠，置酒乎昊天之台，张乐乎轇輵之宇；撞千石之钟，立万石之钜；建翠华之旗，树灵鼍之鼓。奏陶唐氏之舞，听葛天氏之歌，千人唱，万人和，山陵为之震动，川谷为之荡波。巴俞宋蔡，淮南于遮，文成颠歌，族举递奏，金鼓迭起，铿枪铛鼞，洞心骇耳。荆、吴、郑、卫之声，《韶》《濩》《武》《象》之乐，阴淫案衍之音，鄢郢缤纷，激楚结风，俳优侏儒，狄鞮之倡，所以娱耳目而乐心意者，丽靡烂漫于前，靡曼美色于后。

"若夫青琴宓妃之徒，绝殊离俗，姣冶娴都，靓庄刻饰，便嬛绰约，柔桡嬛嬛，妩媚姌嫋；拖独茧之褕袘，眇阎易以戌削，媥姺徶𧙃，与世殊服；芬香沤郁，酷烈淑郁；皓齿粲烂，宜笑的皪；长眉连娟，微睇绵藐；色授魂与，心愉于侧。

"于是酒中乐酣，<u>天子芒然而思，似若有亡</u>。曰：'嗟乎，此泰奢侈！<u>朕以览听余闲</u>，<u>无事弃日</u>，<u>顺天道以杀伐</u>，<u>时休息于此</u>，<u>恐后世靡丽</u>，<u>遂往而不反</u>，<u>非所以为继嗣创业垂统也</u>。'于是乃解酒罢猎，而命有司曰：'地可以垦辟，悉为农郊，以赡萌隶；隤墙填堑，使山泽之民得至焉。实陂池而勿禁，虚宫观而勿仞。发仓廪

以振贫穷，补不足，恤鳏寡，存孤独。出德号，省刑罚，改制度，易服色，更正朔，与天下为始。'

"于是历吉日以斋戒，袭朝衣，乘法驾，建华旗，鸣玉鸾，游乎《六艺》之囿，骛乎仁义之涂，览观《春秋》之林，射《狸首》，兼《驺虞》，弋玄鹤，建干戚，载云䍐，掩群《雅》，悲《伐檀》，乐乐胥，修容乎《礼》园，翱翔乎《书》圃，述《易》道，放怪兽，登明堂，坐清庙，恣群臣，奏得失，四海之内，靡不受获。于斯之时，天下大说，乡风而听，随流而化，喟然兴道而迁义，刑错而不用，德隆乎三皇，功羡于五帝。若此，故猎乃可喜也。

"若夫终日暴露驰骋，劳神苦形，罢车马之用，抗士卒之精，费府库之财，而无德厚之恩，务在独乐，不顾众庶，忘国家之政，而贪雉兔之获，则仁者不由也。从此观之，齐楚之事，岂不哀哉！地方不过千里，而囿居九百，是草木不得垦辟，而民无所食也。夫以诸侯之细，而乐万乘之所侈，仆恐百姓之被其尤也。"

于是二子愀然改容，超若自失，逡巡避席曰："鄙人固陋，不知忌讳，乃今日见教，谨闻命矣。"

赋奏，天子以为郎。无是公言天子上林广大，山谷水泉万物，乃子虚言楚云梦所有甚众，侈靡过其实，且非义理所尚，故删取其要，归正道而论之。

相如为郎数岁，会唐蒙使略通夜郎西僰中，发巴蜀吏卒千人，郡又多为发转漕万余人，用兴法诛其渠帅，巴蜀民大惊恐。上闻之，乃使相如责唐蒙，因喻告巴蜀民以非上意。

檄曰：

告巴蜀太守：蛮夷自擅不请之日久矣，时侵犯边境，劳士大夫。陛下即位，存抚天下，辑安中国。然后兴师出兵，北征匈奴，单于怖骇，交臂受事，诎膝请和。康居西域，重译请朝，稽首来享。移师东指，闽越相诛。右吊番禺，太子入朝。南夷之君，西僰之长，常效贡职，不敢怠惰，延颈举踵，喁喁然皆争归义，欲为臣妾，道里辽远，山川阻深，不能自致。夫不顺者已诛，而为善者未赏，故遣中郎将往宾之，发巴蜀士民各五百人，以奉币帛，卫使者不然，靡有兵革之事，战斗之患。今闻其乃发军兴制，惊惧子弟，忧患长老，郡又擅为转粟运输，皆非陛下之意也。叹结上文。当行者或亡逃自贼杀，亦非人臣之节也。引起下文。

夫边郡之士，闻烽举燧燔，皆摄弓而驰，荷兵而走，流汗相属，唯恐居后，触白刃，冒流矢，义不反顾，计不旋踵，人怀怒心，如报私仇。跌宕，有兴致。彼岂乐死恶生，非编列之民，而与巴蜀异主哉？计深虑远，急国家之难，而乐尽人臣之道也。故有剖符之封，析珪而爵，位为通侯，居列东第，终则遗显号于后世，传土地于子孙，行事甚忠敬，居位甚安佚，名声施于无穷，功烈著而不灭。是以贤人君子，肝脑涂中原，膏液润野草而不辞也。今奉币役至南夷，即自贼杀，或亡逃抵诛，身死无名，谥为至愚，耻及父母，为天下笑。人之度量相越，岂不远哉！然此非独行者之罪也，父兄之教不先，子弟之率不谨也；寡廉鲜耻，而俗不长厚也。其被刑戮，不亦宜乎！

陛下患使者有司之若彼，悼不肖愚民之如此，双叹。故遣信使晓喻百姓以发卒之事，因数之以不忠死亡之罪，让三老孝弟以不教诲之过。至此，独责巴蜀子弟父老，其使者○遇不提。妙绝。方今田时，重烦百姓，已亲见近县，恐远所谿谷山泽之民不遍闻，檄到，亟下县道，使咸知陛下之意，唯毋忽也。

相如还报。唐蒙已略通夜郎，因通西南夷道，发巴、蜀、广汉卒，作者数万人。治道二岁，道不成，士卒多物故，费以巨万计。蜀民及汉用事者多言其不便。是时邛筰之君长闻南夷与汉通，得赏赐多，多欲愿为内臣妾，请吏，比南夷。天子问相如，相如曰："邛、筰、冉、駹者近蜀，道亦易通，秦时尝通为郡县，至汉兴而罢。今诚复通，为置郡县，愈于南夷。"天子以为然，乃拜相如为中郎将，建节往使。副使王然于、壶充国、吕越人驰四乘之传,因巴蜀吏币物以赂西夷。至蜀,蜀太守以下郊迎,县令负弩矢先驱,蜀人以为宠。于是卓王孙、临邛诸公皆因门下献牛酒以交欢。卓王孙喟然而叹,自以得使女尚司马长卿晚,而厚分与其女财,与男等同。司马长卿便略定西夷,邛、筰、冉、䮾、斯榆之君皆请为内臣。除边关,关益斥,西至沫、若水,南至牂牁为徼,通零关道,桥孙水以通邛都。还报天子,天子大说。

相如使时,蜀长老多言通西南夷不为用,唯大臣亦以为然。相如欲谏,业已建之,不敢,乃著书,籍以蜀父老为辞,而己诘难之,以风天子,且因宣其使指,令百姓知天子之意。

其辞曰:

汉兴七十有八载,德茂存乎六世,威武纷纭,湛恩汪濊,群生澍濡,洋溢乎方外。于是乃命使西征,随流而攘,风之所被,罔不披靡。因朝冉从䮾,定筰存邛,略斯榆,举苞蒲,结轨还辕,东乡将报,至于蜀都。耆老大夫荐绅先生之徒二十有七人,俨然造焉。辞毕,因进曰:"盖闻天子之于夷狄也,其义羁縻勿绝而已。今罢三郡之士,通夜郎之涂,三年于兹,而功不竟,士卒劳倦,万民不赡,今又接以西夷,百姓力屈,恐不能卒业,此亦使者之累也,窃为左右患之。且夫邛、筰、西僰之与中国并也,历年兹多,不可记已。语一讽谏。仁者不以德来,强者不以力并,意者其殆不可乎!今割齐民以附夷狄,弊所恃以事无用,鄙人固陋,不识所谓。"

使者曰:"乌谓此邪?必若所云,则是蜀不变服而巴不化俗也。余尚恶闻若说。然斯事体大,固非观者之所觏也。余之行急,其详不可得闻已,请为大夫粗陈其略。盖世必有非常之人,然后有非常之事;有非常之事,然后有非常之功。非常者,固常之所异也。故曰非常之原,黎民惧焉;及臻厥成,天下晏如也。

"昔者鸿水浡出,氾滥衍溢,民人登降移徙,陭䧢而不安。夏后氏戚之，乃堙鸿水，决江疏河，漉沉赡菑，东归之于海，而天下永宁。当斯之勤，岂唯民哉。文情骀宕。心烦于虑而身亲其劳，躬胝无胈，肤不生毛。故休烈显乎无穷，声称浃乎于兹。

"且夫贤君之践位也。岂特委琐握齪，拘文牵俗，循诵习传，当世取说云尔哉！必将崇论闳议，创业垂统，为万世规。故驰骛乎兼容并包，而勤思乎参天贰地。且诗不云乎：'普天之下，莫非王土；率土之滨，莫非王臣。'是以六合之内，八方之外，浸浔衍溢，怀生之物，有不浸润于泽者，贤君耻之。今封疆之内，冠带之伦，咸获嘉祉，靡有阙遗矣。而夷狄殊俗之国，辽绝异党之地，舟舆不通，人迹罕至，政教未加，流风犹微。内之则犯义侵礼于边境，外之则邪行横作，放弑其上。君臣易位，尊卑失序，父兄不辜，幼孤为奴，系累号泣，内向而怨，曰'盖闻中国有至仁焉，德洋而恩普，物靡不得其所，今独曷为遗己'。举踵思慕，若枯旱之望雨。戾夫为之垂涕，况乎上圣，又恶能已？故北出师以讨强胡，南驰使以诮劲越。四面风德，二方之君鳞集仰流，愿得受号者以亿计。故乃关沫、若，徼牂柯，镂零山，梁孙原。创道德之涂，垂仁义之统。将博恩广施，远抚长驾，使疏逖不闭，阻深暗昧得耀乎光明，以偃甲兵于此，而息诛伐于彼。遐迩一体，中外提福，不亦康乎？夫拯民于沉溺，奉至尊之休德，反衰世之陵迟，继周氏之绝业，斯乃天子之急务也。百姓虽劳，又恶可以已哉？束住。"且夫王事固未有不始于忧勤，而终于佚乐者也。然则受命之符，合在于此矣。方将增泰山之封，加梁父之事，鸣和鸾，此封禅遗书所由作也。扬乐颂，上咸五，下登三。观者未睹指，听者未闻音，犹鹪明已翔乎寥廓，而罗者犹视乎薮泽。悲夫！"

于是诸大夫芒然丧其所怀来而失厥所以进，喟然并称曰："允哉汉德，此鄙人之所愿闻也。百姓虽怠，请以身先之。"敞罔靡徙，因迁延而辞避。

其后人有上书言相如使时受金，失官。居岁余，复召为郎。<u>相如口吃而善著书</u>。<u>常有消渴疾</u>。<u>与卓氏婚，饶于财</u>。<u>其进仕宦，未尝肯与公卿国家之事</u>，<u>称病闲居</u>，<u>不慕官爵</u>。常从上至长杨猎，是时天子方好自击熊豕，驰逐野兽，相如上疏谏之。其辞曰：

臣闻物有同类而殊能者，故力称乌获，捷言庆忌，勇期贲、育。臣之愚，窃以为人诚有之，兽亦宜然。今陛下好陵阻险，射猛兽，卒然遇轶材之兽，骇不存之地，犯属车之清尘，舆不及还辕，人不暇施巧，虽有乌获、逢蒙之伎，力不得用，枯木朽株尽为害矣。<u>是胡越起于毂下</u>，<u>而羌夷接轸也</u>，<u>岂不殆哉</u>！虽万全无患，<u>然本非天子之所宜近也</u>。

且夫清道而后行，中路而后驰，犹时有衔橛之变，而况涉乎蓬蒿，驰乎丘坟，前有利兽之乐而内无存变之意，其为祸也不亦难矣！<u>夫轻万乘之重不以为安</u>，<u>而乐出于万有一危之涂以为娱</u>，<u>臣窃为陛下不取也</u>。

盖明者远见于未萌而智者避危于无形，<u>祸固多藏于隐微而发于人之所忽者也</u>。名言警语。故鄙谚曰"家累千金，坐不垂堂"。此言虽小，可以喻大。臣愿陛下之留意幸察。

<u>上善之</u>。

还过宜春宫，相如奏赋以哀二世行失也。其辞曰：

登陂陁之长阪兮，坌入曾宫之嵯峨。临曲江之隑州兮，望南山之参差。岩岩深山之谾兮，通谷嚯兮谽谺。汨淢噏习以永逝兮，注平皋之广衍。观众树之塕塕兮，览竹林之榛榛。东驰土山兮，北揭石濑。弥节容与兮，历吊二世。持身不谨兮，亡国失势。信谗不寤兮，宗庙灭绝。呜呼哀哉！操行之不得兮，坟墓芜秽而不修兮，魂无归而不食。敻邈绝而不齐兮，弥久远而愈休。精罔阆而飞扬兮，拾九天而永逝。呜呼哀哉！

相如拜为孝文园令。天子既美子虚之事，遥接。相如见上好仙道，因曰:"上林之事未足美也,尚有靡者。臣尝为《大人赋》,未就,请具而奏之。"相如以为列仙之传居山泽间,形容甚臞,此非帝王之仙意也,乃遂就《大人赋》。其辞曰:

世有大人兮,在于中州。宅弥万里兮,曾不足以少留。悲世俗之迫隘兮,揭轻举而远游。垂绛幡之素蜺兮,载云气而上浮。建格泽之长竿兮,总光耀之采旄。垂旬始以为幓兮,抴彗星而为髾。掉指桥以偃蹇兮,又旖旎以招摇。揽欃枪以为旌兮,靡屈虹而为绸。红杳渺以眩湣兮,猋风涌而云浮。驾应龙象舆之蠖略逶丽兮,骖赤螭青虬之𧿒蟉蜿蜒。低卬夭蟜据以骄骜兮,诎折隆穷蠼以连卷。沛艾赳螑仡以伭僾兮,放散畔岸骧以孱颜。跮踱辋辖容以委丽兮,绸缪偃蹇怵𨌰以梁倚。纠蓼叫奡蹋以艐路兮,蔑蒙踊跃腾而狂趡。莅飒卉翕熛至电过兮,焕然雾除,霍然云消。

邪绝少阳而登太阴兮,与真人乎相求。互折窈窕以右转兮,横厉飞泉以正东。悉征灵圉而选之兮,部乘众神于瑶光。使五帝先导兮,反太一而从陵阳。左玄冥而右含雷兮,前陆离而后潏湟。厮征伯侨而役羡门兮,属岐伯使尚方。祝融惊而跸御兮,清雾气而后行。屯余车其万乘兮,綷云盖而树华旗。使句芒其将行兮,吾欲往乎南嬉。

历唐尧于崇山兮,过虞舜于九疑。纷湛湛其差错兮,杂遝胶葛以方驰。骚扰冲苁其相纷挐兮,滂濞泱轧洒以林离。钻罗列聚丛以茏茸兮,衍曼流烂坛以陆离。径入雷室之砰磷郁律兮,洞出鬼谷之嶔巖𡾰嵑。遍览八纮而观四荒兮,朅渡九江而越五河。经营炎火而浮弱水兮,杭绝浮渚而涉流沙。奄息总极氾滥水嬉兮,使灵娲鼓瑟而舞冯夷。时若薆薆将混浊兮,召屏翳诛风伯而刑雨师。西望昆仑之轧沕洸忽兮,直径驰乎三危。排阊阖而入帝宫兮,载玉女而与之归。舒阆风而摇集兮,亢乌腾而一止。低回阴山翔以纡曲兮,吾乃今目睹西王母矐然白首。载胜而穴处兮,亦幸有三足乌为之使。必长生若此而不死兮,虽济万世不足以喜。

回车朅来兮,绝道不周,会食幽都。呼吸沆瀣餐朝霞兮,噍咀芝英兮玑琼华。嫔侵浔而高纵兮,纷鸿涌而上厉。贯列缺之倒景兮,涉丰隆之滂沛。驰游道而修降兮,鹜遗雾而远逝。迫区中之隘陕兮,舒节出乎北垠。遗屯骑于玄阙兮,轶先驱于寒门。下峥嵘而无地兮,上寥廓而无天。视眩眠而无见兮,听惝恍而无闻。乘虚无而上假兮,超无友而独存。

相如既奏大人之颂,<u>天子大说</u>,<u>飘飘有凌云之气</u>,<u>似游天地之间意</u>。

相如既病免,家居茂陵。天子曰:"<u>司马相如病甚</u>,<u>可往从悉取其书</u>;<u>若不然</u>,<u>后失之矣</u>。"使所忠往,而相如已死,<u>家无书</u>。<u>问其妻</u>,对曰:"长卿固未尝有书也。时时著书,<u>人又取去</u>,<u>即空居</u>。<u>长卿未死时</u>,<u>为一卷书</u>,<u>曰有使者来求书</u>,<u>奏之</u>。<u>无他书</u>。"其遗札书言封禅事,奏所忠。<u>忠奏其书</u>,<u>天子异之</u>。其书曰:

伊上古之初肇,自昊穹兮生民,历撰列辟,以迄于秦。<u>率迩者踵武</u>,<u>逖听者风声</u>。纷纶葳蕤,堙灭而不称者,不可胜数也。续昭夏,崇号谥,略可道者七十有二君。<u>罔若淑而不昌</u>,<u>畴逆失而能存</u>?轩辕之前,遐哉邈乎,其详不可得闻也。五三六经载籍之传,维见可观也。书曰"元首明哉,股肱良哉"。因斯以谈,君莫盛于唐虞,臣莫贤于后稷。后稷创业于唐,公刘发迹于西戎,文王改制,爰周郅隆,大行越成,而后陵夷衰微,千载无声,岂不善始善终哉。<u>然无异端</u>,<u>慎所由于前</u>,<u>谨遗教于后耳</u>。<u>故轨迹夷易</u>,<u>易遵也</u>;<u>湛恩濛涌</u>,<u>易丰也</u>;<u>宪度著明</u>,<u>易则也</u>;<u>垂统理顺</u>,<u>易继也</u>。是以业隆于襁褓而崇冠于二后。揆厥所元,终都攸卒,未有殊尤绝迹可考于今者也。然犹蹑梁父,登泰山,建显号,施尊名。大汉之德,逢涌原泉,沕潏漫衍,旁魄四塞,云尃雾散,上畅九垓,下溯八埏。怀生之类霑濡浸润,协气横流,武节飘逝,迩陕游原,迥阔泳沫,首恶湮没，暗昧昭晢，昆虫凯泽，回首面内。然后囿驺虞之珍群，徼麋鹿之怪兽，巢一茎六穗于庖，牺双觡共抵之兽，获周余珍收龟于岐，招翠黄乘龙于沼。鬼神接灵圉，宾于闲馆。奇物谲诡，俶傥穷变。钦哉，符瑞臻兹，犹以为薄，不敢道封禅。盖周跃鱼陨杭，休之以燎，<u>微夫斯之为符也</u>，<u>以登介丘</u>，<u>不亦恧乎</u>！琐笔极峭。<u>进让之道</u>，<u>其何爽与</u>？

于是大司马进曰："陛下仁育群生，义征不憓，诸夏乐贡，百蛮执贽，德侔往初，功无与二，休烈浃洽，符瑞众变，期应绍至，不特创见。<u>意者泰山</u>、<u>梁父设坛场望幸</u>，<u>盖号以况荣</u>，<u>上帝垂恩储祉</u>，<u>将以荐成</u>，<u>陛下谦让而弗发也</u>。<u>挈三神之驩</u>，<u>缺王道之仪</u>，<u>群臣恧焉</u>。或谓且天为质暗，珍符固不可辞；若然辞之，是泰山靡记而梁父靡几也。亦各并时而荣，咸济世而屈，说者尚何称于后，而云七十二君乎？夫修德以锡符，转折无痕。<u>奉符以行事</u>，<u>不为进越</u>。故圣王弗替，而修礼地祇，谒款天神，勒功中岳，以彰至尊，舒盛德，发荣号，受厚福，以浸黎民也。皇皇哉斯言！天下之壮观，王者之丕业，不可贬也。愿陛下全之。而后因杂荐绅先生之略术，使获耀日月之末光绝炎，以展采错事，犹兼正列其义，校饬厥文，作春秋一艺，将袭旧六为七，摅之无穷，俾万世得激清流，扬微波，蜚英声，腾茂实。前圣之所以永保鸿名而常为称首者用此，宜命掌故，悉奏其义而览焉。"

于是天子沛然改容，曰："愉乎，朕其试哉！"乃迁思回虑，总公卿之议，询封禅之事，诗大泽之博，广符瑞之富。乃作颂曰：

自我天覆，云之油油。甘露时雨，厥壤可游。滋液渗漉，何生不育；嘉谷六穗，我穑曷蓄。

非唯雨之，又润泽之；非唯濡之，氾尃濩之。万物熙熙，怀而慕思。名山显位，望君之来。君乎君乎，侯不迈哉！

般般之兽，乐我君囿；白质黑章，其仪可嘉；眅眅睦睦，君子之能。盖闻其声，今观其来。厥涂靡踪，天瑞之征。兹亦于舜，虞氏以兴。

濯濯之麟，游彼灵畤。孟冬十月，君徂郊祀。驰我君舆，帝以享祉。三代之前，盖未尝有。

宛宛黄龙，兴德而升；采色炫燿，熿炳辉煌。正阳显见，觉寤黎烝。于传载之，云受命所乘。

厥之有章，不必谆谆。依类托寓，谕以封峦。

披艺观之，天人之际已交，上下相发允答。<u>圣王之德，兢兢翼翼也。故曰"兴必虑衰，安必思危"。是以汤武至尊严，不失肃祗；舜在假典，顾省厥遗：此之谓也。</u>

司马相如既卒五岁，天子始祭后土。八年而遂先礼中岳，封于泰山，至梁父禅肃然。

相如他所著，若《遗平陵侯书》、《与五公子相难》、《草木书》篇不采，<u>采其尤著公卿者云。</u>

太史公曰：《春秋》推见至隐，《易》本隐之以显，《大雅》言王公大人而德逮黎庶，《小雅》讥小已之得失，其流及上。所以言虽外殊，其合德一也。<u>相如虽多虚辞滥说，然其要归引之节俭，此与《诗》之风谏何异。</u>余采其语可论者著于篇。

只是极表相如著书之美，而以多病闲居，得妻致富，及天子爱才雅意，点缀萦绕其间。感慨遥深，波澜隽逸。觉平叙中皆蕴赋心也。美著书自为讽谏，然其典丽蒨皇，瑰奇卓荦，实有不忍舍置者。观所论列，亦见史公倾倒于长卿至矣。学者或略而弗读，何哉！

太史公叙次相如，特爱其文赋而已。予览之，多为魁磊奇崛，然《骚》之再变矣，特《檄蜀父老》与《谏猎书》绝佳。　茅坤刘子玄《史通》云：《相如传》具在《相如集》中。子长因录斯篇，即为列传。又按：《南史》云，古来名人相如、孟坚子，虽皆自叙风流，传诸末世，现生出相如传，即相如之文也。　杨慎

淮南衡山列传

淮南厉王长者，高祖少子也，其母故赵王张敖美人。高祖八年，从东垣过赵，赵王献之美人。厉王母得幸焉，有身。赵王敖弗敢内宫，为筑外宫而舍之。及贯高等谋反柏人事发觉，并逮治王，尽收捕王母兄弟美人，系之河内。厉王母亦系，告吏曰："得幸上，有身。"吏以闻上，上方怒赵王，未理厉王母。厉王母弟赵兼因辟阳侯言吕后，吕后妒，弗肯白，辟阳侯不强争。及厉王母已生厉王，恚，即自杀。吏奉厉王诣上，上悔，令吕后母之，而葬厉王母真定。真定，厉王母之家在焉，父世县也。

高祖十一年十（按：中华书局本作"七"）月，淮南王黥布反，立子长为淮南王，王黥布故地，凡四郡。上自将兵击灭布，厉王遂即位。厉王早失母，常附吕后，孝惠、吕后时以故得幸无患害，而常心怨辟阳侯，弗敢发。及孝文帝初即位，淮南王自以为最亲，骄蹇，数不奉法。上以亲故，常宽赦之。细写天子宽厚。三年，入朝。甚横。从上入苑囿猎，与上同车，常谓上"大兄"。厉王有材力，力能扛鼎，乃往请辟阳侯。辟阳侯出见之，即自袖铁椎椎辟阳侯，令从者魏敬剄之。厉王乃驰走阙下，肉袒谢曰："臣母不当坐赵事，其时辟阳侯力能得之吕后，弗争，罪一也。赵王如意子母无罪，吕后杀之，辟阳侯弗争，罪二也。吕后王诸吕，欲以危刘氏，辟阳侯弗争，罪三也。臣谨为天下诛贼臣辟阳侯，报母之仇，谨伏阙下请罪。"孝文伤其志，为亲故，弗治，赦厉王。当是时，薄太后及太子诸大臣皆惮厉王，厉王以此归国益骄恣，不用汉法，出入称警跸，称制，自为法令，拟于天子。六年，令男子但等七十人与棘蒲侯柴武太子奇谋，以輂车四十乘反谷口，令人使闽越、匈奴。事觉，治之，使使召淮南王。淮南王至长安。"丞相臣张仓、典客臣冯敬、行御史大夫事宗正臣逸、廷尉臣贺、备盗贼中尉臣福，昧死言：淮南王长废先帝法，不听天子诏，居处无度，为黄屋盖，乘舆出入，拟于天子，擅为法令，不用汉法。及所置吏，以其郎中春为丞相，聚收汉诸侯人及有罪亡者，匿与居，为治家室，赐其财物爵禄田宅，爵或至关内侯，奉以二千石，所不当得，欲以有为。大夫但、士伍开章等七十人，与棘蒲侯太子奇谋反，欲以危宗庙社稷。使开章阴告长与谋使闽越及匈奴发其兵。开章之淮南见长，长数与坐语饮食，为家室娶妇，以二千石俸奉之。开章使人告但，已言之王。春使使报但等。吏觉知，使长安尉奇等往捕开章。长匿不予，与故中尉蕳忌谋，杀以闭口。为棺椁衣衾，葬之肥陵邑，<u>谩吏曰'不知安在'</u>。<u>又详聚土，树表其上，曰'开章死，埋此下'</u>。及长身自贼杀无罪者一人；令吏论杀无罪者六人；为命弃市罪诈捕命者以除罪；擅罪人，罪人无告劾，系治城旦舂以上十四人；赦免罪人死罪十八人，城旦舂以下五十八人；赐人爵关内侯以下九十四人。前日长病，陛下忧苦之，使使者赐书、枣脯。长不欲受赐，不肯见拜使者。南海民处庐江界中者反，淮南吏卒击之。陛下以淮南民贫苦，遣使者赐长帛五千匹，以赐吏卒劳苦者。长不欲受赐，<u>谩言曰'无劳苦者'</u>。南海民上（中华书局本为"王"）织上书，献璧皇帝，忌擅燔其书，不以闻。吏请召治忌，长不遣，<u>谩言曰'忌病'</u>。<u>春又请长</u>，愿入见，长怒曰'女欲离我自附汉'。长当弃市，臣请论如法。"

制曰："<u>朕不忍致法于王</u>，其与列侯二千石议。"

"臣苍、臣敬、臣逸、臣福、臣贺昧死言：臣谨与列侯吏二千石臣婴等四十三人议，皆曰'长不奉法度，不听天子诏，乃阴聚徒党及谋反者，厚养亡命，欲以有为'。臣等议论如法。"

制曰："<u>朕不忍致法于王</u>，其赦长死罪，废勿王。"

"臣苍等昧死言：长有大死罪，陛下不忍致法，幸赦，废勿王。臣请处蜀郡严道邛邮，遣其子子母（按：中华书局本作"子母"。）从居，县为筑盖家室，皆廪食，给薪菜盐豉炊食器席蓐。臣等昧死请，请布告天下。"

制曰："计食长给肉日五斤，酒二斗。令故美人才人得幸者十人从居。他可。"

尽诛所与谋者。于是乃遣淮南王，载以辎车，令县以次传。是时袁盎谏上曰："上素骄淮南王，弗为置严傅相，以故至此。且淮南王为人刚，今暴摧折之，臣恐卒逢雾露病死，陛下为有杀弟之名，奈何！"上曰："吾特苦之耳，今复之。"县传淮南王者皆不敢发车封。淮南王乃谓侍者曰："谁谓乃公勇者？吾安能勇！吾以骄故不闻吾过至此。人生一世间，安能邑邑如此！"乃不食死。至雍，雍令发封，以死闻。上哭甚悲，谓袁盎曰："吾不听公言，卒亡淮南王。"盎曰："不可奈何，愿陛下自宽。"上曰："为之奈何？"盎曰："独斩丞相、御史以谢天下乃可。"上即令丞相、御史逮考诸县传送淮南王不发封馈侍者，皆弃市。乃以列侯葬淮南王于雍，守冢三十户。

孝文八年，上怜淮南王，淮南王有子四人，皆七八岁，乃封子安为阜陵侯，子勃为安阳侯，子赐为周阳侯，子良为东城侯。

孝文十二年，民有作歌歌淮南厉王曰："一尺布，尚可缝；一斗粟，尚可舂。兄弟二人不能相容。"上闻之乃叹曰："尧舜放逐骨肉，周公杀管蔡，天下称圣。何者？不以私害公。天下岂以我为贪淮南王地邪？"乃徙城阳王王淮南故地，而追尊谥淮南王为厉王，置园复如诸侯仪。

孝文十六年，徙淮南王喜复故城阳。上怜淮南厉王废法不轨，自使失国早死，乃立其三子：阜陵侯安为淮南王，安阳侯勃为衡山王，周阳侯赐为庐江王，皆复得厉王时地，参分之。东城侯良前薨，无后也。孝景三年，吴楚七国反，吴使者至淮南，淮南王欲发兵应之。其相曰："大王必欲发兵应吴，臣愿为将。"王乃属相兵。淮南相已将兵，因城守，不听王，而为汉；汉亦使曲城侯将兵救淮南；

淮南以故得完。吴使者至庐江，庐江王弗应，而往来使越。吴使者至衡山，衡山王坚守无二心。孝景四年，吴楚已破，衡山王朝，<u>上以为贞信</u>，乃劳苦之曰："南方卑湿。"徙衡山王王济北，<u>所以褒之</u>。<u>及薨，遂赐谥为贞王</u>。庐江王边越，数使使相交，故徙为衡山王王江北。<u>淮南王如故</u>。倒煞淮南，直接下文。

　　淮南王安为人好读书鼓琴，不喜弋猎狗马驰骋，<u>亦欲以行阴德拊循百姓，流誉天下</u>。时时怨望。承上。<u>厉王死时，欲畔逆，未有因也</u>。及建元二年，淮南王入朝。素善武安侯，武安侯时为太尉，乃逆王霸上，与王语曰："方今上无太子，大王亲高皇帝孙，行仁义，天下莫不闻。即宫车一日晏驾，非大王当谁立者！"淮南王大喜，厚遗武安侯金财物。阴结宾客，拊循百姓，<u>为畔逆事</u>。建元六年，彗星见，<u>淮南王心怪之</u>。或说王曰："先吴军起时，彗星出长数尺，然尚流血千里。今彗星长竟天，天下兵当大起。"王心以为上无太子，天下有变，诸侯并争，愈益治器械攻战具，积金钱赂遗郡国诸侯游士奇材。诸辨士为方略者，妄作妖言，谄谀王，<u>王喜</u>，多赐金钱，<u>而谋反滋甚</u>。淮南王有女陵，慧，有口辩。王爱陵，常多予金钱，为中诇长安，约结上左右。元朔三年，上赐淮南王几杖，细写天子宽厚。不朝。淮南王王后荼，王爱幸之。王后生太子迁，迁取王皇太后外孙修成君女为妃。王谋为反具，畏太子妃知而内泄事，<u>乃与太子谋令诈弗爱</u>，三月不同席。<u>王乃详为怒太子</u>，<u>闭太子使与妃同内</u>，三月，<u>太子终不近妃</u>。妃求去，<u>王乃上书谢归去之</u>。王后荼、太子迁及女陵得爱幸王，擅国权，侵夺民田宅，妄致系人。

　　元朔五年，太子学用剑，自以为人莫及，闻郎中雷被巧，乃召与戏。被一再辞让，误中太子。太子怒，被恐。此时有欲从军者，辄诣京师，被即愿奋击匈奴。太子迁数恶被于王，王使郎中令斥免，欲以禁后，被遂亡至长安，上书自明。诏下其事廷尉、河南。河南治，逮淮南太子，王、王后计欲无遣太子，遂发兵反，<u>计犹豫十余</u>

日未定。会有诏即讯太子。当是时，淮南相怒寿春丞留太子，逮不遣，劾不敬。王以请相，相弗听。王使人上书告相，事下廷尉治。踪迹连王，王使人候伺汉公卿，公卿请逮捕治王。王恐事发，太子迁谋曰："汉使即逮王，王令人衣卫士衣，持戟居庭中王旁，有非是，则刺杀之，臣亦使人刺杀淮南中尉，乃举兵，未晚。"是时上不许公卿请，而遣汉中尉宏即讯验王。王闻汉使来，即如太子谋计。汉中尉至，王视其颜色，和，讯王以斥雷被事耳，<u>王自度无何不发</u>。中尉还以闻。公卿治者曰："淮南王安拥阏奋击匈奴者雷被等，废格明诏，当弃市。"<u>诏弗许</u>。细写天子宽厚。公卿请废勿王，<u>诏弗许</u>。公卿请削五县，<u>诏削二县</u>。使中尉宏赦淮南王罪，罚以削地。中尉入淮南界，宣言赦王。王初闻汉公卿请诛之，未知得削地，闻汉使来，恐其捕之，乃与太子谋刺之如前计。及中尉至，即贺王，<u>王以故不发</u>。其后自伤曰："吾行仁义见削，甚耻之。"<u>然淮南王削地之后，其为反谋益甚</u>。诸使道从长安来，为妄妖言，言上无男，汉不治，<u>即喜</u>；即言汉廷治，<u>有男</u>，<u>王怒</u>，<u>以为妄言非也</u>。

　　王日夜与伍被、左吴等案舆地图，部署兵所从入。王曰："上无太子，宫车即晏驾，廷臣必征胶东王，不即常山王，诸侯并争，吾可以无备乎！且吾高祖孙，亲行仁义，陛下遇我厚，吾能忍之；万世之后，吾宁能北面臣事竖子乎！"王坐东宫，召伍被与谋曰："将军上。"被怅然曰："<u>上宽赦大王</u>，<u>王复安得此亡国之语乎</u>！臣闻子胥谏吴王，吴王不用，乃曰'臣今见麋鹿游姑苏之台也'。<u>今臣亦见宫中生荆棘</u>，<u>露沾衣也</u>。"王怒，系伍被父母，囚之三月。复召曰："将军许寡人乎？"被曰："不，直来为大王画耳。臣闻聪者听于无声，明者见于未形，故圣人万举万全。昔文王一动而功显于千世，列为三代，<u>此所谓因天心以动作者也</u>，故海内不期而随。此千岁之可见者。<u>夫百年之秦</u>，<u>近世之吴楚</u>，<u>亦足以喻国家之存亡矣</u>。<u>臣不敢避子胥之诛</u>，<u>愿大王勿为吴王之听</u>。昔秦绝先王（按：中华书局本作"圣人")之道，杀术士，燔《诗》《书》，弃礼义，尚诈力，任刑罚，转负海之粟，致之西河。当是之时，男子疾耕，不足于糟糠，女子纺绩，不足以盖形。遣蒙恬筑长城，东西数千里，暴兵露师，常数十万，死者不可胜数，僵尸千里，流血顷亩，<u>百姓力竭</u>，<u>欲为乱者十家而五</u>。又使徐福入海求神异物，还为伪辞曰：'臣见海中大神，言曰："汝西皇之使耶？"臣答曰："然。""汝何求？"曰："愿请延年益寿药。"神曰："汝秦王之礼薄，得观而不得取。"即从臣东南至蓬莱山，见芝成宫阙，有使者铜色而龙形，光上照天。于是臣再拜问曰："宜何资以献？"海神曰："以令名男子若振女与百工之事，即得之矣。"'秦皇帝大说，遣振男女三千人，资之五谷种种百工而行。徐福得平原广泽，止王不来。<u>于是百姓悲痛相思</u>，<u>欲为乱者十家而六</u>。又使尉佗逾五岭攻百越。尉佗知中国劳极，止王不来，使人上书求女无夫家者三万人，以为士卒衣补。秦皇帝可其万五千人。<u>于是百姓离心瓦解</u>，<u>欲为乱者十家而七</u>。客谓高皇帝曰：'时可矣。'高皇帝曰：'待之，圣人当起东南间。'不一年，<u>陈胜吴广发矣</u>。高皇始于丰沛，<u>一倡天下不期而响应者不可胜数也</u>。<u>此所谓蹈瑕候间</u>，<u>因秦之亡而动者也</u>。百姓愿之，若旱之望雨，故起于行陈之中而立为天子，功高三王，德传无穷。<u>今大王见高皇帝得天下之易也</u>，<u>独不观近世之吴楚乎</u>？夫吴王赐号为刘氏祭酒，复不朝，王四郡之众，地方数千里，内铸消铜以为钱，东煮海水以为盐，上取江陵木以为船，一船之载，当中国数十两车，国富民众。行珠玉金帛，赂诸侯宗室大臣，独窦氏不与。计定谋成，举兵而西。破于大梁，败于狐父，奔走而东，至于丹徒，越人禽之，身死绝祀为天下笑。<u>夫以吴越之众不能成功者何</u>？<u>诚逆天道而不知时也</u>。方今大王之兵众不能十分吴楚之一，天下安宁，有万倍于吴楚（按：中华书局本作"秦"）之时，愿大王从臣之计。<u>大王不从臣之计</u>，<u>今见大王事必不成而语先泄也</u>。<u>臣闻微子过故国而</u>

悲，于是作《麦秀之歌》，是痛纣之不用王子比干也。故《孟子》曰'纣贵为天子，死曾不若匹夫'。是纣先自绝于天下久矣，非死之日而天下去之。今臣亦窃悲大王弃千乘之君，必且赐绝命之书，为群臣先，死于东宫也。"于是王气怨结而不扬，涕满匡而横流，即起，历阶而去。

王有孽子不害最长，王弗爱，王、王后、太子皆不以为子兄数。不害有子建，材高有气，常怨望太子不省其父；又怨时诸侯皆得分子弟为侯，而淮南独二子，一为太子，建父独不得为侯。建阴结交，欲告败太子，以其父代之。太子知之，数捕系而榜笞建。建具知太子之谋，欲杀汉中尉，即使所善寿春庄芷，以元朔六年，上书于天子曰："毒药苦于口，利于病，忠言逆于耳，利于行。今淮南王孙建，材能高，淮南王王后荼、荼子太子迁，常疾害建。建父不害无罪，擅数捕系欲杀之。今建在，可征问，具知淮南阴事。"书闻，上以其事下廷尉，廷尉下河南治。是时故辟阳侯孙审卿善丞相公孙弘，怨淮南厉王杀其大父，乃深购淮南事于弘，弘乃疑淮南有畔逆计谋，深穷治其狱。河南治，建辞引淮南太子及党与。淮南王患之，欲发问伍被曰：写王与被问答，凡一十余往复。其参差历落，曲折悠扬之美，如叠嶂层峦，烟云缭绕。断续即离之际时露清光。"汉廷治乱？"伍被曰："天下治。"王意不说，谓伍被曰："公何以言天下治也？"被曰："被窃观朝廷之政，君臣之义，父子之亲，夫妇之别，长幼之序，皆得其理，上之举错，遵古之道，风俗纪纲，未有所缺也。重装富贾，周流天下，道无不通，故交易之道行。南越宾服，羌僰入献，东瓯入降，广长榆，开朔方，匈奴折翅伤翼，失援不振。虽未及古太平之时，然犹为治也。"王怒，被谢死罪。王又谓被曰："山东即有兵，汉必使大将军将而制山东，公以为大将军何如人也？"被曰："被所善者黄义，从大将军击匈奴，还告被曰：'大将军遇士大夫有礼，于士卒有恩，众皆乐为之用。骑上下山若蜚，材干绝人。'

被以为材能如此，数将习兵，未易当也。及谒者曹梁使长安来，言大将军号令明，当敌勇敢，常为士卒先。休舍穿井未通，须士卒尽得水，乃敢饮。军罢，卒尽已度河，乃度。皇太后所赐金帛，悉以赐军吏。虽古名将弗过也。"王默然。淮南王见建已征治，恐国阴事且觉，欲发，被又以为难，乃复问被曰："公以为吴兴兵是耶？非耶？"被曰："以为非也。吴王至富贵也，举事不当，身死丹徒，头足异处，子孙无遗类。臣闻吴王悔之甚。愿王孰虑之，无为吴王之所悔。"王曰："男子之所死者一言耳。且吴何知反，汉将一日过成皋者四十余人。今我令楼缓（按：中华书局本无"今我令楼缓"五字）先要成皋之口，周被下颍川兵，塞轘辕、伊阙之道，陈定发南阳兵，守武关。河南太守独有雒阳耳，何足忧。然此北尚有临晋关、河东、上党与河内，赵国人言曰'绝成皋之口，天下不通'。据三川之险，招山东之兵，举事如此，公以为何如？"被曰："臣见其祸，未见其福也。"王曰："左吴、赵贤、朱骄如皆以为有福，什事九成，公独以为有祸无福，何也？"被曰："大王之群臣近幸素能使众者，皆前系诏狱，余无可用者。"王曰："陈胜、吴广，无立锥之地，千人之聚，起于大泽，奋臂大呼而天下响应，西至于戏而兵百二十万。今吾国虽小，然而胜兵者可得十余万，非直適戍之众，钀凿棘矜也，公何以言有祸无福？"被曰："往者秦为无道，残贼天下。兴万乘之驾，作阿房之宫，收太半之赋，发闾左之戍，父不宁子，兄不便弟，政苛刑峻，天下熬然若焦，民皆引领而望，倾耳而听，悲号仰天，叩心而怨上，故陈胜大呼，天下响应。当今陛下临制天下，一齐海内，泛爱蒸庶，布德施惠。口虽未言，声疾雷霆，令虽未出，化驰如神，心有所怀，感（按：中华书局本作"咸"。）动万里，下之应上，犹影响也。而大将军材能不特章邯、杨熊也。大王以陈胜、吴广喻之，被以为过矣。"王曰："苟如公言，不可徼幸耶？"被曰："被有愚计。"王曰："奈何？"被曰："当今诸侯无异心，百姓无怨气。朔方之郡田地广,水草美,民徙者不足以实其地。臣之愚计,可伪为丞相御史请书徙郡国豪杰任侠,及有耐罪以上,赦令除其罪,家产五十万以上者,皆徙其家属朔方之郡,益发甲卒,急其会日。又伪为左右都司空上林中都官诏狱书,以逮诸侯太子幸臣,如此则民怨,诸侯惧,即使辩武随而说之,傥可徼幸什得一乎?"王曰:"此可也。虽然,吾以为不至若此。"于是王乃令官奴入宫,作皇帝玺,丞相、御史、大将军、军吏、中二千石、都官令、丞印,及旁近郡太守、都尉印,汉使节法冠,欲如伍被计。使人伪得罪而西,事大将军、丞相;一日发兵,使人即刺杀大将军青,而说丞相下之,如发蒙耳。

王欲发国中兵,恐其相、二千石不听。王乃与伍被谋,先杀相、二千石;伪失火宫中,相、二千石救火,至即杀之。计未决,又欲令人衣求盗衣,持羽檄,从东方来,呼曰"南越兵入界",欲因以发兵。乃使人至庐江、会稽为求盗,未发。王问伍被曰:"吾举兵西乡,诸侯必有应我者;即无应,奈何?"被曰:"南收衡山以击庐江,有寻阳之船,守下雉之城,结九江之浦,绝豫章之口,强弩临江而守,以禁南郡之下,东收江都、会稽,南通劲越,屈强江淮间,犹可得延岁月之寿。"王曰:"善,无以易此。急则走越耳。"

于是廷尉以王孙建辞连淮南王太子迁闻。上遣廷尉监,因拜淮南中尉逮捕太子。至淮南,淮南王闻,与太子谋,召相、二千石,欲杀而发兵。召相,相至;内史以出为解。中尉曰:"臣受诏使不得见王。"王念独杀相,而内史中尉不来,无益也,即罢相。王犹豫,计未决。太子念所坐者谋刺汉中尉,所与谋者已死,以为口绝,乃谓王曰:"群臣可用者皆前系,今无足与举事者。王以非时发,恐无功,臣愿会逮。"王亦偷欲休即许太子。太子即自刭,不殊。伍被自诣吏,因告与淮南王谋反,反踪迹具如此。

吏因捕太子、王后,围王宫,尽求捕王所与谋反宾客在国中者,索得反具以闻。上下公卿治，所连引与淮南王谋反列侯二千石豪杰数千人，皆以罪轻重受诛。衡山王赐，淮南王弟也，当坐收，有司请逮捕衡山王。带下。天子曰："诸侯各以其国为本，不当相坐。与诸侯王列侯会议，丞相诸侯议。"赵王彭祖、列侯臣让等四十三人议，皆曰："淮南王安甚大逆无道，谋反明白，当伏诛。"胶西王臣端议曰："淮南王安废法行邪，怀诈伪心以乱天下，荧惑百姓，倍畔宗庙，妄作妖言。《春秋》曰'臣无将，将而诛'。安罪重于将，谋反形已定。臣端所见其书节印图，及他逆无道事验明白，甚大逆无道，当伏其法。而论国吏二百石以上及比者宗室近幸臣不在法中者，不能相教，当皆免官削爵为士伍，毋得宦为吏。其非吏，他赎死金二斤八两。以章臣安之罪，使天下明知臣子之道，毋敢复有邪僻倍畔之意。"丞相弘、廷尉汤等以闻，天子使宗正以符节治王。未至，淮南王安自刭杀。王后荼、太子迁诸所与谋反者皆族。天子以伍被雅辞多引汉之美，欲勿诛。廷尉汤曰："被首为王画反谋，被罪无赦。"遂诛被。国除为九江郡。衡山王赐，王后乘舒，生子三人，长男爽为太子，次男孝，次女无采。又姬徐来，生子男女四人，美人厥姬，生子二人。衡山王、淮南王兄弟相责望，礼节间不相能。衡山王闻淮南王作为畔逆反具，亦心结宾客以应之，恐为所并。元光六年，衡山王入朝，其谒者卫庆有方术，欲上书事天子，王怒，故劾庆死罪，强榜服之。衡山内史以为非是，却其狱。王使人上书告内史，内史治言王不直。王又数侵夺人田，坏人冢以为田。有司请逮治衡山王。天子不许，为置吏二百石以上。衡山王以此恚，与奚慈、张广昌谋，求能为兵法候星气者，日夜从容王密谋反事。

王后乘舒死，立徐来为王后。厥姬俱幸。两人相妒，厥姬乃恶王后徐来于太子曰："徐来使婢蛊道杀太子母。"太子心怨徐来。徐来兄至衡山，太子与饮，以刃刺伤王后兄。王后怨怒，数毁恶太子于王。太子女弟无采嫁，弃归，与奴奸，又与客奸。太子数让无采，无采怒不与太子通。王后闻之，即善遇无采。无采及中兄孝少失母，附王后，王后以计爱之，与共毁太子，王以故数击笞太子。元朔四年中人有贼伤王后假母者，王疑太子使人伤之，笞太子。后王病，太子时称病不侍。孝、王后、无采恶太子："太子实不病，自言病，有喜色。"王大怒，欲废太子立其弟孝。王后知王决废太子，又欲并废孝。王后有侍者善舞，王幸之，王后欲令侍者与孝乱以污之，欲并废兄弟，而立其子广代太子。太子爽知之，念后数恶己无已时，欲与乱以止其口。王后饮，太子前为寿，因据王后股，求与王后卧。王后怒以告王。王乃召欲缚而笞之。太子知王常欲废己立其弟孝，乃谓王曰："孝与王御者奸，无采与奴奸，王强食，请上书。"即倍王去。王使人止之，莫能禁，乃自驾追捕太子。太子妄恶言，王械系太子宫中。孝日益亲幸。王奇孝材能，乃佩之王印，号曰将军，令居外宅，多给金钱，招致宾客。宾客来者，微知淮南、衡山有逆计，日夜从容劝之。王乃使孝客江都人救赫、陈喜作辒车镞矢，刻天子玺，将相军吏印。王日夜求壮士如周丘等，数称引吴楚反时计画，以约束。衡山王<u>非敢效淮南王求即天子位</u>，<u>畏淮南起并其国</u>，<u>以为淮南已西</u>，<u>发兵定江淮之间而有之</u>，<u>望如是</u>。

　　元朔五年秋，衡山王当朝，六年过淮南，淮南王乃昆弟语，除前却，约束反具。衡山王即上书谢病，<u>上赐书不朝</u>。元朔六年中，衡山王使人上书请废太子爽，立孝为太子。爽闻，即使所善白嬴之长安上书，言孝作辒车镞矢，与王御者奸，欲以败孝。白嬴至长安，未及上书，吏捕嬴，以淮南事系。王闻爽使白嬴上书，恐言国阴事，即上书反告太子爽所为不道弃市罪事。事下沛郡治。元朔七年冬，有司公卿下沛郡求捕所与淮南谋反者未得，得陈喜于衡山王子孝家。吏劾孝首匿喜。孝以为陈喜雅数与王计谋反，恐其发之，闻律先自告除其罪，又疑太子使白嬴上书发其事，即先自告，告所与谋反者救赫、陈喜等。廷尉治验，公卿请逮捕衡山王治之。天子曰："勿捕。"诏中尉安、大行息即问王，王具以情实对。吏皆围王宫而守之。中尉大行还，以闻，公卿请遣宗正、大行与沛郡杂治王。王闻，即自刭杀。孝先自告反，除其罪；坐与王御婢奸，弃市。王后徐来亦坐蛊杀前王后乘舒，及太子爽坐王告不孝，皆弃市。诸与衡山王谋反者皆族。国除为衡山郡。

太史公曰：《诗》之所谓"戎狄是膺，荆舒是惩"，信哉是也。淮南、衡山亲为骨肉，疆土千里，列为诸侯，不务遵蕃臣职以承辅天子，而专挟邪僻之计，谋为畔逆，仍父子再亡国，各不终其身，为天下笑。<u>此非独王过也</u>，<u>亦其俗薄</u>，<u>臣下渐靡使然也</u>。<u>夫荆楚僄勇轻悍</u>，<u>好作乱</u>，<u>乃自古记之矣</u>。

不惟孝文待长甚宽，即孝武待安与赐亦甚宽。以理则不当反，以势则不可反，以情则不必反，且以才识则又原不能反；而只是欲反：可怪也。传中摹写曲至，不惟其声音笑貌之详，乃并与其梦魂颠倒之境而传之，斯又咄咄怪事矣。其奇秀夺目，更如游山阴道上，令人应接不暇。

循吏列传

太史公曰：法令所以导民也，刑罚所以禁奸也。<u>文武不备，良民惧然身修者</u>，<u>官未曾乱也</u>。<u>奉职循理</u>，<u>亦可以为治</u>，<u>何必威严哉</u>？

孙叔敖者，楚之处士也。虞丘相进之于楚庄王，以自代也。三月为楚相，施教导民，上下和合，世俗盛美，政缓禁止，吏无奸邪，盗贼不起。秋冬则劝民山采，春夏以水，各得其所便，民皆乐其生。庄王以为币轻，更以小为大，百姓不便，皆去其业。市令言之相曰："市乱，民莫安其处，次行不定。"相曰："如此几何顷乎？"市令曰："三月顷。"相曰："罢，吾今令之复矣。"后五日朝，相言之王曰："前日更币以为轻。今市令来言曰'市乱，民莫安其处，次行之不定'。臣请遂令复如故。"王许之，下令三日，而市复如故。楚民俗好庳车，王以为庳车不便马，欲下令使高。相曰："令数下，民不知所从，不可。王必欲高车，臣请教闾里使高其梱。乘车者皆君子，君子不能数下车。"王许之。居半岁，民悉自高其车。此不教而民从其化，近者视而效之，远者四面望而法之。<u>故三得相而不喜</u>，<u>知其材自得之也</u>；<u>三去相而不悔</u>，<u>知非己之罪也</u>。

子产者，郑之列大夫也。郑昭君之时，以所爱徐挚为相，国乱，上下不亲，父子不和。大宫子期言之君，以子产为相。为相<u>一年</u>，竖子不戏狎，斑白不提挈，童子不犁畔。<u>二年</u>，市不豫贾。<u>三年</u>，门不夜关，道不拾遗。<u>四年</u>，田器不归。<u>五年</u>，士无尺籍，丧期不令而治。治郑二十六年而死，<u>丁壮号哭</u>，<u>老人儿啼</u>，<u>曰</u>："<u>子产去我死乎！民将安归</u>？"

公仪休者，鲁博士也。以高弟为鲁相。奉法循理，无所变更，百官自正。使食禄者不得与下民争利，受大者不得取小。客有遗相鱼者，相不受。客曰："闻君嗜鱼，遗君鱼，何故不受也？"相曰："<u>以嗜鱼</u>，<u>故不受也</u>。今为相，能自给鱼；<u>今受鱼而免</u>，<u>谁复给我</u>

鱼者？吾故不受也。"食茹而美，拔其园葵而弃之。见其家织布好，而疾出其家妇，燔其机，云"欲令农士工女安所仇其货乎"？

石奢者，楚昭王相也。坚直廉正，无所阿避。行县，道有杀人者，相追之，乃其父也。<u>纵其父而还自系焉</u>。使人言之王曰："杀人者，臣之父也。夫以父立政，不孝也；废法纵罪，非忠也；臣罪当死。"王曰："追而不及，不当伏罪，子其治事矣。"石奢曰："不私其父，非孝子也；不奉主法，非忠臣也。王赦其罪，上惠也；伏诛而死，臣职也。"遂不受令，自刎而死。

李离者，晋文公之理也。过听杀人，自拘当死。文公曰："官有贵贱，罚有轻重。下吏有过，非子之罪也。"李离曰："<u>臣居官为长，不与吏让位；受禄为多，不与下分利。今过听杀人，傅其罪下吏，非所闻也</u>。"辞不受令。文公曰："子则自以为有罪，寡人亦有罪邪？"李离曰："理有法，失刑则刑，失死则死。公以臣能听微决疑，故使为理。今过听杀人，罪当死。"遂不受令，伏剑而死。

太史公曰：<u>孙叔敖出一言，郢市复。子产病死，郑民号哭。公仪子见好布而家妇逐。石奢纵父而死，楚昭名立。李离过杀而伏剑，晋文公以正国法</u>。

平淡浅显之中意味无穷，是为循吏本领作用。文无他奇，亦适如其人而止耳。

汲郑列传

汲黯，字长孺，濮阳人也。其先有宠于古之卫君。至黯七世，世为卿大夫。黯以父任，孝景时为太子洗马，以庄见惮。

孝景帝崩，太子即位，黯为谒者。东越相攻，上使黯往视之。不至，至吴而还，报曰："越人相攻，固其俗然，不足以辱天子之使。"河内失火，延烧千余家，上使黯往视之。还报曰："家人失火，屋比延烧，不足忧也。臣过河南，河南贫人伤水旱万余家，或父子相食，臣谨以便宜，持节发河南仓粟以振贫民。臣请归节，伏矫制之罪。"上贤而释之，迁为荥阳令。黯耻为令，病归田里。上闻，乃召拜为中大夫。以数切谏，不得久留内，迁为东海太守。是其本领。黯学黄老之言，治官理民，好清静，择丞史而任之。其治，责大指而已，不苛小。黯多病，卧闺阁内不出。岁余，东海大治。称之。上闻，召以为主爵都尉，列于九卿。治务在无为而已，弘大体，不拘文法。

黯为人，性倨，少礼，面折，不能容人之过。合己者善待之，不合己者不能忍见，士亦以此不附焉。然好学，游侠，任气节，内行修洁，好直谏，数犯主之颜色，常慕傅柏、袁盎之为人也。善灌夫、郑当时略带。及宗正刘弃。亦以数直谏，不得久居位。

当是时，太后弟武安侯蚡为丞相，中二千石来拜谒，蚡不为礼。然黯见蚡未尝拜，常揖之。天子方招文学儒者，上曰吾欲云云，黯对曰："陛下内多欲而外施仁义，奈何欲效唐虞之治乎！"上默然，怒，变色而罢朝。公卿皆为黯惧。上退，谓左右曰："甚矣，汲黯之戆也！"群臣或数黯，黯曰："天子置公卿辅弼之臣，宁令从谀承意，陷主于不义乎？且已在其位，纵爱身，奈辱朝廷何！"

黯多病，病且满三月，上常赐告者数，终不愈。最后病，庄助为请告。上曰："汲黯何如人哉？"助曰："使黯任职居官，无以逾人。然至其辅少主，守城深坚，招之不来，麾之不去，虽自谓贲育亦不能夺之矣。"上曰："然。古有社稷之臣，至如黯，近之矣。"

大将军青侍中，上踞厕而视之。丞相弘燕见，上或时不冠。至如黯见，上不冠不见也。上尝坐武帐中，黯前奏事，上不冠，望见黯，避帐中，使人可其奏。其见敬礼如此。

张汤方以更定律令为廷尉，黯数质责汤于上前，曰："公为正卿，上不能褒先帝之功业，下不能抑天下之邪心，安国富民，使囹圄空虚，二者无一焉。非苦就行，放析就功，何乃取高皇帝约束纷更之为？公以此无种矣。"黯时与汤论议，汤辩常在文深小苛，黯伉厉守高不能屈，忿发骂曰："天下谓刀笔吏不可以为公卿，果然。必汤也，令天下重足而立，侧目而视矣！"

是时汉方征匈奴，招怀四夷。黯务少事，乘上间，常言与胡和亲，无起兵。上方向儒术，尊公孙弘。及事益多，吏民巧弄上。分别文法，汤等数奏决谳以幸。而黯常毁儒，面触弘等徒怀诈饰智以阿人主取容，而刀笔吏专深文巧诋，陷人于罪，使不得反其真，以胜为功。上愈益贵弘、汤，弘、汤深心疾黯，唯天子亦不说也，欲诛之以事。弘为丞相，乃上言曰："右内史界部中多贵人宗室，难治，非素重臣不能任，请徙黯为右内史。"为右内史数岁，官事不废。

大将军青既益尊，姊为皇后，然黯与亢礼。人或说黯曰："自天子欲群臣下大将军，大将军尊重益贵，君不可以不拜。"黯曰："夫以大将军有揖客，反不重邪？"大将军闻，愈贤黯，数请问国家朝廷所疑，遇黯过于平生。

淮南王谋反，惮黯，曰："好直谏，守节死义，难惑以非。至如说丞相弘，如发蒙振落耳。"天子既数征匈奴有功，黯之言益不用。始黯列为九卿，而公孙弘、张汤为小吏。及弘、汤稍益贵，与黯同位，黯又非毁弘、汤等。已而弘至丞相，封为侯；汤至御史大夫；故黯时丞相史皆与黯同列，或尊用过之。黯褊心，不能无少望，见上，前言曰："陛下用群臣如积薪耳，后来者居上。"上默然。有间黯罢，上曰："人果不可以无学，观黯之言也日益甚。"

居无何，匈奴浑邪王率众来降，汉发车二万乘。县官无钱，从民贳马。民或匿马，马不具。上怒，欲斩长安令。黯曰："长安令无罪，独斩黯，民乃肯出马。且匈奴畔其主而降汉，汉徐以县次传之，何至令天下骚动，罢弊中国而以事夷狄之人乎！"上默然。及浑邪至，贾人与市者，坐当死者五百余人。黯请间，见高问，曰："夫匈奴攻当路塞，绝和亲，中国兴兵诛之，死伤者不可胜计，而费以巨万百数。臣愚以为陛下得胡人，皆以为奴婢以赐从军死事者家；所卤获，因予之，以谢天下之苦，塞百姓之心。今纵不能，浑邪率数万之众来降，虚府库赏赐，发良民侍养，譬若奉骄子。愚民安知市买长安中物而文吏绳以为阑出财物于边关乎？陛下纵不能得匈奴之资以谢天下，又以微文杀无知者五百余人，是所谓'庇其叶而伤其枝'者也，臣窃为陛下不取也。"上默然，不许，曰："吾久不闻汲黯之言，今又复妄发矣。"后数月，黯坐小法，会赦免官。于是黯隐于田园。

居数年，会更五铢钱，民多盗铸钱，楚地尤甚。上以为淮阳，楚地之郊，乃召拜黯为淮阳太守。黯伏谢不受印，诏数强予，然后奉诏。诏召见黯，黯为上泣曰："臣自以为填沟壑，不复见陛下，不意陛下复收用之。臣常有狗马病，力不能任郡事，臣愿为中郎，出入禁闼，补过拾遗，臣之愿也。"上曰："君薄淮阳邪？吾今召君矣。顾淮阳吏民不相得，吾徒得君之重，应前。卧而治之。"黯既辞行，过大行李息，曰："黯弃居郡，不得与朝廷议也。然御史大夫张汤智足以拒谏，诈足以饰非，务巧佞之语，辩数之辞，非肯正为天下言，专阿主意。主意所不欲，因而毁之；主意所欲，因而誉之。好兴事，舞文法，内怀诈以御主心，外挟贼吏以为威重。公列九卿，不早言之，公与之俱受其僇矣。"息畏汤，终不敢言。黯居郡如故，治淮阳，政清。后张汤果败，上闻黯与息言，抵息罪。令黯以诸侯相秩居淮阳。七岁而卒。

卒后，上以黯故，官其弟汲仁至九卿，子汲偃至诸侯相。黯姑姊子司马安亦少与黯为太子洗马。安文深巧善宦，官四至九卿，以河南太守卒。昆弟以安故，同时至二千石者十人。濮阳段宏始事盖侯信，信任宏，宏亦再至九卿。<u>然卫人仕者皆严惮汲黯，出其下</u>。总归末传。

郑当时者，字庄，陈人也。其先郑君尝为项籍将；籍死，已而属汉。高祖令诸故项籍臣名籍，<u>郑君独不奉诏</u>。诏尽拜名籍者为大夫，而逐郑君。郑君死。

孝文时，郑庄以<u>任侠自喜</u>，脱张羽于厄，声闻梁楚之间。孝景时，为太子舍人。每五日洗沐，<u>常置驿马长安诸郊，存诸故人，请谢宾客，夜以继日，至其明旦，常恐不遍。庄好黄老之言</u>，是其本领。其慕长者<u>如恐不见</u>。年少官薄，<u>然其游知交皆其大父行，天下有名之士也</u>。

武帝立，庄稍迁为鲁中尉、济南太守、江都相，至九卿，为右内史。以武安侯、魏其时议，贬秩为詹事，迁为大农令。庄为太吏（按：中华书局本作"史"。），诫门下："客至，<u>无贵贱无留门者。执宾主之礼，以其贵下人</u>。"庄廉，又不治其产业，仰奉赐以给诸公。然其馈遗人，不过算器食。<u>每朝</u>，候上之闲，<u>说未尝不言天下之长者</u>。其推毂士及官属丞史，<u>诚有味其言之也</u>，<u>常引以为贤于己</u>。未尝名吏，与官属言，<u>若恐伤之</u>。闻人之善言，进之上，唯恐后。山东士诸公<u>以此翕然称郑庄</u>。

郑庄使视决河，自请治行五日。上曰："吾闻'郑庄行，千里不赍粮'，请治行者何也？"

然郑庄在朝，常趋和承意，不敢甚引当否。及晚节，汉征匈奴，招四夷，天下费多，财用益匮。庄任人宾客为大农，僦人多逋负。司马安为淮阳太守，发其事，庄以此陷罪，赎为庶人。顷之，守长史。上以为老，以庄为汝南太守。数岁，以官卒。

郑庄、汲黯始列为九卿，廉，内行修洁。此两人中废，家贫，宾客益落。及居郡，卒后，家无余赀财。庄兄弟子孙，以庄故，至二千石六七人焉。

太史公曰：夫以汲、郑之贤，有势则宾客十倍，无势则否，况众人乎！下邽翟公有言，始翟公为廷尉，宾客阗门；及废，门外可设雀罗。翟公复为廷尉，宾客欲往，翟公乃大署其门曰："一死一生，乃知交情。一贫一富，乃知交态。一贵一贱，交情乃见。"汲、郑亦云，悲夫！

此两人行旨不同，而犹意气相合，其废也，宾客并落。故太史公合为一传以摹写之。　茅坤

篇中发挥黯为人处，旁引曲证，无不极意，笔势纵横，尽出一强项人。有色、有态，有味有韵。　邓以赞

两人合传，亦非止为宾客盛衰，其洁廉、任侠、好黄老及以太守卒于官，皆相类也。黯直谏而不甚好士，庄好士而不能直谏，相反也，又相善也。然一直谏，一好士，各极其至。史公殆直有夷清惠和之慕焉，故合而传之，而摹写透骨，令人可歌可涕，亦几于懦立而薄敦矣。

孙执中曰：长孺好黄老，长而为人最戆；当时好黄老，长而为人喜侠。同一书也，而善读则存乎其人。

儒林列传

　　太史公曰：余读功令，至于广厉学官之路，未尝不废书而叹也。<u>贬公孙，尊董子，一篇大意，只此三句振动全神。</u>曰：嗟乎！夫周室衰而关雎作，幽厉微而礼乐坏，诸侯恣行，政由强国。故孔子闵王路废而邪道兴，于是论次《诗》《书》，修起礼乐。适齐闻《韶》，三月不知肉味。自卫返鲁，然后乐正，《雅》《颂》各得其所。世以混浊莫能用，是以仲尼干七十余君无所遇，曰"苟有用我者，期月而已矣"。西狩获麟，曰"吾道穷矣"。<u>故因史记作《春秋》</u>，《春秋》时笔，叙一篇句眼。<u>以当王法</u>，其辞微而指博，后世学者多录焉。

　　自孔子卒后，七十子之徒散游诸侯，大者为师傅卿相，小者友教士大夫，或隐而不见。故子路居卫，子张居陈，澹台子羽居楚，子夏居西河，子贡终于齐。如田子方、段干木、吴起、禽滑厘之属，皆受业于子夏之伦，为王者师。是时独魏文侯好学。后陵迟以至于始皇，天下并争于战国，儒术既绌焉，<u>然齐鲁之间</u>，<u>学者独不废也</u>。于威、宣之际，孟子、荀卿之列，咸遵夫子之业而润色之，以学显于当世。

　　及至秦之季世，焚《诗》《书》，坑术士，《六艺》从此缺焉。陈涉之王也，而鲁诸儒持孔氏之礼器往归陈王。于是孔甲为陈涉博士，卒与涉俱死。陈涉起匹夫，驱瓦合适戍，旬月以王楚，不满半岁竟灭亡，<u>其事至微浅</u>，然而缙绅先生之徒，负孔子礼器，往委质为臣者，<u>何也</u>？<u>以秦焚其业</u>，<u>积怨而发愤于陈王也</u>。

　　及高皇帝诛项籍，举兵围鲁，鲁中诸儒尚讲诵习礼乐，弦歌之音不绝，<u>岂非圣人之遗化</u>，<u>好礼乐之国哉</u>？故孔子在陈曰："归与归与！吾党之小子狂简，斐然成章，不知所以裁之"。夫<u>齐鲁之间于文学</u>，<u>自古以来</u>，<u>其天性也</u>。故汉兴，然后诸儒始得修其经艺，讲习大射乡饮之礼。叔孙通作汉礼仪，因为太常，诸生弟子共定者，咸为选首，于是喟然叹兴于学。然尚有干戈，平定四海，亦未暇遑庠序之事也。孝惠吕后时，公卿皆武力有功之臣。孝文时颇征用，然孝文帝本好刑名之言。及至孝景，不任儒者，而窦太后又好黄老之术，故诸博士具官待问，未有进者。

及今上即位，赵绾、王臧之属明儒学，而上亦乡之，于是招方正贤良文学之士。自是之后，言《诗》于鲁则申培公，于齐则辕固生，于燕则韩太傅。言《尚书》自济南伏生。言《礼》自鲁高堂生。言《易》自菑川田生。言《春秋》于齐鲁自胡毋生，于赵自董仲舒。及窦太后崩，武安侯田蚡为丞相，绌黄老、刑名百家之言，延文学儒者数百人，而公孙弘以春秋白衣为天子三公，公孙弘另提叙，不与诸儒并列。就此处看，则以其位列公林，孤制定议而为功，令之所自出也：表之也。通全文看，则以其希世取荣，称贤窃位而为名教之所不容也：斥之也。表其遇合而斥其学行，所谓讨大夫以达王事，《春秋》之义也。封以平津侯。天下之学士靡然乡风矣。公孙弘为学官，悼道之郁滞，乃请曰："丞相御史言：制曰'盖闻导民以礼，风之以乐。婚姻者，居室之大伦也。今礼废乐崩，朕甚愍焉。故详延天下方正博闻之士，咸登诸朝。其令礼官劝学讲议，洽闻兴礼，以为天下先。太常议与博士弟子崇乡里之化，以广贤材焉'。谨与太常臧、博士平等议曰：闻三代之道，乡里有教，夏曰校，殷曰序，周曰庠。其劝善也显之朝廷；其惩恶也加之刑罚。故教化之行也，建首善自京师始，由内及外。今陛下昭至德，开大明，配天地，本人伦，劝学修礼，崇化厉贤以风四方，太平之原也。古者政教未洽，不备其礼，请因旧官而兴焉。为博士官置弟子五十人，复其身。太常择民年十八已上，仪状端正者，补博士弟子。郡国县道邑，有好文学，敬长上，肃政教，顺乡里，出入不悖所闻者，令相长丞上属所二千石，二千石谨察可者，当与计偕，诣太常，得受业如弟子。一岁皆辄试，能通一艺以上，补文学掌故缺；其高弟可以为郎中者，太常籍奏。即有秀才异等辄以名闻。其不事学若下材，及不能通一艺，辄罢之，而请诸不称者罚。臣谨案诏书律令下者，明天人分际，通古今之义，文章尔雅，训辞深厚，恩施甚美。小吏浅闻，不能究宣，无以明布谕下。治礼次治掌故，以文学礼义为官迁留滞。请选择其秩，比二百石以上，及吏百石，通一艺以上，补左右内史、大行卒史；比百石已下，补郡太守卒史：皆各二人，边郡一人。先用诵多者，若不足，乃择掌故补中二千石属，文学掌故补郡属，备员。请著功令。缴清功令。佗如律令。"制曰："可。"自此以来，则公卿大夫士吏，斌斌多文学之士矣。

申公者，鲁人也。高祖过鲁，申公以弟子从师入见高祖于鲁南宫。吕太后时，申公游学长安，与刘郢同师。已而郢为楚王，令申公傅其太子戊。戊不好学，疾申公。及王郢卒，戊立为楚王，胥靡申公。申公耻之，归鲁，退居家教，终身不出门，复谢绝宾客，独王命召之乃往。弟子自远方至受业者百余人。申公独以《诗经》为训，以教无传疑，疑者则阙不传。兰陵王臧既受诗，以事孝景帝为太子少傅，免去。今上初即位，臧乃上书宿卫，上累迁，一岁中为郎中令。及代赵绾亦尝受《诗》申公，绾为御史大夫。绾、臧请天子欲立明堂以朝诸侯，不能就其事，乃言师申公。于是天子使使束帛加璧安车驷马迎申公，弟子二人乘轺传从。至，见天子。天子问治乱之事，申公时已八十余，老，对曰："<u>为治者不至</u>（按：中华书局本作"在"。）<u>多言</u>，切直不阿，亦与公孙激射。<u>顾力行何如耳</u>。"是时天子方好文词，<u>见申公对</u>，<u>默然</u>。然已招致，则以为太中大夫，舍鲁邸议明堂事。太后窦太后好老子言，不说儒术，得赵绾、王臧之过以让上，上因废明堂事，尽下赵绾、王臧吏，后皆自杀。申公亦疾免以归，数年，卒。弟子为博士者十余人：孔安国至临淮太守，周霸至胶西内史，夏宽至城阳内史，砀鲁赐至东海太守，兰陵缪生至长沙内史，徐偃为胶西中尉，邹人阙门庆忌为胶东内史。其治官民皆有<u>廉节</u>，称其好学。学官弟子行虽不备，而至于大夫、郎中、掌故以百数。言诗虽殊，多本于申公。

清河王太傅辕固生者,齐人也。以治《诗》,孝景时为博士。与黄生争论景帝前。黄生曰:"汤武非受命,乃弑也。"辕固生曰:"不然。夫桀纣虐乱,天下之心皆归汤武,汤武与天下之心而诛桀纣,桀纣之民不为之使而归汤武,汤武不得已而立,非受命为何?"黄生曰:"冠虽敝必加于首;履虽新必关于足。何者,上下之分也。今桀纣虽失道,然君上也;汤武虽圣,臣下也。夫主有失行,臣下不能正言匡过以尊天子,反因过而诛之,代立践南面,非弑而何也?"辕固生曰:"必若所云,是高帝代秦即天子之位,非邪?"于是景帝曰:"食肉不食马肝,不为不知味;言学者无言汤武受命,不为愚。"遂罢。是后学者莫敢明受命放杀者。窦太后好《老子》书,召辕固生问老子书。固曰:"此是家人言耳。"太后怒曰:"安得司空城旦书乎?"乃使固入圈刺豕。景帝知太后怒,而固直言无罪,乃假固利兵下圈刺豕,正中其心,一刺,豕应手而倒。太后默然,无以复罪,罢之。居顷之,景帝以固为<u>廉直</u>,拜为清河王太傅。久之,病免。今上初即位,复以贤良征固。<u>诸谀儒多疾毁固</u>,曰"固老",罢归之时。固已九十余矣。固之征也,<u>薛人公孙弘亦征</u>,<u>侧目而视固</u>。诸儒中,史公尤重董子;而沮抑董子者,公孙也。故前叙入公孙,俱表其遇合,而贬公孙正文在董传。然有前〇后劲而无中权,则意局〇〇法孤,故于此先逗一全影。<u>固曰</u>:"<u>公孙子</u>,<u>务正学以言</u>,<u>无曲学以阿世</u>!"自是之后,齐言《诗》皆本辕固生也。诸齐人以《诗》显贵,皆固之弟子也。

韩生者,燕人也。孝文帝时为博士,景帝时为常山王太傅。韩生推诗之意而为内外传数万言,其语颇与齐鲁间殊,然其归一也。淮南贲生受之。自是之后而燕赵间言诗者由韩生。韩生孙商为今上博士。

伏生者,济南人也。故为秦博士。孝文帝时,欲求能治尚书者,天下无有,乃闻伏生能治,欲召之。是时伏生年九十余,老,不能行,于是乃诏太常使掌故朝错往受之。秦时焚书,伏生壁藏之。其后兵大起,流亡,汉定,伏生求其书,亡数十篇,独得二十九篇,即以教于齐鲁之间。学者由是颇能言《尚书》，诸山东大师，无不涉《尚书》以教矣。伏生教济南张生，及欧阳生，欧阳生教千乘兒宽。兒宽既通《尚书》，以文学应郡举，诣博士受业，受业孔安国。兒宽贫无资用，常为弟子都养，及时时间行佣赁以给衣食。<u>行常带经止息则诵习之</u>。以试第次补廷尉史。是时张汤方乡学，以为奏谳掾，以古法议决疑大狱，而爱幸宽。宽为人温良，有廉智自持，而善著书、书奏，敏于文，口不能发明也。汤以为长者，数称誉之。及汤为御史大夫，以兒宽为掾，荐之天子。天子见问，说之。张汤死后六年，兒宽位至御史大夫。九年而以官卒。宽在三公位，以和良承意从容得久，然无有所匡谏于官，官属易之，不为尽力。张生亦为博士。而伏生孙以治《尚书》征，不能明也。自此之后，鲁周霸、孔安国，雒阳贾嘉，颇能言《尚书》事。孔氏有古文《尚书》，而安国以今文读之，因以起其家。逸《书》得十余篇，盖《尚书》滋多于是矣。

诸学者多言《礼》，而鲁高堂生最本。《礼》固自孔子，时而其经不具，及至秦焚书，书散亡益多，于今独有《士礼》，高堂生能言之。而鲁徐生善为容。孝文帝时，徐生以容为礼官大夫。传子至孙徐延、徐襄。襄，其天姿善为容，不能通礼经；延颇能，未善也。襄以容为汉礼官大夫，至广陵内史。延及徐氏弟子公户满意、桓生、单次，皆常为汉礼官大夫。而瑕丘萧奋以《礼》为淮阳太守。是后能言《礼》为容者，由徐氏焉。自鲁商瞿受易孔子，孔子卒，商瞿传易，六世至齐人田何，字子庄，而汉兴。田何传东武人王同子仲，子仲传菑川人杨何。何以易元光元年征，官至中大夫。齐人即墨成以易至城阳相。广川人孟但以易为太子门大夫。鲁人周霸，莒人衡胡，临菑人主父偃，皆以易至二千石。然要言易者本于杨何之家。

董仲舒，广川人也。以治春秋，孝景时为博士。下帷讲诵，弟子传以久次相受业，<u>或莫见其面</u>，兒宽之勤学。<u>盖三年董仲舒不观于</u>

舍园，其精如此。进退容止，非礼不行，学士皆师尊之。申公力行，徐生为容。今上即位，为江都相。以春秋灾异之变推阴阳所以错行，故求雨闭诸阳，纵诸阴，其止雨反是。行之一国，未尝不得所欲。中废为中大夫，居舍，著灾异之记。是时辽东高庙灾，主父偃疾之，取其书奏之天子。天子召诸生示其书，有刺讥。董仲舒弟子吕步舒，不知其师书，以为下愚。于是下董仲舒吏，当死，诏赦之。于是董仲舒竟不敢复言灾异。董仲舒为人廉直。辕固之廉直。是时方外攘四夷，公孙弘治《春秋》不如董仲舒，而弘希世用事，位至公卿。董仲舒以弘为从谀。弘疾之，乃上言曰："独董仲舒可使相胶西王。"胶西王素闻董仲舒有行，亦善待之。董仲舒恐久获罪，疾免居家。至卒，终不治产业，以修学著书为事。故汉兴至于五世之间，唯董仲舒名为明于《春秋》，其传公羊氏也。

　　胡毋生，齐人也。孝景时为博士，以老归教授。齐之言《春秋》者多受胡毋生，公孙弘亦颇受焉。瑕丘江生为《穀梁春秋》。自公孙弘得用，尝集比其义，卒用董仲舒。遇真人而不能不用其义，加一"卒"字以丑之。仲舒弟子遂者：兰陵褚大，广川殷忠，温吕步舒。褚大至梁相。步舒至长史，持节使决淮南狱，于诸侯擅专断，不报，以《春秋》之义正之，天子皆以为是。弟子通者至于命大夫；为郎、谒者、掌故者以百数。而董仲舒子及孙皆以学至大官。

传儒林，自是并叙《六经》诸儒，然史公却另有微意，则以贬公孙而尊董子，薄公孙之希世取荣，而悲董子之直道见疾也。盖史公《史记》之作，本于《春秋》，《春秋》之义闻于董子，而董子之遇抑于公孙，故传中用意如此。而其称论董子学行，亦隐然见其奄有诸儒之长，语无泛设也。只前幅唱叹齐鲁之士，是推本圣人遗化，举其多者论之。然董子非齐鲁人，兴起较难，而写来却是汉代第一儒宗，则一面唱叹齐鲁，一面更已隐为董子衬起一层身份矣。凡此意思，本自朗然，文中向来未经拈出，只是习而不察耳。

酷吏列传

孔子曰："道（按：中华书局本作"导"。）之以政，齐之以刑，民免而无耻。导之以德，齐之以礼，有耻且格。"老氏称："上德不德，是以有德；下德不失德，是以无德。<u>法令滋章，盗贼多有</u>。"太史公曰：信哉是言也！<u>法令者治之具，而非制治清浊之源也。昔天下之网尝密矣</u>，此段是写往事，却是影当时，与后文相应。一段为一篇关键也。<u>然奸伪萌起，其极也，上下相遁，至于不振。当是之时，吏治若救火扬沸，非武健严酷，恶能胜其任而愉快乎！言道德者，溺其职矣</u>。故曰"听讼吾犹人也，必也使无讼乎"。"下士闻道大笑之"。非虚言也。汉兴，破觚而为圜，斫雕而为朴，<u>网漏于吞舟之鱼，而吏治烝烝，不至于奸，黎民艾安。由是观之，在彼不在此</u>。

高后时，<u>酷吏独有侯封</u>，"独有"则未若当时之多也，然深思之辞。刻轹宗室，侵辱功臣。吕氏已败，<u>遂夷侯封之家</u>。孝景时，晁错以刻深颇用术辅其资，而七国之乱，发怒于错，<u>错卒以被戮。其后有郅都、宁成之属</u>。

郅都者，杨人也。以郎事孝文帝。孝景时，都为中郎将，敢直谏，面折大臣于朝。尝从入上林，贾姬如厕，野彘卒入厕。上目都，都不行。上欲自持兵救贾姬，都伏上前曰："<u>亡一姬，复一姬进，天下所少，宁贾姬等乎？陛下纵自轻，奈宗庙太后何</u>！"上还，彘亦去。太后闻之，赐都金百斤，由此重郅都。

济南瞷氏宗人三百余家，豪猾，二千石莫能制，于是景帝乃拜都为济南太守。至则族灭瞷氏首恶，余皆股栗。居岁余，郡中不拾遗。旁十余郡守，畏都如大府。都为人勇，有气力，公廉，不发私书，问遗无所受，请寄无所听。常自称曰："<u>已倍亲而仕，身固当奉职死节官下，终不顾妻子矣</u>。"

郅都迁为中尉。丞相条侯至贵倨也，而都揖丞相。<u>是时民朴，畏罪自重，而都独先严酷，"独先"二字有意。致行法不避贵戚，列侯宗室见都，侧目而视，号曰"苍鹰"。临江王征诣中尉府对簿，临江王欲得刀笔为书谢上，而都禁吏不予。魏其侯使人以间与临江王。临江王既为书谢上，因自杀。窦太后闻之，怒，以危法中都，都免归家。孝景帝乃使使持节拜都为雁门太守，而便道之官，得以便宜从事。匈奴素闻郅都节，居边，为引兵去，竟郅都死，不近雁门。匈奴至为偶人象郅都，令骑驰射莫能中，见惮如此。匈奴患之。窦太后乃竟中都以汉法。景帝曰："都忠臣。"欲释之。窦太后曰："临江王独非忠臣邪？"于是遂斩郅都。

宁成者，穰人也。以郎谒者事景帝。好气，为人小吏，必陵其长吏；为人上，操下如束湿薪。滑贼任威。稍迁至济南都尉，成传绾都。而郅都为守。始前数都尉，皆步入府，因吏谒守如县令，其畏郅都如此。及成往，直陵都出其上。都素闻其声，于是善遇，与结欢。久之，郅都死后，长安左右宗室多暴，犯法，于是上召宁成为中尉。其治效郅都，其廉弗如，然宗室豪杰皆人人惴恐。武帝即位，徙为内史。外戚多毁成之短，抵罪髡钳。是时九卿罪死即死，少被刑，而成极刑，自以为不复收，于是解脱，诈刻传出关，归家。称曰："仕不至二千石，贾不至千万，安可比人乎！"乃贳贷买陂田千余顷，假贫民役使数千家。数年，会赦。致产数千金，为任侠，持吏长短，出从数十骑。其使民威重于郡守。

周阳由者，其父赵兼以淮南王舅父侯周阳，故因姓周阳氏。由以宗家任为郎，事孝文及景帝。景帝时，由为郡守。武帝即位，吏治尚循谨甚，然由居二千石中，最为暴酷骄恣。所爱者，挠法活之；所憎者，曲法诛灭之。所居郡必夷其豪。为守，视都尉如令。为都尉，必陵太守，夺之治。王懋曰：司马安不足言也，汲、长孺矫气风力，不肯为人下，至为周阳由所抑。何哉？盖由无赖小人，黠盖远之，非畏之也。与汲黯俱为忮，司马安之文恶，俱在二千石列，同车未尝敢均茵伏。

由后为河东都尉，时与其守胜屠公争权，相告言罪。胜屠公当抵罪，义不受刑，自杀，<u>而由弃市</u>。成铸一德，渡下。

<u>自宁成</u>、<u>周阳由之后</u>，<u>事益多</u>，<u>民巧法</u>，<u>大抵吏之治类多成</u>、<u>由等矣</u>。

赵禹者，斄人。以佐史补中都官，用廉为令史，事太尉亚夫。亚夫为丞相，禹为丞相史，府中皆称其廉平。然亚夫弗任，曰："<u>极知禹无害</u>，<u>然文深</u>，<u>不可以居大府</u>。"条侯长者，真宰相之言。今上时，禹以刀笔吏积劳，稍迁为御史。<u>上以为能</u>，至太中大夫。<u>与张汤论定诸律令</u>，禹传出汤。作见知，吏传得相监司。<u>用法益刻</u>，<u>盖自此始</u>。禹传未终，顿住，入汤传。

张汤者，杜人也。其父为长安丞，出，汤为儿守舍。还而鼠盗肉，其父怒，笞汤。汤掘窟得盗鼠及余肉，劾鼠掠治，传爰书，讯鞫论报，并取鼠与肉具狱磔堂下。其父见之，<u>视其文辞如老狱吏</u>，<u>大惊</u>，遂使书狱。父死后，汤为长安吏，久之。汤传绾縣父周阳侯。<u>周阳侯始为诸卿时</u>，<u>尝系长安</u>，<u>汤倾身为之</u>。及出为侯，大与汤交，遍见汤贵人。汤给事内史，<u>为宁成掾</u>，<u>以汤为无害</u>，汤传绾成。言大府，调为茂陵尉，治方中。

武安侯为丞相，征汤为吏，时荐言之天子，补御史，使案事。治陈皇后蛊狱，深竟党与。<u>于是上以为能</u>，稍迁至太中大夫。<u>与赵禹共定诸律令</u>，汤传绾禹。务在深文，拘守职之吏。<u>已而赵禹迁为中尉</u>，再绾禹。<u>徙为少府</u>，<u>而张汤为廷尉</u>，<u>两人交欢</u>，<u>而兄事禹</u>。再绾禹，夹写禹。禹为人廉倨。为吏以来，舍毋食客。公卿相造请禹，禹终不报谢，务在绝知友宾客之请，孤立行一意而已。见文法辄取，亦不覆案，求官属阴罪。汤为人<u>多诈</u>，<u>舞智以御人</u>。始为小吏，乾没，与长安富贾田甲、鱼翁叔之属交私。及列九卿，收接天下名士大夫，己心内虽不合，<u>然阳浮慕之</u>。

是时上方乡文学，汤决大狱，欲傅古义，乃请博士弟子治《尚书》、《春秋》补廷尉史,亭疑法。奏谳疑事,必豫先为上分别其原,上所是,受而著谳决法廷尉絜令,扬主之明。奏事即谴,汤应谢,乡上意所便,必引正、监、掾史贤者,曰:"固为臣议,如上责臣,臣弗用,愚抵于此罪。"常释。闻即奏事上善之,曰:"臣非知为此奏,乃正、监、掾史某为之。"其欲荐吏、扬人之善、蔽人之过如此。所治,即上意所欲罪,予监史深祸者;即上意所欲释,与监史轻平者。所治即豪,必舞文巧诋;即下户羸弱,时口言,虽文致法,上财察。于是往往释汤所言。汤至于大吏,内行修也。通宾客饮食。于故人子弟为吏及贫昆弟,调护之尤厚。其造请诸公,不避寒暑。是以汤虽文深意忌不专平,然得此声誉。而刻深吏多为爪牙用者,依于文学之士。丞相弘数称其美。及治淮南、衡山、江都反狱,皆穷根本。严助及伍被,上欲释之。汤争曰:"伍被本画反谋,而助亲幸出入禁闼爪牙臣,乃交私诸侯如此,弗诛,后不可治。"于是上可论之。其治狱所排大臣自为功,多此类。于是汤益尊任,迁为御史大夫。

　　会浑邪等降,汉大兴兵伐匈奴,山东水旱,贫民流徙,皆仰给县官,县官空虚。于是丞上指,请造白金及五铢钱,笼天下盐铁,排富商大贾,出告缗令,钼豪强并兼之家,舞文巧诋以辅法。汤每朝奏事,语国家用,日晏,天子忘食。丞相取充位,天下事皆决于汤。百姓不安其生,骚动,县官所兴,未获其利,奸吏并侵渔,于是痛绳以罪。则自公卿以下,至于庶人,咸指汤。汤尝病,天子至自视病,其隆贵如此。

　　匈奴来请和亲,群臣议上前。博士狄山曰:"和亲便。"上问其便,山曰:"兵者凶器,未易数动。高帝欲伐匈奴,大困平城,乃遂结和亲。孝惠、高后时,天下安乐。及孝文帝欲事匈奴,北边萧然苦兵矣。孝景时,吴楚七国反,景帝往来两宫间,寒心者数月。吴楚已破,竟景帝不言兵,天下富实。今自陛下举兵击匈奴,中国以空虚，边民大困贫。由此观之，不如和亲。"上问汤，汤曰："此愚儒无知。"狄山曰："臣固愚忠，若御史大夫汤乃诈忠。若汤之治淮南、江都，以深文痛诋诸侯，别疏骨肉，使蕃臣不自安。臣固知汤之为诈忠。"于是上作色曰："吾使生居一郡，能无使虏入盗乎？"曰："不能。"曰："居一县？"对曰："不能。"复曰："居一障间？"山自度辩穷，且下吏，曰："能。"于是上遣山乘鄣。至月余，匈奴斩山头而去。自是以后，群臣震慑。

汤之客田甲，虽贾人，有贤操。始汤为小吏时与钱通，及汤为大吏，甲所以责汤行义过失，亦有烈士风。

汤为御史大夫七岁，败。河东人李文，尝与汤有郤，已而为御史中丞，恚，数从中文书事有可以伤汤者，不能为地。汤有所爱史鲁谒居，知汤不平，使人上蜚变告文奸事，下汤，汤治论杀文，而汤心知谒居为之。上问曰："言变事纵迹安起？"汤详惊曰："此殆文故人怨之。"谒居病卧闾里主人，汤自往视疾，为谒居摩足。赵国以冶铸为业，王数讼铁官事，汤常排赵王。赵王求汤阴事。谒居尝案赵王，赵王怨之，并上书告："汤，大臣也，史谒居有病，汤至为摩足，疑与为大奸。"事下廷尉。谒居病死，事连其弟，弟系导官。汤亦治他囚导官，见谒居弟，欲阴为之，而详不省。谒居弟弗知，怨汤，使人上书告汤与谒居谋，共变告李文。事下减宣。宣尝与汤有郤，及得此事，穷竟其事，未奏也。会人有盗发孝文园瘗钱，丞相青翟朝，与汤约俱谢，至前，汤念独丞相以四时行园，当谢，汤无与也，不谢。丞相谢，上使御史案其事。汤欲致其文丞相见知，丞相患之。三长史皆害汤，欲陷之。

始长史朱买臣，会稽人也。读《春秋》。庄助使人言买臣，买臣以《楚辞》与助俱幸，侍中，为太中大夫，用事；而汤乃为小吏，跪伏使买臣等前。已而汤为廷尉，治淮南狱，排挤庄助，买臣固心望。及汤为御史大夫，买臣以会稽守为主爵都尉，列于九卿。数年，坐法废，守长史，见汤，汤坐床上，丞史遇买臣弗为礼。买臣楚士，深怨，常欲死之。王朝，齐人也。以术至右内史。边通，学长短，刚暴强人也，官再至济南相。故皆居汤右，已而失官，守长史，诎体于汤。汤数行丞相事，知此三长史素贵，常凌折之。以故三长史合谋曰："始汤约与君谢，已而卖君；今欲劾君以宗庙事，此欲代君耳。吾知汤阴事。"使吏捕案汤左田信等，曰汤且欲奏请，信辄先知之，居物致富，与汤分之，及他奸事。事辞颇闻。上问汤曰："吾所为，贾人辄先知之，益居其物，是类有以吾谋告之者。"汤不谢。汤又详惊曰："固宜有。"减宣亦奏谒居等事。天子果以汤怀诈面欺，使使八辈簿责汤。汤具自道无此，不服。又绾禹。于是上使赵禹责汤。禹至，让汤曰："君何不知分也。君所治夷灭者几何人矣？今人言君皆有状，天子重致君狱，欲令君自为计，何多以对簿为？"汤乃为书谢曰："汤无尺寸功，起刀笔吏，陛下幸致为三公，无以塞责。然谋陷汤罪者，三长史也。"遂自杀。

汤死，家产直不过五百金，皆所得奉赐，无他业。昆弟诸子欲厚葬汤，汤母曰："汤为天子大臣，被污恶言而死，何厚葬乎！"载以牛车，有棺无椁。天子闻之，曰："非此母不能生此子。"乃尽案诛三长史。丞相青翟自杀。出田信。上惜汤，稍迁其子安世。汤传毕，补完禹传。

赵禹中废，已而为廷尉。始条侯以为禹贼深，弗任。及禹为少府，比九卿。禹酷急，至晚节，事益多，吏务为严峻，而禹治加缓，而名为平。禹传出温舒等。王温舒等后起，治酷于禹。禹以老，徙为燕相。数岁，乱悖有罪，免归。后汤十余年，以寿卒于家。禹传入绾汤。

义纵者，河东人也。为少年时，尝与张次公俱攻剽为群盗。纵有姊姁，以医幸王太后。王太后问："有子兄弟为官者乎？"姊曰："有弟无行，不可。"太后乃告上，拜义姁弟纵为中郎，补上党郡中令。治敢行，少蕴藉，县无逋事，举为第一。迁为长陵及长安令，直法行治，不避贵戚。以捕案太后外孙修成君子仲，<u>上以为能</u>，迁为河内都尉。至则族灭其豪穰氏之属，河内道不拾遗。而张次公亦为郎，以勇悍从军，敢深入，有功，为岸头侯。纵传绾成。

　　宁成家居，上欲以为郡守。御史大夫弘曰："臣居山东为小吏时，宁成为济南都尉，其治如狼牧羊。成不可使治民。"上乃拜成为关都尉。岁余，关东吏隶郡国出入关者，<u>号曰"宁见乳虎，无值宁成之怒"</u>。义纵自河内迁为南阳太守，闻宁成家居南阳，及纵至关，<u>宁成侧行送迎，然纵气盛，弗为礼。至郡，遂案宁氏，尽破碎其家。成坐有罪</u>，及孔、暴之属皆奔亡，南阳吏民重足一迹。而平氏朱强、<u>杜衍、杜周为纵牙爪之吏</u>，纵传出周。任用，迁为廷史。军数出定襄，定襄吏民乱败，于是徙纵为定襄太守。纵至，掩定襄狱中重罪轻系二百余人，及宾客昆弟私入相视亦二百余人。纵一捕鞠，曰"为死罪解脱"。是日皆报杀四百余人。其后郡中不寒而栗，猾民佐吏为治。纵传绾禹、汤。<u>是时赵禹、张汤以深刻为九卿矣，然其治尚宽，辅法而行，而纵以鹰击毛挚为治</u>。后会五铢钱白金起，民久奸，京师尤甚，<u>乃以纵为右内史，王温舒为中尉</u>。纵传入温。<u>温舒至恶</u>，"至"字有意。<u>其所为不先言纵，纵必以气凌之，败坏其功</u>。其治所诛杀甚多，然取为小治，奸益不胜，直指始出矣。吏之治，以斩杀缚束为务，阎奉以恶用矣。<u>纵廉其治，放郅都</u>。纵传绾都。上幸鼎湖病久，已而卒起，幸甘泉，道多不治。上怒曰："纵以我为不复行此道乎？"嗛之。至冬，杨可方受告缗，纵以为此乱民，部吏捕其为可使者。天子闻，使杜式治，以为废格沮事，<u>弃纵市</u>。<u>后一岁，张汤亦死</u>。纵传又绾汤。

　　王温舒者，阳陵人也。少时椎埋为奸。已而试补县亭长，数废。为吏，<u>以治狱至廷史</u>。<u>事张汤</u>，温舒传绾汤。<u>迁为御史</u>。督盗贼，杀伤甚多，稍迁至广平都尉。择郡中豪敢任吏十余人以为爪牙，皆把其阴重罪，而纵使督盗贼，快其意所欲得。此人虽有百罪，弗法；即有避，因其事夷之，亦灭宗。以其故，齐赵之郊盗贼不敢近广平，广平声为道不拾遗。上闻，迁为河内太守。素居广平时，皆知河内豪奸之家，及往，九月而至。令郡具私马五十匹，为驿，自河内至长安，部吏如居广平时方略，捕郡中豪猾，郡中豪猾相连坐千余家。上书请，大者至族，小者乃死，家尽没入偿臧。奏行不过二三日，得可事。论报，至流血十余里。河内皆怪其奏，以为神速。尽十二月，<u>郡中毋声</u>，毋敢夜行，野无犬吠之盗。其颇不得失，之旁郡国，黎来，<u>会春</u>，<u>温舒顿足叹曰</u>："<u>嗟乎，令冬月益展一月，足吾事矣！</u>"<u>其好杀伐行威不爱人如此</u>。<u>天子闻之</u>，<u>以为能</u>，<u>迁为中尉</u>。其治复放河内，徙诸名祸猾吏与从事，河内，则杨皆、麻戊，关中杨赣、成信等。<u>义纵为内史</u>，<u>惮未敢恣治</u>。<u>及纵死</u>，温舒传绾纵，又绾汤。<u>张汤败后</u>，<u>徙为廷尉</u>，<u>而尹齐为中尉</u>。温舒传未，终顿之入尹齐。

　　尹齐者，东郡茌平人。以刀笔稍迁至<u>御史</u>。齐传绾汤。<u>事张汤</u>，<u>张汤数称以为廉武</u>，使督盗贼，所斩伐不避贵戚。迁为关内都尉，<u>声甚于宁成</u>。齐传绾成。<u>上以为能</u>，<u>迁为中尉</u>，吏民益凋敝。尹齐木强少文，豪恶吏伏匿而善吏不能为治，以故事多废，<u>抵罪</u>。<u>上复徙温舒为中尉</u>，<u>而杨仆以严酷为主爵都尉</u>。齐传毕，接点"温舒"二字，转入杨仆。

　　杨仆者，宜阳人也。以千夫为吏。河南守案举以为能，迁为御史，使督盗贼关东。<u>治放尹齐</u>，仆传绾齐。以为敢挚行。稍迁至主爵都尉，列九卿。<u>天子以为能</u>。南越反，拜为楼船将军，有功，封将梁侯。为荀彘所缚。居久之，病死。仆传毕，补温舒传。

　　<u>而温舒复为中尉</u>。为人少文，<u>居廷惛惛不辩</u>，<u>至于中尉则心开</u>。督盗贼，素习关中俗，知豪恶吏，豪恶吏尽复为用，为方略。吏苛察，盗贼恶少年投缿购告言奸，置伯格长以牧司奸盗贼。温舒为人诌，善事有势者；即无势者，视之如奴。有势家，虽有奸如山，弗

犯；无势者，贵戚必侵辱。舞文巧诋下户之猾，以焄大豪。其治中尉如此。奸猾穷治，大抵尽靡烂狱中，行论无出者。其爪牙吏虎而冠。于是中尉部中中猾以下皆伏，有势者为游声誉称治。治数岁，其吏多以权富。

温舒击东越还，议有不中意者，坐小法，抵罪免。是时天子方欲作通天台，而未有人，温舒请覆中尉脱卒得数万人作。上说，拜为少府。徙为右内史，治如其故，奸邪少禁。坐法失官。复为右辅，行中尉事，如故操。岁余，会宛军发，诏征豪吏，温舒匿其吏华成，及人有变，告温舒受员骑钱，他奸利事，<u>罪至族</u>，<u>自杀</u>。其时两弟及两婚家，亦<u>各自坐他罪而族</u>。光禄徐自为曰："<u>悲夫</u>，<u>夫古有三族，而王温舒罪至同时而五族乎</u>！"温舒死，家直累千金。后数岁，尹齐亦以淮阳都尉病死，温舒传毕，又入齐。家直不满五十金。所诛灭淮阳甚多，<u>及死</u>，<u>仇家欲烧其尸</u>，尸亡去归葬。

<u>自温舒等以恶为治</u>，此处将温舒等总束二段，应前"天下之网尝密"一段意。盖传将终矣。<u>而郡守</u>、<u>都尉</u>、<u>诸侯二千石欲为治者</u>，<u>其治大抵尽放温舒</u>，<u>而吏民益轻犯法</u>，<u>盗贼滋起</u>。应"奸伪萌迟"。南阳有梅免、白政，楚有殷中、杜少，齐有徐勃，燕赵之间有坚卢、范生之属。大群至数千人，擅自号，攻城邑，取库兵，释死罪，缚辱郡太守、都尉，杀二千石，为檄告县趣具食；小群盗以百数，掠卤乡里者，不可胜数也。于是天子始使御史中丞、丞相长史督之。犹弗能禁也，乃使光禄大夫范昆、诸辅都尉及故九卿张德等，衣绣衣，持节虎符，发兵以兴击，斩首大部或至万余级，及以法诛通饮食，坐连诸郡，甚者数千人。数岁，乃颇得其渠率。散卒失亡，复聚党阻山川者，往往而群居，无可奈何。于是作"沈命法"，曰群盗起不发觉，发觉而捕弗满品者，二千石以下至小吏主者皆死。其后小吏畏诛，虽有盗不敢发，恐不能得，坐课累府，府亦使其不言。应"上下相遁"。<u>故盗贼浸多</u>，<u>上下相为匿</u>，<u>以文辞避法焉</u>。

减宣者，杨人也。以佐史无害，给事河东守府。卫将军青使买马河东，见宣无害，言上，征为大厩丞。官事辨，稍迁至御史及中丞。使治主父偃，及治淮南反狱，所以微文深诋，杀者甚众，称为敢决疑。数废数起，为御史及中丞者几二十岁。<u>王温舒免中尉</u>，宣传绾温舒。<u>而宣为左内史</u>。其治米盐，事大小皆关其手，自部署县名曹实物，官吏令丞不得擅摇，痛以重法绳之。居官数年，一切郡中为小治辨，然独宣以小致大，能因力行之，难以为经。中废为右扶风，坐怨成信，信亡藏上林中，宣使郿令格杀信，吏卒格信时，射中上林苑门，宣下吏诋罪，以为大逆，<u>当族</u>，<u>自杀</u>。<u>而杜周任用</u>。紧笔接入杜周。

杜周者，南阳杜衍人。<u>义纵为南阳守</u>，周传绾纵。<u>以为爪牙</u>，举为廷尉史。<u>事张汤</u>，<u>汤数言其无害</u>，周传绾汤。至御史。使案边失亡，所论杀甚众。奏事中上意，任用，<u>与减宣相编</u>，周传绾宣。更为中丞十余岁。

<u>其治与宣相放</u>，然重迟，外宽，内深次骨。<u>宣为左内史</u>，<u>周为廷尉</u>，<u>其治大放张汤</u>而善候伺。周传又绾汤。上所欲挤者，因而陷之；上所欲释者，久系待问而微见其冤状。客有让周曰："君为天子决平，不循三尺法，专以人主意指为狱。狱者固如是乎？"周曰："三尺安出哉？前主所是著为律，后主所是疏为令，当时为是，何古之法乎！"

<u>至周为廷尉</u>，诏狱亦益多矣。二千石系者，新故相因，不减百余人。郡吏大府举之廷尉，一岁至千余章。章大者连逮证案数百，小者数十人；远者数千，近者数百里。会狱吏因责如章，告劾不服，以笞掠定之。于是闻有逮皆亡匿。狱久者至更数赦，十有余岁，而相告言，大抵尽诋以不道以上。廷尉及中都官诏狱，逮至六七万人，吏所增加十万余人。

周中废，后为执金吾，逐盗，捕治桑弘羊、卫皇后昆弟子刻深，<u>天子以为尽力无私</u>，迁为御史大夫。家两子，夹河为守。<u>其治暴酷</u>

皆甚于王温舒等矣。周传绾温舒等。杜周初征为廷史，有一马，且不全；及身久任事，至三公列，子孙尊官，家訾累数巨万矣。冷刺。

太史公曰：自郅都、杜周十人者，此皆以酷烈为声。然郅都伉直，引是非，争天下大体。张汤以知阴阳，人主与俱上下，时数辩当否，国家赖其便。赵禹时据法守正。杜周从谀，以少言为重。自张汤死后，网密，多诋严，官事浸以秏废。九卿碌碌奉其官，救过不赡，何暇论绳墨之外乎！然此十人中，其廉者足以为仪表，其污者足以为戒，方略教导，禁奸止邪，一切亦皆彬彬质有其文武焉。虽惨酷，斯称其位矣。至若蜀守冯当暴挫，广汉李贞擅磔人，东郡弥仆锯项，天水骆璧推减，河东褚广妄杀，京兆无忌、冯翊殷周蝮鸷，水衡阎奉朴击卖请，何足数哉！何足数哉！

摹写一时尚酷之风，曲尽情势，可痛可叹。笔力极驰骋。

似只挨年月叙去，中间变态随意出，酷吏固深文精刻亦似之。语语入妙，殆无剌意。　邓以赞

全用上好下甚意作骨，每于接代回环处着眼。十余人中，有意气相合，有衣钵相传，有互相倾轧，有递相汲引，竟未有一个不蒙天子宠任。此未亡而彼已进，彼方败而此又兴。一路写来，为可浩叹也。而文之纵横变化，莫测其端，更不啻五花八门之胜矣。

刻画情状，推究始终，以定诸酷吏，爰书可谓惟明克允。看来史公尤罪张汤，为其以诈辅酷，厚结主知，作恶尤深。且温舒诸人皆所奖拔，流毒尤广也。至残爆显烁，则温舒为尤。故传中萦绕两人处，独多汤之死、温舒之族，皆加一倍，写以见意。然周传又云其治暴酷皆甚于温舒等，则竟未知暴酷之当何所终极矣，可叹！

大宛列传

　　<u>大宛之迹，见自张骞</u>。张骞，汉中人。建元中为郎。是时天子问匈奴降者，皆言匈奴破月氏王，月氏。以其头为饮器，月氏遁逃而常怨仇匈奴，无与共击之。<u>汉方欲事灭胡</u>，闻此言，因欲通使。道必更匈奴中，乃募能使者。骞以郎应<u>募</u>，<u>使月氏</u>，与堂邑氏故胡奴甘父俱出陇西。经匈奴，匈奴得之，传诣单于。单于留之，曰："月氏在吾北，汉何以得往使？吾欲使越，汉肯听我乎？"留骞十余岁，与妻，有子，然骞持汉节不失。

　　居匈奴中益宽，骞因与其属亡乡月氏，<u>西走数十日至大宛</u>。<u>大宛闻汉之饶财</u>，<u>欲通不得</u>，<u>见骞</u>，<u>喜</u>，问曰："若欲何之？"骞曰："为汉使月氏，而为匈奴所闭道。今亡，唯王使人导送我。诚得至，反汉，<u>汉之赂遗王财物不可胜言</u>。"<u>大宛以为然</u>，遣骞，为发导驿，抵康居，康居。康居传致大月氏。大月氏王已为胡所杀，立其太子为王。既臣大夏而居，大夏。地肥饶，少寇，志安乐，又自以远汉，殊无报胡之心。<u>骞从月氏至大夏</u>，<u>竟不能得月氏要领</u>。留岁余，还并南山，欲从羌中归，复为匈奴所得。留岁余，单于死，左谷蠡王攻其太子自立，国内乱，骞与胡妻及堂邑父俱亡归汉。汉拜骞为太中大夫，堂邑父为奉使君。骞为人强力，宽大信人，蛮夷爱之。堂邑父故胡人，善射，穷急射禽兽给食。初，<u>骞行时百余人</u>，<u>去十三岁</u>，<u>唯二人得还</u>。

　　<u>骞身所至者</u>大宛、大月氏、大夏、康居，<u>而传闻其旁</u>大国五六，<u>具为天子言之</u>。曰：大宛在匈奴西南，在汉正西，去汉可<u>万里</u>。其俗土著，耕田，田稻麦。有蒲陶酒。<u>多善马</u>，<u>马汗血</u>，<u>其先天马子也</u>。有城郭屋室。其属邑大小七十余城，众可数十万。其兵弓矛骑射。其北则康居，西则大月氏，西南则大夏，东北则乌孙，乌孙。东则扜罙、扜罙。于寘。于寘。于寘之西，则水皆西流，注西海；其东

水东流，注盐泽。盐泽潜行地下，其南则河源出焉。多玉石，河注中国。而楼兰、姑师楼兰，姑师。邑有城郭，临盐泽。盐泽去长安可五千里。匈奴右方居盐泽以东，至陇西长城，南接羌鬲汉道焉。

乌孙在大宛东北可二千里，行国，随畜，与匈奴同俗。控弦者数万，敢战。故服匈奴，及盛，取其羁属，不肯往朝会焉。

康居在大宛西北可二千里，行国，与月氏大同俗。控弦者八九万人。与大宛邻国。国小，南羁事月氏，东羁事匈奴。

奄蔡奄蔡。在康居西北可二千里，行国，与康居大同俗。控弦者十余万。临大泽无崖，盖乃北海云。

大月氏在大宛西可二三千里，居妫水北。其南则大夏，西则安息，安息。北则康居。行国也，随畜移徙，与匈奴同俗。控弦者可一二十万。故时强，轻匈奴，及冒顿立攻破月氏，至匈奴老上单于，杀月氏王，以其头为饮器。始月氏居敦煌、祁连间，及为匈奴所败，乃远去，过宛，西击大夏而臣之，遂都妫水北为王庭。其余小众不能去者，保南山羌，号小月氏。

安息在大月氏西可数千里。其俗土著耕田，田稻麦，蒲陶酒。城邑如大宛。其属小大数百城，地方数千里，最为大国。临妫水，有市，民商贾用车及船，行旁国或数千里。以银为钱，钱如其王面，王死，辄更钱效王面焉。画革旁行以为书记。其西则条枝，条枝。北有奄蔡、黎轩。黎轩。

条枝在安息西数千里，临西海。暑湿。耕田，田稻。有大鸟，卵如瓮。人众甚多，往往有小君长，而安息役属之，以为外国。国善眩。安息长老，传闻条枝有弱水、西王母，而未尝见。

大夏在大宛西南二千余里，妫水南。其俗土著，有城屋，与大宛同俗。无大王长，往往城邑置小长。其兵弱，畏战。善贾市。及大月氏西徙，攻败之，皆臣畜大夏。大夏民多可百余万。其都曰蓝市城，有市贩贾诸物。其东南有身毒国。身毒。骞曰："臣在大夏时，见邛竹杖、蜀布。问曰：'安得此？'大夏国人曰：'吾国人往市之身毒。身毒在大夏东南可数千里。其俗土著，大与大夏同，而卑湿暑热云。其人民乘象以战。其国临大水焉。'以骞度之，大夏去汉万二千里，居汉西南。今身毒国又居大夏东南数千里，有蜀物，此其去蜀不远矣。今使大夏，从羌中，险，羌人恶之；少北，则为匈奴所得；从蜀宜径，又无寇。"天子既闻大宛及大夏、安息之属皆大国，多奇物，土著，颇与中国同业，而兵弱，贵汉财物；其北有大月氏、康居之属，兵强，可以赂遗设利朝也。且诚得而以义属之，则广地万里，重九译，致殊俗，威德遍于四海。天子欣然，以骞言为然，乃令骞因蜀犍为发间使，四道并出：出駹，出冉，出徙，出邛僰，皆各行一二千里。其北方闭氐、笮，南方闭巂、昆明。昆明之属无君长，善寇盗，辄杀略汉使，终莫得通。然闻其西可千余里有乘象国，名曰滇越，而蜀贾奸出物者或至焉，于是汉以求大夏道，始通滇国。初，汉欲通西南夷，费多，道不通，罢之。及张骞言可以通大夏，乃复事西南夷。

骞以校尉从大将军击匈奴，知水草处，军得以不乏，乃封骞为博望侯。是岁元朔六年也。其明年，骞为卫尉，与李将军俱出右北平击匈奴。匈奴围李将军，军失亡多；而骞后期当斩，赎为庶人。是岁汉遣骠骑破匈奴西域数万人，至祁连山。其明年，浑邪王率其民降汉，而金城、河西西并南山至盐泽空无匈奴。匈奴时有候者，到而希矣。其后二年，汉击走单于于幕北。

是后天子数问骞大夏之属。骞既失侯，因言曰："臣居匈奴中，闻乌孙王号昆莫，昆莫之父，匈奴西边小国也。匈奴攻杀其父，而昆莫生弃于野。乌嗛肉蜚其上，狼往乳之。单于怪以为神，而收长之。及壮，使将兵，数有功，单于复以其父之民予昆莫，令长守于西城。昆莫收养其民，攻旁小邑，控弦数万，习攻战。单于死，昆莫乃率其众远徙，中立，不肯朝会匈奴。匈奴遣奇兵击，不胜，以为神而远之，因羁属之，不大攻。今单于新困于汉，而故浑邪地空无人。蛮夷俗贪汉财物，今诚以此时而厚币赂乌孙，招以益东，居故浑邪之地，与汉结昆弟，其势宜听，听则是断匈奴右臂也。既连乌孙，自其西大夏之属皆可招来而为外臣。"天子以为然，拜骞为中郎将，将三百人，马各二匹，牛羊以万数，赍金币帛直数千巨万，多持节副使，道可使，使遗之他旁国。

骞既至乌孙，乌孙王昆莫见汉使如单于礼，骞大惭，知蛮夷贪，乃曰："天子致赐，王不拜则还赐。"昆莫起拜赐，其他如故。骞谕使指曰："乌孙能东居浑邪地，则汉遣翁主为昆莫夫人。"乌孙国分，王老，而远汉，未知其大小，素服属匈奴日久矣，且又近之，其大臣皆畏胡，不欲移徙，王不能专制。骞不得其要领。昆莫有十余子，其中子曰大禄，强，善将众，将众别居万余骑。大禄兄为太子，太子有子曰岑娶，而太子早死。临死谓其父昆莫曰："必以岑娶为太子，无令他人代之。"昆莫哀而许之，卒以岑娶为太子。大禄怒其不得代太子也，乃收其诸昆弟，将其众畔，谋攻岑娶及昆莫。昆莫老，常恐大禄杀岑娶，予岑娶万余骑别居，而昆莫有万余骑自备，国众分为三，而其大总取羁属昆莫，昆莫亦以此不敢专约于骞。

骞因分遣副使使大宛、康居、大月氏、大夏、安息、身毒、于窴、扜罙及诸旁国。乌孙发导译送骞还，骞与乌孙遣使数十人，马数十匹报谢，因令窥汉，知其广大。

骞还到，拜为大行，列于九卿。岁余，卒。

乌孙使既见汉人众富厚，归报其国，其国乃益重汉。其后岁余，骞所遣使通大夏之属者皆颇与其人俱来，于是西北国始通于汉矣。然张骞凿空，其后使往者皆称博望侯，以为质于外国，外国由此信之。

自博望侯骞死后，匈奴闻汉通乌孙，怒，欲击之。及汉使乌孙，若出其南，抵大宛、大月氏相属，乌孙乃恐，使使献马，愿得尚汉女翁主为昆弟。天子问群臣议计，皆曰"必先纳聘，然后乃遣女"。初天子发书《易》，云"神马当从西北来"。得乌孙马好，名曰"天马"。及得大宛汗血马，益壮，更名乌孙马曰"西极"，名大宛马曰"天马"云。而汉始筑令居以西，初置酒泉郡，以通西北国。因益发使抵安息、奄蔡、黎轩、条枝、身毒国。而天子好宛马，使者相望于道。诸使外国一辈大者数百，少者百余人，人所赍操，大放博望侯时。其后益习而衰少焉。汉率一岁中使多者十余，少者五六辈，远者八九岁，近者数岁而反。

是时汉既灭越，而蜀、西南夷皆震，请吏入朝。于是置益州、越巂、牂牁、沈黎、汶山郡，欲地接以前通大夏。乃遣使柏始昌、吕越人等岁十余辈，出此初郡抵大夏，皆复闭昆明，为所杀，夺币财，终莫能通至大夏焉。于是汉发三辅罪人，因巴蜀士数万人，遣两将军郭昌、卫广等往击昆明之遮汉使者，斩首虏数万人而去。其后遣使，昆明复为寇，竟莫能得通。而北道酒泉抵大夏，使者既多，而外国益厌汉币，不贵其物。

自博望侯开外国道以尊贵，其后从吏卒皆争上书，言外国奇怪利害，求使。天子为其绝远，非人所乐往，听其言，予节，募吏民毋问所从来，为具备人众遣之，以广其道。来还不能毋侵盗币物，及使失指，天子为其习之，辄覆案致重罪，以激怒令赎，复求使。使端无穷，而轻犯法。其吏卒亦辄复盛推外国所有，言大者予节，言小者为副，故妄言无行之徒皆争效之。可笑。其使皆贫人子，私县官赍物，欲贱市以私其利外国。外国亦厌汉使人人有言轻重，度汉兵远，不能至，而禁其食物以苦汉使。汉使乏绝，积怨，至相攻击。而楼兰、姑师小国耳，当空道，攻劫汉使王恢等尤甚。而匈奴奇兵时时遮击使西国者。使者争遍言外国灾害，皆有城邑，兵弱，易击。于是天子以故遣从骠侯破奴将属国骑，及郡兵数万，至匈河水，欲以击胡，胡皆去。其明年，击姑师，破奴与轻骑七百余先至，虏楼兰王，遂破姑师。因举兵威以困乌孙、大宛之属。还，封破奴为浞野侯。王恢数使，为楼兰所苦，言天子，天子发兵，令恢佐破奴击破之，封恢为浩侯。于是酒泉列亭鄣至玉门矣。

乌孙以<u>千匹</u>马聘汉女，汉遣宗室女江都翁主往妻乌孙，乌孙王昆莫以为右夫人。匈奴亦遣女妻昆莫，昆莫以为左夫人。昆莫曰"我老"，乃令其孙岑娶妻翁主。乌孙多马，其富人至有<u>四五千匹马</u>。

初，汉使至安息，安息王令将<u>二万骑</u>迎于东界。东界去王都<u>数千里</u>。行比至，过<u>数十城</u>，人民相属甚多。汉使还，而后发使随汉使来，观汉广大，以大鸟卵及黎轩善眩人献于汉。可笑。及宛西小国欢潜、大益，欢潜、大益。宛东姑师、扜罙、苏薤之属，苏薤。皆随汉使献见天子。<u>天子大悦</u>。悦可知也。而汉使穷河源，河源出于寘，其山多玉石，采来，天子案古图书，名河所出山曰昆仑云。是时上方数巡狩海上，乃悉从外国客，大都多人则过之，散财帛以赏赐，厚具以饶给之，<u>以览示汉富厚焉</u>。于是大觳抵，出奇戏诸怪物，多聚观者，行赏赐，则酒池肉林，令外国客遍观仓库府藏之积，可笑。<u>见汉之广大，倾骇之</u>。及加其眩者之工，而觳抵奇戏岁增变，<u>甚盛益兴，自此始</u>。

西北外国使<u>更来更去</u>。宛以西，<u>皆自以远，尚骄恣晏然，未可诎以礼羁縻而使也</u>。自乌孙以西至安息，<u>以近匈奴，匈奴困月氏也</u>，匈奴使持单于一信，则国国传送食，不敢留苦；及至汉使，非出币帛不得食，不市畜不得骑用。<u>所以然者，远汉而汉多财物，故必市乃得所欲</u>，然以畏匈奴于汉使焉。宛左右以蒲陶为酒，富人藏酒至万余石，久者数十岁不败。俗嗜酒，马嗜苜蓿。汉使取其实来，于是天子始种苜蓿、蒲陶肥饶地。及天马多，外国使来众，<u>则离宫别观旁尽种蒲萄、苜蓿极望</u>。可笑。自大宛以西至安息国，虽颇异言，然大同俗，相知言。其人皆深眼，多须髯，善市贾，争分铢。俗贵女子，女子所言而丈夫乃决正。其地皆无丝漆，不知铸钱器。及汉使亡卒降，教铸作他兵器。得汉黄白金，辄以为器，不用为币。

而汉使者往既多，其少从率多进熟于天子，言曰："宛有善马在贰师城，匿不肯与汉使。"天子既好宛马，闻之甘心，使壮士车令等持千金及金马以请宛王贰师城善马。宛国饶汉物，相与谋曰："汉去我远，而盐水中数败，出其北，有胡寇，出其南，乏水草。又且往往而绝邑乏食者多。汉使数百人为辈来，而常乏食，死者过半，是安能致大军乎？无奈我何。且贰师马，宛宝马也。"遂不肯予汉使。汉使怒，妄言，椎金马而去。宛贵人怒曰："汉使至轻我！"遣汉使去，令其东边郁成遮攻杀汉使，取其财物。于是天子大怒。怒可击也。诸尝使宛姚定汉等言宛兵弱，诚以汉兵不过三千人，强弩射之，即尽虏破宛矣。天子已尝使浞野侯攻楼兰，以七百骑先至，虏其王，以定汉等言为然，而欲侯宠姬李氏，拜李广利为贰师将军，发属国六千骑，及郡国恶少年数万人，以往伐宛。期至贰师城取善马，故号"贰师将军"。赵始成为军正，故浩侯王恢使导军，而李哆为校尉，制军事。是岁太初元年也。而关东蝗大起，蜚西至敦煌。

贰师将军军既西过盐水，当道小国恐，各坚城守，不肯给食。攻之，不能下。下者得食，不下者数日则去。比至郁成，士至者不过数千，皆饥罢。可怜。攻郁成，郁成大破之，所杀伤甚众。贰师将军与哆、始成等计："至郁成尚不能举，况至其王都乎？"引兵而还。往来二岁。还至敦煌，士不过什一二。使使上书言："道远多乏食；且士卒不患战，患饥。人少，不足以拔宛。愿且罢兵，益发而复往。"天子闻之，大怒，而使使遮玉门，曰："军有敢入者辄斩之！"贰师恐，因留敦煌。

其夏，汉亡浞野之兵二万余于匈奴。公卿及议者皆愿罢击宛军，专力攻胡。天子已业诛宛，宛小国而不能下，则大夏之属轻汉，而宛善马绝不来，乌孙、仑头易苦汉使矣，为外国笑。乃案言伐宛尤不便者邓光等，赦囚徒材官，益发恶少年及边骑，岁余而出敦煌者六万人，负私从者不与。牛十万，马三万余匹，驴骡橐驼以万数。多赍粮，兵弩甚设，天下骚动，传相奉伐宛，凡五十余校尉。宛王城中无井，皆汲城外流水，于是乃遣水工徙其城下水空以空其城。益发戍甲卒十八万，酒泉、张掖北，置居延、休屠以卫酒泉，而发天下七科适，及载糒给贰师。转车人徒相连属至敦煌。而拜习马者二人为执驱校尉，备破宛择取其善马云。

于是贰师后复行，兵多，而所至小国莫不迎，出食给军。至仑头，仑头不下，攻数日，屠之。自此而西，平行至宛城，汉兵到者三万人。宛兵迎击汉兵，汉兵射败之，宛走入葆乘其城。贰师兵欲行攻郁成，恐留行而令宛益生诈，乃先至宛，决其水源，移之，则宛固已忧困。围其城，攻之四十余日，其外城坏，虏宛贵人勇将煎靡。宛大恐，走入中城。宛贵人相与谋曰："汉所为攻宛，以王毋寡匿善马而杀汉使。今杀王毋寡而出善马，汉兵宜解；即不解，乃力战而死，未晚也。"宛贵人皆以为然，共杀其王毋寡，持其头遣贵人使贰师，约曰："汉毋攻我。我尽出善马，恣所取，而给汉军食。即不听，我尽杀善马，而康居之救且至。至，我居内，康居居外，与汉军战。汉军熟计之，何从？"是时康居候视汉兵，汉兵尚盛，不敢进。贰师与赵始成、李哆等计："闻宛城中新得秦人，知穿井，而其内食尚多。所为来，诛首恶者毋寡。毋寡头已至，如此而不许解兵，则坚守，而康居候汉罢而来救宛，破汉军必矣。"军吏皆以为然，许宛之约。宛乃出其善马，令汉自择之，而多出食食给汉军。汉军取其善马数十匹。中马以下牡牝三千余匹，而立宛贵人之故待遇汉使善者名昧蔡以为宛王，与盟而罢兵。终不得入中城。乃罢而引归。

初，贰师起敦煌西，以为人多，道上国不能食，乃分为数军，从南北道。校尉王申生、故鸿胪壶充国等千余人，别到郁成。郁成城守，不肯给食其军。王申生去大军二百里，侦而轻之，责郁成。

郁成食不肯出，窥知申生军日少，晨用三千人攻戮杀申生等，军破，数人脱亡走贰师。贰师令搜粟都尉上官桀往攻破郁成。郁成王亡走康居，桀追至康居。康居闻汉已破宛，乃出郁成王予桀，桀令四骑士缚守诣大将军。四人相谓曰："郁成王汉国所毒，今生将去，卒失大事。"欲杀，莫敢先击。上邽骑士赵弟最少，拔剑击之，斩郁成王，赍头。弟、桀等逐及大将军。

初，贰师后行，天子使使告乌孙，大发兵并力击宛。乌孙发二千骑往，持两端不肯前。贰师将军之东，诸所过小国闻宛破，皆使其子弟从军入献见天子，因以为质焉。贰师之伐宛也，而军正赵始成，力战功最多；及上官桀敢深入，李哆为谋计，军入玉门者万余人，军马千余匹。贰师后行，军非乏食，战死不能多，而将吏贪，多不爱士卒，侵牟之，以此物故众。天子为万里而伐宛，不录过，封广利为海西侯。又封身斩郁成王者骑士赵弟为新畤侯。军正赵始成为光禄大夫，上官桀为少府，李哆为上党太守。军官吏为九卿者三人，诸侯相、郡守、二千石者百余人，千石以下千余人。奋行者官过其望，以適过行者皆绌其劳。士卒赐直四万金。伐宛再反，凡四岁而得罢焉。何苦！

汉已伐宛，立昧蔡为宛王而去。岁余，宛贵人以为昧蔡善谀，使我国遇屠，乃相与杀昧蔡，立毋寡昆弟曰蝉封为宛王，而遣其子入质于汉。汉因使使赂赐以镇抚之。而汉发使十余辈至宛西诸外国，求奇物，因风览以伐宛之威德。而敦煌置酒泉都尉；西至盐水，往往有亭。而仓头有田卒数百人，因置使者护田积粟，以给使外国者。

太史公曰：《禹本纪》言"河出昆仑。昆仑其高二千五百余里，日月所相避隐为光明也。其上有醴泉、瑶池"。今自张骞使大夏之后也，穷河源，恶睹本纪所谓昆仑者乎？故言九州山川，《尚书》近之矣。至《禹本纪》、《山海经》所有怪物，余不敢言之也。

大宛以西始末如尽，而汉武穷兵实录，犹可揽涕。　　茅坤

君好大喜功，臣生事拘陋，是西域总传。只缘伐宛通诸国，故以宛名篇。　　邓以赞

张骞本以应募使大月氏，道更匈奴，为其所留，亡入大宛，大宛道之入大月氏，又不得月氏要领。乃归言大宛之利以自解，免作应募结局，久之用以要功臣。以此愚其君，君亦以之自愚，几并通月氏，以攻匈奴之指而忘之矣。大宛之迹，见自张骞二语。本末、要领既明，而篇中时用匈奴、月氏经纬照映，在有意无意之间文情妙绝。　　钟惺

多将出使，从军人数、辈数、岁数、各国道里数及马、牛、羊、金钱币帛数，排点映合作章法，以深著其往者多而返者少，所得少而所失多，为千秋炯戒。由其宾主、正反之间错综互见，加以气脉浑厚，使一片细针密线都藏于迷离杳霭间，是以二千年来亦未经有人道破也。

《史记》不与张骞立传，其始附卫青，而于《大宛传》备载始末。盖大宛诸国土俗，皆骞所归为武帝言之也；骞没后，诸使西域者亦具焉。万事备具，而条理若深书，则大宛经骞多自为传矣。　　王鏊

句句含刺。

游侠列传

　　韩子曰："儒以文乱法，而侠以武犯禁。"儒、侠交讥，一层。二者皆讥，而学士多称于世云。多称儒者。一层。<u>至如</u>以术取宰相卿大夫，辅翼其世主，儒之显达者自有声称，撇过勿论。一层。功名俱著于春秋，固无可言者。<u>及若</u>季次、原宪，闾巷人也，名儒不合于世，未尝不为世所笑。游侠虽不轨于正，其义自有足多。揭出作传大意，一层。读书怀独行君子之德，义不苟合当世，当世亦笑之。故季次、原宪终身空室蓬户，褐衣疏食不厌。死而已四百余年，而弟子志之不倦。<u>今游侠，其行虽不轨于正义，然其言必信，其行必果，已诺必诚，不爱其躯，赴士之厄困，既已存亡死生矣，而不矜其能，羞伐其德，盖亦有足多者焉</u>。接起"士阨困"句，极言阨困者之多，以见游侠功用之足，尚一层。<u>且缓急，人之所时有也</u>。太史公曰：昔者虞舜窘于井廪，伊尹负于鼎俎，傅说匿于傅险，吕尚困于棘津，夷吾桎梏，百里饭牛，仲尼畏匡，菜色陈、蔡。<u>此皆学士所谓有道仁人也，犹然遭此灾，况以中材而涉乱世之末流乎？其遇害何可胜道哉</u>！将有位侯王比论窃钩窃国，均之为窃人。向其利均为有德，而彼特以侯王据美名，此乃以布衣贾实祸耳。嘲彼解此。一层。鄙人有言曰："何知仁义，已飨其利者为有德。"故伯夷丑周，饿死首阳山，而文武不以其故贬王；跖、蹻暴戾，其徒诵义无穷。由此观之，"窃钩者诛，窃国者侯，侯之门仁义存"，非虚言也。拘儒无用于时，不如侨俗。取悦游侠，实有所畏，并非欺世盗名。抑彼扬此。一层。今拘学或抱咫尺之义，久孤于世，岂若卑论侪俗，与世沉浮而取荣名哉！而布衣之徒，设取予然诺，千里诵义，为死不顾世，<u>此亦有所长，非苟而已也</u>。故士穷窘而得委命，<u>此岂非人之所谓贤豪间者邪</u>？<u>诚使</u>乡曲之侠，此又为称停折中之论。言游侠虽难比名儒，而其大义自不可少。先束大意。一层。予季次、原宪比权量力，效功于当世，不同日而论矣。<u>要以功见言信，侠客之义又何可少哉</u>！古侠不可复考。一层。古布衣之侠，靡得而闻已。近世多任侠公卿，然为公卿之侠易，为布衣之侠难，衬起身分。一层。近世延陵、孟尝、春申、平原、信陵之徒，皆因王者亲属，藉于有土卿相之富厚，招天下贤者，显名诸侯，<u>不可谓不贤者矣</u>。<u>比如顺风而呼，声非加疾，其势激也</u>。<u>至如闾巷之侠</u>，<u>修行砥名</u>，<u>声施于天下</u>，<u>莫不称贤，是为难耳</u>。又绾"儒"字，有意无意之间。然儒、墨皆排摈不载。自秦以前，匹夫之侠，湮灭不见，近古又无可考。一层。余甚恨之。<u>以余所闻</u>，汉兴有朱家、田仲、王公、剧孟、郭解之徒，虽时扞当世之文罔，<u>然其私义廉洁退让，有足称者</u>。<u>名不虚立，士不虚附</u>。撇去豪暴一流，见游侠功重过罪，不当一例作笑矣。起乎所引韩子语，针锋紧对，收束。一层。至如朋党宗强比周，设财役贫，豪暴侵凌孤弱，恣欲自快，<u>游侠亦丑之</u>。<u>余悲世俗不察其意</u>，<u>而猥以朱家、郭解等令与暴豪之徒同类而共笑之也</u>。

鲁朱家者，与高祖同时。鲁人皆以儒教，而朱家用侠闻。所藏活豪士以百数，其余庸人不可胜言。<u>然终不伐其能</u>，退让。<u>歆其德</u>，<u>诸所尝施，唯恐见之</u>。退让。振人不赡，<u>先从贫贱</u>。<u>始家无余财</u>，廉洁。衣不完采，食不重味，乘不过䯀牛。专趋人之急，<u>甚己之私</u>。既阴脱季布将军之厄，<u>及布尊贵，终身不见也</u>。廉洁退让。<u>自关以东，莫不延颈愿交焉</u>。

楚田仲以侠闻，喜剑，<u>父事朱家</u>，退让。<u>自以为退让</u>。<u>行弗及</u>。田仲已死，而雒阳有剧孟。周人以商贾为资，而剧孟以任侠显诸侯。吴楚反时，条侯为太尉，乘传车将至河南，得剧孟，喜曰："吴楚举大事而不求孟，吾知其无能为已矣。"首句山立，直为全文生色作镇，非独孟矣。<u>天下骚动</u>，宰相得之若得一敌国云。剧孟行大类朱家，而好博，多少年之戏。然<u>剧孟母死</u>，<u>自远方送丧盖千乘</u>。及<u>剧孟死</u>，<u>家无余十金之财</u>。廉洁退让。

而符离人王孟亦以侠称江淮之间。是时济南瞷氏、陈周庸亦以豪闻，景帝闻之，使使尽诛此属。其后代诸白、梁韩无辟、阳翟薛兄、陕韩孺纷纷复出焉。

　　<u>郭解</u>，轵人也，字翁伯，善相人者许负外孙也。解父以任侠，孝文时诛死。解为人短小精悍，<small>此数语后文又略加增减复叙，只是概想无穷。</small>不饮酒。少时阴贼，慨不快意，身所杀甚众。以躯借交报仇，藏命作奸，剽攻不休，及铸钱掘冢，固不可胜数。适有天幸，窘急常得脱，若遇赦。及解年长，更折节为俭，以德报怨，厚施而薄望。<u>然其自喜为侠益甚</u>。既已振人之命，不矜其功，<small>退让。</small>其阴贼著于心，卒发于睚眦如故云。<u>而少年慕其行</u>，<u>亦辄为报仇</u>，<u>不使知也</u>。

　　解姊子负解之势，与人饮，使之嚼。非其任，强必灌之。人怒，拔刀刺杀解姊子，亡去。解姊怒曰："以翁伯之义，人杀吾子，贼不得。"弃其尸于道，弗葬，欲以辱解。解使人微知贼处。贼窘，自归，具以实告解。解曰："公杀之固当，吾儿不直。"遂去其贼，罪其姊子，<small>退让。</small>乃收而葬之。<u>诸公闻之</u>，<u>皆多解之义</u>，<u>益附焉</u>。解出入，人皆避之。有一人独箕踞视之，解遣人问其名姓。客欲杀之。解曰："居邑屋至不见敬，<u>是吾德不修也</u>，<small>退让。</small><u>彼何罪</u>！"乃阴属尉史曰："是人，吾所急也，至践更时脱之。"每至践更，数过，吏弗求。怪之，问其故，乃解使脱之。箕踞者乃肉袒谢罪。<u>少年闻之</u>，<u>愈益慕解之行</u>。

　　雒阳人有相仇者，邑中贤豪居间者以十数，终不听。客乃见郭解。解夜见仇家，仇家曲听解。解乃谓仇家曰："吾闻雒阳诸公在此间，多不听者。今子幸而听解，<u>解奈何乃从他县夺人邑中贤大夫权乎</u>！"<small>退让。</small><u>乃夜去</u>，<u>不使人知</u>，曰："且无用待我，待我去，令洛阳豪居其间，乃听之。"解执恭敬，<small>退让。</small>不敢乘车入其县廷。之旁郡国，为人请求事，事可出，出之；不可者，各厌其意，然后乃敢尝酒食。<small>廉洁退让。</small><u>诸公以故严重之</u>，<u>争为用</u>。<u>邑中少年及旁近县贤豪</u>，<u>夜半过门常十余车</u>，<u>请得解客舍养之</u>。

　　及徙豪富茂陵也，<u>解家贫</u>，<small>廉洁。</small>不中訾，吏恐，不敢不徙。卫将军为言："郭解家贫，不中徙。"上曰："<u>布衣权至使将军为言，此其家不贫</u>。"解家遂徙。<u>诸公送者出千余万</u>。轵人杨季主子为县掾，举徙解。解兄子断杨掾头。由此杨氏与郭氏为仇。解入关，<u>关中贤豪知与不知</u>，<u>闻其声</u>，<u>争交欢解</u>。

解为人短小，不饮酒，<u>廉洁退让</u>。出未尝有骑。已又杀杨季主。杨季主家上书人，又杀之阙下。上闻，乃下吏捕解。解亡，置其母家室夏阳，身至临晋。临晋籍少公素不知解，解冒，因求出关。籍少公已出解，解转入太原，所过辄告主人家。吏逐之，迹至籍少公。<u>少公自杀</u>，<u>口绝</u>。久之，乃得解。<u>廉洁</u>。穷治所犯，为解所杀，皆在赦前。

轵有儒又绾"儒"字，有意无意之间。生，侍使者坐，客誉郭解，生曰："郭解专以奸犯公法，何谓贤！"解客闻，杀此生，断其舌。吏以此责解，解实不知杀者。杀者亦竟绝，莫知为谁。吏奏解无罪。御史大夫公孙弘议曰："解布衣，为任侠行权，以睚眦杀人，解虽弗知，此罪甚于解杀之。解罪何至大逆无道！失律矣。当大逆无道。"遂族郭解翁伯。郭解下加翁伯字，极敬慕之意。

自是之后，为侠者极众，敖而无足数者。然关中长安樊仲子，槐里赵王孙，长陵高公子，西河郭公仲，太原卤公孺，临淮儿长卿，东阳田君孺，虽为侠而<u>逡逡有退让君子之风</u>。更上一层楼。至若北道姚氏，西道诸杜，南道仇景，东道赵他、羽公子，南阳赵调之徒，此盗跖居民间者耳，曷足道哉！<u>此乃乡者朱家之羞也</u>。兜转。

太史公曰：吾视郭解，状貌不及中人，言语不足采者。然天下无贤与不肖，知与不知，皆慕其声，言侠者皆引以为名。谚曰："<u>人貌荣名，岂有既乎</u>！"于戏，惜哉！

史公论游侠赴士厄困存亡死生，而又廉洁退让，不矜能伐德，以致当时慕义无穷，故足述也。然赴士厄困存亡死生之足述，已于序文透发。故后文列叙处，尤着意写其廉洁退让，不矜能伐德，以见当时之所敬慕者尤在乎此。其行文一抗一坠，于离奇夭矫之中具宛转悠扬之胜，则亦如游侠诸公于激昂慷慨之中有廉洁退让之美也。序文层次虽多，意思本自了然。因见一坊本注释舛缪已甚，恐反误学者，故详论之。

孙执中曰：论游侠之义，当以朱家为正，乃论断略之，而精长郭解。又传中两提解为人，呈以伯翁族诛，人易指摘，故作者特为多其辞欤？

佞幸列传

谚曰"力田不如逢年，善仕不如遇合"，固无虚言。<u>非独女以色媚，而士宦亦有之。昔以色幸者多矣。</u>

至汉兴，高祖至暴抗也，然籍孺以佞幸；孝惠时有闳孺。此两人非有材能，徒以婉佞贵幸，与上卧起，公卿皆因关说。故孝惠时，郎侍中皆冠鵕䴊，贝带，傅脂粉，<u>化闳、籍之属也</u>。两人徙家安陵。

孝文时中宠臣，士人则邓通，宦者则赵同、北宫伯子。北宫伯子以爱人长者；而赵同以星气幸，常为文帝参乘；邓通无伎能。邓通，蜀郡南安人也，以濯船为黄头郎。孝文帝梦欲上天不能，有一黄头郎从后推之上天，顾见其衣裻带后穿。觉而之渐台，以梦中阴目求推者郎，即见邓通，其衣后穿，<u>梦中所见也</u>。召问其名姓，姓邓氏，名通，<u>文帝说焉</u>，尊幸之日异。通亦愿谨，不好外交，虽赐洗沐不欲出。于是文帝赏赐通巨万以十数，官至上大夫。文帝时时如邓通家游戏。然邓通无他能，不能有所荐士，独自谨其身以媚上而已。上使善相者相通，曰"当贫饿死"。文帝曰："能富通者在我也。何谓贫乎？"于是赐邓通蜀严道铜山，得自铸钱，"邓氏钱"布天下。<u>其富如此</u>。

文帝尝病痈，邓通常为帝唶吮之。文帝不乐，从容问通曰："天下谁最爱我者乎？"通曰："宜莫如太子。"太子入问病，文帝使唶痈，唶痈而色难之。已而闻邓通常为帝唶吮之，<u>心惭，由此怨通矣</u>。及文帝崩，景帝立，邓通免，家居。居无何，人有告邓通盗出徼外铸钱。下吏验问，颇有之，遂竟案，尽没入邓通家，尚负责数巨万。长公主赐邓通，吏辄随没入之，一簪不得著身。于是长公主乃令假衣食。<u>竟不得名一钱</u>，寄死人家。

孝景帝时，中无宠臣，然独郎中令周文仁，仁宠最过庸，不乃甚笃。

今天子中宠臣，士人则韩王孙嫣，宦者则李延年。嫣者，弓高侯孽孙也。今上为胶东王时，嫣与上学书相爱。及上为太子，<u>愈益亲嫣</u>。嫣善骑射，善佞。上即位，欲事伐匈奴，而嫣先习胡兵，以故益尊贵，官至上大夫，<u>赏赐拟于邓通</u>。时嫣常与上卧起。江都王入朝，有诏得从入猎上林中。天子车驾跸道未行，而先使嫣乘副车，从数十百骑，骛驰视兽。江都王望见，以为天子，辟从者，伏谒道傍。<u>嫣驱不见</u>。既过，江都王怒，<u>为皇太后泣曰</u>："请得归国入宿卫，比韩嫣。"<u>太后由此嗛嫣</u>。嫣侍上，出入永巷不禁，以奸闻皇太后。皇太后怒，使使赐嫣死。上为谢，终不能得，嫣遂死。而案道侯韩说，其弟也，亦佞幸。

李延年，中山人也。父母及身，兄弟及女，皆故倡也。延年坐法腐，给事狗中。而平阳公主言延年女弟善舞，上见，<u>心说之</u>，及入永巷，而召贵延年。延年善歌，为变新声，而上方兴天地祠，欲造乐诗歌弦之。延年善承意，弦次初诗。其女弟亦幸，有子男。延年佩二千石印，号协声律。与上卧起，甚贵幸，<u>将如韩嫣也</u>。久之，浸与中人乱，出入骄恣。及其女弟李夫人卒后，爱弛，则<u>禽诛延年昆弟也</u>。

自是之后，内宠嬖臣大底外戚之家，然不足数也。卫青、霍去病亦以外戚贵幸，在色幸外拓出，一层，为一篇之兜束。<u>然颇用材能自进</u>。

太史公曰：甚哉爱憎之时！弥子瑕之行，足以观后人佞幸矣。虽百世可知也。

笔意轻倩，固是因题制宜。然其写满极必覆及福命所限，虽天子不能为力处，亦深为若辈作儆戒也。

滑稽列传

崔浩曰：滑稽流，酒器也，转注吐酒，终日不已。言出口成章，词不穷竭，若滑稽之吐酒。扬雄赋曰：鸱夷滑稽，腹大如壶屋，日盛酒，人复藉诂是也。

孔子曰："六艺于治一也。<u>《礼》以节人，《乐》以发和，《书》以道事，《诗》以达意，《易》以神化，《春秋》以道义</u>。"太史公曰：<u>天道恢恢，岂不大哉！谈言微中，亦可以解纷</u>。

淳于髡者，齐之赘婿也。长不满七尺，滑稽多辩，数使诸侯，未尝屈辱。齐威王之时，喜隐，好为淫乐长夜之饮，沉湎不治，委政卿大夫。百官荒乱，诸侯并侵，国且危亡，在于旦暮，<u>左右莫敢谏</u>。淳于髡说之以隐曰："国中有大鸟，止王之庭，三年不蜚又不鸣，王知此鸟何也？"王曰："此鸟不飞则已，一飞冲天；不鸣则已，一鸣惊人。"于是乃朝诸县令长七十二人，赏一人，诛一人，奋兵而出。<u>诸侯振惊，皆还齐侵地</u>。<u>威行三十六年</u>。语在《田完世家》中。

威王八年，楚大发兵加齐。齐王使淳于髡之赵请救兵，赍金百斤，车马十驷。淳于髡<u>仰天大笑</u>，冠缨索绝。王曰："先生少之乎？"髡曰："何敢！"王曰："笑岂有说乎？"髡曰："今者臣从东方来，见道傍有禳田者，操一豚蹄，酒一盂，而祝曰：'瓯窭满篝，污邪满车，五谷蕃熟，穰穰满家。'<u>臣见其所持者狭而所欲者奢，故笑之</u>。"于是齐威王乃益赍黄金千镒，白璧十双，车马百驷。髡辞而行，至赵。赵王与之精兵十万，革车千乘。楚闻之，夜引兵而去。威王大说，置酒后宫，召髡赐之酒。问曰："先生能饮几何而醉？"对曰："<u>臣饮一斗亦醉，一石亦醉</u>。"威王曰："先生饮一斗而醉，恶能饮一石哉！其说可得闻乎？"髡曰："赐酒大王之前，执法在傍，御史在后，髡恐惧俯伏而饮，不过一斗径醉矣。若亲有严客，髡帣韝鞠䠇，侍酒于前，时赐余沥，奉觞上寿，数起，饮不过二斗径醉矣。若朋友交游，久不相见，卒然相睹，欢然道故，私情相语，饮可五六斗径醉矣。若乃州闾之会，男女杂坐，行酒稽留，六博投壶，相引为曹，握手无罚，目眙不禁，前有堕珥，后有遗簪，髡窃乐此，饮可八斗而醉二参。日暮酒阑，合尊促坐，男女同席，履舄交错，杯盘狼藉，堂上烛灭，主人留髡而送客，罗襦襟解，微闻芗泽，当此之时，髡心最欢，能饮一石。故曰酒极则乱，乐极则悲；万事尽然，言不可极，极之而衰。"以讽谏焉。结出大意。齐王曰："善。"乃罢长夜之饮，应前。以髡为诸侯主客。宗室置酒，髡尝在侧。

其后百余年，楚有优孟。优孟者，故楚之乐人也。长八尺，多辩，常以谈笑讽谏。提明大意。楚庄王之时，有所爱马，衣以文绣，置之华屋之下，席以露床，啖以枣脯。马病肥死，使群臣丧之，欲以棺椁大夫礼葬之。左右争之，以为不可。王下令曰："有敢以马谏者，罪至死。"优孟闻之，入殿门。仰天大哭。髡传"仰天大笑"，此"仰天大哭"，旃传"临槛大呼"，相望作态。王惊而问其故。优孟曰："马者王之所爱也，以楚国堂堂之大，何求不得，而以大夫礼葬之，薄，请以人君礼葬之。"王曰："何如？"对曰："臣请以雕玉为棺，文梓为椁，梗枫豫章为题凑，发甲卒为穿圹，老弱负土，齐赵陪位于前，韩魏翼卫其后，庙食太牢，奉以万户之邑。诸侯闻之，皆知大王贱人而贵马也。"王曰："寡人之过一至此乎！为之奈何？"优孟曰："请为大王六畜葬之。以垅灶为椁，铜历为棺，赍以姜枣，荐以木兰，祭以粮稻，衣以火光，葬之于人腹肠。"于是王乃使以马属太官，无令天下久闻也。

楚相孙叔敖知其贤人也，善待之。病且死，属其子曰："我死，汝必贫困。若往见优孟，言我孙叔敖之子也。"居数年，其子穷困负薪，逢优孟，与言曰："我，孙叔敖子也。父且死时，属我贫困往见优孟。"优孟曰："若无远有所之。"即为孙叔敖衣冠，抵掌谈语。岁余，像孙叔敖，楚王及左右不能别也。庄王置酒，优孟前为寿。庄王大惊，以为孙叔敖复生也，欲以为相。优孟曰："请归与妇计之，三日而为相。"庄王许之。三日后,优孟复来。王曰:"妇言谓何?"孟曰:"妇言慎无为,楚相不足为也。如孙叔敖之为楚相,尽忠为廉以治楚,楚王得以霸。今死,其子无立锥之地,贫困负薪以自饮食。必如孙叔敖,不如自杀。"因歌曰:"山居耕田苦,难以得食。起而为吏,身贪鄙者余财,不顾耻辱。身死家室富,又恐受赇枉法,为奸触大罪,身死而家灭。贪吏安可为也!念为廉吏,奉法守职,竟死不敢为非。廉吏安可为也!楚相孙叔敖持廉至死,方今妻子穷困负薪而食,不足为也!"于是庄王谢优孟,乃召孙叔敖子,封之寝丘四百户,以奉其祀。后十世不绝。此知可以言时矣。

其后二百余年,秦有优旃。优旃者,秦倡朱(按:中华书局本作"侏"。)儒也。善为笑言,然合于大道,提明大意,笑言讽也。合道谏言,笑言合道,以讽为谏也。只"讽谏"二字,髡传然尾,孟传先提,旃传暗点。纵横变化,使人莫测其端。秦始皇时,置酒而天雨,陛楯者皆沾寒。优旃见而哀之,谓之曰:"汝欲休乎?"陛楯者皆曰:"幸甚。"优旃曰:"我即呼汝,汝疾应曰诺。"居有顷,殿上上寿呼万岁。优旃临槛太(按:中华书局本作"大"。)呼曰:"陛楯郎!"郎曰:"诺。"优旃曰:"汝虽长,何益,无谓而公长×字,亦此见髡传不满七尺,孟传长八尺掩映。幸雨立。我虽短也,幸休居。"于是始皇使陛楯者得半相代。

始皇尝议欲大苑囿,东至函谷关,西至雍、陈仓。优旃曰:"善。多纵禽兽于其中,寇从东方来,令麋鹿触之足矣。"始皇以故辍止。

二世立,又欲漆其城。优旃曰:"善。主上虽无言,臣固将请之。漆城虽于百姓愁费,然佳哉!漆城荡荡,寇来不能上。即欲就之,易为漆耳,顾难为荫室。"于是二世笑之,以其故止。

居无何,二世杀死,优旃归汉,数年而卒。

太史公曰:淳于髡仰天大笑,齐威王横行。优孟摇头而歌,负薪者以封。优旃临槛疾呼,陛楯得以半更。岂不亦伟哉!

传滑稽,美讽谏也。文若织仄,义实弘深。读者勿徒赏其波趣而忘其指归,可矣。结撰微密处,更不以游戏文章略减意匠。

日者列传

自古受命而王，王者之兴，何尝不以卜筮决于天命哉！其于周尤甚，及秦可见。代王之入，任于卜者。太卜之起，由汉兴而有。

司马季主者，楚人也。卜于长安东市。

宋忠为中大夫，贾谊为博士，同日俱出洗沐，相从论议，诵易先王圣人之道术，究遍人情，<u>相视而叹</u>。贾谊曰："吾闻古之圣人，不居朝廷，必在卜医之中。今吾已见三公九卿朝士大夫，<u>皆可知矣</u>。冷极。试之卜数中以观采。"二人即同舆而之市，游于卜肆中。<u>天新雨</u>，<u>道少人</u>，<u>司马季主间坐</u>，<u>弟子三四人侍</u>，方辩天地之道，日月之运，阴阳吉凶之本。二大夫再拜谒。司马季主视其状貌，<u>如类有知者</u>，<u>即礼之</u>，使弟子延之坐。坐定，司马季主复理前语，分别天地之终始，日月星辰之纪，差次仁义之际，列吉凶之符，语数千言，莫不顺理。

<u>宋忠、贾谊瞿然而悟</u>，<u>猎缨正襟危坐</u>，曰："吾望先生之状，听先生之辞，小子窃观于世，未尝见也。今何居之卑，何行之污？"<u>司马季主捧腹大笑</u>曰："观大夫类有道术者，何言之陋也，何辞之野也！今夫子所贤者何也？所高者谁也？今何以卑污长者？"

二君曰："尊官厚禄，世之所高也，贤才处之。今所处非其地，故谓之卑。言不信，行不验，取不当，故谓之污。夫卜筮者，世俗之所贱简也。世皆言曰：'夫卜者，多言夸严以得人情，虚高人禄命以说人志，擅言祸灾以伤人心，矫言鬼神以尽人财，厚求拜谢以私于己。'此吾之所耻，故谓之卑污也。"

<u>司马季主曰</u>："<u>公且安坐</u>。<u>公见夫被发童子乎</u>？日月照之则行，不照则止，问之日月疵瑕吉凶，则不能理。<u>由是观之</u>，<u>能知别贤与不肖者寡矣</u>。以汪洋恣肆之笔，写愤世嫉俗之思。多用排句而一气奔注，不可控遏。此文盖纯似庄子也。

"贤之行也,直道以正谏,三谏不听则退。其誉人也不望其报,恶人也不顾其怨,以便国家利众为务。故官非其任,不处也,禄非其功,不受也;见人不正,虽贵不敬也;见人有污,虽尊不下也;得不为喜,去不为恨;非其罪也,虽累辱而不愧也。

"今公所谓贤者,皆可为羞矣。<u>卑疵而前</u>,<u>孅趋而言</u>;<u>相引以势</u>,<u>相导以利</u>;<u>比周宾正</u>,<u>以求尊誉</u>,<u>以受公奉</u>;<u>事私利</u>,<u>枉主法</u>,<u>猎农民</u>;<u>以官为威</u>,<u>以法为机</u>,<u>求利逆暴</u>;<u>譬无异于操白刃劫人者也</u>。初试官时,<u>倍力为巧诈</u>,<u>饰虚功执空文以调主上</u>,<u>用居上为右</u>;<u>试官不让贤陈功</u>,<u>见伪增实</u>,<u>以无为有</u>,<u>以少为多</u>,<u>以求便势尊位</u>;<u>食饮驱驰</u>,<u>从姬歌儿</u>,<u>不顾于亲</u>,<u>犯法害民</u>,<u>虚公家</u>:<u>此夫为盗不操矛弧者也</u>,<u>攻而不用弦刃者也</u>,<u>欺父母未有罪而弑君未伐者也</u>。<u>何以为高贤才乎</u>?

"盗贼发不能禁,夷貊不服不能摄,奸邪起不能塞,官耗乱不能治,四时不和不能调,岁穀不孰不能适。才贤不为,<u>是不忠也</u>;才不贤而托官位,利上奉,妨贤者处,是窃位也;有人者进,有财者礼,<u>是伪也</u>。<u>子独不见鸱枭之与凤皇翔乎</u>?<u>兰芷芎藭弃于广野</u>,<u>蒿萧成林</u>,<u>使君子退而不显众</u>,<u>公等是也</u>。

"述而不作,君子义也。<u>今夫卜者</u>,必法天地,象四时,顺于仁义,分策定卦,旋式正棋,然后言天地之利害,事之成败。昔先王之定国家,必先龟策日月而后乃敢代;正时日乃后入;家产子必先占吉凶,后乃有之。自伏羲作八卦,周文王演三百八十四爻,而天下治。越王勾践,仿文王八卦,以破敌国,霸天下。<u>由是言之</u>,<u>卜筮有何负哉</u>!

"<u>且夫卜筮者</u>,扫除设坐,正其冠带,然后乃言事,此有礼也。言而鬼神或以飨,忠臣以事其上,孝子以养其亲,慈父以畜其子,此有德者也。而以义置数十百钱,病者或以愈,且死或以生,患或以免,事或以成,嫁子娶妇或以养生:此之为德,岂直数十百钱哉!

此夫老子所谓'上德不德，是以有德'。今夫卜筮者利大而谢少，老子之云岂异于是乎？

"庄子曰：'君子内无饥寒之患，外无劫夺之忧，居上而敬，居下不为害，君子之道也。'今夫卜筮者之为业也，积之无委聚，藏之不用府库，徙之不用辎车，负装之不重，止而用之无尽索之时。持不尽索之物，游于无穷之世，虽庄氏之行未能增于是也，子何故而云不可卜哉？天不足西北，星辰西北移；地不足东南，以海为池；日中必移，月满必亏；先王之道，乍存乍亡。公责卜者言必信，不亦惑乎！

"公见夫谈士辩人乎？虑事定计，必是人也，然不能以一言说人主意，故言必称先王，语必道上古；虑事定计，饰先王之成功，语其败害，以恐喜人主之志，以求其欲。多言夸严，莫大于此矣。然欲强国成功，尽忠于上，非此不立。今夫卜者，导惑教愚也。夫愚惑之人，岂能以一言而知之哉！言不厌多。

"故骐骥不能与罢驴为驷，而凤皇不与燕雀为群，而贤者亦不与不肖者同列。故君子处卑隐以辟众，自匿以辟伦，微见德顺以除群害，以明天性，助上养下，多其功利，不求尊誉。公之等喁喁者也，何知长者之道乎！"

宋忠、贾谊忽而自失，芒乎无色，怅然噤口不能言。与前"瞿然而悟"掩映。于是摄衣而起，再拜而辞。行洋洋也，出市门仅能自上车，伏轼低头，卒不能出气。

居三日，宋忠见贾谊于殿门外，乃相引屏语相谓自叹曰："道高益安，势高益危。与前"相视而叹"掩映。居赫赫之势，失身且有日矣。夫卜而有不审，不见夺糈；为人主计而不审，身无所处。此相去远矣，犹天冠地屦也。此老子之所谓'无名者万物之始'也。天地旷旷，物之熙熙，或安或危，莫知居之。我与若，何足预彼哉！彼久而愈安，虽曾氏之义未有以异也。"

久之，宋忠使匈奴，不至而还，抵罪。而贾谊为梁怀王傅，王堕马薨，谊不食，毒恨而死。<u>此务华绝根者也</u>。

太史公曰：古者卜人所以不载者，多不见于篇。及至司马季主，余志而著之。

气势浩瀚，议论瑰奇，即非出史公手，固亦名作也。而学士大夫多援此说以弃之。得毋以其讥刺太严，形容太甚，若伤我者然乎？每读一过，为不怡者久之。

柯维骐曰：《司马季主传》文虽可诵，策赋体，非传体也。盖沉沦隐遁，不得志于时者之言。

董份曰：太史公虽其体悟宏深，然其词极精严，时涉浩漫，意亦微妙。如《龟策》、《货殖》、《游侠》等传，其论意亦有出入，而文则绝高矣。《日者传》汪洋恣肆，然其间似亦有繁词，又非褚大之笔意者。所记季主自有当时旧文，而褚述之耶！

刘辰翁曰：张守节谓日者非太史公所作。观其辨肆浅深，亦岂诸生所能！太史公无书不读，作文亦无体不备。细味此传，笔意纵横，排薄汪洋恣肆，兼《南华》《短长策》之长，非史公不能为也。或曰褚先生作，或曰旧文，或曰赋体，不得意于时者之言，纷纷聚讼不已。东莱考订云：此太史公所作，片言折狱矣。

货殖列传

《老子》曰："至治之极，邻国相望，鸡狗之声相闻，民各甘其食，美其服，安其俗，乐其业，至老死不相往来。"必用此为务，挽近世涂民耳目，则几无行矣。

太史公曰：上言。<u>夫神农以前</u>，<u>吾不知已</u>。至若《诗》《书》所述<u>虞夏以来</u>，虞夏。耳目欲极声色之好，人情物理，略叙笼起。口欲穷刍豢之味，身安逸乐，而心夸矜势能之荣。使俗之渐民久矣，虽户说以眇论，终不能化。从治天人道理说入，是所以作货殖传大意。<u>故善者因之</u>，<u>其次利道之</u>，<u>其次教诲之</u>，<u>其次整齐之</u>，<u>最下者与之争</u>。

夫山西饶材、竹、穀、纑、旄、玉石；地利物产，略叙笼起。山东多<u>鱼</u>、<u>盐</u>、<u>漆</u>、<u>丝</u>、<u>声色</u>；江南出楠、梓、姜、桂、金、锡、连、丹沙、犀、玳瑁、珠玑、齿革；龙门、碣石北多马、牛、羊、旃裘、筋角；铜、铁则千里往往山棊出置：此其大较也。皆中国人民所喜好，谣俗被服饮食奉生送死之具也。故待农而食之，虞而出之，人民营业，略叙笼起。工而成之，商而通之。文情顿挫。此宁有政教发征期会哉？人各任其能，竭其力，以得所欲。故<u>物贱之征贵</u>，<u>贵之征贱</u>，所以要观时变也。一篇纲要皆从此二句生出。各劝其业，乐其事，若水之趋下，日夜无休时，不召而自来，不求而民出之。<u>岂非道之所符，而自然之验邪？</u>周。《周书》曰："农不出则乏其食，工不出则乏其事，商不出则三宝绝，虞不出则财匮少。"增此一笔，得伸缩之妙。财匮少而山泽不辟矣。此四者，民所衣食之原也。原大则饶，原小则鲜。此数句总括全文。<u>上则富国</u>，<u>下则富家</u>。贫富之道，<u>莫之夺予</u>，<u>而巧者有余</u>，<u>拙者不足</u>。故<u>太公望</u>封于营丘，地潟卤，人民寡，于是太公劝其女功，极技巧，通鱼盐，则人物归之，襁至而辐凑。故齐冠带衣履天下，<u>海岱之间敛袂而往朝焉</u>。唱叹。其后齐中衰，<u>管子修之</u>，设轻重九府，<u>则桓公以霸</u>，九合诸侯，一匡天下；而管氏亦有三归，位在陪臣，富于列国之君。是以齐富强唱叹。至于威、宣也。承太公、管子二节，而极言货殖功效之盛，以振动全文。

故曰："仓廪实而知礼节，衣食足而知荣辱。"礼生于有而废于无。故君子富，好行其德；小人富，以适其力。渊深而鱼生之，山深而兽往之，人富而仁义附焉。富者得势益彰，失执则客无所之，以而不乐。夷狄益甚。谚曰："千金之子，不死于市。"此非空言也。故曰："天下熙熙，皆为利来；天下壤壤，皆为利往。"夫千乘之王，万家之侯，百室之君，著此数句，将全传货殖诸人一齐领起。尚犹患贫，而况匹夫编户之民乎！

昔者越王勾践困于会稽之上，乃用范蠡、计然。计然曰："知斗则修备，时用则知物，"时"字一点。二者形，则万货之情可得而观已。故岁在金，穰；水，毁；木，饥；火，旱。旱则资舟，水则资车，物之理也。六岁穰，六岁旱，十二岁一大饥。夫粜，二十病农，九十病末。末病则财不出，农病则草不辟矣。上不过八十，下不减三十，则农末俱利，平粜齐物，关市不乏，治国之道也。积著之理，务完物，无息币。以物相贸易，腐败而食之，货勿留，无敢居贵。论其有余不足，则知贵贱。贵上极则反贱，极则必反，所谓征贵征贱也。贱下极则反贵。贵出如粪土，贱取如珠玉。二语之所作用○○世情看出。财币欲其行如流水。"修之十年，国富，厚赂战士，士赴矢石，如渴得饮，遂报强吴，观兵中国，称号"五霸"。唱叹。

范蠡既雪会稽之耻，乃喟然而叹曰："计然之策七，越用其五而得意。以上富国，以下富家，两句直作全文转纽。既已施于国，吾欲用之家。"乃乘扁舟浮于江湖，变名易姓，适齐为鸱夷子皮，之陶为朱公。朱公以为陶，天下之中，诸侯四通，货物所交易也。乃治产积居，与时逐而不责于人。"时"字二点。故善治生者，能择人而任时。"时"字三点。十九年之中三致千金，再分散与贫交疏昆弟。此所谓富好行其德者也。唱叹。后年衰老而听子孙，子孙修业而息之，遂至巨万。

故言富者皆称陶朱公。

　　子赣既学于仲尼，退而仕于卫，废著鬻财于曹、鲁之间，七十子之徒，赐最为饶益。原宪不厌糟糠，匿于穷巷。子贡结驷连骑，束帛之币以聘享诸侯，所至，国君无不分庭与之抗礼。夫使孔子名布扬于天下者，子贡先后之也。此所谓得势而益彰者乎？唱叹。

　　白圭，周人也。当魏文侯时，李克务尽地力，而白圭乐观时变，"时"字四点，观时变，审取与，即前文贵出贱取之意。而此数句言之尤畅，所该尤广，乃一篇骨子，货殖之第一义也。后文货殖诸人，谁非得此意以致富？故曰：言治生者祖白圭。故人弃我取，人取我与。夫岁孰取穀，予之丝漆；茧出取帛絮，予之食。太阴在卯，穰；明岁衰恶。至午，旱；明岁美。至酉，穰；明岁衰恶。至子，大旱；明岁美，有水。至卯，积著率岁倍。欲长钱，取下穀；长石斗，取上种。能薄饮食，忍嗜欲，节衣服，与用事童仆同苦乐，"时"字五点。趋时若猛兽挚鸟之发。故曰："吾治生产，犹伊尹、吕尚之谋，孙吴用兵，商鞅行法是也。是故其智不足与权变，范蠡节言富国之道施于富家，此更言治生之道全配治国。子贡节言货殖有功于圣人，此更言治生本通乎圣学。皆承上数节而极言之，以振起下文。史公盖以此节为全文血脉融会处矣。勇不足以决断，仁不能以取予，强不能有所守，虽欲学吾术，终不告之矣。"盖天下言治生祖白圭。白圭其有所试矣，能试有所长，唱叹。非苟而已也。

　　猗顿用盐起。而邯郸郭纵以铁冶成业，与王者埒富。乌氏倮畜牧，及众，斥卖，求奇缯物，间献遗戎王。戎王什倍其偿，与之畜，畜至用谷量马牛。秦始皇秦。帝令倮比封君，以时与列臣朝请。而巴蜀寡妇清，其先得丹穴，而擅其利数世，家亦不訾。清，寡妇也，能守其业，用财自卫，不见侵犯。秦皇帝以为贞妇而客之，为筑女怀清台。夫倮鄙人牧长，清穷乡寡妇，礼抗万乘，名显天下，唱叹。岂非以富邪？

　　入汉。汉兴，海内为一，开关梁，弛山泽之禁，是以富商大贾周流天下，交易之物莫不通，得其所欲，而徙豪杰诸侯强族于京师。先合天下，总叙数句，以后详叙处则用历代帝都为纲，汉都领起。以下详叙民俗物产，为一篇之腹。句字尤极高古精妙，以欲别清其针线眉目，又不得多著圈点耳。关中自汧、雍以东至河、华，膏壤沃野千里，自虞夏之贡以为上田，而公刘适邠，大王、王季在岐，文王作丰，武王治镐，西周都。故其民犹有先王之遗风，好稼穑，殖五谷，地重，重为邪。及秦文、孝、缪居雍，隙陇西之货物而多贾。献孝公徙栎邑，栎邑北郤戎翟，东通三晋，已带晋赵。亦多大贾。武、昭治咸阳，秦都。因以汉都，长安诸陵，四方辐凑并至而会，地小人众，故其民益玩巧而事末也。南则巴蜀。巴蜀亦沃野，地饶卮、姜、丹沙、石、铜、铁、竹、木之器。南御滇僰，僰僮。西近邛笮，笮马、旄牛。然四塞，栈道千里，无所不通，唯褒斜绾毂其口，以所多易所鲜。天水、陇西、北地、上郡与关中绾关中。同俗，然西有羌中之利，北有戎翟之畜，畜牧为天下饶。然地亦穷险，唯京师绾京师要其道。故关中之地，于天下三分之一，而人众不过什三；然量其富，什居其六。

昔唐人都河东，殷人都河内，周人都河南。夫三河在天下之中，若鼎足，王者所更居也，建国各数百千岁，土地小狭，民人众，都国诸侯所聚会，故其俗纤俭习事。

杨、河东。平阳西贾秦、翟，承上。北贾种、代。起下。种、代，接上。石北也，地边胡，数被寇。人民矜懻忮，好气，任侠为奸，不事农商。然迫近北夷，师旅亟往，中国委输时有奇羡。其民羯羠不均，自全晋之时固已患其慓悍，而武灵王益厉之，其谣俗犹有赵之风也。带出赵。故杨、平阳陈掾其间，得所欲。

温、轵西河内。贾上党，北贾赵、中山。增中山，先接中山。中山地薄人众，犹有沙丘纣淫地余民，民俗懁急，仰机利而食。丈夫相聚游戏，悲歌慷慨，起则相随椎剽，休则掘冢作巧奸冶，多美物，为倡优。女子则鼓鸣瑟，跕屣，游媚贵富，入后宫，遍诸侯。然邯郸转入赵地。亦漳、河之间一都会也。北通燕、涿，起下。南有郑、卫。起下。先接郑、卫，绾赵，带出梁、鲁。郑、卫俗与赵相类，然近梁、鲁，微重而矜节。濮上之邑徙野王，野王好气任侠，绾卫。卫之风也。接燕。夫燕亦勃、碣之间一都会也。南通齐、绾赵，带出齐。赵，东北边胡。上谷至辽东，地踔远，人民希，数被寇，大与赵、代又绾赵、代。俗相类，而民雕捍少虑，有鱼盐枣栗之饶。北邻乌桓、夫余，东绾秽貉、朝鲜、真番之利。

洛阳河南。东贾齐、鲁，承上起下。南贾梁、承上增楚。楚。故泰山之阳则鲁，其阴则齐。先接齐。齐带山海，膏壤千里，宜桑麻，人民多文采布帛鱼盐。临菑亦海岱之间一都会也。其俗宽缓阔达，而足智，好议论，地重，难动摇，怯于众斗，勇于持刺，故多劫人者，大国之风也。其中具五民。再接鲁带邹。而邹、鲁滨洙、泗，犹有周公遗风，俗好儒，备于礼，故其民龊龊。颇有桑麻之业，无林泽之饶。地小人众，俭啬，畏罪远邪。及衰，好贾趋利，甚于周人。绾周。

夫自鸿沟以东，芒、砀以北，属巨野，此梁、宋也。接梁带宋。陶、睢阳亦一都会也。昔尧借绾唐。作游成阳，舜渔于雷泽，汤止于亳。借绾殷其俗犹有先王遗风，重厚多君子，好稼穑，虽无山川之饶，能恶衣食，致其蓄藏。越、楚则接楚合越。有三俗。夫自淮北沛、陈、汝南、南郡，此西楚也。其俗剽轻，易发怒，地薄，寡于积聚。江陵故郢都，西通巫、巴，东有云梦之饶。陈在楚夏之交，通鱼盐之货，其民多贾。徐、僮、取虑，则清刻，矜己诺。彭城以东，东海、吴、广陵，此东楚也。其俗类徐、僮。朐、绾以北，俗则齐。浙江南则越。夫吴自阖庐、春申、王濞三人招致天下之喜游子弟，东有海盐之饶，章山之铜，三江、五湖之利，亦江东一都会也。衡山、九江、江南、豫章、长沙，是南楚也，其俗大类西楚。绾西楚。郢之后徙寿春，亦一都会也。而合肥受南北潮，皮革、鲍、木输会也。与闽中、於（按：中华书局本作"干"。）越杂俗，故南楚好辞，巧说少信。江南卑湿，丈夫早夭。多竹木。豫章出黄金，长沙出连、锡，然堇堇物之所有，取之，不足以更费。九疑、苍梧以南至儋耳者，与江南_{绾江南}大同俗，而杨越多焉。番禺<u>亦其一都会也</u>，珠玑、犀、玳瑁、果、布之凑。

<u>颍川</u>，_{夏都}。南阳，夏人之居也。夏人政尚忠朴，<u>犹有先王之遗风</u>。颍川敦愿。秦末世，迁不轨之民于南阳。南阳西通武关、郧关，东南受汉、江、淮。<u>宛亦一都会也</u>。俗杂好事，业多贾。其任侠，交通颍川，故至今谓之"夏人"。_{总上物产民俗，先做一小束。而盐为民用之首，贸利之大，故特于束出总点。}

<u>夫天下物所鲜所多，人民谣俗，山东食海盐，山西食盐卤，领南、沙北固往往出盐，大体如此矣</u>。

<u>总之</u>，_{前散叙处，用历代帝都作纲。此总括处，分天下大事作束。论大势，则楚越固居天下之半也。}楚越之地，地广人希，饭稻羹鱼，或火耕而水耨，果隋蠃蛤，不待贾而足，地势饶食，无饥馑之患，以故呰窳偷生，无积聚而多贫。是故<u>江淮以南</u>，无冻饿之人，亦无千金之家。<u>沂、泗水以北</u>，宜五谷桑麻六畜，地小人众，数被水旱之害，民好畜藏，故秦、夏、梁、鲁好农而重民。三河、<u>宛</u>、陈亦然，加以商贾。<u>齐</u>、赵设智巧，仰机利。燕、代田畜而事蚕。_{以上详叙物产民俗，以下透发人情物理。}<u>由此观之，贤人深谋于廊庙，论议朝廷，守信死节隐居岩穴之士，设为名高者，安归乎？归于富厚也</u>。是以廉吏久，久更富，<u>廉贾归富</u>。<u>富者，人之情性，所不学而俱欲者也</u>。故壮士在军，攻城先登，陷阵却敌，斩将搴旗，前蒙矢石，不避汤火之难者，<u>为重赏使也</u>。其在<u>闾巷少年</u>，攻剽椎埋，劫人作奸，掘冢铸币，任侠并兼，借交报仇，篡逐幽隐，不避法禁，走死地如骛，<u>其实皆为财用耳</u>。今夫<u>赵女郑姬</u>，设形容，揳鸣琴，揄长袂，蹑利屣，目挑心招，出不远千里，不择老少者，<u>奔富厚也</u>。游闲公子，饰冠剑，连车骑，<u>亦为富贵容也</u>。弋射渔猎，犯晨夜，冒霜雪，驰阬谷，不

避猛兽之害，为得味也。博戏驰逐，斗鸡走狗，作色相矜，必争胜者，重失负也。医方诸食技术之人，焦神极能，为重糈也。吏士舞文弄法，刻章伪书，不避刀锯之诛者，没于赂遗也。农工商贾畜长，固求富益货也。此有知尽能索耳，终不余力而让财矣。

谚曰："百里不贩樵，千里不贩籴。"居之一岁，种之以谷；十岁，树之以木；百岁，来之以德。德者，人物之谓也。今有无秩禄之奉，爵邑之入，而乐与之比者，命曰"素封"。封者食租税，岁率户二百。千户之君则二十万，朝觐聘享出其中。庶民农工商贾，率亦岁万息二千户，百万之家则二十万，而更徭租赋出其中。衣食之欲，唱叹。恣所好美矣。故曰陆地牧马二百蹄，牛蹄角千，千足羊，泽中千足彘，水居千石鱼陂，山居千章之材。安邑千树枣；燕、秦千树栗；蜀、汉、江陵千树橘；淮北、常山已南，河济之间千树萩；陈、夏千亩漆；齐、鲁千亩桑麻；渭川千亩竹；及名国万家之城，带郭千亩亩钟之田，若千亩卮茜，千畦姜韭：以上罗列货物，是言有是货物之人，非重叙物产也。此其人皆与千户侯等然。是富给之资也，不窥市井，不行异邑，坐而待牧，身有处士之义而取给焉。此段尤极一唱三叹之趣。若至家贫亲老，妻子软弱，岁时无以祭祀进醵，饮食被服不足以自通，如此不惭耻，则无所比矣。是以无财作力，少有斗智，既饶争时，"时"字六点。此其大经也。今治生不待危身取给，则贤人勉焉。是故本富为上，末富次之，奸富最下。无岩处奇士之行，而长贫贱，好语仁义，亦足羞也。

凡编户之民，富相什，则卑下之，伯则畏惮之，千则役，万则仆，物之理也。夫用贫求富，农不如工，工不如商，农工皆可致富，而商贾为尤。跌入商贾一途，下乃详叙末业之可以致富者。刺绣文不如倚市门，此言末业，贫者之资也。通邑大都，酤一岁千酿，醯酱千瓨，浆千甔，屠牛羊彘千皮，贩谷粜千钟，薪蒿千车，船长千丈，木千章，竹竿万个，其轺车百乘，牛车千两，木器髹者千枚，铜器千钧，素木铁器若卮茜千石，马蹄躈千，牛千足，羊彘千双，童手指千，筋角丹沙千斤，其帛絮细布千钧，文采千匹，榻布皮革千石，漆千斗，蘖麹盐豉千荅，鲐鮆千斤，鲰千石，鲍千钧，枣栗千石者三之，狐貂裘千皮，羔羊裘千石，旃席千具，佗果菜千钟，子贷金钱千贯，节驵会，<u>贪贾三之，廉贾五之，此亦比千乘之家，其大率也</u>。佗杂业不中什二，则非吾财也。<u>请略道当世千里之中，贤人所以富者，令后世得以观择焉。</u>

蜀卓氏之先，赵人也，用铁冶富。秦破赵，迁卓氏。卓氏见虏略，独夫妻推辇，行诣迁处。诸迁虏少有余财，争与吏，求近处，处葭萌。<u>唯卓氏人取我与</u>。<u>曰</u>："<u>此地狭薄。吾闻汶山之下，沃野，下有蹲鸱，至死不饥。民工于市，易贾。</u>"<u>乃求远迁</u>。人弃我取。<u>致之临邛</u>，大喜，即铁山鼓铸，运筹策，倾滇蜀之民，富至僮千人。田池射猎之乐，<u>拟于人君</u>。

程郑，山东迁虏也，亦冶铸，贾椎髻之民，<u>富埒卓氏</u>，俱居临邛。

宛孔氏之先，梁人也，用铁冶为业。秦伐魏，迁孔氏南阳。大鼓铸，规陂池，连车骑，游诸侯，因通商贾之利，<u>有游闲公子之赐与名</u>。亦是"人弃我取，人取我与"意思。<u>然其赢得过当</u>，愈于纤啬，家致富数千金，故南阳行贾尽法孔氏之雍容。

鲁人俗俭啬，而曹邴氏尤甚，以铁冶起，<u>富至巨万</u>。然家自父兄子孙约，俯有拾，仰有取，贳贷行贾遍郡国。邹鲁以其故，<u>多去文学而趋利者，以曹邴氏也</u>。

齐俗贱奴虏，<u>而刀间独爱贵之</u>。人弃我取。桀黠奴，人之所患也，<u>唯刀间收取</u>，人弃我取。使之逐渔盐商贾之利，或连车骑，交守相，然愈益任之。终得其力，起富数千万。故曰"宁爵毋刀"，言其能使豪奴自饶而尽其力。

周人既纤，而师史尤甚，转毂以百数，贾郡国，无所不至。洛阳街居在齐秦楚赵之中，贫人学事富家，相矜以久贾，数过邑不入门，设任此等，<u>故师史能致七千万</u>。

宣曲任氏之先，为督道仓吏。秦之败也，豪杰皆争取金玉，<u>而任氏独窖仓粟</u>。人弃我取。楚汉相距荥阳也，民不得耕种，米石至万，<u>而豪杰金玉尽归任氏，任氏以此起富</u>。富人争奢侈，<u>而任氏折节为俭</u>，力田畜。田畜人争取贱贾，<u>任氏独取贵善</u>。人弃我取。<u>富者数世</u>。然任公家约，非田畜所出弗衣食，公事不毕则身不得饮酒食肉。以此为闾里率，<u>故富而主上重之</u>。

塞之斥也，唯桥姚已致马千匹，牛倍之，羊万头，粟以万钟计。吴楚七国兵起时，长安中列侯封君行从军旅，赍贷子钱，子钱家以为侯邑国在关东，关东成败未决，莫肯与。<u>唯无盐氏出捐千金贷</u>，人弃我取。其息什之。三月，吴楚平。<u>一岁之中，则无盐氏之息什倍，用此富埒关中</u>。

关中富商大贾，大抵尽诸田，田啬、田兰。韦家栗氏，安陵、杜杜氏，亦巨万。<u>此其章章尤异者也</u>。唱叹。皆非有爵邑奉禄弄法犯奸而富，<u>尽椎埋去就，与时俯仰，获其赢利，以末致财，用本守之</u>，此中大有学问。<u>以武一切，用文持之，变化有概</u>，唱叹。<u>故足术也</u>。若至力农畜，<u>工虞商贾</u>，此又兼综诸人作束。为权利以成富，大者倾郡，中者倾县，下者倾乡里者，<u>不可胜数</u>。

<u>夫纤啬筋力，治生之正道也，而富者必用奇胜</u>。法以奇胜。田农，并及卑污杂业，叠叙九人事。只两句，而句法参差历落，以作全文曲终之乱。其于文也，可谓从心不踰矣。掘业，而秦扬以盖一州。掘冢，<u>奸事也</u>，而曲（按：中华书局本作"田"。）叔以起。博戏，<u>恶业也</u>，而桓发用之富。行贾，丈夫<u>贱行也</u>，而雍乐成以饶。贩脂，<u>辱处也</u>，而雍伯千金。卖浆，<u>小业也</u>，而张氏千万。洒削，<u>薄技也</u>，而郅氏鼎食。胃脯，简微耳，<u>浊氏连骑</u>。马医，浅方，张里击钟。<u>此皆诚壹</u>心贵诚壹。<u>之所致</u>。由是观之，<u>富无经业，则货无常主，能者辐凑，不肖者瓦解</u>。

应"巧拙"一句，收束全文。<u>千金之家比一都之君，巨万者乃与王者同乐。岂所谓"素封"者邪？非也</u>？唱叹作收。

货殖传<u>议论未了，忽出叙事；叙事未了，又出议论</u>。纵横变化，莫知其端，而<u>中藏轨范，法固森然也</u>。　唐顺之

此传字字句句皆精妙，与他传更较神采。盖他传多录本文，而此传皆其所特撰，是以妙绝。　董份

《货殖传》传古今来能货殖之人也。虞夏以来，汉兴以上，述古；汉兴以下，志今：本意只为富家。前文兼叙富国引起，以见家国一理而货殖之道之大耳。道莫大于观时变，决取与。综海内之物产，考古今之风俗，穷人情之嗜好，谁不欲富？亦何业不可致富？而巧者有余，拙者不足，能者辐凑，不肖者瓦解。惟得其道，则人富而礼义附，奉养之美比于侯王，以此益见家国之一理。而古则陶朱、白圭诸人，今则卓、程、孔、任、曹邴、无盐诸人，皆巧之至，能之至也。自余富人甚多，虽各有差次，然术以奇胜，心必诚壹，则亦所谓巧与能也。若士无奇行而长处贫贱，徒娇语仁义以掩饰其无能，则谓之不肖而已矣，可羞孰甚焉。此作传之大指，而一篇之脉络也。凡学者读古文，须先看得全文意思融洽，然后细看他妙处才有益，此文意思，亦尽明了。而学者以其行文变化之故或反眩，余故论之如此，其段落、次第、句字、针线则间见于旁注。而其无穷尽、无方体之妙，则以俟夫熟读深思而自得之者。

太史公自序

　　昔在颛顼，起于历叙世次，枝分瓜析，却已全是一片神行。命南正重以司天，北正黎以司地。唐虞之际，绍重黎之后，使复典之，至于夏商，故重黎氏世序天地。其在周，程伯休甫其后也。当周宣王时，失其守而为司马氏。<u>司马氏世典周史</u>。一语立柱。惠襄之间，司马氏去周适晋。晋中军随会奔秦，而司马氏入少梁。<u>自司马氏去周适晋，分散，或在卫，或在赵，或在秦</u>。其在卫者，相中山。在赵者，以传剑论显，蒯聩其后也。在秦者名错，与张仪争论，于是惠王使错将伐蜀，遂拔，因而守之。错孙靳，事武安君白起。而少梁更名曰夏阳。靳与武安君阬赵长平军，还而与之俱赐死杜邮，葬于华池。靳孙昌，昌为秦主铁官，当<u>始皇</u>之时。蒯聩玄孙卬为武信君将而徇朝歌。<u>诸侯之相王</u>，王卬于殷。<u>汉</u>之伐楚，卬<u>归汉</u>，以其地为河内郡。昌生无泽，无泽为汉市长。无泽生喜，喜为五大夫，卒，皆葬高门。喜生谈，<u>谈为太史公</u>。一句束住。

　　太史公学天官于唐都，受《易》于杨何，习道论于黄子。太史公仕于建元元封之间，<u>愍学者之不达其意而师悖，乃论六家之要指</u>曰：《易·大传》："<u>天下一致而百虑，同归而殊涂</u>。"夫阴阳、儒、墨、名、法、道德，<u>此务为治者也，直所从言之异路，有省不省耳</u>。尝窃观<u>阴阳</u>之术，大祥而众忌讳，使人拘而多所畏；然其序四时之大顺，不可失也。<u>儒</u>者博而寡要，劳而少功，是以其事难尽从；然其序君臣父子之礼，列夫妇长幼之别，不可易也。<u>墨</u>者俭而难遵，是以其事不可遍循；然其强本节用，不可废也。<u>法家</u>严而少恩；然其正君臣上下之分，不可改矣。<u>名家</u>使人俭而善失真；然其正名实，不可不察也。<u>道家</u>使人精神专一，动合无形，赡足万物。其为术也，因阴阳之大顺，采儒墨之善，撮名法之要，与时迁移，应物变化，立俗施事，无所不宜，指约而易操，事少而功多。<u>儒者则不然</u>。中间着此一组，文势才生动，譬之汪洋澎湃之水，无涯涘而有漩涡也。以为人主天下之仪表也，主倡而臣和，主先而臣随。如此，则主劳而臣逸。至于大道之要，去健羡，绌聪明，释此而任术。夫神大用则竭，形大劳则敝。形神骚动，欲与天地长久，非所闻也。

六家得失，前文已明，此下更畅言之。盖通篇多少议论，皆用数层挥写，以畅其义；多加衬托，以厚其势，非独此一节焉。然也。夫<u>阴阳</u>四时、八位、十二度、二十四节各有教令，顺之者昌，逆之者不死则亡，未必然也，故曰"使人拘而多畏"。夫春生夏长，秋收冬藏，此天道之大经也，弗顺则无以为天下纲纪，故曰"四时之大顺，不可失也"。夫<u>儒者</u>以《六艺》为法。《六艺》经传以千万数，累世不能通其学，当年不能究其礼，故曰"博而寡要，劳而少功"。若夫列君臣父子之礼，序夫妇长幼之别，虽百家弗能易也。<u>墨者</u>亦尚尧舜道，言其德行曰"堂高三尺，土阶三等，茅茨不剪，采椽不刮。食土簋，啜土刑，粝粱之食，藜藿之羹。夏日葛衣，冬日鹿裘。"其送死，桐棺三寸，举音不尽其哀。教丧礼必以此为万民之率。使天下法，若此则尊卑无别也。夫世异时移，事业不必同，故曰"俭而难遵。"要曰强本节用，则人给家足之道也。此墨子之所长，虽百家弗能废也。<u>法家</u>不别亲疏，不殊贵贱，一断于法，则亲亲尊尊之恩绝矣。可以行一时之计，而不可长用也，故曰"严而少恩"。若尊主卑臣，明分职不得相逾越，虽百家弗能改也。<u>名家</u>苛察缴绕，使人不得反其意，专决于名而失人情，故曰"使人俭而善失真"。若夫控名责实，参伍不失，此不可不察也。<u>道家</u>无为，又曰无不为，其实易行，其辞难知。其术以虚无为本，以因循为用。无成势，无常形，故能究万物之情。不为物先，不为物后，故能为万物主。有法无法，因时为业；有度无度，因物与合。故曰："圣人不朽，时变是守。虚者道之常也，因者君之纲也"。群臣并至，使各自明也。其实中其声者谓之端，实不中其声者谓之窾。窾言不听，奸乃不生，贤不肖自分，白黑乃形。

在所欲用耳，何事不成。乃合大道，混混冥冥。光耀天下，复反无名。凡人所生者神也，所托者形也。神太用则竭，形太劳则敝，形神离则死。死者不可复生，离者不可复反，故圣人重之。由是观之，神者生之本也，形者生之具也。不先定其神，而曰"我有以治天下"，何由哉？

太史公既掌天官，不治民。有子曰迁。迁生龙门，耕牧河山之阳。年十岁则诵古文。二十而南游江、淮，上会稽，探禹穴，窥九疑，浮于沅、湘；北涉汶、泗，讲业齐、鲁之都，观孔子之遗风，乡射邹、峄；厄困鄱、薛、彭城，过梁、楚以归。于是迁仕为郎中，奉使西征巴、蜀以南，南略邛、笮、昆明，还报命。是岁天子始建汉家之封，而太史公留滞周南，不得与从事，故发愤且卒。而子迁适使反，见父于河洛之间。太史公执迁手而泣曰："余先周室之太史也。自上世尝显功名于虞夏，典天官事。后世中衰，绝于予乎？汝复为太史，再化一层。则续吾祖矣。今天子接千岁之统，封泰山，而余不得从行，是命也夫，命也夫！余死，汝必为太史；为太史，无忘吾所欲论著矣。且夫孝始于事亲，忠（按：中华书局本作"中"。）于事君，终于立身。扬名于后世，以显父母，此孝之大者。此列周公，为上文承述先志意托起一层，又为孔学倒托一层也。夫天下称诵周公，言其能论歌文武之德，宣周召之风，达太王王季之思虑，爰及公刘，以尊后稷也。幽厉之后，王道缺，礼乐衰，孔子修旧起废，论《诗》《书》，作《春秋》，则学者至今则之。自获麟以来四百有余岁，而诸侯相兼，史记放绝。今汉兴，海内一统，明主贤君忠臣死义之士，余为太史而弗论载，废天下之史文，余甚惧焉，汝其念哉！"迁俯首流涕曰："小子不敏，请悉论先人所次旧闻，弗敢阙。"

卒三岁而迁为太史令，䌷史记石室金匮之书。五年而当太初元年，十一月甲子朔旦冬至，天历始改，建于明堂，诸神受纪。

太史公曰："先人有言，自周公卒五百岁而有孔子。孔子卒后至于今五百岁，<u>有能绍明世</u>，<u>正《易传》</u>，<u>继《春秋》</u>，<u>本《诗》《书》</u><u>《礼》《乐》之际</u>？<u>意在斯乎</u>！<u>意在斯乎</u>！<u>小子何敢让焉</u>。"

　　上大夫壶遂曰："昔孔子何为而作《春秋》哉？"太史公曰："余闻董生曰：'周道衰废，孔子为鲁司寇，诸侯害之，大夫壅之。<u>孔子知言之不用</u>，<u>道之不行也</u>，是非二百四十二年之中，以为天下仪表，<u>贬天子</u>，<u>退诸侯</u>，<u>讨大夫</u>，<u>以达王事而已矣</u>。'子曰'我欲载之空言，不如见之于行事之深切著明也。'夫《春秋》，上明三王之道，下辨人事之纪，别嫌疑，明是非，定犹豫，善善恶恶，贤贤贱不肖，存亡国，继绝世，补敝起废，<u>王道之大者也</u>。《易》著天地阴阳四时五行，<u>故长于变</u>；《礼》经纪人伦，<u>故长于行</u>；《书》记先王之事，<u>故长于政</u>；《诗》记山川溪谷禽兽草木牝牡雌雄，<u>故长于风</u>；《乐》乐<u>所以立</u>，<u>故长于和</u>；《春秋》辩是非，<u>故长于治人</u>。是故《礼》以节人，《乐》以发和，《书》以道事，《诗》以达意，《易》以道化，《春秋》以道义。<u>拨乱世反之正</u>，<u>莫近于《春秋》</u>。开托一层。《春秋》文成数万，其指数千。万物之<u>散聚皆在《春秋》</u>。《春秋》之中，弑君三十六，亡国五十二，诸侯奔走不得保其社稷者不可胜数。<u>察其所以</u>，<u>皆失其本已</u>。故《易》曰'失之豪厘，差以千里'。故曰'臣弑君，子弑父，非一旦一夕之故也，其渐久矣'。故有国者不可以不知《春秋》，<u>前有谗而弗见</u>，<u>后有贼而不知</u>。为人臣者不可以不知《春秋》，<u>守经事而不知其宜</u>，<u>遭变事而不知其权</u>。再托一层。为人君父而不通于《春秋》之义者，必蒙首恶之名。为人臣子而不通于《春秋》之义者，必陷篡弑之诛，死罪之名。其实皆以为善，为之不知其义，被之空言而不敢辞。夫不通礼义之旨，至于君不君，臣不臣，父不父，子不子。夫君不君则犯，再托一层。臣不臣则诛，父不父则无道，子不子则不孝。<u>此四行者</u>，<u>天下之大过也</u>。以天下之大过予之，则受而弗敢辞。<u>故《春秋》者</u>，<u>礼义之大宗也</u>。夫礼禁未然之<u>前</u>，<u>法施已然之后</u>；<u>法之所为用者易见</u>，<u>而礼之所为禁者难知</u>。"有此一层问答,意义方圆足而广渊。论文势,则为前一层作大托也。壶遂曰:"孔子之时,上无明君,下不得任用,故作《春秋》,垂空文以断礼义,当一王之法。今夫子上遇明天子,下得守职,万事既具,咸各序其宜,夫子所论,欲以何明?"太史公曰:"唯唯,否否,不然。余闻之先人曰:人本先人。'伏羲至纯厚,作《易》《八卦》。尧舜之盛,《尚书》载之,礼乐作焉。汤武之隆,诗人歌之。《春秋》采善贬恶,推三代之德,褒周室,非独刺讥而已也。'汉兴以来,至明天子,获符瑞,建封禅,改正朔,易服色,受命于穆清,泽流罔极,海外殊俗,重译款塞,请来献见者,不可胜道。臣下百官力诵圣德,犹不能宣尽其意。且士贤能而不用,有国者之耻,主上明圣而德不布闻,有司之过也。且余尝掌其官,再托一层。废明圣盛德不载,灭功臣世家贤大夫之业不述,堕先人所言,罪莫大焉。余所谓述故事,整齐其世传,非所谓作也,而君比之于《春秋》,谬矣。"

于是论次其文。七年而太史公遭李陵之祸,幽于缧绁。乃喟然而叹曰:"是余之罪也夫!是余之罪也夫!身毁不用矣。"应言之不用。退而深惟曰:"夫《诗》、《书》隐约者,欲遂其志之思也。昔西伯拘羑里,此一层乃为俠义至纯厚加了一层,作遥托也。演《周易》;孔子厄陈蔡,作《春秋》;屈原放逐,著《离骚》;左丘失明,厥有《国语》;孙子膑脚,而论兵法;不韦迁蜀,世传《吕览》;韩非囚秦,《说难》、《孤愤》;《诗》三百篇,大抵贤圣发愤之所为作也。此人皆意有所郁结,不得通其道也,历道之不行。故述往事,思来者。"于是卒述陶唐以来,至于麟止,自黄帝始。再托一层。

百三十篇小序节之入妙,杂用韵语处尤高古,与秦石刻同。维昔黄帝,法天则地,四圣遵序,各成法度;唐尧逊位,虞舜不台;厥美帝功,万世载之。作《五帝本纪》第一。维禹之功,九州攸同,光唐虞际,德流苗裔;夏桀淫骄,乃放鸣条。作《夏本纪》第二。维契作商,爰乃成汤;太甲居桐,德盛阿衡;武丁得说,乃称高宗;帝辛湛湎,诸侯不享。作《殷本纪》第三。维弃作稷，德盛西伯；武王牧野，实抚天下；幽厉昏乱，既丧酆镐；陵迟至赧，洛邑不祀。作《周本纪》第四。维秦之先，伯翳佐禹；穆公思义，悼豪之旅；以人为殉，诗歌《黄鸟》；昭襄业帝。作《秦本纪》第五。始皇即立，并兼六国，销锋铸鐻，维偃干革，尊号称帝，<u>矜武任力</u>；二世受运，子婴降虏。作《始皇本纪》第六。<u>秦失其道</u>，<u>豪桀并扰</u>；<u>项梁业之，子羽接之</u>；杀庆救赵，诸侯立之；诛婴背怀，天下非之。作《项羽本纪》第七。子羽暴虐，汉行功德；愤发蜀汉，还定三秦；诛籍业帝，天下惟宁，改制易俗。作《高祖本纪》第八。惠之早霣，诸吕不台；崇强禄、产，诸侯谋之；杀隐幽友，<u>大臣洞疑</u>，遂及宗祸。作《吕太后本纪》第九。汉既初兴，继嗣不明，<u>迎王践祚，天下归心</u>；蠲除肉刑，开通关梁，<u>广恩博施</u>，<u>厥称太宗</u>。作《孝文本纪》第十。诸侯骄恣，吴首为乱，京师行诛，七国伏辜，天下翕然，大安殷富。作《孝景本纪》第十一。<u>汉兴五世，隆在建元</u>，外攘夷狄，内修法度，封禅，改正朔，易服色。作《今上本纪》第十二。观此，知纪中不作毁谤语，亦春秋所见异词之旨也。

维三代尚矣，年纪不可考，盖取之谱牒，旧闻本于兹，<u>于是略推</u>，作《三代世表》第一。幽厉之后，周室衰微，诸侯专政，《<u>春秋》有所不纪</u>；而谱牒经略，五霸更盛衰，欲睹周世相先后之意，作《十二诸侯年表》第二。<u>春秋之后</u>，陪臣秉政，强国相王；以至于秦，卒并诸夏，灭封地，擅其号。作《六国年表》第三。秦既暴虐，楚人发难，项氏遂乱，<u>汉乃扶义征伐</u>；八年之间，天下三嬗，事繁变众，故详著《秦楚之际月表》第四。汉兴已来，至于太初百年，诸侯废立分削，谱纪不明，有司靡踵，强弱之原云以世。作《汉兴已来诸侯年表》第五。维高祖元功，辅臣股肱，剖符而爵，泽流苗裔，忘其昭穆，或杀身陨国。作《高祖功臣侯者年表》第六。惠景之间，维申功臣宗属爵邑，作《惠景间侯者年表》第七。<u>北讨强胡，南诛劲越，征伐夷蛮，武功爰列。作《建元以来侯者年表》第八。诸侯既强，七国为从；子弟众多，无爵封邑，此即主父偃之计也。推恩行义，其势销弱，德归京师。作《王子侯者年表》第九。国有贤相良将，民之师表也。维见汉兴以来，将相名臣年表，贤者记其治，不贤者彰其事。作《汉兴以来将相名臣年表》第十。

　　维三代之礼，所损益各殊务，然要以近情性，通王道，精语。故礼因人质为之节文，略协古今之变。作《礼书》第一。乐者，所以移风易俗也。自《雅》《颂》声兴，则已好郑卫之音，郑卫之音，所从来久矣。人情之所感，远俗则怀。精语。比《乐书》以述来古，作《乐书》第二。非兵不强，非德不昌，黄帝、汤、武以兴，桀、纣、二世以崩，可不慎欤？《司马法》所从来尚矣，太公、孙、吴、王子能绍而明之，切近世，极人变。作《律书》第三。律居阴而治阳，历居阳而治阴，律历更相治，间不容翲忽。精语。五家之文怫异，维太初之元论。作《历书》第四。星气之书，多杂機祥，不经；《天官书》示备著微，验明其应者耳。推其文，考其应，不殊。比集论其行事，验于轨度以次，作《天官书》第五。受命而王，封禅之符罕用，用则万灵罔不禋祀。追本诸神名山大川礼，作《封禅书》第六。维禹浚川，九州攸宁；爰及宣防，决渎通沟。作《河渠书》第七。维币之行，以通农商；其极则玩巧，并兼兹殖，争于机利，去本趋末。作《平准书》以观事变，第八。

　　太伯避历，江蛮是适；文武攸兴，古公王迹。阖庐弑僚，宾服荆楚；夫差克齐，子胥鸱夷。信嚭亲越，吴国既灭。嘉伯之让，作《吴世家》第一。申、吕肖矣，尚父侧微，卒归西伯，文武是师；功冠群公，缪权于幽；番番黄发，爰飨营丘。不背柯盟，桓公以昌，九合诸侯，霸功显彰。田阚争宠，姜姓解亡。嘉父之谋，作《齐太公世家》第二。依之违之，周公绥之；愤发文德，天下和之；辅翼成王，诸侯宗周。隐桓之际，是独何哉？三桓争强，鲁乃不昌。嘉旦《金縢》，作《周公世家》第三。武王克纣，天下未协而崩。成王既幼，管蔡疑之，淮夷叛之，于是召公率德，安集王室，以宁东土。燕易之禅，乃成祸乱。嘉《甘棠》之诗，作《燕世家》第四。管蔡相武庚，将宁旧商；及旦摄政，二叔不飨；杀鲜放度，周公为盟；大任十子，周以宗强。嘉仲悔过，作《管蔡世家》第五。王后不绝，禹舜是说；维德休明，苗裔蒙烈。百世享祀，爰周陈杞，楚实灭之。齐田既起，舜何人哉？作《陈杞世家》第六。收殷余民，叔封始邑，申以商乱，《酒》《材》是告，及朔之生，卫顷不宁。南子恶蒯聩，子父易名。周德卑微，战国既强，卫以小弱，角独后亡。嘉彼《康诰》，作《卫世家》第七。嗟箕子乎！嗟箕子乎！正言不用，乃反为奴。武庚既死，周封微子。襄公伤于泓，君子孰称。景公谦德，荧惑退行。剔成暴虐，宋乃灭亡。嘉微子问太师，作《宋世家》第八。武王既崩，叔虞邑唐。君子讥名，卒灭武公。骊姬之爱，乱者五世；重耳不得意，乃能成霸。六卿专权，晋国以耗。嘉文公锡珪鬯，作《晋世家》第九。重黎业之，吴回接之；殷之季世，粥子牒之。周用熊绎，熊渠是续。庄王之贤，乃复国陈；既赦郑伯，班师华元。怀王客死，兰咎屈原；好谀信谗，楚并于秦。嘉庄王之义，作《楚世家》第十。少康之子，实宾南海，文身断发，鼋鳝与处，既守南禹，奉禹之祀。勾践困彼，乃用种、蠡。嘉勾践夷蛮能修其德，灭强吴以尊周室，作《越王勾践世家》第十一。桓公之东，太史是庸。及侵周禾，王人是议。祭仲要盟，郑久不昌。子产之仁，绍世称贤。三晋侵伐，郑纳于韩。嘉厉公纳惠王，作《郑世家》第十二。维骥騄耳，乃章造父。赵夙事献，衰续厥绪。佐文尊王，卒为晋辅。襄子困辱，乃禽智伯。主父生缚，饿死探爵。王迁辟淫，良将是斥。嘉鞅讨周乱，作《赵世家》第十三。毕万爵魏，卜人知之。及绛戮干，戎翟和之。文侯慕义，子夏师之。惠王自矜，齐秦攻之。既疑信陵，诸侯罢之。卒亡大梁，王假厮之。嘉武佐晋文申霸道，作《魏世家》第十四。韩厥阴德，赵武攸兴。绍绝立废，晋人宗之。昭侯显列，申子庸之。疑非不信，秦人袭之。嘉厥辅晋，匡周天子之赋，作《韩世家》第十五。完子避难，适齐为援，阴施五世，齐人歌之。成子得政，田和为侯。王建动心，乃迁于共。嘉威、宣能拨浊世而独宗周，作《田敬仲完世家》第十六。周室既衰，诸侯恣行。仲尼悼礼废乐崩，追修经术，以达王道，匡乱世反之于正，见其文辞，为天下制仪法，垂《六艺》之统纪于后世。作《孔子世家》第十七。桀、纣失其道而汤、武作，周失其道而《春秋》作。秦失其政，而陈涉发迹，诸侯作难，风起云蒸，卒亡秦族。天下之端，自涉发难。作《陈涉世家》第十八。成皋之台，薄氏始基。诎意适代，厥崇诸窦。栗姬偩贵，王氏乃遂。陈后太骄，卒尊子夫。嘉夫德若斯，作《外戚世家》第十九。汉既谲谋，禽信于陈；越荆剽轻，乃封弟交为楚王，爱都彭城，以强淮泗，为汉宗藩。戊溺于邪，礼复绍之。嘉游辅祖，作《楚元王世家》第二十。维祖师旅，刘贾是兴；为布所袭，丧其荆、吴。营陵激吕，乃王琅邪；怵午信齐，往而不归，遂西入关，遭立孝文，获复王燕。天下未集，贾、泽以族，为汉藩辅。作《荆燕世家》第二十一。天下已平，亲属既寡；悼惠先壮，实镇东土。哀王擅兴，发怒诸吕，驷钧暴戾，京师弗许。厉之内淫，祸成主父。嘉肥股肱，作《齐悼惠王世家》第二十二。楚人围我荥阳，相守三年；萧何填抚山西，推计踵兵，给粮食不绝，使百姓爱汉，不乐为楚。作《萧相国世家》第二十三。与信定魏，破赵拔齐，遂弱楚人。续何相国，不变不革，黎庶攸宁。嘉参不伐功矜能，作《曹相国世家》第二十四。运筹帷幄之中，制胜于无形，子房计谋其事，无知名，无勇功，图难于易，为大于细。作《留侯世家》第二十五。六奇既用，诸侯宾从于汉；吕氏之事，平为本谋，终安宗庙，定社稷。作《陈丞相世家》第二十六。诸吕为从，谋弱京师，而勃反经合于权；吴楚之兵，亚夫驻于昌邑，以厄齐赵，而出委以梁。作《绛侯世家》第二十七。七国叛逆，蕃屏京师，唯梁为扞；偩爱矜功，几获于祸。嘉其能距吴楚，作《梁孝王世家》第二十八。五宗既王，亲属洽和，诸侯大小为藩，爰得其宜，僭拟之事稍衰贬矣。作《五宗世家》第二十九。三子之王，文辞可观。作《三王世家》第三十。

末世争利，维彼奔义；让国饿死，天下称之。作《伯夷列传》第一。晏子俭矣，夷吾则奢；齐桓以霸，景公以治。作《管晏列传》第二。李耳无为自化，清净自正；韩非揣事情，循势理。作《老子韩非列传》第三。自古王者而有《司马法》，穰苴能申明之。作《司马穰苴列传》第四。非信廉仁勇不能传兵论剑，与道同符，内可以治身，外可以应变，君子比德焉。作《孙子吴起列传》第五。维建遇谗，爰及子奢，尚既匡父，伍员奔吴。作《伍子胥列传》第六。孔氏述文，弟子兴业，咸为师傅，崇仁厉义。作《仲尼弟子列传》第七。鞅去卫适秦，能明其术，强霸孝公，后世遵其法。作《商君列传》第八。天下患衡秦毋餍，而苏子能存诸侯，约从以抑贪强。作《苏秦列传》第九。六国既从亲，而张仪能明其说，复散解诸侯。作《张仪列传》第十。秦所以东攘雄诸侯，樗里、甘茂之策。作《樗里甘茂列传》第十一。苞河山，围大梁，使诸侯敛手而事秦者，魏冉之功。作《穰侯列传》第十二。南拔鄢郢，北摧长平，遂围邯郸，武安为率；破荆灭赵，王翦之计。作《白起王翦列传》第十三。猎儒墨之遗文，明礼义之统纪，绝惠王利端，列往世兴衰。作《孟子荀卿列传》第十四。好客喜士，士归于薛，为齐扞楚魏。作《孟尝君列传》第十五。争冯亭以权，如楚以救邯郸之围，使其君复称于诸侯。作《平原君虞卿列传》第十六。能以富贵下贫贱，贤能诎于不肖，唯信陵君为能行之。作《魏公子列传》第十七。以身徇君，遂脱强秦，使驰说之士，南乡走楚者，黄歇之义。作《春申君列传》第十八。能忍诟于魏齐，而信威于强秦，推贤让位，二子有之。作《范睢蔡泽列传》第十九。率行其谋，连五国兵，<u>为弱燕报强秦之仇</u>，<u>雪其先君之耻</u>。作《乐毅列传》第二十。<u>能信意强秦，而屈体廉子</u>，<u>用徇其君</u>，<u>俱重于诸侯</u>。作《廉颇蔺相如列传》第二十一。湣王既失临淄而奔莒，唯田单用即墨破走骑劫，<u>遂存齐社稷</u>。作《田单列传》第二十二。能设诡说解患于围城，轻爵禄，乐肆志。作《鲁仲连邹阳列传》第二十三。<u>作辞以讽谏</u>，<u>连类以争义</u>，<u>《离骚》有之</u>。作《<u>屈原贾生列传</u>》第二十四。结子楚亲，<u>使诸侯之士斐然争入事秦</u>。作《吕不韦列传》第二十五。曹子匕首，<u>鲁获其田</u>，<u>齐明其信</u>；豫让义不为二心。作《刺客列传》第二十六。能明其画，因时推秦，遂得意于海内，<u>斯为谋首</u>。作《李斯列传》第二十七。为秦开地益众，北靡匈奴，据河为塞，因山为固，建榆中。作《蒙恬列传》第二十八。填赵塞常山，以广河内，<u>弱楚权</u>，<u>明汉王之信于天下</u>。作《张耳陈余列传》第二十九。收西河、上党之兵，从至彭城；越之侵掠梁地<u>以苦项羽</u>。作《魏豹彭越列传》第三十。以淮南叛楚归汉，汉用得大司马殷，<u>卒破子羽于垓下</u>。作《黥布列传》第三十一。楚人迫我京索，而信拔魏赵，定燕齐，<u>使汉三分天下有其二</u>，<u>以灭项籍</u>。作《淮阴侯列传》第三十二。楚汉相距巩洛，而韩信为填颍川，卢绾绝籍粮饷。作《韩信卢绾列传》第三十三。诸侯畔项王，唯齐连子羽城阳，<u>汉得以间遂入彭城</u>。作《田儋列传》第三十四。攻城野战，获功归报，哙、商有力焉，<u>非独鞭策</u>，<u>又与之脱难</u>。作《樊郦列传》第三十五。汉既初定，文理未明，苍为主计，整齐度量，序律历。作《张丞相列传》第三十六。结言通使，约怀诸侯；诸侯咸亲，归汉为藩辅。作《郦生陆贾列传》第三十七。欲详知秦楚之事，唯周緤常从高祖平定诸侯。作《傅靳蒯成列传》第三十八。徙强族，都关中，和约匈奴；明朝廷礼，次宗庙仪法。作《刘敬叔孙通列传》第三十九。能摧刚作柔，卒为列臣，<u>栾公不劫于势而倍死</u>。作《季布栾布列传》第四十。敢犯颜色以达主义，不顾其身，为国家树长画。作《袁盎朝（按：此处疑为"晁"。中华书局本作"朝"。）错列传》第四十一。守法不失大理，言古贤人，增主之明。作《张释之冯唐列传》第四十二。敦厚慈孝，讷于言，敏于行，务在鞠躬，君子长者。作《万石张叔列传》第四十三。守节切直，义足以言廉，行足以厉贤，任重权不可以非理挠。作《田叔列传》第四十四。扁鹊言医，为方者宗，守数精明；后世修序，弗能易也，而仓公可谓近之矣。作《扁鹊仓公列传》第四十五。维仲之省，厥濞王吴，遭汉初定，以填抚江淮之间。作《吴王濞列传》第四十六。吴楚为乱，宗属唯婴贤而喜士，士乡之，率师抗山东荥阳。作《魏其武安列传》第四十七。智足以应近世之变，宽足用得人。作《韩长孺列传》第四十八。勇于当敌，仁爱士卒，号令不烦，师徒乡之。作《李将军列传》第四十九。自三代以来，匈奴常为中国患害；欲知强弱之时，设备征讨，作《匈奴列传》第五十。直曲塞，广河南，破祁连，通西国，靡北胡。作《卫将军骠骑列传》第五十一。大臣宗室以侈靡相高，唯弘用节衣食为百吏先。作《平津侯列传》第五十二。汉既平中国，而佗能集杨越，以保南藩，纳贡职。作《南越列传》第五十三。吴之叛逆，瓯人斩濞，葆守封禺为臣。作《东越列传》第五十四。燕丹散乱辽间，满收其亡民，厥聚海东，以集真藩，葆塞为外臣。作《朝鲜列传》第五十五。唐蒙使略通夜郎，而邛笮之君，请为内臣受吏。作《西南夷列传》第五十六。《子虚》之事，《大人》赋说，靡丽多夸，然其指风谏，归于无为。作《司马相如列传》第五十七。黥布叛逆，子长国之，以填江淮之南，安剽楚庶民。作《淮南衡山列传》第五十八。奉法循理之吏，不伐功矜能，百姓无称，亦无过行。作《循吏列传》第五十九。正衣冠，立于朝廷，而群臣莫敢言浮说，长孺矜焉；好荐人，称长者，壮有溉。作《汲郑列传》第六十。自孔子卒，京师莫崇庠序，唯建元元狩之间，文辞粲如也。作《儒林列传》第六十一。民倍本多巧，奸轨弄法，善人不能化，唯一切严削为能齐之。作《酷吏列传》第六十二。汉既通使大夏，而西极远蛮，引领内乡，欲观中国。作《大宛列传》第六十三。救人于厄，振人不赡，仁者有乎；不既信，不倍言，义者有取焉。作《游侠列传》第六十四。夫事人君能说主耳目，和主颜色，而获亲近，非独色爱能，亦各有所长。作《佞幸列传》第六十五。不流世俗，不争势利，上下无所凝滞，人莫之害，以道之用。作《滑稽列传》第六十六。齐、楚、秦、赵为日者各有俗所用。欲循观其大旨，作《日者列传》第六十七。三王不同龟，四夷各异卜，然各以决吉凶。略窥其要，作《龟策列传》第六十八。布衣匹夫之人，不害于政，不妨百姓，取与以时而息财富，智者有采焉。作《货殖列传》第六十九。

维我汉继五帝末流，接三代统业。周道废，秦拨去古文，焚灭《诗》《书》，故明堂石室金匮玉版图籍散乱。于是汉兴，萧何次律令，萧何七人睹括六家，第分两层写。韩信申军法，张苍为章程，叔孙通定礼仪，则文学彬彬稍进，《诗》《书》往往间出矣。自曹参荐盖公言黄老，而贾生、晁错明申、商，公孙弘以儒显，百年之间，天下遗文古事靡不毕集太史公。太史公总括中段。仍父子相续纂其职。曰："於戏！余维先人尝掌斯事，显于唐虞，至于周复典之，故司马氏世主天官。至于余乎，写汝其念哉。钦念哉！钦念哉！"罔罗天下放失旧闻，王迹所兴，原始察终，见盛观衰，论考之行事，略推三代，录秦汉，上记轩辕，下至于兹，著十二本纪，既科条之矣。并时异世，年差不明，作十表。礼乐损益，律历改易，兵权、山川、鬼神、天人之际，承敝通变，作八书。二十八宿环北辰，三十辐共一毂，运行无穷，辅拂股肱之臣配焉，忠信行道，以奉主上，作三十世家。扶义俶傥，不令己失时，立功名于天下，作七十列传。凡百三十篇，五十二万六千五百字，为《太史公书》。序略，以拾遗补艺，成一家之言，<u>厥协《六经》异传</u>，两句总括上篇。<u>整齐百家杂语，藏之名山，副在京师，俟后世圣人君子</u>。承周孔○后圣，一篇大意。<u>第七十</u>。

<u>太史公曰</u>：<u>余述历黄帝以来至太初而讫，百三十篇</u>。

《史记》一书，长江大河洞庭彭蠡之胜备矣。到此自叙，要意理包括得完，更要气象笼罩得住，方称万壑朝宗境界，然可也是难。看此文，系则追溯皇初，学则融贯诸家，迹则遍周宇宙，志则根柢忠孝，绪则渊源周孔，道则统承列圣，用则才配《六经》。鸿裁伟论，拔地倚天，而文气沉沦深厚，浩荡杳冥，正如大海容纳众流，茫无涯际，其中百怪变幻都归一片鸿蒙。宜乎二千年来，学士文人惟有为之望洋向若而叹也。使读此而有得焉，其文章境界不知如何出人头地矣。

娄舫曰：世事由源流、论著、本末备见于此。篇终自序处，文字反复委折，有开合变化之妙。

钟惺曰：观太史公执迁手而泣，迁俯首流涕，字古而○五十余万言，字一声声至一本之孝亲。依傍于孔子《春秋》，著书者何写原委，而但以文学读之耶。

孙执中曰：此是一部《史记》百三十篇序文，盖太史公自撰一篇列传也。读过一部《史记》，方许读此文；亦必熟读此文，方可读一部《史记》。

史记半解后序

　　说者动谓才人类遭天忌，呜呼！天何尝忌才哉？其人泄两间之秘，足以传世行远。天故屈抑摧折以老其才，以成其名已耳，天何尝忌才哉？才人所遭不偶，身罹祸患，如太史公司马子长，可胜叹耶！方其忍死就辱，不即自引决。其《报任安书》曰："恨私心有所未尽，而文采不表于后世也。"太史公自信久矣，后之当患难而自信者，谁欤？近又得之云阳汤怀村先生。先生十一岁试于县，即为第一人。长而占籍毗陵，补诸生，食饩廪。慷慨、自负，志大言大，忧天下之得失，念生民之休戚，韫经济于文章，著述皆有关系。而殚精竭虑尤在《史记》一书，尝于百三十篇中，揭其通身血脉、关锁、过度、牵拂、照应，于苍茫浑噩之中得六十八篇，而题之曰《半解》。批隙导窾，自比于庖丁，盖在护绿山房。余亲见其点定，熟闻其议论，故知之最深。

　　余初未识先生，每从先君文升公与先生游，一时称展文、文升两先生为管鲍交。迨先生为冤家所构陷，系徒邑，几蹈不测，先君百计拯援，俾先生得从狱底上书学使杨公。其书娓娓万言，视太史公更难遣辞运意。《报任安书》畅所欲言，肆无顾忌。先生之与学使，转喉触讳，祸福只在顷刻，而能耸动昭雪，转祸为福，由其得力于太史公。在神理不在面貌，在精华不在糟粕，故也能作而后能解。解者之精神不与作者之精神潜相融洽，间有所得，终隔膜而难以贯通。先生沉酣《史记》，琢肝镂肾以抉其微，直与古人心口相接。尝谓余曰："子莫看我所评，且先看诸家之说。"余遍阅诸家，得先生注，如除烦热而服清凉，如见青天而拨云雾。尝与余宿山中，夜半警告曰："某某合传内不得其要领，顷梦太史公来告，得之矣。"呼灯提笔，势如破竹。昔陆西星注《庄子》，梦吕纯阳与谈，所见大进，先生亦若是而已矣。《传》曰："思之思之，鬼神通之。"先儒岂欺我哉？然则非《史记》无以验先生之才识，非先生何由得《史记》之真面目耶？其遭逢坎坷，与太史公后先一辙，又何怪欤？然太史公下蚕室，终身放弃；先生出狱无恙，寻荐贤书；太史公下于理，无一人相为者；先生杂伍囚徒，先君援之恐后，不可谓非厚幸已。惜其著述尽载京师，既没，不知谁何持去，《史记半解》非先君命余刊刻板存山房，不亦散失无传哉？呜呼，回忆祖饯公车时，先生疽发背，意兴激昂，不作第二人想，胸中抱负不知何如展拓，而竟以孝廉终也耶！先生祭先君文引用《史记》，以越石父自况，以平仲推先君，悲涕不胜，咽呜先生亡问至，遥遥数千里外不能一致生刍，读先生所注之书，如见先生矣。

先生所注，剩有《史记半解》一书，自堪不朽，岂待余序？余率数言于后者，以见今之世，而有先生，其屈抑摧折，以成其名，以老其才，与太史公同为天所玉成焉耳。予非阿世所好，读者试反复此书，深思力索，或不河汉余言也夫！

同学殷仕贻谨序